Inhaltsangabe

Einleitung

2010: Thilo Sarrazin veröffentlicht sein Buch *Deutschland schafft sich ab*. Es wird ein Bestseller und dominiert die öffentliche Debatte über Wochen und Monate. Islamfeindlichkeit und biologistischer Rassismus werden »ernsthaft« diskutiert und finden zunehmende Verbreitung.

2014: Die *Alternative für Deutschland* (AfD) erzielt bei den Europawahlen 7,1 Prozent. In der Partei sammeln sich nationalkonservative Euro-GegnerInnen, rechtspopulistische RassistInnen und Neofaschisten. Im Oktober findet in Dresden der erste Aufmarsch von PEGIDA (*Patriotische Europäer gegen die Islamisierung des Abendlandes*) statt. Schnell nehmen Tausende an den wöchentlichen Aufmärschen teil. Der Versuch zumeist offen rechtsextremer Kräfte ähnliche »Gida«-Märsche bundesweit zu etablieren scheitert an erfolgreichen antirassistischen Gegenmobilisierungen.

2015: Der Zuzug von über 800.000 Geflüchteten in die Bundesrepublik dominiert die öffentliche Debatte und verschärft die gesellschaftliche Polarisierung. In der AfD setzt sich der rechtspopulistische Flügel um Gauland und Petry gegen den »gemäßigten« Lucke-Flügel durch. Der Professor verlässt die Partei, sein Vize Hans-Olaf Henkel bedauert später öffentlich, welches Monster er geschaffen hat.[1] Rechter Terror, Brandanschläge auf Flüchtlingsunterkünfte, pogromartige Ausschreitungen gegen Geflüchtete und rechtsextreme Straftaten nehmen dramatisch zu. Die PEGIDA-Märsche radikalisieren sich nach rechts, werden offen rassistischer und verlieren so einen großen Teil ihrer Anhängerschaft und der Akzeptanz in der Dresdner Bevölkerung.

2016: Die AfD zieht mit Rekordergebnissen in die Landtage von Sachsen-Anhalt und Mecklenburg-Vorpommern sowie ins Berliner Abgeordnetenhaus ein. Sie scheint sich als neue rechtspopulistische Partei zu etablieren und ist mittlerweile in zehn Landesparlamenten und im Europaparlament vertreten. Ein Einzug in den Bundestag im Jahr 2017 gilt als gewiss.

Vollzieht sich in Deutschland ein Rechtsruck? Und nicht nur in Deutschland? Rechtspopulistische Parteien haben in vielen europäischen Ländern bei Wahlen Erfolge erzielt. UKIP in Großbritannien, *Schwedendemokraten, die Wahren Finnen, Front National* in Frankreich, FPÖ in Österreich. In Österreich scheiterte der FPÖ-

---

1 http://www.handelsblatt.com/politik/deutschland/ex-AfD-vize-olaf-henkel-ich-habe-geholfen-ein-monster-zu-schaffen/12558382.html

5

Mann Hofer nur knapp bei der Wahl zum Bundespräsidenten und in Frankreich hat Marine Le Pen gute Chancen, 2017 in die zweiten Runde der Präsidentschaftswahl einzuziehen. Mit Donald Trump ist in den USA schon eine Figur zum Präsidenten gewählt worden, deren politisches Auftreten und Forderungen große Schnittmengen mit den rechtspopulistischen Kräften Europas hat, wenn er auch im Rahmen der *Republikanischen Partei* angetreten ist. Er ist ein offener Rassist und Sexist und sein macho- und rüpelhaftes Auftreten geht sogar so manchem Rechtspopulisten in Europa zu weit.

Rassistische oder zumindest migrantenfeindliche Stimmungen, nicht zuletzt befeuert durch islamfeindliche Hetze seit dem 11. September 2001, werden offensiver und selbstbewusster artikuliert und haben in den letzten Jahren mehr Menschen erfasst. Internet-Portale wie *politically-incorrect.de* (PI) waren der Vorläufer der heutigen *Facebook*-Hetze. Sie sondern seit über zehn Jahren Propaganda gegen Muslime und Muslimas im Minutentakt ab, in ihren Kommentarspalten haben sich die Verschwörungstheoretiker, Rassenfanatiker und Islamhasser ausgebildet und ideologische Vorarbeit für PEGIDA, HoGeSa und AfD geleistet.

Viele Menschen haben Angst vor dem Erstarken der Rechten, nicht wenige vergleichen die Situation mit dem Ende der 1920er und den frühen 1930er Jahren in der damaligen Weimarer Republik. Manche bezeichnen die AfD als faschistisch oder als auf dem Weg zu einer faschistischen Partei, so mancher sieht auch in Trump einen Faschisten.[2] Wie gefährlich sind diese rechten Kräfte? Sind wir mit der Gefahr großer faschistischer Bewegungen oder gar faschistischer Machtergreifungen konfrontiert? Oder werden die Wahlerfolge der AfD ein vorübergehendes Phänomen sein, wie es die der *Republikaner*, der *Schill-Partei* oder der DVU waren? Wir werden versuchen, diese Fragen zu beantworten.

Zudem haben wir uns zum Ziel gesetzt, die Essentials einer linken Gegenstrategie gegen Rechtspopulismus und Islamfeindlichkeit zu beschreiben. Uns geht es dabei sowohl um die Programmatik, die zwingend mehr sein muss als der »antifaschistische Reflex«, sondern inhaltliche Alternativen aufzeigen muss, als auch um die Methoden des Kampfes gegen Rassismus. Gleichzeitig wollen wir Erfahrungen im Kampf gegen rechte Bewegungen vor Ort, wie in Dresden, Dortmund oder Köln, verarbeiten.

Nationalistischer Chauvinismus und verschiedene Schattierungen von Rechtsextremismus und Neofaschismus sind kein neues Phänomen in der Bundesrepublik. Dieser Staat, in dem niemals eine tatsächliche Entnazifizierung stattfand, verfügt über eine politische und personelle Kontinuität von Hitler, Goebbels und Himmler über Franz-Josef Strauß, Kurt-Georg Kiesinger, den Nazi-Seilschaften im Auswärtigen Amt, der Nazi-Nähe von *Verfassungsschutz* und anderen staatlichen Institutio-

---

2 So sagt der SPIEGEL-Kolumnist Jakob Augstein: »In den USA ist ein Faschist an die Macht gekommen.« hier: http://www.spiegel.de/politik/deutschland/donald-trump-wie-seine-wahl-die-demokratie-gefaehrdet-kolumne-a-121716.html

nen bis zu NPD, *Republikaner*, freien Kameradschaften, NSU und AfD. Kontinuität bedeutet jedoch nicht Gleichsetzung. Wir werden in diesem Buch darlegen, warum eine Unterscheidung zwischen Faschismus und anderen Formen rechter, nationalistischer Reaktion wichtig ist und Auswirkungen auf die Entwicklung von Gegenstrategien haben muss.

Wahlerfolge für Parteien rechts von CDU/CSU sind seit Ende der 1960er Jahre nichts Neues. Damals, als Folge der ersten Wirtschaftsrezession in der Bundesrepublik, konnte die NPD in sechs Landtage einziehen. Erst Ende der 1980er Jahre konnten dann die *Republikaner* des ehemaligen SS-Mannes Schönhuber in Europaparlament, baden-württembergischen Landtag und Berliner Abgeordnetenhaus einziehen. Nach der Vereinigung von BRD und DDR waren es DVU und NPD, die in einige Landtage einzogen. Dazwischen gab es Episoden der *Schill-Partei* in Hamburg und der faschistischen Pro-Gruppierung vor allem in Köln und anderen nordrhein-westfälischen Stadtparlamenten.

Ist also der Aufstieg der AfD mit diesen – immer vorübergehenden – Phänomenen gleichzusetzen? Nein. Der Aufstieg der AfD ist Ausdruck eines politischen Wendepunkts, an dem die Bundesrepublik Deutschland angekommen ist. Er leitet, unabhängig davon, ob die AfD überlebt oder nicht, eine neue Phase von Polarisierung und Destabilisierung der Gesellschaft ein. Denn er ist Teil einer tiefen Legitimationskrise der bürgerlichen Parteien und Institutionen. Während SPD und CDU/CSU bis zum Jahr 2002 immer bis zu 75 Prozent der Wählerstimmen bei Bundestagswahlen erlangen konnten, müssen sie heute darum bangen, ob sie überhaupt eine Große Koalition werden bilden können, ganz zu schweigen vom dramatischen Mitgliederrückgang der sogenannten Volksparteien.

Warum ist das so? Einige Kommentatoren und VertreterInnen der etablierten Parteien erwecken den Eindruck, dass Einwanderung, Flüchtlingsströme oder auch das selbstbewusster auftretende islamische Leben in Deutschland der Grund für die Zunahme von Rassismus und die Stärkung rechtspopulistischer und rechtsextremer Kräfte sei. Diesen Gedanken halten wir für falsch, gefährlich und unhistorisch. Rassismus und rechte Kräfte werden nur dann im Zusammenhang mit Einwanderung stärker, wenn den MigrantInnen soziale Probleme in die Schuhe geschoben, sie als Sündenböcke missbraucht werden. Sind soziale Probleme weniger ausgeprägt oder funktioniert die Ablenkung in Richtung MigrantInnen nicht, sind auch Rassismus und rechte Kräfte schwächer. Die Geschichte der Masseneinwanderung sogenannter GastarbeiterInnen zwischen dem Ende der 1950er und Anfang der 1970er Jahre zeigt das. Nicht, dass es damals keine Vorurteile, xenophobe Einstellungen und staatliche Diskriminierung von MigrantInnen gegeben hätte. Aber rassistische Kampagnen, Übergriffe gegen MigrantInnen und Parteien rechts von CDU/CSU haben kaum eine gesellschaftliche Rolle gespielt.

Gesellschaftliche Grundlagen für das Wachstum von Rechtspopulismus und Rassismus sehen wir in den ökonomischen und sozialen Krisenprozessen, die seit vielen

Jahren die gesellschaftlichen Entwicklungen prägen und sich seit der großen Weltwirtschaftsrezession der Jahre 2007 bis 2009 enorm intensiviert haben.

Schon im Jahr 2000 schrieben wir im Zusammenhang mit dem Erstarken von Rassismus und Faschismus:

>*Es gibt drei Hauptfaktoren für das Erstarken der faschistischen Bewegung, die in einem Zusammenhang miteinander stehen. Diese sind: Die soziale Krise, der staatliche Rassismus und der Rechtsruck bzw. die Untätigkeit der Führung der organisierten Arbeiterbewegung. Die soziale Krise, also akute soziale Probleme und Zukunftsängste, haben zu einer Entfremdung von den bürgerlichen Institutionen geführt und eine Offenheit für radikale Lösungsangebote unter Teilen des Mittelstands, der Arbeiterklasse und bei Arbeitslosen und Jugendlichen entstehen lassen. Soziale Probleme führen nicht automatisch zu Rassismus oder Unterstützung für faschistische Organisationen. Sie werden aber von den Faschisten ausgenutzt, indem sie mit ihrer sozialen Demagogie (zum Beispiel NPD-Parole ›Arbeit statt Profite‹) erstens den Eindruck vermitteln, sie würden die Interessen der ›kleinen Leute‹ vertreten, und zweitens mit ihrem Rassismus einen Sündenbock für die sozialen Probleme liefern. Dies wird aber nur möglich, weil die etablierten gesellschaftlichen Kräfte (von CDU/CSU über SPD bis hin zu einzelnen Gewerkschaftsführern und den Medien) ihrerseits in unterschiedlicher Art und Weise Einwanderung und ImmigrantInnen zur Ursache für soziale Probleme abgestempelt haben und sich rassistische Vorurteile deshalb in Teilen der Bevölkerung ausbreiten konnten. Die Faschisten können sich so als die Kraft darstellen, die bereit ist das ›Problem AusländerInnen‹ radikal anzugehen. Durch den Rechtsruck in der Führung der Arbeiterbewegung und die Schwäche der Linken gibt es keine starke und kämpferische Alternative, die einen Weg aufzeigt, gegen Unternehmer und Regierung zu kämpfen.*«[3]*

Wenn das damals in Bezug auf die – im Vergleich zu den heutigen Erfolgen der AfD – relativ bescheidenen Erfolge faschistischer Kräfte zutraf, so trifft es heute doppelt und dreifach auf die Erfolge von Rechtspopulisten zu.

Die soziale Krise beziehungsweise soziale Probleme sind heute viel ausgeprägter. Mit der Agenda 2010 und den Hartz-Gesetzen hat die damalige SPD-Grünen-Regierung die Axt an die sozialen Sicherungssysteme gelegt und Armut, Niedriglöhne und soziale Unsicherheit haben sich seitdem vervielfacht. Die Weltwirtschaftskrise 2007 bis 2009 hat die Verunsicherung vergrößert. Die darauf folgende Euro-Krise hat einerseits die berechtigte Ablehnung gegenüber der EU und ihren undemokratischen Institutionen wachsen lassen, mangels einer zugespitzten und wahrnehmbaren linken und internationalistischen Ablehnung der EU, aber auch den Raum für nationalistische Antworten auf die EU-Krise vergrößert. Rassismus und Nationalismus aus den etablierten Parteien und staatlichen Insti-

---

tutionen sind dauerhafte Bestandteile dieser Gesellschaft, wenn auch mal mehr, mal weniger ausgeprägt. Das hat einen ideologischen Boden geschaffen, den die Rechtspopulisten bestellen können.

Tatsächlich hat die Gründung der WASG und in der Folge der Partei DIE LINKE als eine Reaktion auf den Sozialkahlschlag der Schröder-Regierung den sozialen Protest auf der politischen Ebene über viele Jahre von links besetzen und so die Entwicklung einer rechtspopulistischen Partei, anders als in anderen Ländern Europas, bremsen können. Doch DIE LINKE wird – unter anderem aufgrund ihrer Beteiligung an Regierungskoalitionen mit SPD und Grünen, ihrer Unterstützung von EU und Euro und ihrer oftmals bieder-parlamentarischen Praxis – von immer mehr Menschen als der linke Teil des Establishments betrachtet, was den Raum für Rechtspopulisten vergrößert hat. Das zeigt sich vor allem an den Erfolgen der AfD in ostdeutschen Bundesländern wie Mecklenburg-Vorpommern und Sachsen-Anhalt, wo DIE LINKE einen besonders zahnlosen und angepassten Kurs fährt und gänzlich darauf orientiert hatte, Koalitionsregierungen mit SPD und Grünen zu bilden, während sich die AfD als oppositionelle Anti-Establishment-Kraft darstellte.

Doch nicht nur die soziale und ökonomische Krise im engeren Sinne des Wortes spielt eine Rolle beim Erstarken des Rechtspopulismus. Tatsächlich waren ja die Bundesrepublik Deutschland und ihre Konzerne Krisengewinner nach dem wirtschaftlichen Einbruch des Jahres 2009. Es gelang den Herrschenden hierzulande sozusagen, die Krisenfolgen in andere europäische Länder zu exportieren und als eines der ersten Länder das Vorkrisenniveau der Wirtschaftsleistung zu erreichen. Das führte sogar zu höheren Steuereinnahmen, haushaltspolitischen Spielräumen, begrenzten Sozialreformen wie der Einführung eines Mindestlohns von 8,50 Euro und den ersten Reallohnsteigerungen seit Jahren.

Trotzdem geht es vielen materiell schlecht. Viele Menschen fühlen sich berechtigterweise nicht sicher. Euro-Krise und EU-Zerfall schweben wie ein Damoklesschwert auch über der Bundesrepublik. Vor allem wird die Welt unfriedlicher und unsicherer. Die Kriege, ihre Auswirkungen und der von diesen provozierte Terror rücken immer näher (Syrien, Ukraine) bzw. erreichen in Form der Geflüchteten die Bundesrepublik. Gerade die Eskalation im Nahen und Mittleren Osten, vor allem der Syrien-Krieg und der Aufstieg extrem reaktionärer islamistischer Organisationen wie dem so genannten *Islamischen Staat* (IS) und deren Terroranschläge auch in Europa haben der Islamfeindlichkeit einen erneuten Schub gegeben und die rechten Kräfte in ganz Europa gestärkt. All das hat zu Verunsicherung und Zukunftsängsten auch unter Teilen der Mittelschichten (Selbständige, besser verdienende Angestellte und Beamte etc.) geführt, die den Kern der Basis von PEGIDA und AfD ausmachen.

Aber: Die Stärkung von Rassismus und Rechtspopulismus ist nur eine Seite der Medaille. Wir sind davon überzeugt, dass wir nicht Zeuge eines allgemeinen gesellschaftlichen Rechtsrucks sind, sondern einer gesellschaftlichen Polarisierung. Diese findet nur auf der rechten Seite einen deutlicheren organisatorischen und wahlpolitischen Ausdruck. Aber die letzten Jahre sind eben nicht nur von AfD-Wahlerfolgen, PEGIDA-Aufmärschen und brennenden Flüchtlingsunterkünften geprägt. Im selben Zeitraum haben wir eine gigantische Welle der Solidarität und Hilfsbereitschaft mit den im Sommer und Herbst 2015 nach Deutschland kommenden Geflüchteten erlebt, gab es in unzähligen Städten große Demonstrationen gegen Rassismus und Rechtspopulismus, in einigen Städten sogar die größten Mobilisierungen der Stadtgeschichte oder zumindest seit sehr vielen Jahren. 2015 war zudem das »Streikjahr« mit den meisten Streiks seit über zwanzig Jahren. Bei drei Massenmobilisierungen von 250.000, 90.000 und 320.000 Menschen gegen TTIP und CETA innerhalb von zwölf Monaten haben wir ein eindeutig links und kapitalismuskritisch geprägtes Aufbegehren gegen eines der zentralen ökonomischen Projekte der herrschenden Klasse gesehen. Und es ist auch nicht unwichtig, dass die Partei DIE LINKE einen gewissen Zulauf neuer, junger Mitglieder zu verzeichnen hat und – trotz mancher Wählerverluste hin zur AfD vor allem in Ostdeutschland – zum Jahresende 2016 steigende Umfragewerte von bis zu 12 Prozent erzielt.

Die Krise des kapitalistischen Systems führt zwangsläufig zu gesellschaftlicher Polarisierung zwischen Links und Rechts. Der Kampf zwischen denjenigen Kräften, die für Solidarität, soziale Gleichheit, Umverteilung von oben nach unten, gleiche Rechte für alle und denjenigen Kräften, die für Diskriminierung, Aufrechterhaltung von kapitalistischen Machtstrukturen, Krieg und Gewalt stehen, spitzt sich zu.

Die Autoren dieses Buchs sind seit vielen Jahren aktive Teilnehmer an diesem Kampf, nicht zuletzt in antirassistischen und antifaschistischen Protesten und Bewegungen und Verfasser zahlreicher Texte zum Thema. Wir wollen deutlich machen, dass Rechtspopulismus und Rassismus Produkte dieser auf Profitmaximierung und Ausgrenzung basierenden kapitalistischen Gesellschaft sind und deshalb der Kampf gegen Rechts in Verbindung mit dem Kampf gegen den Kapitalismus gebracht werden sollte. Wir wollen nicht nur analysieren, sondern Ideen und Anregungen für antirassistisches Engagement geben und eine Strategie für einen erfolgreichen Kampf gegen Rechts vorschlagen. Wenn dieses Buch dazu beiträgt, dass einerseits die antirassistische Bewegung politisiert wird und sich der sozialen Frage annimmt und andererseits in den Gewerkschaften und der Partei DIE LINKE der Ruf nach entschlossenen Kampagnen gegen Rechts lauter wird, dann hat sich die Arbeit daran gelohnt.

Ohne die vielen Genossinnen und Genossen und Kolleginnen und Kollegen aus der SAV, der Partei DIE LINKE, Gewerkschaften und antirassistischen Bündnissen, mit denen wir über viele Jahre gemeinsam aktiv sind, wäre dieses Buch nicht möglich gewesen. Insbesondere die intensiven Diskussionen im Bundesvorstand der SAV, aber auch im Rahmen des *Komitees für eine Arbeiterinternationale* (engl. CWI), waren prägend für die Ideen und Positionen, die wir hier zu Papier gebracht haben. Wir hoffen, dass wir Ihnen hiermit ein Stück Motivation zurückgeben können und wollen ihnen für ihr Engagement danken. Besonderer Dank gilt den AutorInnen und InterviewpartnerInnen aus anderen Ländern: Tom Crean, Sonja Grusch, Tilman Ruster, Olaf van Aken und Elin Gauffin sowie Christian Bunke für die Übersetzung der Texte und Holger Dröge, Wolfram Klein, Michael Koschitzki und Sebastian Rave, die das Manuskript gelesen und wichtige Anregungen gegeben und uns auf Fehler hingewiesen haben. Für alle Fehler, die sich weiterhin im Text verstecken, tragen wir die alleinige Verantwortung.

Dresden, Köln, Berlin, im Januar 2017

Steve Hollasky
Claus Ludwig
Sascha Staničić

Was ist Rechtspopulismus?

Europaweit und in den USA erzielen rechte Populisten spektakuläre Ergebnisse bei Wahlen. Die Parteienlandschaft bricht auf, die etablierten konservativen und sozialdemokratischen Parteien erodieren. Es entwickelt sich eine scharfe politische Polarisierung. In einigen Ländern erzielen neue linke Formationen Fortschritte, aber die politischen Erfolge am rechten Rand sind präsenter in der öffentlichen Debatte. Als »populistisch« wurden in der Geschichte Parteien oder Protestbewegungen bezeichnet, die sich auf die »einfachen Leute« bezogen haben, im Gegensatz zu den »Eliten«. Solche Gruppierungen reden nicht von Klassen, sondern konstruieren einen diffusen Begriff von »Volk« und »Eliten«. Sie geben vor, das »Volk« zu vertreten, welches von Macht und Einfluss ausgeschlossen sei, bedienen jedoch gleichzeitig die Interessen von durchaus mächtigen und sehr reichen Schichten – wie zum Beispiel Trump – die sich im Gegensatz zum Mainstream der kapitalistischen Klasse befinden.

Seit den 1990er Jahren wird der Begriff »Rechtspopulismus« zur Kategorisierung von Gruppen verwendet, die sich auf Grundlage nationalistischer oder rassistischer Ideen von den konservativen Teilen des Establishments abgrenzen, sich jedoch auch von der klassischen extremen Rechten faschistischer Prägung unterscheiden.

Es handelt sich um ein eigenständiges politisches Phänomen mit programmatischen und methodischen Grundlagen, nicht nur um eine »*Form politischer Inszenierung*«[4]. Gleichzeitig ist Rechtspopulismus sowohl eine Selbstdefinition von Gruppen, die ein Interesse haben, nicht als Faschisten oder Nazis wahrgenommen zu werden, als auch eine Zuschreibung der etablierten Parteien, um eine Gruppierung als außerhalb des zulässigen Rahmens bürgerlicher Politik zu beschreiben.

In der Grauzone

Der Rechtspopulismus ist in der Grauzone zwischen etablierter bürgerlicher Politik und den Faschisten zu verorten. Es gibt fließende Übergänge in beide Richtungen. Untersucht man politische Phänomene wie Organisationen und Bewegungen macht es jedoch keinen Sinn, alles als einen einzigen fließenden Übergang zu beschreiben und zu schlussfolgern, von der CDU bis zu offenen Nazis gäbe es einen einzigen rechten Sumpf. Es ist die Pflicht der politischen Analyse, diese Grauzone farbig zu beleuchten und die Organisationen und Bewegungen nicht starr, sondern in ihrer Entwicklung zu untersuchen.

Die Rechtspopulisten haben inhaltliche Berührungspunkte zu nahezu allen konservativen, neoliberalen und sozialdemokratischen Parteien in Europa, welche in

---

4 Alexander Häusler in: »Neue soziale Bewegung von Rechts?«, Häusler/Virchow (Hrsg.), Hamburg 2016, S. 44

den vergangenen Jahren Ausländergesetze verschärft, die Grenzen abgeschottet sowie Maßnahmen des Sozial- und Demokratieabbaus vorangetrieben haben.

Die Kampagne der CDU von 1992, das Asylrecht sturmreif zu schießen, war ein Musterbeispiel rechtspopulistischer Propaganda. Es wurden Ängste geschürt und die in den 1980er Jahren geprägten Parolen »Wirtschaftsflüchtling« und »Scheinasylant« wiederbelebt. Die rassistische Mobilisierung auf der Straße und der Terror faschistischer Banden gegen Flüchtlinge, die Anschläge und Morde, wurden seitens der CDU – und der schnell umkippenden SPD – billigend in Kauf genommen, um in der beginnenden Nach-Vereinigungskrise soziale und Klassenfragen in den Hintergrund zu drängen, die Spaltungslinien zwischen Deutschen und MigrantInnen zu vertiefen und Flüchtlinge durch die massive Einschränkung des Asylrechts stärkerer Repression zu unterwerfen.

Die Politik von CDU/CSU ist generell rassistisch, weil die gesetzliche Diskriminierung von MigrantInnen im Unterschied zu den Biodeutschen seit Jahrzehnten ein Merkmal der Union ist. Trotzdem sind weder CDU noch CSU rechtspopulistische Parteien. Das Anheizen migrantenfeindlicher Stimmungen ist eine Technik, welche die Union anwenden kann, aber es ist nicht das Grundmotiv ihrer politischen Tätigkeit. Als wichtigste Partei des kapitalistischen Establishments in Deutschland steht die Stabilität des politischen und wirtschaftlichen Systems im Mittelpunkt der CDU/CSU-Politik. Dient eine Stimmung gegen MigrantInnen der Ablenkung von sozialer Unzufriedenheit und damit der Stabilisierung des politischen und wirtschaftlichen Systems, ist das Schüren dieser Stimmung eine Option für die CDU/CSU.

Allerdings gibt es keine »reine« Politik der Union. Über die Linie wird intern gestritten. Der Flügel um Angela Merkel antwortete auf den Anstieg der Flüchtlingszahlen mit dem Versuch, dies als machbar und positiv darzustellen. Damit knüpfte Merkel an den Interessen der Konzerne an, die ein Interesse an einem gewissen Grad an Zuwanderung haben. Die CSU unter Horst Seehofer, im Prinzip auch den Interessen des Kapitals verpflichtet, fürchtete in dieser Situation die Wahlkonkurrenz von rechts jedoch mehr und führte eine populistische Kampagne für Abschottung – die letztendlich den Aufstieg der AfD nur erleichterte.

In der Endabrechnung sind CDU und CSU keine rechtspopulistischen Parteien, auch wenn sie zu solchen Winkelzügen in Teilen oder in Gänze in der Lage sind. Unterm Strich bevorzugen sie systemstabilisierende Lösungen.

Seinen Wahlkampf hat US-Präsident Trump als knallharte rechtspopulistische Kampagne geführt. Er hat sich als Gegner des Establishments inszeniert, als Sprachrohr der Enttäuschten, des »kleinen (weißen) Mannes«. Er hat politischen Gegnern gedroht, rassistisch gehetzt, sexistische Verachtung von Frauen zur Schau getragen. Doch Trump regiert nicht allein. Er ist eingebunden in ein System von »Checks and Balances.« Die US-*Republikaner*Innen sind in den letzten Jahren nach rechts gerückt, aber sie sind noch immer eine von zwei Parteien der herrschenden Klasse und damit Statthalter von Wall Streets Gnaden. Die Entwicklung von Trump als Person ist offen, er ist teilweise unberechenbar, aber das macht die *RepublikanerInnen* in Gänze noch nicht zu einer rechtspopulistischen Partei.

Dies ist ein erster Baustein für die Definition des Rechtspopulismus: Eine Organisation »verdient« diese Bezeichnung in Abgrenzung zu etablierten bürgerlichen Parteien, wenn das Anheizen von Stimmungen ein konstituierender Bestandteil dieser Organisation und nicht nur eine zeitlich begrenzt genutzte Propaganda-Methode ist. Welche Stoßrichtung überwiegt - anti-muslimisch, allgemein rassistisch, extremistisch-neoliberal oder nationalistisch-europafeindlich - ist für die Definition unerheblich.

Zwischen Opposition und Mitregieren

Es ist nicht im Interesse der wirtschaftlich Herrschenden und damit auch nicht im Interesse ihrer zentralen politischen Repräsentation in Form der etablierten Parteien wie CDU/CSU und SPD, permanente Agitation in der Bevölkerung zu betreiben und das Gefühl großer Ungerechtigkeit und Unzufriedenheit dauerhaft anzuheizen.

Das ist allerdings die Methode der rechten Populisten. In einem Positionspapier der *Antifaschistischen Koordination Köln & Umland (AKKU)* heißt es treffend:

> *»Rechtspopulisten bedienen sich einer speziellen Kommunikationsform: Sprache wird gezielt eingesetzt, um Vorurteile und Klischees gegenüber gesellschaftlichen Gruppen wachzurufen, die dadurch zu Sündenböcken für soziale Probleme und Krisen abgestempelt werden ... Gleichermaßen richtet sich rechtspopulistische Propaganda gegen ‚die da oben‘. Der als korrupt ausgemachten ‚Elite‘, welche die ‚Sprache des Volkes‘ nicht mehr spreche, wird die Konstruktion eines ‚ehrlichen kleinen Mannes aus dem Volk‘ gegenübergestellt, dessen Vertretung sich die RechtspopulistInnen auf die Fahne schreiben.«[5]*

Bei nahezu allen Rechtspopulisten spielt die Behauptung, es gäbe Tabus, man dürfe bestimmte Dinge nicht sagen und die Medien des jeweiligen Landes würden zentrale Tatsachen verschweigen oder vertuschen, eine große Rolle. Medien und Politik werden als Gegner der normalen Bevölkerung dargestellt, die letztendlich dabei mithelfen, das Land den Feinden – »den Muslimen«, der EU oder »Multikulti« auszuliefern.

Diese konzentrierte Agitation, die konträr zu den Interessen der herrschenden Klassen und politischen Eliten stehen kann oder nur punktuell mit diesen übereinstimmt, grenzt die Rechtspopulisten von etablierten bürgerlichen Parteien ab.

Rechtspopulisten richten sich oft gegen die Hauptlinie der Kapitalisten ihres Landes und vertreten die – zumindest bis zu diesem Zeitpunkt – Position einer Minderheit der Kapitalbesitzer. So artikuliert die AfD in erster Linie die Interessen kleiner und mittlerer Kapitalisten mit Binnenmarkt-Orientierung, während die

5 Rechtspopulismus – Positionspapier der Antifaschistischen Koordination Köln & Umland (AKKU), Köln, Januar 2013

Politik des deutschen Staates und seiner etablierten Parteien von den exportorientierten Großkonzernen bestimmt wird.

Keine Definition ohne Einschränkung: Kommt es zur Regierungsbeteiligung von Rechtspopulisten ändert sich oft ihre Funktion. Einmal an der Regierung findet eine Einbindung in die Klasseninteressen des Kapitals und des politischen Establishments statt. Die Rechtspopulisten hören quasi auf, Populisten zu sein, weil sie als Regierungspartei zwar immer noch rechte Ideen befördern, aber auf andere Art.

Dies kann zu einer grundlegenden »Zähmung« führen und zur Umwandlung in eine normale bürgerliche Partei – und damit häufig zum Überflüssigwerden der ehemaligen Rechtspopulisten – oder zu einer nur zeitweisen Fehlfunktion als Rechtspopulisten und erneuter Hinwendung zu diesen Ideen nach einem Ende der Regierungsbeteiligung.

Die rechtspopulistische FPÖ in Österreich hat genau diese Entwicklung durchgemacht. Die gemeinsame Regierung mit der konservativen ÖVP von 2000 bis 2005 hat zur Einbindung der FPÖ in die Establishment-Politik geführt, in der Folge zur Schwächung und Spaltung der Partei. Mit dem *Bündnis Zukunft Österreich* (BZÖ) entstand ein gemäßigter Flügel. Die Rest-FPÖ war zunächst schwach, aber erneuerte sich, rechter als jemals zuvor. Sie verpasste nur knapp den Sieg bei der Stichwahl zum Bundespräsidenten im Dezember 2016.

Ähnliches erlebten auch die griechischen Rechtspopulisten von *Laos* (= Volk). Sie hatten davon profitiert, dass die Menschen auf die etablierten Parteien wütend waren. 2009 zogen sie mit fast sechs Prozent ins Parlament ein und traten 2011 der »Technokraten«-Regierung des Bankiers Papadimos bei. Damit übernahmen sie Verantwortung für den sozialen Kahlschlag, welcher unter dem Diktat der EU seitens der griechischen Regierung verhängt wurde. Ihr Populismus wurde entblößt und die Unterstützung für *Laos* brach ein. Bei den Wahlen im Mai 2012 sank die Partei unter die Drei-Prozent-Hürde, kam nicht mehr ins Parlament und verschwand in der Folge in der Bedeutungslosigkeit. An ihrem Rassismus konnten jedoch die offenen Nazis von *Chrysi Avgi* (*Goldene Morgenröte*) anknüpfen, die sich durchgehend als Gegner der Kürzungen, als Anti-Memorandums-Partei, darstellten.

Die Kompatibilität der Rechtspopulisten zu den »Parteien der Mitte« zeigt sich in den Regierungsbeteiligungen der *Perussuomalaiset* (= *Wahre Finnen*) in Finnland seit 2015, in Österreich (2000-2005), durch die *Lega Nord* in Italien (1994-96, 2001-2006) in Griechenland (2011-2012), in Norwegen (ab 2013) sowie in der Tolerierung konservativ-liberaler Minderheitsregierungen durch die *Dansk Folketparti* (bis 2011 in Dänemark) und durch die Partij voor de Vrijheid in den Niederlanden (2010-12). Die Rechten in der Regierung oder als Stütze derselben trugen zwar zur Durchsetzung rassistischer und arbeiterfeindlicher Maßnahmen bei, aber sie taten und tun dies im vom Kapital und dem politischen Establishment gesetzten Rahmen.

Arbeitsteilung und Unterschiede

Und doch sind sie mehr als nur herkömmliche bürgerlich-konservative Parteien. Von den Rechtspopulisten gehen neue Gefahren aus. Sie betreiben die Ethnisierung sämtlicher Politikfelder und vergiften die Gesellschaft nachhaltig mit Rassismus. Sie benutzen eine Methode, die wir »soziale Demagogie« nennen. Sie geben vor, die Interessen von Lohnabhängigen und Armen aufzugreifen, stellen sich als Gegner des Establishments dar, geben sich kritisch gegenüber den Eliten in Politik, Staat und Wirtschaft. In der Realität vertreten sie ein Programm, welches den sozialen Interessen der lohnabhängigen Bevölkerung widerspricht und richten ihre Propaganda nicht gegen die wirklich Herrschenden, sondern lenken Frustration und Wut gegen nationale, religiöse oder andere Minderheiten und vertiefen durch ihre frauenfeindlichen Positionen die Spaltung zwischen den Geschlechtern.

Dadurch schaffen sie Hindernisse für die Entwicklung sozialer Kämpfe. Sie bereiten den Boden für die Ausbreitung rassistischer Gewalt bis hin zu terroristischen Taten von »Einzeltätern«. Sie verbessern mittelfristig die Bedingungen für den Aufstieg militanter rechter Organisationen, deren Kerngeschäft gewalttätige Übergriffe auf MigrantInnen, die Linke und die Arbeiterbewegung sind.

Die Abgrenzung der Rechtspopulisten nach rechts ist eine komplexe Angelegenheit. Die Einordnung der Rechtspopulisten als »*Teil der extremen Rechten*«, wie die AKKU sie in dem oben zitierten Positionspapier vornimmt, hilft bei dieser Frage nicht wesentlich weiter. Man kann AKKU aber so weit zustimmen, dass die Rechtspopulisten Schnittmengen mit der extremen Rechten haben.

Es gibt allerdings bedeutende Unterschiede zwischen den rechtspopulistischen Organisationen und eindeutigen Faschisten wie der NPD oder offen gewalttätigen Nazis wie den »Autonomen Nationalisten« und der Unterstützer-Szene der NSU-TerroristInnen. Rechtspopulisten agieren nicht offen gewalttätig und haben bis heute keine Schlägertruppen aufgebaut. Einige sind eher reine Wahlparteien und keine Organisationen, die zur Massenmobilisierung auf der Straße taugen. Bestes Beispiel ist die niederländische PVV, die nicht als Mitgliederpartei organisiert ist, sondern durch eine Stiftung geführt wird, deren einziges Mitglied Geert Wilders ist. Zumindest in der jetzigen Phase unterscheiden sich Rechtspopulisten und Faschisten bezüglich ihrer Strategie, ihren Methoden und ihrer Mitgliedschaft.

Der Politikwissenschaftler Hajo Funke schreibt über Mecklenburg-Vorpommern:

> »*De facto gibt es [...] eine stillschweigende Arbeitsteilung: mehr oder weniger laute Hetze bei den einen, die damit die Hemmschwellen zu Gewalttaten senken, und mehr Gewalt bei den anderen, die durch die Hetze entfesselt wurde.*«[6]

6 Von Wutbürgern und Brandstiftern, Funke, Berlin 2016, S. 67

Es existiert zwar im Ergebnis eine Arbeitsteilung zwischen den rechtspopulistischen Parteien und gewaltbereiten rechten Gruppen. Erstere bereiten mit ihrer Propaganda von der drohenden »Islamisierung« Europas oder von »kriminellen Ausländern« den Boden, auf denen faschistische Gruppen gedeihen können. Doch es wäre zu kurz gegriffen, sich die Rechtspopulisten lediglich als getarnte Nazis, als »legalen Arm der Bewegung« vorzustellen. Es gibt klare Differenzen zwischen Nazis und ihnen, nicht nur aus kurzfristigen taktischen Erwägungen. Sie verfolgen mit ihrer Orientierung auf Wahlen, Parlamente und Regierungsbeteiligungen andere Ziele als Gruppen wie die NPD, die zwar auch für Parlamente kandidieren, aber dies nur als Mittel zum Aufbau ihrer Bewegung auf der Straße sehen.

Die NPD und andere Nazis wollen letztendlich die Errichtung eines terroristischen Regimes und die Zerschlagung aller politischen GegnerInnen. Die Rechtspopulisten wollen den bürgerlichen Staat autoritär umbauen, inklusive Angriffe auf die Linke und Gewerkschaften, aber weder programmatisch noch in der Praxis vertreten sie die Idee einer offenen Gewaltherrschaft. Die Erfahrungen mit Rechtspopulisten an der Regierung bestätigt diese Einschätzung.

Der Begriff der extremen Rechten stößt hier an seine Grenzen, weil er zu allgemein ist. Unserer Meinung nach ist der Begriff des Faschismus von zentraler Bedeutung, um hier eine Klarheit zu erreichen.

Daraus ergibt sich unsere Annäherung an das Phänomen: Als Rechtspopulisten verstehen wir all die Organisationen und Bewegungen, die sich durch ihre dauerhafte rechte Agitation und Praxis von den etabliert-bürgerlich rechten Kräften abgrenzen, aber nicht faschistisch sind. Diese Definition hängt etwas in der Luft, weil wir noch nicht geklärt haben, was Faschismus ist, aber dazu kommen wir weiter unten.

Vorausgeschickt sei, dass in vielen Fällen keine abschließende Bewertung möglich ist, ob eine Partei »nur« rechtspopulistisch oder schon faschistisch ist. Organisationen entwickeln sich, kommen von einem Ausgangspunkt, bewegen sich – nicht unbedingt geradlinig – in eine Richtung, können Richtung und Geschwindigkeit verändern. Es gibt Organisationen, die zu Grenzgängern zwischen Rechtspopulismus und Faschismus werden.

Modernisierter Rassismus

Rechtspopulismus und die als »Islamkritik« verharmloste Feindschaft gegen alle Muslime/a sind zwei zentrale Säulen der Modernisierung des Rassismus. Der Begriff der Modernisierung impliziert jedoch keine bewusste, geplante Strategie getarnter Nazis. Es handelt sich vielmehr um einen Prozess, an dem unterschiedliche Akteure mit zum Teil widersprüchlichen Interessen beteiligt sind. Die heutigen rechtspopulistischen Gruppen sind sowohl Ausdruck dieser Anpassung des Rassismus an die jetzige Periode als auch deren Träger. Der Rechtspopulismus ist ein eigenständiges ideologisches und soziales Phänomen und nicht nur ein modernisierter Stil faschistischer Agitation.

Die Notwendigkeit zur Anpassung der rassistischen Ideologie an das 21. Jahrhundert hat sich auf verschiedenen Wegen Bahn gebrochen und eine große Bandbreite zum Teil sehr unterschiedlicher rechter Gruppen aus diversen Traditionen hervorgebracht.

In Frankreich hat der *Front National* unter seiner neuen Vorsitzenden Marine Le Pen den Schwenk geschafft, hat den antisemitischen Ballast ihres Vaters und Parteigründers Jean-Marie Le Pen über Bord geworfen, gibt sich als Vorkämpfer gegen die »Islamisierung« und als Vertreter der von der Wirtschaftskrise getroffenen Arbeiterschaft aus.

In Deutschland hat die NPD diesem Druck zur Anpassung widerstanden. Dies führte zur Entstehung neuer Organisationen. Schon vor der Entstehung der AfD gab es Bestrebungen, diese Lücke einer modernisierten Rechten zu füllen. Die nur schlecht getarnten Faschisten von der *Deutschen Liga für Volk und Heimat* gründeten schon frühzeitig *Pro Köln* und versuchten, sich als eine Art deutsche FPÖ darzustellen. Auf der anderen Seite gab es Zuckungen am rechten Rand des Establishments, eine »unbelastete« rechte Partei zu gründen. Der Versuch des Berliner Ex-CDUlers Stadtkewitz, *Die Freiheit*, scheiterte allerdings schnell.

In Skandinavien dominieren schon länger existierende Kleinbesitzer-Parteien wie die norwegische *Fremskrittspartiet* (FP) oder die *Dansk Folketparti* (DF), welche auf die vielversprechenden Züge der »Euro-Skepsis« und der Gegnerschaft gegen den Islam aufgesprungen sind, die rechte Szene. Die Vorgängerin der dänischen *Folketparti*, die Fortschrittspartei unter Mogens Glistrup, war Anfang der 1970er Jahre die erste rechtspopulistische Partei in Europa. »Mit *Glistrup fing es an*«, so die dänische Publizistin Weihe-Lindeborg.[7] Unter der Führung ihrer Gründerin Pia Kjaersgard, heute dänische Parlamentspräsidentin, stieg die DF zu einer der größten Parteien auf und wurde bei der Europawahl 2014 zur stärksten Kraft im Land.

In Großbritannien hat sich mit der *English Defence League* (EDL) eine Organisation gegründet, welche eine verbale Distanzierung zu den Nazis und eine angeblich »pro-jüdische« Ausrichtung mit den Schlägermethoden faschistischer Hooligans verbindet. Weit erfolgreicher als die EDL war zeitweise die *UK Independence Party* (UKIP), welche die Haltung gegen Zuwanderung und die EU mit einer Anti-Establishment-Attitüde verbindet und daran beteiligt war, die Abstimmung für den »Brexit« voranzutreiben.

Dazu kommen nationalistische oder regionalistische Parteien wie der *Vlaams Belang* aus Belgien oder die *Lega Nord* aus Italien sowie traditionsreiche rechte

---

7 Weihe-Lindeborg: Mit Glistrup fing es an. Rechtspopulismus in Skandinavien. In: Neue Gesellschaft – Frankfurter Hefte, Jg. 49, Nr.3/2002, S. 156-159.

Parteien mit großem Wählerpotenzial wie die FPÖ, welche in ihren Reihen konservative und faschistische Elemente vereint.

Würde man versuchen, ein starres Koordinatensystem dieser Gruppen zu schaffen, liefe man Gefahr, die eine oder andere Überraschung zu erleben. Ein wichtiges Element des Rechtspopulismus ist, dass er sowohl in Richtung der etablierten Politik als auch in Richtung Faschisten anschlussfähig ist beziehungsweise in Teilbereichen oder zeitlich begrenzt mehr in die eine, mehr in die andere Richtung neigt. Einige Gruppen existieren nicht lange in der rechten Grauzone, sondern entwickeln sich Richtung Integration in die bürgerliche Politik oder Richtung Faschismus. Insofern ist der Vergleich der Grundlagen und des Ist-Zustandes dieser Organisationen nötig und bietet wichtige Anhaltspunkte, aber die Entwicklung der sozialen Auseinandersetzungen in den jeweiligen Ländern und die Rolle der politischen Gruppierungen dabei muss in die Betrachtung einbezogen werden.

Aufstieg der Rechtspopulisten

Lynn Walsh benennt im Magazin *Socialism Today*[8] im Jahr 2002 fünf wichtige Faktoren für den Aufstieg der Rechtspopulisten, die auch heute wirken:

* Die Globalisierung und die Einführung neoliberaler, ultramarktwirtschaftlicher Politik durch die Regierungen, egal welche Ausrichtung sie haben.
* Die verstärkte Integration und Vergrößerung der EU und die Einführung des Euro als gemeinsame Währung.
* Die wachsende Zuwanderung aus den ärmeren europäischen und außereuropäischen Ländern unter den Bedingungen von Arbeitslosigkeit, Armut und sozialer Ungleichheit.
* Die Verbürgerlichung der traditionellen sozialdemokratischen Parteien, welche dazu führt, dass die Arbeiterklasse keine Vertretung auf politischer Ebene hat.
* Den Rückgang des Bewusstseins der Arbeiterklasse aufgrund des Zusammenbruchs des Stalinismus und die Verzögerung beim Aufbau neuer Massenparteien.

Der Zusammenbruch der stalinistischen Regime in Osteuropa Anfang der 1990er Jahre führte zu einer ideologischen Offensive des Kapitals. Die Idee einer Systemalternative zum Kapitalismus war diskreditiert, die sozialdemokratischen und »kommunistischen« Parteien bewegten sich nach rechts, die Gewerkschaften gingen mit. Der Sozialwissenschaftler Phillip Becher schreibt in *Basiswissen Rechtspopulismus*:

> *»Das Betreten der politischen Bühne durch den Rechtspopulismus kann nicht getrennt von der Entwicklung des Neoliberalismus betrachtet werden.«*[9]

8 Lynn Walsh: Character of the far right threat, www.socialistworld.net
9 Becher: Basiswissen Rechtspopulismus, Köln 2013, Papyrossa-Verlag, S. 105

Die neoliberale Phase des Kapitalismus führte zum Anstieg der Konkurrenz, zu mehr Kriegen, Umweltzerstörung und damit zu massiven Wanderungsbewegungen, in Form von Arbeitsmigration oder Flucht. Das Gefühl einer unsicheren Welt ist allgegenwärtig, selbst in Regionen oder sozialen Schichten, die den Absturz selbst noch nicht erlebt haben. Eine kleine Minderheit von Kapitalbesitzern wird immer reicher, während große Teile der arbeitenden Klasse auch in den relativ wohlhabenden Ländern Einkommensverluste hinnehmen mussten und sich um ihre Rente, Krankenversicherung oder die Zukunft ihrer Kinder sorgen.

Diese enorm gewachsene Ungleichheit und die zunehmenden Krisen, sowohl innerhalb der kapitalistischen Zentren als auch zwischen diesen Zentren und dem armen Rest der Welt ist eine der Säulen des Aufstiegs der Rechtspopulisten.

Die *Bertelsmann-Stiftung* fasst diese Faktoren in ihrer Studie vom November 2016 als »Globalisierung« zusammen. Der Teil der Bevölkerung, der sich vor der »Globalisierung« fürchten würde, wäre stärker geneigt, die Rechten zu wählen, linke Parteien würden diese WählerInnen in weit geringerem Maße anziehen, so die Studie.[10]

Diese Einschätzung ergibt sich aus dem aktuellen Zahlenmaterial, zeigt aber nur einen kleinen Ausschnitt der Entwicklung und ist daher nur begrenzt aussagekräftig. In den 1990er Jahren begann die Debatte um die Globalisierung an Fahrt aufzunehmen. Die verschärfte Konkurrenz zwischen Regionen, Ländern und Betrieben, befördert von Deregulierung und Privatisierung, führte zum »race to the bottom«, zum Druck auf Löhne und Arbeitsbedingungen.

Dies hatte betriebliche und gewerkschaftliche Abwehrkämpfe zur Folge. Es kam zu einer Welle von Klassenkämpfen in allen Teilen Europas und darüber hinaus, zur Entstehung einer klar links verorteten globalisierungskritischen Bewegung, zu riesigen Demonstrationen gegen die Gipfeltreffen der Herrschenden weltweit wie im italienischen Genua 2001 mit 300.000 Menschen und zum Aufstieg linker Kräfte bei Wahlen. Der Aufstieg der Rechtspopulisten vollzog sich erst nach einer Reihe von Niederlagen gewerkschaftlicher und politischer Kämpfe, nach schweren Enttäuschungen von Teilen der Lohnabhängigen sowohl mit den alten sozialdemokratischen Parteien als auch mit einigen neuen Formationen.

Statt einer Angleichung der Lebensverhältnisse hat die offene Konkurrenz innerhalb der EU bei einer Währung die stärksten Volkswirtschaften noch stärker gemacht und die Staaten vor allem der südlichen Peripherie in eine tiefe Krise getrieben. Allein der deutsche Imperialismus hat seine hohe Produktivität mit niedrigen Löhnen gekoppelt und seine Exporte auf Kosten anderer europäischer Staaten massiv erhöht. Dieses Auseinanderdriften hat den Nationalismus gestärkt, sowohl bei den Verlierern dieser Entwicklung wie Frankreich und Italien, als auch in den Gewinner-Ländern wie Deutschland und den Niederlanden, in denen das Märchen, »wir« würden für die »Pleite-Staaten« bezahlen müssen, Verbreitung gefunden hat.

---

10 Bertelsmann-Stiftung: Globalisierungsangst oder Wertekonflikt, 1. Auflage, 2016

Dass die Rechtspopulisten Globalisierung, Euro-Krise und die verstärkte Migration zu ihrem Aufbau nutzen konnten, war allerdings nicht unvermeidlich. Dies war nur möglich, weil die Alternative von links zu schwach war.

Zwar ist es mehrfach linken Parteien und Bewegungen gelungen, die ökonomischen und sozialen Fragen, die Klassenfragen, in den Mittelpunkt zu stellen. In einigen Ländern wie Spanien, Irland und auch Griechenland hat vor allem eine neue Linke die Unzufriedenheit aufgegriffen, Bewegungen angestoßen und Wahlerfolge erzielt.

Doch dies hat sich noch nicht zu einer verallgemeinerten Tendenz entwickelt, in vielen Ländern findet die linke Stimmung keinen organisierten Ausdruck. Treffend beschreiben die Sozialwissenschaftler Alexander Häusler und Fabian Virchow die Situation in Deutschland 2015, als viele Menschen zunächst links handelten:

> *»Viele Menschen haben sich im Rahmen der ‚Willkommenskultur' unterstützend und solidarisch gegenüber den Zufluchtsuchenden verhalten. Sie haben Zeit, Energie, Geld und vieles mehr eingebracht - aber sie sind nicht als politischer Faktor in Erscheinung getreten.«[11]*

Das Versagen neuer linker Parteien, wie der griechischen Syriza, die vor dem Diktat der EU eingeknickt ist und die Austeritäts-Politik selbst verschärft hat, kann zudem Rechtspopulisten oder Faschisten neue Möglichkeiten für ihre soziale Demagogie eröffnen.

Die Kapitulation der ehemaligen Arbeiterparteien meist sozialdemokratischer Prägung und vieler Gewerkschaften vor dem Neoliberalismus hat zur stärkeren Zersplitterung der Lohnabhängigen geführt. Tarifverträge wirken für immer weniger Beschäftigte, die gewerkschaftliche Organisierung ist gesunken. Die Sozialdemokratie hat sich, oft in führender Position, an der Zerstörung sozialer Verhältnisse beteiligt.

Neoliberale Alternativlosigkeit

Wirtschafts- und sozialpolitisch sind die ehemals konservativ-liberalen und sozialdemokratisch-grünen Lager zu einem pro-kapitalistischen Einheitsbrei vermengt. Durch die angebliche Alternativlosigkeit der ewigen Austerität erübrigt sich die Debatte über die Wirtschaftspolitik. Nicht etwa, weil es nichts zu diskutieren oder keine gegensätzlichen Interessen gäbe, sondern weil sich unter den großen Parteien niemanden findet, der oder die bereit wäre, diese Debatte zu führen.

Die WählerInnen sehen niemanden, *»der diese Konfliktlinien in ihrem Sinne artikuliert. So erscheint es ihnen folgerichtig, sich einer Partei zuzuwenden, die ihre subjektive Position im zweitwichtigsten Feld bedient, in diesem Fall die soziokulturelle Konfliktlinie.«*

---

11 Neue soziale Bewegung von rechts?, Häusler/Virchow (Hrsg.), Hamburg 2016, S. 8

So formuliert Phillip Bechert es in *Basiswissen Rechtspopulismus*. Im US-Wahl-kampf konnte man live erleben, wie die Tatsache, dass beide Parteien besonders ein-deutige Repräsentanten der kapitalistischen Klasse aufgestellt hatten, die Fragen der Hautfarbe und Kultur in den Vordergrund geschoben hat.

Die Rechten richten sich vor allem an Schichten, die keine Hoffnung haben, durch gemeinsamen sozialen Kampf ihr Leben zu verbessern. Sie knüpfen an der Idee an, dass das Leben dieser Leute früher besser, hoffnungsvoller war und lenken ihre Unzufriedenheit weg von den ökonomischen Verhältnissen. Sie nehmen ne-ben dem politischen Establishment Gruppen von Menschen ins Visier, die »früher« nicht so zahlreich waren wie MigrantInnen oder nicht so selbstbewusst und sichtbar wie Homosexuelle oder arbeitende Frauen.

Allerdings ist eine differenzierte Analyse nötig. Bisher ist nur eine Minderheit der Lohnabhängigen der »soziokulturellen Konfliktlinie«, der Spaltung entlang na-tionaler, religiöser oder kultureller Linien auf den Leim gegangen. Große Teile der arbeitenden Klasse lehnen rassistische Ideen eindeutig ab.

Frauen, MigrantInnen und oft auch Jugendliche sind von der ökonomischen Kri-se eher schwerer betroffen. Doch diese Schichten sind für die Rechtspopulisten nicht so einfach erreichbar, da sie das »früher« gar nicht kennen oder dieses auch als pro-blematisch erlebt haben.

Zudem ist das Terrain der städtischen Zentren für die Rechtspopulisten schwie-riger, weil hier verschiedene Nationen, Religionen, Kulturen dicht zusammen leben und sich stärker vermischen. Die wachsende Ungleichheit im Kapitalismus führt dazu, dass sich in Großstädten Jobs und Aufstiegschancen konzentrieren, während die Unterzentren und ländlichen Regionen ausbluten und die Menschen dort sich stärker als Verlierer sehen.

Daher richtet sich die rechtspopulistische Agitation in erster Linie auf die über-wiegend weißen, männlichen Schichten von ArbeiterInnen und des Kleinbürger-tums, die in vom Abstieg bedrohten Regionen wohnen oder die früher wohlha-bender waren.

Kein Erdrutschsieg für Trump

Dass sich die Agitation an diese Schichten richtet, heißt nicht, dass sie überwie-gend erfolgreich ist. So hält die Darstellung, dass Trumps Wahlsieg vor allem »der weißen, männlichen Arbeiterklasse« zu verdanken sei, einer genaueren Überprü-fung nicht stand. Das Magazin *Slate* schreibt:

> »Verglichen mit den Wahlen 2012 kollabierte die Unterstützung für die Demo-kraten im Rust Belt (den Bundesstaaten, die unter der De-Industrialisierung leiden, d.A.), weil viele Demokraten zu Hause blieben oder (in geringerem Umfang) eine dritte Partei wählten. Trump hat die Wähler aus der weißen

Arbeiterklasse im Rust Belt nicht hinübergezogen. Die Demokraten haben sie verloren.«[12]

Die *Republikaner* haben in diesen Staaten 355.000 neue WählerInnen mit einem Jahreseinkommen unter 50.000 Dollar gewonnen, die *Demokraten* jedoch 1,17 Millionen verloren. Bei den Gruppe mit etwas höherem Einkommen, der noch aktiven Industriearbeiterschaft, wird das noch deutlicher. Hier haben die *Republikaner* nur 26.000 gewonnen, die *Demokraten* jedoch 379.000 WählerInnen verloren. Sowohl *Republikaner* als auch *Demokraten* haben in diesen Bundesstaaten hingegen mehr wohlhabende WählerInnen mit einem Jahreseinkommen über 100.000 Dollar als 2012 gewinnen können.

Nicht einmal, wenn man die Einkommen beiseite lässt und nur die Hautfarbe zur Grundlage nimmt, lässt sich daraus eine massive Wählerwanderung »der Weißen« zu Trump ableiten. Die *Republikaner* haben 450.000 »weiße« WählerInnen im Rust Belt gewonnen und damit weniger als die Hälfte der Verluste der *Demokraten* (950.000) aufgefangen. Die *Demokraten* haben zudem 400.000 Stimmen unter Afro-AmerikanerInnen, Indigenen und Latinos in der Region verloren.

Die Wahlbeteiligung in den gesamten USA wuchs im Vergleich zu 2012 nur gering (von 58 Prozent auf 58,9 Prozent) und war niedriger als 2008, als Obama zum ersten Mal gewählt wurde (61,6 Prozent). Trump bekam 62,8 Millionen Stimmen, weniger als Clinton mit 65,4 Millionen, gewann jedoch die Mehrheit der Wahlleute, die für die Wahl des Präsidenten entscheidend sind. Trump hatte damit nur rund zwei Millionen Stimmen mehr für die *Republikaner* geholt als deren schwacher Kandidat Mitt Romney 2012. Die *Demokraten* verloren rund eine halbe Million Stimmen, vor allem in ihren ehemaligen Hochburgen.

Es ist Trump zwar gelungen, mit seiner rechtspopulistischen Rhetorik Teile der Arbeiterklasse zu erreichen, doch die Zahlen belegen keine massive Wählerwanderung oder gar Begeisterung für die *Republikaner*. Der Haupttrend in der Arbeiterklasse, unabhängig von der Hautfarbe, geht Richtung Wahlenthaltung und Abkehr von den Establishment-Parteien. Wie auch in Europa führt die soziale Spaltung zum Auseinanderdriften der Wahlbeteiligung – arme WählerInnen nutzen ihr Wahlrecht nicht, die Wahlbeteiligung wächst mit dem Einkommen. Dies führt zu einem verzerrten Bild, welches rechte und rechtsextreme Parteien überproportional stark aussehen lässt.

Trump konnte sich nur inszenieren, weil nicht der für große Teile der Jugend und Arbeiterklasse glaubwürdige Bernie Sanders der Kandidat der *Demokraten* war, sondern die zutiefst unbeliebte Hillary Clinton, Symbol für die US-Kriegspolitik und die Macht der Banken und Konzerne.

Innerhalb der US-amerikanischen Jugend ging die Bewegung in den letzten Jahren eindeutig nach links, Kritik am Kapitalismus und auch sozialistische Ideen treffen dort auf große Zustimmung. In der Arbeiterklasse ist die Unzufriedenheit mit

---

12 The Myth of the Rust Belt Revolt, www.slate.com, eigene Übersetzung

dem Establishment und der Macht von Wall Street gewachsen. Da Sanders auf eine unabhängige Kandidatur verzichtete, fand die linke Stimmung keinen Ausdruck auf Wahlebene und die Rechte konnte gewinnen. Dies ist jedoch kein einfacher Rechtsruck, sondern ein Prozess von Polarisierung. Was allerdings die von Trump geplanten Angriffe auf Minderheiten sowie soziale und demokratische Rechte nicht weniger gefährlich macht.

Die rechtspopulistische Inszenierung in Europa gelingt trotz des widersprüchlichen sozialen und ökonomischen Programms dieser Parteien. Die meisten Rechtspopulisten verbinden »linke« Rhetorik für soziale Gerechtigkeit mit konkreten Forderungen, die auf eine Radikalisierung der neoliberalen Offensive hinauslaufen, zum Beispiel Kürzung von Sozialleistungen, »einfache« Steuermodelle, Beschränkung der gewerkschaftlichen Rechte.

Diese Parteien werden nicht allein wegen ihres Rassismus gewählt noch stören sich ihre WählerInnen daran. Auch wenn es sich oft um eine Protestwahl handelt, werden die mitgelieferten Vorurteile und die Stimmungsmache gegen MigrantInnen überwiegend gut geheißen, akzeptiert oder billigend in Kauf genommen. Dieser Rassismus ist der Klebstoff, der die widersprüchlichen Elemente des Programms sowie die verschiedenen sozialen Interessen von Mitgliedschaft und Wählerschaft miteinander verbindet.

Die bereits erwähnte Studie der *Bertelsmann-Stiftung* verweist darauf, dass die Migration von vielen als das bedrohlichste Element der Globalisierung gesehen wird. Sachlich gesehen ist das absurd, angesichts von Kriegen und Umweltzerstörung, die Fluchtbewegungen zur Folge haben und immer näher an Europa heranrücken. Gefahren und allgemeine Unsicherheit wachsen ohne Zweifel. Die Geflüchteten sind Opfer oder das Symptom dieser Entwicklungen, aber nicht deren Ursprung.

Diese schiefe Wahrnehmung der Migration als Hauptgefahr ist nicht allein oder auch nur überwiegend das Produkt der rechtspopulistischen Agitation, sondern beruht auf der Darstellung der etablierten kapitalistischen Parteien und der bürgerlichen Medien. Nach dem Ende der Siegesfeier des Kapitalismus der 1990er Jahre und dem Beginn des lang anhaltenden Katzenjammers ließ sich die negative soziale und wirtschaftliche Entwicklung nicht mehr leugnen. Die Sorgen über die gefährliche, zerstörerische Entwicklung des Systems wurde von den Ursachen weg und zu Sündenböcken hin gelenkt. Nicht der soziale Verfall sei angeblich Schuld am Chaos in den arabischen Ländern, sondern »der Islam«, die Flüchtlinge seien das eigentliche Problem und nicht der Stellvertreterkrieg der Regional- und Weltmächte, der auf syrischem Boden ausgetragen wird. An dieser Erzählung konnten die Rechtspopulisten anknüpfen und sie rassistisch radikalisieren.

Faschismus als Terror gegen die Arbeiterbewegung

Guido Speckmann und Gert Wiegel, Autoren des Buches *Faschismus* stellen fest, dass im Zuge der Revolte von 1968 der Faschismus-Begriff »inflationär« verwendet wurde:

> *»Im Grund diente der Faschismusvorwurf häufig als politisch-moralische schärfere Verurteilung des Kapitalismus.«*[13]

Dieser These stimmen wir zu. Der Faschismus-Begriff sollte jedoch eine wichtige analytische Kategorie zur Abgrenzung besonderer Formen der Reaktion sein. Die Bezeichnung »Faschist« für jeden Reaktionärs der rassistische Stimmungen befördert, mag der emotionalen Hygiene von AntifaschistInnen dienlich sein, hilft aber nicht beim Verständnis der verschiedenen Ausprägungen rechter Politik.

Der historische Faschismus in seiner entwickelten Form in Deutschland und Italien – und mit Einschränkungen in Spanien und Portugal – war eine spezielle terroristische Form des Kapitalismus, basierend auf einer Massenmobilisierung des Kleinbürgertums und der Verelendeten zur Zerschlagung der Arbeiterbewegung, *»begründet auf der Ausrottung aller Elemente proletarischer Demokratie in der bürgerlichen Gesellschaft,«*[14] wie es der russische Marxist Leo Trotzki formulierte.

> *»Hier setzt die historische Funktion des Faschismus ein. Er bringt jene Klassen auf die Beine, die sich unmittelbar über das Proletariat erheben und fürchten, in dessen Reihen gestürzt zu werden, organisiert und militarisiert sie unter Deckung des offiziellen Staates mit den Mitteln des Finanzkapitals und treibt sie zur Zertrümmerung der proletarischen Organisationen, der revolutionären wie der gemäßigten.«*[15]

Die Folgen für die Arbeiterbewegung und die Linke, vor allem in Deutschland, dem am stärksten industriell entwickelten Land unter der Knute einer faschistischen Bewegung, waren verheerend und wirken letztendlich bis heute nach. Kein

---

13 Speckmann/Wiegel: Basiswissen Faschismus, Köln 2012, Papyrossa-Verlag, S. 110
14 Leo Trotzki: Wie wird der Nationalsozialismus geschlagen?, Auswahl aus »Schriften über Deutschland«, Frankfurt 1971, S. 69
15 ebd.

bürgerlich-autoritäres Regime anderer Art, keine Polizei- oder Militärdiktatur hätte die Arbeiterbewegung so grundlegend zerschlagen und das ganze Land auf den imperialistischen Krieg ausrichten können wie die Nazi-Massenbewegung, die in alle Poren der Gesellschaft eindrang, in alle Städte, in alle Viertel und – nach der Zerschlagung der Organisationen der Arbeiterklasse – auch in die Köpfe von Teilen des Proletariats.

Wenn man darüber diskutiert, ob man es bei einer Organisation mit Faschisten zu tun hat, muss man dies berücksichtigen. Handelt es sich bei dieser oder jener rechtspopulistischen Partei um eine Organisation, die in die Richtung tendiert, eine gewaltsame Massenbewegung zur Unterdrückung und Zerschlagung der Arbeiterbewegung und der politischen Linken aufzubauen oder »nur« um eine Gruppe ordinärer Rassisten, die sich darauf beschränken, ihr reaktionäres Programm durch Publikationen, parlamentarisches Auftreten und Beteiligung an bürgerlichen Institutionen zu befördern?

Man würde es sich zu einfach machen, diese Frage einfach mit »Ja« oder »Nein« zu beantworten. Politische Formationen müssen in ihrer Entwicklung gesehen werden. Wo liegt ihr Ursprung, wohin bewegen sie sich? Ihre Entwicklung vollzieht sich nicht aus sich selbst heraus, sondern auf der Grundlage der ökonomischen und sozialen Widersprüche, die in der Gesellschaft existieren.

Zum 1.1.2017 gab es zumindest in Westeuropa keine Organisation, welche mit Mussolinis Schwarzhemden Anfang der 1920er Jahre oder der NSDAP Ende der 1920er, Anfang der 1930er vergleichbar wäre. Die größeren Organisationen mit massenhafter Wahlunterstützung verzichten auf den Aufbau von Schlägertruppen und beschränken sich auf bürgerlich-parlamentarische Methoden. Die offenen Nazi-Gruppen sind klein und ohne breitere gesellschaftliche Verankerung. Doch daraus zu folgern, es gäbe keine faschistischen Organisationen, würde bedeuten, die Faschismusdefinition als rein historische Kategorie zu benutzen und sie damit ihrer analytischen Funktion zu berauben.

Der schnelle Aufstieg der Nazi-Organisation *Goldene Morgenröte* in Griechenland im Zuge des sozialen Zerfalls des Landes und die Stärke der paramilitärischen Formationen von *Jobbik* und weiterer Gruppen in Ungarn sind deutliche Hinweise, dass der Faschismus samt seinen terroristischen Elementen keineswegs ein nur von HistorikerInnen zu betrachtendes Phänomen ist.

Eine Reihe von Faktoren, die in den 1930er Jahren zum schnellen Sieg der faschistischen Massenbewegungen führten, existieren heute nicht mehr oder nur in stark veränderter Form. Die Basis der faschistischen Bewegungen waren die Mittelschichten, das Kleinbürgertum, die sich sowohl von den großen Kapitalisten als auch der Arbeiterklasse bedroht fühlten.

Mit Kleinbürgertum meinen wir hier nicht Menschen, die kleinbürgerlich denken, sondern die Zwischenschichten, die weder zu den Lohnabhängigen noch zu den Kapitalisten zählen: Bauern, selbstständige Handwerker, kleine Händler. Diese waren Anfang der 1930er Jahre zahlenmäßig weit stärker. Dazu kamen formell lohnabhängige Zwischenschichten wie Beamte, die damals klarer als heute vom industriellen Proletariat getrennt waren. Vor allem nach dem Börsen-Crash von 1929 und der folgenden schweren wirtschaftlichen Krise wurden immer mehr in Arbeitslosigkeit und Armut geschleudert und verzweifelten. Auch Teile dieser vom Proletariat isolierten Schichten konnten NSDAP und SA erreichen.Heute bilden die Lohnabhängigen, wir bezeichnen sie unabhängig von ihrer konkreten Tätigkeit in ihrer Gesamtheit als Arbeiterklasse, die eindeutige Mehrheit in der Gesellschaft. Das allein führt noch nicht zu einer Immunität gegen den Faschismus, denn auch Angehörige der Arbeiterklasse können auf faschistische Demagogie hereinfallen. Aber alle Erfahrungen der letzten Jahrzehnte zeigen, dass es den Faschisten eher schwer fällt, eine stabile Basis innerhalb der Arbeiterklasse aufzubauen. Sobald Teile derselben ihre passive Wartestellung verlassen, in den gemeinsamen sozialen Kampf treten, sich als Klasse spüren, bröckelt die Unterstützung für die Rechten.

Letzter Ausweg für das Kapital

Die grundlegenden Widersprüche des Kapitalismus bestehen weiterhin. Gerade seit Beginn der Finanzkrise 2007 wird die Krisenanfälligkeit dieses Systems samt der daraus resultierenden sozialen und politischen Verwerfungen deutlich. Offensichtlich ist auch, dass Nationalismus und Rassismus weiter existieren, eine wichtige Rolle spielen und es vermehrt Bewegungen gibt, die sich auf diese Ideologien beziehen und zumindest Elemente faschistischer Ideologie und Methoden beinhalten.

Der Antisemitismus, der für die deutsche Nazi-Bewegung eine so zentrale Rolle spielte, war für die italienischen, spanischen und portugiesischen Faschisten von geringerer Bedeutung. Heute ist die Situation noch einmal verändert. Während der Antisemitismus weiter existiert, ist er nicht mehr die zentrale Form des Rassismus, vor allem nicht für die breite Öffentlichkeitsarbeit. Ob eine rechte Organisation antisemitisch ist oder nicht bzw. ob sie sich öffentlich antisemitisch gibt, ist kein ausschlaggebendes Kriterium für die Frage, inwieweit sie faschistisch ist.

Ein entscheidender Faktor für den Sieg Hitlers und Mussolinis war die Entscheidung des Kapitals in Deutschland und Italien, ihre Klassenherrschaft durch die Machtübergabe an die Faschisten zu retten. Die deutschen Industriekapitäne sahen Hitler als letzte Möglichkeit, ihr tief in die Krise gestürztes kapitalistisches System zu retten – einerseits vor einer drohenden revolutionären Erhebung des Proletariats, andererseits vor den Einschränkungen, welche Sozialdemokratie und Gewerkschaften für den Konkurrenzkampf mit anderen Nationen und den Weg zu einem neuen Krieg zur Aufteilung der Welt bedeuteten.

Die Machtübergabe an die Nazis in Deutschland 1933 war das Ergebnis einer extrem zugespitzten Krise des Kapitalismus. Der zu spät gekommene aber dynamische deutsche Kapitalismus war in der Mitte Europas eingeklemmt und durch die

Niederlage im Ersten Weltkrieg von den imperialistischen Konkurrenten gestutzt worden. Die deutschen Konzerne brauchten zur Rettung ihres Systems eine massive Ausweitung der Absatzmärkte und der Eroberung von Rohstoffquellen durch eine aggressive, kriegerische Außenpolitik sowie die Zerschlagung der Arbeiterbewegung im Inneren, um die Löhne massiv zu senken, die gesamte Bevölkerung für die Rüstungsproduktion zu mobilisieren und sich der Gefahr der sozialistischen Revolution ein für alle Mal zu entledigen.

Sie hatten vor Hitler schon verschiedene Methoden genutzt: Das Regime der Notverordnungen unter Kanzler Brüning, gestützt auch von der SPD, welches ähnliche Maßnahmen ohne parlamentarische Beratung durchsetzte wie heute die Troika aus EU, IWF und EZB in Griechenland. Darauf folgten verschiedene autoritäre Regimes unter von Papen, Schleicher und Übergänge zur Militärdiktatur.

Die deutschen Kapitalisten hatten lange gezögert, die NSDAP zu unterstützen. Erst ab Anfang der 1930 Jahre begannen Großindustrielle, Hitler mit Geld auszustatten und beschleunigten somit den Aufstieg seiner Bewegung.

Die Besonderheit des Faschismus im Unterschied zu anderen reaktionären Regimes ist die Mobilisierung der kleinbürgerlichen und subproletarischen Massen und deren terroristische Wendung gegen die Arbeiterbewegung. Um diese Massen in Wallung zu bringen, musste Hitler zu einer »antikapitalistischen« Rhetorik greifen. Die alten Eliten waren zu Beginn nicht sicher, ob solch eine Bewegung, einmal an der Macht, nicht unter Druck ihrer Basis geraten würde, wirklich antikapitalistische Maßnahmen durchzuführen. Die Führung der Nazi-Bewegung konnte die Kapitalisten jedoch beruhigen, dass ihr System unangetastet bleiben würde.

Hitler hielt seine Zusagen ein. Der Faschismus mobilisierte zwar die kleinbürgerlichen und verelendeten Massen, doch seine Herrschaft bedeutete nicht, dass deren Forderungen und Erwartungen verwirklicht wurden. Der Faschismus zerschlug die Arbeiterbewegung, sowohl ihren revolutionären als auch ihren reformistischen Flügel, atomisierte sie geradezu. Er machte damit den Weg frei zur vollständigen Durchsetzung der Profitinteressen des Kapitals. Die NSDAP war die einzige Kraft, die dazu Anfang der 1930er in der Lage war. Um die Arbeiterbewegung zu zertrümmern, zu demoralisieren, niedergedrückt zu halten, bedurfte es eines Systems des Massenterrors, bedurfte es SA, SS und Blockwarten, die in jedem Stadtteil, jeder Straße ihre Kontrolle ausübten. Eine Militärdiktatur, lediglich gestützt auf bezahlte Soldaten, hätte die Arbeiterbewegung nicht dermaßen gründlich besiegen können.

Für diese Rettung riskierten die Kapitalisten die Übergabe der politischen Macht an eine Bewegung, die sie weit weniger kontrollieren konnten als ein parlamentarisches System samt normalen bürgerlichen Parteien. Die Kapitalisten bezahlten einen hohen Preis für die Rettung ihres Systems. Sie mussten Abenteurern die Macht überlassen, weil nur diese Abenteurer und Rassenfanatiker den Krieg organisieren konnten. Aber die faschistischen Hasardeure erwiesen sich als unfähig umzuschwenken, als sich ab 1943 die Niederlage im Zweifrontenkrieg abzeichnete. Sie führten den deutschen Kapitalismus in den »Untergang« von 1945 und schwächten die herrschende Klasse hierzulande für eine ganze historische Periode. Allerdings blieb die Herrschaft des Kapitals durch die Westintegration der BRD letztendlich erhalten. Aus dem Desaster des verlorenen Weltkrieges haben die herrschenden Klassen weltweit Lehren gezogen. Der Faschismus hat sich als eine extrem gefährliche und unberechenbare Herrschaftsform erwiesen. Weder die Spitzen der Politik noch die wirtschaftlich Herrschenden, die Vertreter der Banken und Konzerne, haben in der jetzigen Periode Interesse an einer unkontrolliert agierenden und wachsenden faschistischen Bewegung. Das Kapital zieht es prinzipiell vor, nicht mit einer offenen Diktatur, sondern vermittels der Parteien und des Parlamentes zu herrschen. Alle bürgerlichen Parteien bedienen durch ihre materielle und ideologische Einbindung in das parlamentarische System und den Staatsapparat die Kapitalinteressen.

Diese Regierungsform ermöglicht es der herrschenden Klasse, aufkommende Kritik früh zu erkennen und beinhaltet die Möglichkeit, diese in für die Aufrechterhaltung der Herrschaft ungefährliche Bahnen zu lenken. Erst wenn die sozialen Widersprüche zunehmen, unversöhnlich werden, die Menschen sich nicht mit der kleinen Zugeständnissen und Propaganda abgeben, verliert die parlamentarische Herrschaftsform ihre Vorteile für das Kapital. In solchen Phasen werden autoritäre Herrschaftsformen – zum Beispiel Militär- oder Polizeiregimes – für die herrschende Klasse interessant.

Es ist daher nicht die jetzige Aufgabe faschistischer Organisationen, sich auf ihre Machtergreifung vorzubereiten. Seitens der herrschenden Klasse ist ihnen die Aufgabe einer Hilfstruppe zugedacht. Die Perspektive einer neuen Nazi-Herrschaft in Europa wäre nur im Zusammenhang mit schweren Niederlagen der organisierten Arbeiterbewegung und einem gesellschaftlichen Verfall im Zuge eines langanhaltenden ökonomischen Niedergangs denkbar. Dies ist nicht auszuschließen, aber es ist keine kurzfristige Perspektive für die nächsten Jahre.

Zu diesem Schluss kommen auch Speckmann/Wiegel:

> »Wenn es richtig ist, dass der Faschismus nur im Bündnis mit den alten Eliten und in einer spezifischen politischen und ökonomischen Situation zur Macht gelangen kann, so ist keine dieser Voraussetzungen gegeben.«[16]

Dazu kommt, dass die Klassenherrschaft des Kapitals heute weniger akut bedroht ist als in 1930er Jahren. Zwar haben sich in nahezu allen Sektoren der Welt stärkere Klassenauseinandersetzungen entwickelt. Heute käme kaum jemand auf die Idee, vom »Ende der Geschichte« zu reden wie während des Triumphes der frühen 1990er Jahre, als der Kapitalismus als einzig machbares System gepriesen wurde. Doch die Entwicklung eines neuen sozialistischen Bewusstseins ist ein in die Länge gezogener Prozess.

---

16 Speckmann/Wiegel: Basiswissen Faschismus, Köln 2012, Papyrossa-Verlag, S. 118

In Griechenland, wo die sozialen Kämpfe lang anhaltender und intensiver sind, hat sich das Verhältnis von Teilen der herrschenden Klasse und vor allem von Teilen des Staatsapparates zu den Faschisten schon etwas gewandelt. Die offenen Nazis von *Chrysi Avgi* (*Goldene Morgenröte*) wurden und werden von einer Reihe von Unternehmern gefördert. Auch dort droht kurzfristig kein Faschismus an der Macht, aber ohne Zweifel ist der Stellenwert der Faschisten gewachsen, vor allem ihr Gebrauchswert für die Herrschenden.

Mit dem Mord an dem linken Rapper Pavlos Fyssas im September 2013 waren die Nazis jedoch aus Sicht des kapitalistischen Staates zu weit gegangen, auch weil sie eine massive antifaschistische Gegenbewegung ausgelöst hatten. In Athen demonstrierten 50.000 Menschen. *Chrysi Avgi* hat seitdem stärkere staatliche Repression erfahren. Bei Wahlen konnte sie die Stimmenanteile halten, aber ihr Aufstieg wurde zunächst abgebremst. Der Parteichef, weitere führende Mitglieder und Abgeordnete wurden nach dem Mord an Fyssas inhaftiert, ein Prozess gegen 73 Parteimitglieder hat 2015 begonnen, ihnen wird die »Bildung einer kriminellen Vereinigung« vorgeworfen.

Kettenhunde des Staates

Auch ohne die Perspektive einer faschistischen Machtergreifung gehen heute akute Gefahren von den Faschisten aus. Ihre rassistische Propaganda, das Markieren von Sündenböcken auf kultureller, religiöser, nationaler oder kultureller Grundlage, spaltet die arbeitenden Menschen, vernebelt soziale und ökonomische Ursachen von Problemen, vergiftet die Gesellschaft. Allerdings ist dies keine Spezialität faschistischer Organisationen, sondern auch rechtspopulistische, liberale, konservative und sozialdemokratische Parteien nutzen die Strategie des »teile und herrsche«.

Bei den Faschisten kommt im Unterschied zu den Rechtspopulisten hinzu, dass sie ihre Propaganda mit konkreten Taten verbinden und auf physische Gewalt gegen politische Gegner und die Arbeiterbewegung setzen, sei es durch Gewalt auf der Straße und Schlägereien oder durch terroristische Anschläge. Der Widerstand dagegen kostet die Linke Energien und Ressourcen, die auch an anderen Fronten gebraucht werden, ist aber notwendig. Wenn es den Faschisten gelingt, AktivistInnen der Arbeiterbewegung und Linke durch Androhung und Umsetzung von Gewalt einzuschüchtern, werden diese politisch aus dem Spiel genommen und können keine Rolle bei der Entwicklung sozialer Kämpfe und politischer Alternativen zu den Establishment-Parteien spielen.

Kommt es zu einer Zuspitzung sozialer Konflikte, kann der von Faschisten ausgeübte Terror eine zentrale Rolle bei der Abschaffung demokratischer Rechte spielen. Ihre meist anonym verübten Anschläge tragen zu Destabilisierung und Angst bei und dienen als Vorwand, erst für die Verschärfung der staatlichen Repression und die Einschränkung der demokratischen Rechte und später zur Abschaffung derselben durch eine offene Diktatur, zum Beispiel des Militärs. In Italien wurde dieses

Vorgehen rechter Terroristen Ende der 1960er und Anfang der 1960er und Ende der 1970er Jahre »Strategie der Spannung« genannt.

Eine besondere Rolle war den Faschisten zu Zeiten der Konfrontation mit der Sowjetunion zugedacht. Mit *Gladio* (= *Schwert*) hatte die NATO eine paramilitärische Geheimorganisation geschaffen, die auf Sabotage und Terror vorbereitet wurde, angeblich für den Fall einer Invasion Westeuropas durch die Truppen des Warschauer Paktes.

Gladio wurde in allen NATO-Staaten aufgebaut. Die Mitglieder rekrutierten sich aus militärischen Spezialeinheiten, Geheimdienstlern und Angehörigen faschistischer Organisationen. Die tatsächliche Arbeit von *Gladio* hatte wenig mit der Gefahr einer sowjetischen Invasion zu tun. Stattdessen war das Netzwerk für Terroranschläge verantwortlich.

In Italien spitzten sich Ende der 1960er Jahre die Klassenkämpfe zu, Millionen ArbeiterInnen und Jugendliche organisierten sich in linken Gruppen, Streiks eskalierten. Die herrschende Klasse Italiens setzte auf die »Strategie der Spannung«, auf die Eskalation von Terror, um Ängste zu verbreiten und autoritäre Maßnahmen gegen die Linke zu rechtfertigen. Ab 1969 erschütterten mehrere schwere Terroranschläge das Land. Beim Anschlag auf der Piazza Fontana in Milano starben im Dezember 1969 17 Menschen, beim Bombenanschlag auf den Mailänder Hauptbahnhof 80 Menschen. Bekennerschreiben für diesen Massenterror gab es nicht, wegen des Anschlages in Milano ermittelte die Polizei gegen Linke.

Inzwischen ist bewiesen, dass die Anschläge durch rechtsterroristische Gruppen wie *Ordine Nuovo* (= *Neue Ordnung*) in Verbindung mit der Geheimloge P2, welche bis in höchste staatliche Stellen reichte, geplant und durchgeführt wurden. Der Rechtsterrorist Vincenzo Vinciguerra erklärte die Strategie:

> *»Man musste Zivilisten angreifen, Männer, Frauen, Kinder, unschuldige Menschen, unbekannte Menschen, die weit weg vom politischen Spiel waren. Der Grund dafür war einfach. Die Anschläge sollten das italienische Volk dazu bringen, den Staat um größere Sicherheit zu bitten. (…) Diese politische Logik liegt all den Massakern und Terroranschlägen zu Grunde, welche ohne richterliches Urteil bleiben, weil der Staat sich ja nicht selber verurteilen kann.«[17]*

Ein Zusammenhang deutscher Ableger des *Gladio*-Netzwerks mit dem Anschlag auf das Münchener Oktoberfest konnte nicht bewiesen werden, allerdings gab es Verbindungen des Attentäters Gundolf Köhler zum Faschisten Heinz Lembke, dessen umfangreiche Waffendepots – unter anderem 14.000 Schuss Munition, fünfzig Panzerfäuste und 156 kg Sprengstoff in moderner Qualität – nach Auffassung mehrerer Journalisten auf eine Verbindung zu *Gladio* hindeuteten. Lembke erhängte sich einen Tag vor seiner Vernehmung in seiner Gefängniszelle, am 1.11.1981 und wur-

---

17 Zitiert nach: http://de.wikipedia.org/wiki/Gladio

de im Nachhinein als »Einzeltäter« bezeichnet. 2014 wurden die Ermittlungen zum Oktoberfest-Attentat wieder aufgenommen, weil neue Zeugenaussagen vorlagen. Es sollten neue Zeugen befragt werden, es gäbe Hinweise auf bisher unbekannte Mitwisser. *Bundesnachrichtendienst* (BND) und *Bundesamt für Verfassungsschutz* (VS) wurden aufgefordert, die Akten dem Generalbundesanwalt zur Verfügung zu stellen. Der VS ist diesem Ansinnen bis April 2016 nicht nachgekommen.

Die türkischen Faschisten der Grauen Wölfe trugen durch ihren Terror zur Destabilisierung der Türkei Ende der 1970er Jahre bei und dienten damit zur Rechtfertigung des Militärputsches vom 12. September 1980, den die Generäle damit begründeten, »Ruhe und Ordnung« wiederherzustellen. Ihre Hilfe beim Vorgehen gegen Linke und Arbeiterbewegung wurde den Faschisten jedoch nicht gedankt, das Militär wies sie in die Schranken. In der Türkei herrschte ab 1980 kein Faschismus, sondern eine »normale« kapitalistische Militärdiktatur. Ebenso in Chile 1973, wo auch im Vorfeld des Putsches faschistische Gruppen aktiv waren, aber von den Generälen verboten wurden, nachdem sie ihre Aufgabe erfüllt hatten. Diese Funktion als Kettenhunde des Kapitalismus hatten und haben die Nazis auch in Deutschland.

Um an dieser Stelle kein Missverständnis aufkommen zu lassen: Die rechten Diktaturen in der Türkei, Chile, Argentinien, Indonesien und vielen anderen Ländern waren brutal, grausam. Zehntausende ArbeiterInnen und Linke wurden ermordet, im Fall Indonesiens weit mehr. Die Generäle hatten von den Nazis gelernt, verwendeten zum Beispiel deren Foltermethoden. Tatsächlich hilft es jedoch nicht, diese Regime als »faschistisch« zu definieren, denn der Faschismus ist eine besondere Herrschaftsform des Kapitals, der durch seine Massenmobilisierung der enthemmten Kleinbürger und Subproletarier in der Lage ist, die Arbeiterbewegung tiefer und lang anhaltender zu vernichten, als es jede noch so blutige Militärdiktatur kann.

Auch wenn Faschisten »nur« als Kettenhunde des Kapitalismus agieren, die seitens der herrschenden Klasse und des Staates weit kürzer gehalten werden als ihre historischen Vorbilder, so stellen sie auch heute eine besondere Gefahr dar, auf welche die Linke und die Arbeiterbewegung speziell reagieren müssen. Daher ist auch die Frage relevant, ob es sich bei einer Organisation um eine rechtspopulistische oder faschistische Organisation handelt bzw. die Frage, wohin sich eine rechte Organisation entwickelt.

Robert Paxton, emeritierter Professor an der Columbia-Universität New York, wird in der neueren Faschismus-Debatte häufig zitiert. In seinem Werk »Anatomie des Faschismus« hat er nicht nur den Faschismus an der Macht analysiert, sondern auch die Entwicklungsstufen faschistischer Bewegungen.

> Er definiert Faschismus »*als eine Form des politischen Verhaltens, das gekennzeichnet ist durch eine obsessive Beschäftigung mit Niedergang, Demütigung und Opferrolle einer Gemeinschaft und durch kompensatorische Kulte der Einheit, Stärke und Reinheit, wobei eine massenbasierte Partei von entschlossenen natio-*

nalistischen Aktivisten in unbequemer, aber effektiver Zusammenarbeit mit traditionellen Eliten demokratische Freiheiten aufgibt und mittels einer als erlösend verklärten Gewalt und ohne ethische oder gesetzliche Beschränkungen Ziele der inneren Säuberung und äußeren Expansion verfolgt.«[18]

In diesem etwas sperrigen Zitat fehlt eine Klassenanalyse des Faschismus, wie sie aus sozialistischer Sicht zentral ist, aber dennoch ist es gehaltvoller als viele andere bürgerliche Versuche der Faschismus-Analyse oder die offizielle Definition stalinistischer Prägung, welche zwar den Faschismus als *»die offene, terroristische Diktatur der reaktionärsten, chauvinistischsten, am meisten imperialistischen Elemente des Finanzkapitals«*[19] benennt, aber der faschistischen Massenbasis als entscheidenden Unterschied zu anderen Formen bürgerlicher Diktatur keinen entsprechenden Stellenwert einräumt.

In Paxtons Analyse finden wir sowohl die Berührungspunkte der Rechtspopulisten zum Faschismus – Stichworte *»Opferrolle«*, *»kompensatorische Kulte der Reinheit«* – aber auch die Unterschiede bezüglich der Massenbasis und der Rolle der Gewalt.

Die Frage, ob eine Organisation als faschistisch zu definieren ist, muss aus dem historischen Kontext der 1930er Jahre gelöst und auf die heutige Situation bezogen konkretisiert werden. Wir befinden uns in einer Phase der sozialen Auseinandersetzungen, in denen sich Faschisten nicht auf eine Machtergreifung vorbereiten. Daher unterscheidet sich die jetzige Periode von den 1920er und 1930er Jahren. Wir wollen im Folgenden versuchen, einige Kriterien für eine Definition des modernen Faschismus zu entwickeln.

Wir stellen eine »Faschismus-Checkliste« auf, bezogen auf die aktuelle Phase von Krisenprozessen und sozialen Auseinandersetzungen.

Dabei ist zu berücksichtigen, dass die gesellschaftlichen Widersprüche und vor allem die Einbeziehung der Masse der Menschen in politischen Auseinandersetzungen sich auf einem Niveau befinden, welches nicht mit den Verhältnissen in den 1930er Jahren zu vergleichen ist. Das heißt, dass sich sämtliche oppositionellen, radikalen Bewegungen noch in einem Anfangsstadium befinden, das nicht vergleichbar ist mit den Jahren der Weimarer Republik. Daher sind viele Elemente faschistischer Politik auch nur im embryonalen Zustand zu beobachten und noch nicht in entwickelter Form.

Wir hatten bereits oben ausgeführt, dass es darum geht, Prozesse zu analysieren und Momentaufnahmen nur begrenzte Aussagekraft haben. Die Checkliste stellt daher lediglich eine Annäherung dar. Allerdings können wir ohne Momentaufnahmen auch die Entwicklung nicht diskutieren.

---

18 Zitiert nach Speckmann/Wiegel: Basiswissen Faschismus, Köln 2012, Papyrossa-Verlag, S. 56
19 Dimitroff: Die Offensive des Faschismus und die Aufgaben der Kommunistischen Internationale, http://www.marxists.org/deutsch/referenz/dimitroff/1935/bericht/ch1.htm#s1

Soziale Demagogie

Eine »populistische« Programmatik zu sozialen Fragen ist ein wichtiger Bestandteil faschistischer Methodik. Um sich darauf vorzubereiten, eine Massenbasis aufzubauen, ist es für faschistische Gruppen unerlässlich, sich als Interessenvertreter für enttäuschte ArbeiterInnen, Erwerbslose und vom Abstieg bedrohte Mittelschichten zu gerieren. Ohne eine Verknüpfung der sozialen mit nationalen Fragen (»*Das eigene Volk zuerst*«, *Vlaams Belang*) droht den Rechten, dass sie aus dem öffentlichen Bewusstsein verschwinden und die ProtestwählerInnen nach links abwandern, wenn die sozialen Fragen in den Vordergrund rücken. Faschisten haben immer »Sozialneid« gegen die Reichen mit Wohlstandschauvinismus gegen die noch Ärmeren verbunden. Insofern ist die Sozial- und Wirtschaftspolitik der Rechten immer widersprüchlich. Ein dezidiert neoliberales Wirtschaftsprogramm, wie es zum Beispiel die norwegische Fremdskritsspartiet vertritt, begrenzt jedoch eindeutig deren Möglichkeiten, in Zeiten sozialer Polarisierung eine Massenbasis aufzubauen.

Nazi-Kader

Das Vorhandensein einer Gruppe von Menschen in der Partei, die ihr Handwerk in Nazi-Gruppen gelernt hat oder etablierte Kontakte zu Nazi-Gruppen außerhalb der Partei wären weitere Hinweise auf den faschistischen Charakter einer Organisation. Ohne diesen Kader ist ein Schwenk zur Anwendung faschistischer Methoden schwer vorstellbar. Eine Partei, die ausschließlich aus ehemaligen Konservativen oder Liberalen, meist älteren Leuten, besteht, die nie etwas Anderes gelernt haben, als den Alltag bürgerlicher Politik, wäre ein Hinweis darauf, dass diese Gruppe schwer als faschistisch zu definieren wäre. Bei aller Ähnlichkeit in der Propaganda wird hier der Unterschied zwischen der vor allem in Berlin basierten Partei *Die Freiheit* einerseits und *Pro Köln/Pro NRW* andererseits deutlich. *Die Freiheit* war unter dem Strich eine Abspaltung rechter CDUler ohne echte Nazis, die Pro-Gruppierung verfügt sowohl über eine Nazi-Kader-Kontinuität als auch über Anknüpfungspunkte zu heute aktiven Schlägertruppen.

Straßenaktivitäten

Vor allem Aufmärsche, die aufgrund ihres provokanten Charakters zu Gegenwehr führen, untermauern den faschistischen Anspruch, »die Straße zu erobern«. Eine wirkliche Straßenpräsenz von extremen Rechten ist heute in Deutschland nur in einzelnen Städten und Landkreisen gegeben. Oft geht es bei Aufmärschen lediglich darum, die Straße symbolisch zu »erobern«. Auch sind rechte Parteien heute kaum in der Lage, wirkliche »Bürgerwehren« aufzustellen, doch auch bei der leeren Drohung mit »Bürgerwehren« geht es um den Anspruch, aktivistisch und »wehrhaft« zu sein und somit zu untermauern, sich nicht ewig auf die parlamentarischen Methoden zu beschränken. Während die *Dänische Volkspartei* und die niederländische *Partei für die Freiheit* eine rabiate und menschenverachtende Propaganda gegen »den Islam« entfalten, verzichten sie weitgehend auf eine Präsenz außerhalb von Parlament und Medien und machen keine ernsthaften Versuche, eine Bewegung auf der Straße aufzubauen. Die *English Defence League* hat hingegen, obwohl sie sich nicht auf die Nazi-Tradition bezieht, die faschistischen Methoden des Kampfes um die Straße zu ihrem Kerngeschäft gemacht.

Die Ideologie der Hooligan-Vereinigung HoGeSa ist diffus. Bei den Aufmärschen seit 2014 sind viele Nazis mitmarschiert, aber auch Hooligans, die sich nicht als Nazis verorten würden. Ihre Taktik, jede Gelegenheit zu nutzen, die Straße zu »erobern« und den politischen Gegner physisch zu attackieren, verweist auf den faschistischen Charakter. Allerdings könnte HoGeSa kaum alleine agieren, sondern könnte von strategisch denkenden Gruppen als Fußtruppe – mit einer gewissen Unzuverlässigkeit – genutzt werden. HoGeSa lässt sich als faschistische Vorfeldorganisation definieren.

PEGIDA in Dresden ist ein Grenzgänger. Rechtspopulistische und faschistische Elemente sind bei PEGIDA vermischt. Die Mehrheit dürfte einem rechtspopulistisch inspirierten Gemisch von Ideen anhängen. Durch die starke Betonung der Straßenaktivität wurden allerdings faschistische Elemente angezogen und große Teile der DemonstrantInnen radikalisiert. Von PEGIDA-Demonstrationen gehen immer wieder gewaltsame Übergriffe auf JournalistInnen, MigrantInnen oder politische GegnerInnen aus, die von einem großen Teil der TeilnehmerInnen gut geheißen oder geduldet werden. Nazis und Rechtspopulisten liefern sich bei PEGIDA einen Wettstreit der Ideen und Methoden, aber koexistieren auch. Bei PEGIDA handelt es sich nicht um wöchentliche Nazi-Aufmärsche, aber die faschistischen Elemente haben eine relativ große Bedeutung.

Schlägertruppen

Die Bereitschaft zur Anwendung physischer Gewalt und letztendlich zum Terror gegen den politischen Gegner ist ein zentrales Element von faschistischen Organisationen und grenzt diese von »nur« rechtspopulistischen Gruppen ab. Besonders bei diesem Kriterium gilt jedoch, dass die politische Polarisierung noch nicht soweit fortgeschritten ist wie in den 1930er Jahren. Für Nazi-Kleinparteien wie die NPD und Die Rechte und ihre Pendants in den Nachbarländern spielt der Straßenterror schon heute eine entscheidende Rolle. Die Rechte hat sich den Dortmunder Stadtteil Dorstfeld ausgesucht, um beispielhaft die Straße zu erobern, indem jedes Erscheinen des politischen Gegners mit Gewalt beantwortet wird.

In größerem Maßstab zeigen *Goldene Morgenröte* in Griechenland und *Jobbik* in Ungarn, wie die Anfänge einer heutigen SA aussehen können. Die griechischen

Nazis haben pogromartige Angriffe auf migrantische StraßenhändlerInnen und Flüchtlinge durchgeführt, *Jobbik* marschiert in Roma-Gemeinden auf wie eine Quasi-Staatsmacht.

Nicht immer sind rechte Schläger Teil von Parteien, sie wurden auch als »rent-a-mob« von rechten Parteien eingesetzt, als »Security«, um sich bei Bedarf auch von ihnen distanzieren zu können. Das allein macht eine Organisation noch nicht zu einer faschistischen Partei. Erst die Bereitschaft, diese Gewalt dauerhaft und umfassend einzusetzen, wäre ein eindeutiges Kriterium.

Paranoia

Die Beförderung von Verfolgungswahn, heute meist in Form der kurz bevorstehenden vollständigen »Islamisierung« Europas ist offensichtlich kein Kriterium, um Faschisten von Rechtspopulisten zu unterscheiden. Auch Teile der CDU befördern den anti-islamischen Wahn, ebenso tatsächliche oder selbsternannte *Demokraten* und *Liberale* wie Hendryk M. Broder, die *Emma*-Herausgeberin Alice Schwarzer und die iranische Ex-Linke Mina Ahadi vom *Zentralrat der Ex-Muslime*. Allerdings ist das Heraufbeschwören einer drohenden Katastrophe für das »*eigene Volk*«, sei es durch »*die jüdische Weltverschwörung*« oder den »*islamischen Geburten-Dschihad*« weiterhin ein wichtiger Bestandteil faschistischer Ideologie. Rechte Parteien, die ihren Verfolgungswahn ablegen und zwar weiterhin reaktionär, aber überwiegend sachlich, ohne die Ethnisierung und Kulturalisierung aller Fragen, diskutieren, sind tendenziell auf dem Weg in das bürgerliche Establishment.

Flexibler Rassismus

Während die Feindschaft gegen die Muslime auch in den nächsten Jahren ein wichtiger ideologischer Joker der Rassisten sein wird, muss eine rechte Truppe, die jederzeit in der Lage sein will, in die gesellschaftlichen Debatten ethnisch spaltend einzugreifen, flexibler sein. Die Zuweisung der Sündenbock-Rolle auch an andere Gruppen von MigrantInnen muss der eigenen Basis und der Wählerschaft vermittelbar sein. Auch das macht noch keinen zum Faschisten, schließlich ist auch die bürgerliche Presse mit ihren Schlagzeilen über »faule Griechen«, »Roma-Klaukids« und »Ansturm von Banden aus Osteuropa« nicht wählerisch bei der Anwendung rassistischer Spaltung. Andersrum wird ein Schuh daraus: Eine Organisation, die sich einzig und allein auf »den Islam« einschießt, kann sich selbst aus dem politischen Geschäft nehmen, wenn die möglichen Spaltungslinien anders verlaufen. In Einwanderungsländern wie in Westeuropa muss eine faschistische Organisation notwendigerweise auch rassistisch sein.

Eine feste Schablone kann diese Checkliste nicht sein. Viele der Kriterien treffen zum Beispiel auf die FPÖ zu. Sie werden allerdings von anderen Faktoren teilweise überlagert. Die FPÖ ist stark in die bürgerlich-parlamentarische Politik eingebunden, ihre Wählerschaft ist gemäßigter, ihre massenhafte Wahlunterstützung basiert nicht zuletzt auf dem Fehlen einer linken Alternative in Österreich. Es wäre ein Irrtum, die FPÖ heute als faschistische Partei zu definieren. Dass sie sich zur Gänze in diese Richtung entwickelt, ist nicht wahrscheinlich. Bei der Pro-Gruppierung, die sich nach außen wie eine deutsche FPÖ-Variante gibt, waren diese Faktoren hingegen dominanter und nicht von anderen überlagert, auch wenn der »Kampf um die Straße« eher symbolisch geführt und die faschistische Kader-Decke immer sehr dünn war.

Die menschenverachtende und geradezu kriegslüsterne Propaganda der Dänischen Volkspartei gegen »den Islam« allein macht diese noch nicht zu einer faschistischen Organisation, auch hier scheint eine kurzfristige Umwandlung der Partei in diese Richtung unwahrscheinlich.

Das heißt keineswegs, dass die dänische DF oder die holländische PVV ungefährlich sind. Sie sind Schreibtischtäter, vergiften das Klima, legitimieren rabiaten Rassismus, sie heizen die Stimmung auf und bereiten den Boden dafür, dass potenzielle Gewalttäter und Terroristen die Paranoia ernst nehmen und diesen irgendwann die Worte allein nicht mehr reichen. Die daraus entstehende rechte Gewalt wiederum kann in Zeiten zugespitzter sozialer Konflikte zur Legitimation autoritärer Maßnahmen seitens des Kapitals und der Regierung, zur Einführung polizeistaatlicher Elemente führen. Allerdings ist davon auszugehen, dass es nicht diese Organisationen in ihrer Gesamtheit sein werden, die selber faschistische Methoden anwenden werden.

Der lange Weg zur neuen Rechten

Der Wahlerfolg der AfD bei den Bundestagswahlen 2013 war ein Wendepunkt für den Rechtspopulismus in Deutschland. Bis dahin war es keiner Gruppe gelungen, sich bundesweit zu etablieren. Diese Schwäche der rechtspopulistischen Formationen verwundert auf den ersten Blick, denn rechte und islamfeindliche Einstellungen sind in Deutschland nicht weniger ausgeprägt als in den Nachbarländern. Bei Umfragen wurde mehrfach ein Potenzial von rund 20 Prozent für eine Partei rechts der Union ermittelt. Studien haben ergeben, dass islamfeindliche Ideen in Deutschland weit verbreitet sind.[20]

Doch die Versuche, eine Partei bundesweit langfristig zu verankern, waren sämtlich gescheitert: *Republikaner*, *Bund freier Bürger*, *Schill-Partei*, Pro-Bewegung, *Die Freiheit*. Vorstöße rechter Promis wie die Veröffentlichung von Sarrazins »Deutschland schafft sich ab« blieben lange Zeit ohne parteipolitische Folgen, die »Partei zum Buch« wollte nicht so richtig starten.

Eine landläufige Erklärung für die Nicht-Existenz einer rechten Partei mit Massenbasis war, dass sich noch kein »deutscher Geert Wilders« gezeigt hatte und ein charismatischer Anführer die Lage grundlegend ändern würde. Das war nicht ganz falsch, denn Personen können durchaus einen Unterschied machen. Aber allein das Fehlen eines Chefs reichte nicht als Begründung aus, warum es über eine längere Phase keine erkennbaren Ansätze für eine erfolgreiche Parteigründung gab. Führungspersönlichkeiten fallen nicht vom Himmel, sondern sind selbst Produkt gesellschaftlicher Entwicklungen. Weder Lucke noch Petry oder Gauland sind Charismatiker vom Schlage Wilders, aber die Euro-Krise und rassistische Strömungen haben sie nach oben gespült.

Ein Grund für diese Langsamkeit war die relative Geschlossenheit der kapitalistischen Klasse in Deutschland. Die Bundesrepublik war lange Zeit der ökonomische Gewinner der EU und der Euro-Einführung. Deutsche Konzerne haben mit Lohndumping und dem Einsatz ökonomischer Macht zur Niederhaltung der europäischen Peripherie ihre Marktanteile steigern können. Die starke Exportorientierung und die daraus resultierende »pro-europäische« Haltung und die Zustimmung zum Freihandel werden vor allem von den großen Konzernen und Banken mitgetragen.

---

20 Laut der Studie »Die enthemmte Mitte«, welche die Uni Leipzig in Kooperation mit den Stiftungen Rosa Luxemburg, Heinrich Böll und Otto Brenner alle zwei Jahre durchführt, ist die Feindschaft gegen Muslime seit Jahren auf einem hohen Niveau und steigt weiter. http://www.rosalux.de/fileadmin/rls_uploads/pdfs/Studien/Mittestudie_Uni_Leipzig_2016.pdf

Selbst in der Euro-Krise profitierten deutsche Konzerne, doch in Mittelstand und bei Kleinkapitalisten wuchs die Angst, am Ende für diese Krise bezahlen zu müssen. Die AfD ist es als erste Kraft gelungen, den vorhandenen Unmut über die ökonomische Orientierung Deutschlands in Teilen der Mittelstands und des Kleinbürgertums zu formieren. Während die Mehrheit der Kapitalisten Merkels Kurs, Euro und EU unbedingt zu halten, weiterhin stützt, breitet sich bei einer Minderheit die Stimmung aus, dass die Rettung der EU zu enormen Kosten auch für sie führen wird. Dabei handelt es sich meist um kleinere Unternehmen mit einer stärkeren Binnenmarkt-Orientierung.

Immer wieder hatte es Zuckungen in CDU/CSU und FDP in diese Richtung gegeben, aber viele Möchtegern-Rebellen gaben schon auf, bevor ihre Rebellion ins Rollen kam, weil sie sich innerhalb der bürgerlichen Klasse isoliert fühlten und fürchteten, dass ihr Aufstand lediglich den Verlust von Mandat und Einkommen zur Folge haben würde.

Gründung und Aufbau der AfD markieren den Anfang vom Ende der Einigkeit der deutschen Kapitalisten über den Kurs in Europa, wenn auch weiterhin die entscheidenden Teile der herrschenden Klasse »pro-europäisch« agieren.

Es gibt weitere Faktoren für die Verzögerung, die sich auf den ersten Blick widersprechen. Ein wichtiger Grund war die relative Stärke und Stabilität der offenen faschistischen Gruppen in Deutschland, die einen Teil des Wähler- und Unterstützer-Potenzials für eine rechtspopulistische Kraft gebunden haben. Die NPD fungierte als zentrales Bindeglied zwischen gewalttätigen Nazi-Gruppen und der Wahlebene. Vor allem in Sachsen und Mecklenburg-Vorpommern hatte sie ihre Unterstützung bei Wahlen verfestigen können.

Paradoxerweise war neben der Existenz einer heterogenen und schon lange existierenden Nazi-Szene die Abscheu vieler Menschen vor der Hitler-Diktatur ein weiterer Faktor, der den Aktionsradius der Rechten begrenzte. Eine deutsche Rechte konnte sich nicht wie die *Folketparti* in Dänemark auf die Tradition des Widerstandes gegen die deutsche Nazi-Besatzung im Zweiten Weltkrieg berufen oder auf die liberalen Errungenschaften der Niederlande, wie es Geert Wilders tut. Es gab im 20. Jahrhundert keinen unbelasteten deutschen Patriotismus, auf den sich eine Rechte berufen könnte. An der deutschen Rechten außerhalb von CDU/CSU haftete noch immer der Brandgeruch der Vernichtungslager.

Dieser Umstand verlor in den letzten Jahren an Bedeutung und wurde zunehmend von anderen Faktoren überlagert wie der weit verbreiteten Feindschaft gegen den Islam, aus der sich zum Beispiel PEGIDA stark speiste. Die Euro-Krise hatte zur Stärkung nationalistischer Stimmungen beigetragen, von der die AfD profitierte.

Als weitere Hürde gegen die Entstehung einer rechten Partei hatte zeitweise der Aufstieg der Partei DIE LINKE gewirkt. Während in Österreich die FPÖ sich ohne Konkurrenz von links als Interessenvertretung »des kleinen Mannes«, als Kraft gegen das Establishment aufspielen konnte, hatte DIE LINKE in Deutschland den

Spielraum für eine rechte Kraft entscheidend verringert. Sie war in der Lage, die Unterstützung von Menschen zu gewinnen, die vom sozialen Abstieg bedroht waren oder diesen schon erlebt hatten.

Bei Kommunalwahlen konnten Ultrarechte wie in Köln mit lokalen Fragen wie dem Moscheebau punkten, lokale Wahlen wurden häufig zum Protest genutzt. Doch bei allen wichtigen Wahlen auf Bundes- oder Landesebene standen oft soziale Fragen im Vordergrund, nicht zuletzt ein Verdienst der Linkspartei.

Euro-Krise und Geflüchtete

Mit der Euro-Krise und der verstärkten Fluchtbewegung ab 2015 änderte sich die Lage jedoch. Die AfD konnte von beiden Entwicklungen profitieren. Die Rechten nutzten ihre Möglichkeiten, die AfD befreite sich vom liberalen Ballast und rückte scharf nach rechts. DIE LINKE hingegen fand keine eindeutige Position zur Flüchtlingsfrage, hielt nicht klar gegen die Propaganda sämtlicher etablierter Parteien. Zudem wird sie von vielen als Teil des Establishments gesehen. Die Regierungsbeteiligungen in Berlin, Mecklenburg-Vorpommern, Brandenburg und Thüringen hat zu keinen sozialen Verbesserungen geführt. Stattdessen hat DIE LINKE selbst Verantwortung für Sozialkürzungen übernommen.

Bevor die AfD mit ihrer Agitation gegen Flüchtlinge punkten konnte, erlebte sie kurz nach ihrer Gründung 2013 einen ersten Aufschwung anhand der Euro-Frage. Bei den Bundestagswahlen im selben Jahr scheiterte sie nur knapp an der Fünfprozenthürde, bei der Europawahl 2014 zog sie als dezidiert eurokritische Partei mit 7 Prozent in das Brüsseler Parlament ein. Das Euro-Thema war zentral für die Gründung und die Festigung der Partei.

Die Linkspartei hatte durch ihre unklare Haltung Spielräume geschaffen, welche die AfD nutzte. DIE LINKE lehnte zwar das Austeritäts-Regime ab und forderte, dass die Banken und die Reichen für die Krise bezahlen sollten, brachte aber nicht den Mut auf, Euro und EU in Frage zu stellen. Sie forderte soziale Maßnahmen, betonte aber ihre »pro-europäische« Haltung. Dies ermöglichte den Rechtspopulisten, sich als die entschlossensten Gegner der Abwälzung der Krisenkosten auf die Bevölkerung darzustellen.

Die Anlehnung der LINKEN an die bürgerliche Politik hatte dazu geführt, dass die Partei weniger als Kraft gesehen wird, um gegen »die da oben« zu protestieren. Zusammen mit dem Wachstum rassistischer Strömungen und der günstigen Lage für die Rechten konnten diese sich als Anti-Establishment-Kraft darstellen und neben einer rechten Stammwählerschaft auch Proteststimmen gewinnen. DIE LINKE ist noch immer eine Verteidigungslinie gegen die Rechtspopulisten, aber das Bollwerk hat Risse bekommen, die dringend verputzt werden müssen.

Das Schwächeln der Linken, die ökonomische Unsicherheit aufgrund der Euro-Krise, die ideologische Vorarbeit der Islamhasser und die Welle des Rassismus ab

2015 bildeten die Grundlage für das schnelle Wachstum der AfD. Dazu brachte die AfD einen scheinbar unverbrauchten Kader mit. Ihre AnführerInnen, überwiegend Klein- und Mittelunternehmer, JuristInnen und Leute aus Staatsapparat und Bildungswesen sowie Blutskonservative aus dem Adel hatten weder den schwefligen Stallgeruch der Nazi-Gruppen noch waren sie mehrheitlich gescheiterte CDU- bzw. FDP-Politiker, wenn auch an der Basis viele ehemalige CDU-Mitglieder zu finden sind. Der Aufstieg einer neuen rechten Partei verzögerte sich im Vergleich mit dem Rest Europas, verlief dann jedoch schnell. Allerdings fiel diese neue rechte Partei nicht vom Himmel, sondern hatte eine lange Vorgeschichte.

Strauß und die *Republikaner*

Ende der 1980er und in der ersten Hälfte der 1990er Jahre erlebten die *Republikaner* (REP) eine kurze Blütezeit. Damals diskutierten Linke und AntifaschistInnen, ob die REP nicht eher als getarnte Faschisten anzusehen seien, aber aus heutiger Sicht würde man sie als erste erfolgreiche rechtspopulistische Partei definieren.

Zuvor war der rechte Populismus innerhalb der Unionsparteien eingehegt gewesen. Die CSU unternahm vor allem unter ihrem Vorsitzenden Franz-Josef Strauß in den 1970er Jahren immer wieder rechtspopulistische Ausfälle. Auch in der CDU gab es einen nationalkonservativen Flügel. Dieser wirkte jedoch zumeist hinter den Kulissen.

Strauß nutzte die komfortable Position der CSU in Bayern und gab sich volksnah, wetterte gegen die politische Linke mit dem Vokabular eines Rechtsextremisten. Er zeigte Sympathien für den Militärputsch in Chile[21], besuchte in Chile selbst das von deutschen Unterstützern der Militärdiktatur General Pinochets geführte faschistische Folter-Lager Colonia Dignidad und beschimpfte linke Journalisten als »Ratten und Schmeißfliegen«.

Die SPD-Regierung bezeichnete er 1975 als »Saustall«. 1976 fasste die CSU den »Kreuther Trennungsbeschluss« von der CDU, kündigte die Fraktionsgemeinschaft auf und drohte, die CSU bundesweit auszudehnen. Nach längeren Debatten wurde dieser Beschluss jedoch zurückgezogen. Damit blieb der Rechtspopulismus in Deutschland innerhalb der Unionsparteien eingesperrt und durfte nur zeitweise an die Luft. Da die CSU nur drohte, aber sich unter dem Strich staatstragend und systemstabilisierend verhielt, entstanden 1983 die *Republikaner* (REP). Anlass war die Gewährung eines Milliardenkredits der Bayrischen Landesbank an die DDR durch Vermittlung des CSU-Vorsitzenden. Gründer der REP waren die CSU-Bundestagsabgeordneten Franz Handlos und Ekkehard Voigt sowie ein Journalist des *Bayrischen Rundfunks*, Franz Schönhuber. Den *Republikanern* schlossen sich zunächst ehemalige CSU-Mitglieder an, dazu stießen einige, die zuvor in faschistischen

---

21 »*Angesichts des Chaos, das in Chile geherrscht hat, erhält das Wort Ordnung für die Chilenen plötzlich wieder einen süßen Klang.*«, Bayernkurier, 22.9.1973, zitiert nach Wikipedia

Gruppen organisiert waren. Schönhuber wurde 1985 Vorsitzender und rückte die Partei weiter nach rechts, Handlos trat in der Folge aus.

Mit den REP gab es zum ersten Mal eine Partei, die sich nicht explizit auf faschistische Traditionen bezog, aber offen rassistische Parolen nutzte. Sie zogen 1989 mit 7,5 Prozent überraschend stark in das Berliner Abgeordnetenhaus und mit über 7 Prozent ins Europa-Parlament ein. Im Berliner Wahlkampf sendeten sie einen Wahlspot, der zu den Klängen der Filmmusik von »Spiel mir das Lied vom Tod« migrantisch aussehende Menschen zeigte. In Bayern erzielten die *Republikaner* bei der Europawahl 14,6 Prozent während die CSU starke Verluste hinnehmen musste. In der Folge zogen sie in viele Kommunalparlamente ein, scheiterten aber bei Landtagswahlen.

Der Aufstieg der REP wurde durch die deutsche Einheit gestoppt. Die meisten WählerInnen setzten auf Stabilität, wählten die großen Parteien, vor allem die Union. Den rechten Jugendlichen im Osten konnten die REP wenig bieten. Dieses Potenzial schöpften die militanten Nazi-Gruppen ab.

In der Partei gab es anhaltende Auseinandersetzungen, wie weit nach rechts man sich orientieren wollte. Teile der Führung wie das ehemalige NPD-Mitglied Harald Neubauer wollten eine kämpferische rechte Linie, andere wollten die Partei als »respektable« rechtskonservative Kraft in die Nähe der CSU rücken, Schönhuber lavierte zunächst zwischen diesen Positionen, sprach sich 1994 aber für die Vereinigung mit der faschistischen Deutschen Volksunion (DVU) aus, was zu seiner Absetzung führte.

Nur in Baden-Württemberg erzielten die REP 1992 auf der Asyl-Welle surfend noch einen Wahlerfolg und saßen bis 2001 im Landtag. Unter ihrem neuen Bundesvorsitzenden Rolf Schlierer ab 1994 gaben sie sich wieder gemäßigter und verloren auch bei Wahlen an Boden, zum Beispiel an die NPD.

Auf dem Höhepunkt hatten die REP 23.000 Mitglieder, ihr bestes Ergebnis bei Bundestagswahlen waren 2,1 Prozent im Jahr 1990. Sie vertraten einen aggressiven Rassismus, redeten von »Überfremdung« und forderten »deutsche Interessen zuerst.« Teile der Partei tendierten Richtung Faschismus. In ihrer Gesamtheit setzten die REP jedoch überwiegend auf parlamentarische Arbeit, weniger darauf, die Straße zu erobern.

Die Partei existiert noch heute und kandidiert ab und zu, um den Parteienstatus zu behalten, ist aber unbedeutend. Die Versuche, wenigstens die Hürden zu überspringen, um sich Anteile an der staatlichen Parteienfinanzierung zu sichern, sind seit Mitte der 2000er sämtlich gescheitert.

Von den REP spaltete sich 1991 die *Deutsche Liga für Volk und Heimat* (DLVH) ab, als Versuch, eine rechtsextreme Sammlungsbewegung in Konkurrenz zur NPD aufzubauen. Dieser schlossen sich auch die beiden Kölner REP-Ratsmitglieder, Markus Beisicht und Manfred Rouhs, an. Nach einer erfolglosen Kandidatur der DLVH 1994 bauten sie ab 1996 die *Bürgerbewegung Pro Köln* auf, die Quelle der Pro-Gruppierung (siehe Anhang 1: »Pro-Gruppierung: Gescheitert, aber nicht ohne Wirkung«).

Von der *Statt-Partei* zur *Freiheit*

1993 entstand die *Statt-Partei* als regionale Hamburger Partei auf Initiative von ehemaligen CDU-Mitgliedern. Sie wurde eher als gegen den gesamte Politikbetrieb gerichtet wahrgenommen, als eine Art Bürgerinitiative und kooperierte in der Hamburger Bürgerschaft mit der SPD. Einige Elemente rechtspopulistischer Politik waren in der Partei vorhanden, vor allem der »Protest gegen das Establishment« aus bürgerlicher Perspektive. Nach internen Querelen und dem Scheitern bei der Bürgerschaftswahl 1997 verschwand die Partei in der Versenkung.

Der *Bund freier Bürger* (BfB) existierte von 1994 bis 2000 und versuchte, an den Erfolgen der FPÖ in Österreich anzuknüpfen. Ihre Gründer kamen aus dem rechten Flügel der FDP. Programmatisch und vom Auftreten her ähnelte der BfB stark der heutigen AfD. Die Partei wandte sich gegen EU und Euro, hatte ein extrem neoliberales Wirtschaftsprogramm und ergänzte dies durch Law-and-Order-Parolen und eine rassistische Argumentation gegen Zuwanderung. Zu Kundgebungen des BfB kamen auch offene Nazis, zum Beispiel zur Kundgebung »Volksabstimmung gegen den Euro« in Frankfurt im März 1998. Der BfB demonstrierte gegen den Bau des Holocaust-Mahnmals in Berlin und gedachte öffentlich v.a. der deutschen Kriegsopfer. Bei den Europawahlen erzielte die Partei 1994 mit 1,1 Prozent ihr bestes Ergebnis. Einen längeren Aufschwung erlebte die Partei nicht.

Die im Jahr 2000 zunächst als Hamburger Regionalpartei gegründete *Partei Rechtsstaatliche Offensive*, besser bekannt als »Schill-Partei« nach ihrem Gründer und Vorsitzenden, dem Richter Ronald *Schill*, erzielte einen spektakulären Wahlerfolg, aber existierte nicht lange. Bei den Wahlen zur Hamburger Bürgerschaft 2001 erzielte sie aus dem Stand 19,4 Prozent und bildete danach zusammen mit der CDU und FDP bis 2003 die Regierung. Bei der Bundestagswahl 2002 erreichte die Partei nur 0,8 Prozent, in Sachsen-Anhalt scheiterte sie im selben Jahr knapp an der 5 Prozent-Hürde. Nach dem Ende der Koalition in Hamburg verstärkten sich die schwelenden Streitigkeiten in der Partei, *Schill* selbst wurde ausgeschlossen. Zahlreiche Namenswechsel und Vereinigungen mit rechten Kleinstparteien konnten den Niedergang nicht aufhalten, 2007 erfolgte die formale Auflösung.

Die *Schill-Partei* war mit Parolen zur Kriminalitätsbekämpfung populär geworden. Ihre Agitation in diesem Punkt ähnelte der rechtspopulistischer Gruppen, aber weder Mitglieder noch WählerInnen verfügten über ein geschlossenes rechtes Weltbild.

Wer die Kriminalitätsbekämpfung in den Mittelpunkt stellt, hat den Rechtspopulismus im Gepäck. Starker Staat, »Durchgreifen«, »harte Hand« gegen Jugendliche, »Krieg gegen Drogen«, das ist eine Politik des Tretens nach unten, ausgrenzend und potenziell rassistisch. Hätte die *Schill-Partei* sich weiter stabilisiert und entwickelt, hätte sie andere Themenfelder besetzt und wäre zu einer klassischen rechtspopulistischen Partei geworden. Allerdings scheiterte sie schon in ihrer embryonalen

Phase, bevor eine eindeutig rassistische oder islamfeindliche Programmatik entwickelt wurde. Elemente waren jedoch vorhanden: Sozialhilfebezug von MigrantInnen sollte ein Ausweisungsgrund werden, es wurde gegen »die 68er« geschimpft, die Innenstädte sollten von Bettlern und Junkies befreit werden, es wurden schnellere Gerichtsurteile und mehr Repression durch Polizei und Ordnungsamt gefordert, die Kastration von Sexualstraftätern und rechtliche Sanktionen gegen die Eltern von strafunmündigen Kindern, die Straftaten begehen.

Gewählt wurde die Partei überwiegend aus einer Protesthaltung heraus, ihre ProtagonistInnen sind danach kaum mehr in Erscheinung getreten. Ihr Gründer, »Richter Gnadenlos« Schill, der angeblich unermüdliche Kämpfer gegen jede Kriminalität, stolperte über Gerüchte über seinen Koks-Konsum und tingelt heute durch diverse Voyeur-Formate der privaten TV-Sender.

Der jüngste gescheiterte Versuch einer rechtspopulistischen Partei war *Die Freiheit*. Diese wurde 2010 gegründet und war schon nach dem schwachen Ergebnis (1 Prozent) bei den Wahlen zum Berliner Abgeordnetenhaus 2011 im Niedergang begriffen. Vorsitzender der Partei war René Stadtkewitz, Mitglied des Abgeordnetenhauses, 2009 aus der CDU ausgetreten. Stadtkewitz versuchte die Partei nach dem Vorbild der niederländischen Wilders-Partei zu formen, Propaganda gegen Muslime spielte eine zentrale Rolle. Stadtkewitz' größter Erfolg war eine Veranstaltung mit Geert Wilders in Berlin mit 1000 TeilnehmerInnen.

Die Freiheit wurden seitens des wichtigsten Web-Portals der Islamhasser, *Politically Incorrect*, offen unterstützt. Während Stadtkewitz bemüht war, eine Art bürgerlich-respektable Variante der Pro-Gruppierung aufzubauen, drängten über *Politically Incorrect* militante Islamhasser in die Partei. Michael Stürzenberger forderte in dem Anti-Islam-Blog, dass Muslime, die ihrem Glauben nicht abschwören, zur Ausreise gezwungen werden müssten. Seine Wahl in den Bundesvorstand der *Freiheit* führte schon 2011 zu innerparteilichen Auseinandersetzungen.

Mit dem Aufstieg der AfD sah die Mehrheit der Mitglieder in ihr ein neues Betätigungsfeld, viele wechselten zur AfD. Diese versuchte mit einem Aufnahmestopp zu reagieren. Dennoch sind manche Gruppen wie der Lichtenberger Bezirksverband in Berlin stark von ihnen geprägt. Ehemalige Mitglieder der *Freiheit* zogen für die AfD ins Kommunalparlament und ins Abgeordnetenhaus.[22]

Stadtkewitz gab 2013 auf und erklärte, *Die Freiheit* würde ihre Arbeit einstellen. Unter dem neuen Vorsitzenden Stürzenberger existieren kleine Gruppen weiter. Von einer rechtspopulistischen Partei kann man jedoch nicht mehr sprechen. Stürzenberger selbst ist bei PEGIDA und HoGeSa in Hannover aufgetreten und nimmt an Aufmärschen mit NPD-Mitgliedern und Leuten aus dem Umfeld des NSU teil. Bei den Resten der *Freiheit* handelt es sich eher um eine kleine faschistische Gruppe.

---

22 https://www.antifa-berlin.info/node/1269

Die Pro-Gruppierung - *Pro Köln, Pro NRW, Pro Deutschland* - hatte von 2004 bis 2014 einige Wahlerfolge - beschränkt auf Nordrhein-Westfalen - erzielt und hat einen Beitrag zur Etablierung von Hass gegen Muslime geleistet. Mit ihrem Aufstieg und Scheitern beschäftigen wir uns ausführlich im Anhang, ebenso mit einer Bilanz des Widerstandes gegen Rechtspopulismus am Beispiel Köln.

Abseits der parteiförmigen rechtspopulistischen Organisierung existieren in Deutschland schon lange Publikationen und »Denkfabriken« der sogenannten »Neuen Rechten«. Die Ende der 1960er Jahre entstandene »Neue Rechte« distanziert sich von der Nazi-Herrschaft, ist aber keineswegs neu, sondern knüpft am Konzept der »Konservativen Revolution« aus den 1920/30er Jahren an.

Die »Neue Rechte« versucht, nationalkonservative Ideen, die sich auch in den etablierten Parteien, vor allem der Union, finden und weiter rechts stehende Strömungen miteinander zu vernetzten. Seit 1986 existiert die Wochenzeitung *Junge Freiheit*, die mit bis zu 30.000 verkauften Exemplaren einen Einfluss in der Szene ausübt. Für die Zeitung schreiben sowohl Aktivisten faschistischer Organisationen als auch CDU-Politiker und konservative Journalisten, unter anderem ehemalige Redakteure der Welt und der FAZ. Das *Studienzentrum Weikersheim* in Baden-Württemberg dient dazu, den nationalkonservativen Flügel der CDU mit Gruppen und Einzelpersonen rechts der Union zu vernetzen. Gegründet wurde es 1979 von Hans Filbinger, der im Jahr zuvor als baden-württembergischer Ministerpräsident zurücktreten musste, weil bekannt geworden war, dass er als Nazi-Marinerichter in der Endphase des Zweiten Weltkrieges Todesurteile verhängt hatte.

Im Jahr 2000 gründete Götz Kubitschek das *Institut für Staatspolitik* und 2003 die Zeitschrift Sezession. Sitz des Institutes ist Schnellroda in Sachsen-Anhalt. Während sich in Weikersheim CDU-Mitglieder mit Rechtspopulisten vernetzen, werden über Schnellroda inhaltliche und direkte Kontakte zwischen NPD-Mitgliedern, *Identitä-ren* und AfD-Politikern geknüpft. Die frühere AfD-Führung um Bernd Lucke hatte sich geweigert, Kubitschek in die Partei aufzunehmen. Dies veranlasste Höcke, Poggenburg und andere, die »Erfurter Erklärung« zu starten. Sowohl Höcke als auch Poggenburg unterhalten enge Kontakte zu Kubitschek.

Lügen, Paranoia, Internet – *Politically Incorrect* und der *Facebook*-Hass

Im Internet mutiert so manch »besorgter Bürger« zum Hassbürger und verbreitet ungerührt per Klarname hetzerische Parolen und Vernichtungsphantasien. Die sogenannten sozialen Medien spielen aktuell die Rolle eines Katalysators der rechten Formierung und senken die Hemmschwelle für Beleidigungen und Aggressionen.

Die oft bizarr anmutende Irrationalität der rechten Bewegung ist nicht neu. Die Pioniere des digital gestützten Hasses haben sich lange vor AfD oder PEGIDA formiert. Im »islamkritischen« Diskurs vor allem seit 9/11 spielen ins Wahnhafte abgleitende Übertreibungen eine wichtige Rolle. Allein die Idee der »Islamisierung« Europas durch eine höhere Geburtenrate bei Zuwanderern aus muslimischen Ländern, »Geburten-Dschihad« genannt, ist solch ein Konstrukt.

Das Islamhass ist ursprünglich nicht von klassischen Faschisten radikalisiert worden, sondern von bürgerlichen Konservativen. Das erste zusammenhängende Werk ist das Buch *Die Wut und der Stolz* der bekannten italienischen Journalistin Oriana Fallaci, veröffentlicht nach 9/11. Fallaci schrieb, das »*Schicksal des Okzidents*«, »*das Überleben unserer Zivilisation*« sei in Gefahr, denn »*die Söhne Allahs vermehren sich wie die Ratten.*« Sie popularisierte den Begriff »*Eurabia*«.

Der norwegische Rechtsterrorist und Massenmörder Anders Behring Breivik sah sich als Kreuzritter gegen die Islamisierung, der 77 Menschen ermorden »musste«, um ein Fanal zu setzen. Breiviks Irrsinn ist nicht das Produkt einer im klinischen Sinne kranken Psyche. Er ist das Konzentrat all der wahnhaften Ideen von der »Islamisierung«, die, mehr oder weniger zugespitzt, von allen rechtspopulistischen Formationen in Europa vertreten werden.

Thilo Sarrazin sah aufgrund ausgedachter Zahlen die »Abschaffung Deutschlands« und warnte vor der demografischen Eroberung durch fleißig gebärende Muslima. Der Journalist Henryk M. Broder hat schon »kapituliert«[23] und rät freiheitsliebenden jungen Menschen zur Auswanderung aus Europa. Breivik spitzte dies mörderisch zu und fügte Versatzstücke davon per copy & paste zu einer monströsen kommentierten Zitate-Sammlung zusammen, seinem 1516 Seiten langen »Manifest« zur Begründung seiner Morde, einem »Worst Of« der Islamhasser-Blogs und rechten PublizistInnen.

Abseits der parteipolitischen Formierung des Rechtspopulismus existiert schon länger eine rechte Szene in Deutschland, die ihre Propaganda und Vernetzung vor allem über eine Reihe von Internet-Portalen organisiert. Das bekannteste Blog ist *Politically Incorrect* (pi-news.net), welches 2004 vom Sportlehrer Stefan Herre aus Bergisch-Gladbach bei Köln gegründet wurde.

Die Hass-Seite ist inzwischen zu einem der am meisten besuchten und zitierten Blogs in Deutschland geworden. Weite Verbreitung hat auch das *Compact*-Magazin des Ex-Linken und rassistischen Netzwerkers Jürgen Elsässer. An der Verbreitung des Hasses auf Muslime beteiligen sich auch ehemalige Linke aus dem »antideutschen« Spektrum, zum Beispiel bei *Bahamas* oder auf *Lizas Welt*.

Ähnliche Blogs gibt es in mehreren Ländern. International gelten *Jihad Watch* des US-Amerikaners Robert Spencer und *Gates of Vienna* – der Name bezieht sich auf die Belagerung Wiens durch ein osmanisches Heer im 17. Jahrhundert – als einflussreich. Auf *Gates of Vienna* hatte der norwegische Blogger Peder Jensen unter seinem Pseudonym »Fjordman« vom bevorstehenden Bürgerkrieg in Europa geschrieben. »Fjordman« wird häufig in Breiviks Manifest zitiert.

---

23 http://www.spiegel.de/spiegel/a-431929-3.html

Politically Incorrect startete nicht als explizit rassistisches Projekt, sondern als Website zur Unterstützung der imperialistischen Politik der USA unter George Bush im Irak und in Afghanistan und der israelischen Regierungspolitik, als Gegengewicht zur Antikriegs-Stimmung in Europa. Über die Unterstützung neokonservativer Ideen kristallisierten sich extrem islamfeindliche Ideen als Grundlage der Plattform heraus.

Bei PI und Co. fehlt die offene Bezugnahme auf den klassischen Faschismus. Man distanziert sich von der NPD und tituliert gerne AntifaschistInnen und Linke als »rote Faschisten«. Es gibt hingegen Vernetzungen mit Islamhassern wie Henryk M. Broder, die sich als Liberale oder *Demokraten* verstehen. Broder bestreitet diese Kontakte, der E-Mail-Verkehr zwischen ihm und Herre ist allerdings belegt.[24]

Seitens Herre, der 2007 offiziell die Leitung des Blogs aufgab, und seiner Mitstreiter wurden mehrere Initiativen ergriffen, die Organisierung der islamfeindlichen Bewegung voran zu treiben. Lange Zeit wurde die vom Anfang 2017 verstorbenen rechten Publizisten Udo Ulfkotte gegründete *Bürgerbewegung Pax Europa* beworben. Anfänglich gab es eine Zurückhaltung bei der Bewertung von *Pro Köln* (PK), aber spätestens seit dem »Anti-Islam-Kongress« in Köln im Jahr 2008 konnte PK *pi-news.net* als Mittel zur Verbreitung der eigenen Propaganda nutzen. Nebenbei wurde die in Berlin basierte Partei *Die Freiheit* seitens PI gezielt beworben. Autoren des Blogs übernahmen Funktionen in der Partei. Parallel gab es den Versuch, PI-Unterstützergruppen vor Ort aufzubauen, mit öffentlichen Treffen und eigenen Aktionen. Dieser Versuch scheint allerdings weitgehend gescheitert zu sein.

Wahnhaftes Konstrukt

Die Artikel von PI zeichnen das Szenario einer akuten Bedrohung des »christlichen Abendlandes« oder »westlicher Werte« durch »muslimische Einwanderung« oder den »Geburten-Dschihad«. Diese »Landnahme« werde von den Eliten, zum Beispiel der »Umvolkerin« Merkel, gefördert. Die Zuwanderung würde unvermeidlich zum Anstieg von Kriminalität und Gewalt führen, bzw. dies sei schon längst passiert, nur verschwiegen Polizei, Medien und Politik die Wahrheit.

Wirklich deutlich wird es allerdings erst in den Kommentarspalten. Dort ist die gesamte Bandbreite rassistischer Ideologien vertreten, bis hin zu offenen faschistischen Gewaltfantasien und Aufrufen zum europaweiten Bürgerkrieg gegen »den Islam« oder die Muslime.

Während die Autoren nach Breiviks Morden 2011 unter Druck kamen, sich zumindest halbherzig zu distanzieren, gab es in den Kommentarspalten auch Zustimmung zu dem Massenmörder. Offiziell unterstützte PI die sich eher bürgerli-

---

24 Über die Kontakte zwischen Broder und Herre berichtet u.a. die Frankfurter Rundschau: http://www.fr-online.de/die-neue-rechte/-politically-incorrect--im-netz-der-islamfeinde,10834438,10835026.html

che gebende Partei *Die Freiheit*. Gleichzeitig drängten viele Kommentatoren zu der Schlussfolgerung, dass mindestens eine zur Straßenmilitanz bereite Gruppe wie die *English Defence League* in Deutschland aufgebaut werden müsse, wenn nicht sogar extremere Formationen. Allerdings gab es mit der Gründung der *German Defence League* (GDL) nur einen recht hoffnungslosen Versuch, einen Nachahmer zu finden. Einige der Protagonisten fanden sich kurze Zeit später in der AfD und deren Jugendorganisation wieder.

Von einer Organisation, ob rechtspopulistisch oder faschistisch, kann im Fall der Islamhasser-Internetportale, die sich teilweise ergänzen, aber auch in Konkurrenz zueinander stehen, keine Rede sein. Allerdings wurden und werden durch diese Seiten wahrscheinlich mehrere zehntausend Menschen nachhaltig ideologisch beeinflusst. Insofern spielt deren Propaganda eine nicht zu vernachlässigende Rolle bei der Formierung rechter Organisationen und Bewegungen, wenn auch nicht davon auszugehen ist, dass die auf PI vertretenen Ideen in reiner Form in diese oder jene Gruppe transportiert werden.

Durch das geistige Klima, das die »Islamkritiker« aller Schattierungen erzeugen, werden Menschen angezogen, die für große und kleine Verschwörungstheorien offen sind. Solange es sich um rechte »couch potatoes« im fortgeschrittenen Alter handelt, ist die Wahrscheinlichkeit gering, dass daraus rassistische Terroristen werden. Doch wenn jüngere, agile AktivistInnen angezogen werden, welche individuelle psychische Voraussetzungen haben wie einen Mangel an Empathie, dann kann der Internet-Hass auf den Islam zum Katalysator rechter Gewalt werden.

Auf den *Facebook*-Seiten von PEGIDA, HoGeSa und der AfD sowie auf *Politically Incorrect* und ähnlichen Blogs wird geredet, gehetzt, lamentiert, gejammert. Darüber, dass sich der Staat schon längst mit den Linken und den MuslimInnen verbündet hat. Dass zwar alle politischen Kräfte gegen einen sind, aber man doch den Willen des Volkes formuliere. Darüber, dass das Ende des »Abendlandes« drohe.

Da kann man richtig Angst bekommen. Die Islamisierung fast abgeschlossen, jede Moschee eine Landnahme, jedes Kopftuch eine Provokation. Dieses hochgradig paranoide Szenario führt zu der Vorstellung, eine Art »Endkampf« stünde kurz bevor. Menschen, die das tatsächlich glauben, stauen Ängste und Hass auf. Es werden sich Einzelne finden, welche die islamfeindliche Paranoia dazu inspiriert, die Parolen ernst zu nehmen und in die Tat umzusetzen.

Ideologisch brüten PI und andere Plattformen somit das Potenzial für eine gewaltsame, faschistische Radikalisierung des Rechtspopulismus und der entsprechenden Organisationen aus. Ob aber dieses Potenzial organisierbar und in der politischen Praxis abrufbar ist, ist eine andere Frage. Die Islamhasser-Szene, die sich mit verbalen Gewaltfantasien im Internet austobt, wird wahrscheinlich zu weiten Teilen unwillig und unfähig sein, ihre Ideologie auf die Straße zu tragen. Wenn die PI-Schreiber- und Kommentatoren auch nur die Hälfte ihrer Horrorgeschichten über angeblich von Migranten-Gangs beherrschte Viertel und »linken Straßenterror« selbst glauben sollten, dürften viele schlicht zu viel Angst haben, außerhalb der Anonymität des Internets aktiv zu werden.

Die Zahl der rechten Gewalttaten steigt allerdings seit Jahren. Gerade in den Gebieten mit einem geringen Anteil an MigrantInnen haben die Übergriffe zugenommen. Einerseits basiert dies auf dem direkten Eingreifen von Nazi-Gruppen, andererseits hat der rassistische Diskurs im Internet die Basis für die Gewalt von rechts verbreitert. Laut BKA und polizeilichem Staatsschutz stammt nur ein Drittel die Tatverdächtigen bei Brandanschlägen gegen Flüchtlinge aus der organisierten rechtsextremen Szene, die meisten Verdächtigen seien zuvor nicht aufgefallen.[25]

Die Ideologie der Islamhasser ist durch Internet-Portale wie PI geprägt worden. Diese Ideen haben auch ihren Weg in die AfD gefunden. Während weite Teile des Grundsatzprogrammes der AfD vorsichtig formuliert sind, finden sich in den Abschnitten zur Einwanderung von Menschen aus vorwiegend muslimischen Länder Ideen und Formulierungen, die sowohl für völkische Nazi-Ideen anschlussfähig sind als auch für den hysterischen Islamhass, wie er durch PI und Co. popularisiert wurde.

Die rechten Blogs, vor allem die Kommentarspalten von PI, waren zudem eine wichtige Schule für die heutigen *Facebook*-Hater. Sie haben dort gelernt, Nachrichten, Halbwahrheiten, Lügen und Hetze zu einem giftigen Cocktail zu vermischen.

Islamfeindlichkeit und Rassismus

Die *Alternative für Deutschland* behauptet, sie habe eine »öffentliche Kontroverse um den Islam angestoßen, die längst überfällig ist.«[26] Das ist Teil der Selbstinszenierung der AfD als Tabubrecher-Partei. Wahr ist diese Aussage nicht. Im Gegenteil: Die AfD ist auf einen schon lange fahrenden Zug aufgesprungen, als sie im April 2016 erklärte, nach den Themen Euro und der so genannten »Flüchtlingskrise« werde sie nun »den Islam« zu ihrem Schwerpunktthema machen. Laut der AfD-Spitzenpolitikerin Beatrix von Storch ist der Islam »an sich eine politische Ideologie, die mit dem Grundgesetz nicht vereinbar ist.«[27]

Dieser Zug des antimuslimischen Rassismus[28] fährt schon lange und mit erhöhtem Tempo durch Deutschland, Europa und die entwickelten kapitalistischen Staaten der Nordhalbkugel. Verschiedene Kräfte wechseln sich in der Lokomotive ab beziehungsweise streiten um den Fahrersitz. Von Bedeutung ist, dass es sich hierbei nicht nur um rechtspopulistische und neofaschistische Kräfte handelt, sondern is-

---

25 Laut einem Bericht der Tagesschau, 29.11.2015
26 In: »Der Islam – Fakten und Argumente« hg. Von der AfD Thüringen im Juni 2016
27 http://www.sueddeutsche.de/politik/AfD-von-storch-islam-nicht-mit-dem-grundgesetz-vereinbar-1.2952918
28 Wir benutzen die Begriffe antimuslimischer Rassismus und Islamfeindlichkeit, nicht aber Islamophobie. Letzterer suggeriert es handele sich bei den Kampagnen gegen Muslime und Muslimas um individuelle psychologische, weil angstbasierte Phänomene.

lamfeindliche Thesen von PolitikerInnen der etablierten bürgerlichen Parteien, Massenmedien, liberalen BuchautorInnen und KommentatorInnen und (leider) auch manchen selbsternannten (bzw. Ex-) Linken in die Welt hinaus posaunt werden.

Historische Entwicklung

Die von der rechts-islamistischen Terrororganisation *Al Qaida* ausgeführten Anschläge auf das World Trade Center am 11. September 2001 waren zweifellos ein Wendepunkt für die Intensität und Bedeutung antimuslimisch-rassistischer Propaganda, nicht aber deren Ausgangspunkt.

Zum einen muss darauf hingewiesen werden, dass Islamfeindlichkeit eine lange Tradition in den christlich geprägten Gesellschaften hat. Die Entstehung und Ausbreitung des Islam als monotheistischer Religion und des islamischen Herrschaftsgebiets im 7. Jahrhundert unserer Zeitrechnung war eine Bedrohung für die Macht und den Reichtum der christlichen Kirche und die mit ihnen eng verbundenen Herrschaftshäuser Europas.

Kreuzzüge, spanische Reconquista[29] und die Kolonisierung des Nahen und Mittleren Ostens im 19. und 20. Jahrhundert sind die wichtigsten Stichwörter für den Kampf zwischen »Okzident und Orient«, der auf der ideologischen Ebene von okzidentaler Seite mit pauschaler Verteufelung des Islams und der Muslime und Muslimas einher ging. In der spanischen Reconquista nahm dies proto-rassistische Züge an, da die Reconquistadoren erstmals eine Ethnisierung ihrer Gegner vornahmen – eine Konversion von Muslimen und Muslimas zum Christentum war kein Ausweg mehr für die von Verfolgung und Unterdrückung bedrohten Menschen islamischen – und jüdischen – Glaubens.[30]

Wobei hinzugefügt werden muss, dass es sich hierbei nur vordergründig um Religionskriege handelte. Tatsächlich ging es um Macht und Geld, nicht zuletzt um die Macht und das Geld christlicher Religionsführer. Auch die durch Samuel P. Huntingtons »Clash of Civilizations«-These verbreitete Ansicht, kulturelle Differenzen seien ursächlich für Kriege zu betrachten, kann einer Überprüfung nicht stand halten. Werner Ruf schreibt zurecht:

> *»Eine seriöse Zählung der bewaffneten Konflikte in diesen anderthalb Jahrtausenden käme wohl mit Sicherheit zu dem Schluss, dass Krieg und Gemetzel innerhalb der ›Christenheit‹ – wie innerhalb der islamischen Welt – wohl sehr viel häufiger waren als die Kriege zwischen von den beiden Religionen beherrschten Gebieten: Man denke nur an die unendlichen Kriege des Mittelalters, den Hundertjährigen Krieg in Frankreich, die Religionskriege, den Dreißigjährigen Krieg, die Kriege*

---

29 Darunter wird die Zurückdrängung des muslimischen Herrschafts- und Einflussbereichs und die christliche Wiedereroberung auf der Iberischen Halbinsel ab 722 unserer Zeitrechnung verstanden.
30 Siehe Inva Kuhn – Antimuslimischer Rassismus, S. 35

Napoleons, die deutsch-französischen Kriege, vielleicht auch an die beiden Welt-
kriege – von den Kolonialkriegen ganz zu schweigen, die ›der Westen‹ auch gegen
die islamische Welt führte und denen Millionen Menschen zum Opfer fielen.«[31]

Dem kann man noch hinzufügen, dass das Osmanische Reich in der frühen Neu-
zeit ein anerkannter Teilnehmer des europäischen »Konzerts der Mächte« war und
bis zum Ende des Ersten Weltkriegs immer wieder Bündnispartner europäischer
Staaten gegen andere europäische Mächte war, so im 16. Jahrhundert Partner Frankreichs gegen das Habsburger Reich oder während des Ersten Weltkriegs Verbünde-
ter des deutschen Imperialismus gegen Russland, Großbritannien und Frankreich.
Da war es für die christlichen Machthaber in Berlin kein Problem, sondern im Gegenteil sehr willkommen, wenn der Sultan in Konstantinopel die Muslime in Russland zum Dschihad aufrief.

Zum anderen ist eher der Zusammenbruch der bürokratisch-diktatorischen Sys-
teme der Sowjetunion und Osteuropas 1989-91 der entscheidende Wendepunkt für
die Verbreitung einer neuen Islamfeindlichkeit durch die westeuropäischen und
nordamerikanischen kapitalistischen Eliten und Meinungsmacher.

In den Zeiten des sogenannten »Kalten Krieges« bestand eine Systemkonkurrenz zwischen den kapitalistisch-imperialistischen Staaten Westeuropas, Nord-
amerika und Japan und den bürokratisch-diktatorischen Staaten, die sich als so-
zialistisch bezeichneten. Die Existenz von Staaten und Wirtschaftssystemen, in
denen nicht das Privateigentum an Produktionsmitteln – Industrie, Banken, Unternehmen aller Art – und das Wirtschaften für den Profit im Mittelpunkt stand,
war per se eine Bedrohung für die Herrschaft und den Reichtum des Bürgertums
in den kapitalistischen Staaten. Die Schaffung des »Feindbilds Kommunismus«,
leicht gemacht durch den diktatorischen Charakter dieser Staaten, war eine wichtige ideologische Voraussetzung für den kapitalistischen Westen, um sein Herr-
schaftsmodell zu legitimieren. Der Wegfall der Systemkonkurrenz nach der Auflösung der Sowjetunion und der Restauration kapitalistischer Verhältnisse in den
vormals nichtkapitalistischen Staaten ließ auch dieses Feindbild verschwinden –
der Islam bot sich als das neue »Böse« an.

Der »Kommunismus« war auch das gemeinsame Feindbild rechter islamischer
politischer Bewegungen und des westlichen Imperialismus gewesen, und damit –
neben den an die Ölvorkommen geknüpften ökonomischen Interessen - Basis für
die Kooperation imperialistischer Staaten mit zum Beispiel Saudi Arabien oder den
islamistischen *Mudschaheddin* in Afghanistan. Nach Verschwinden dieses gemeinsamen Feindes, konnten die eigentlich existierenden Widersprüche zwischen islamistischen Bewegungen und Imperialismus nicht länger unter der Decke gehalten
werden. Schließlich beutete der Imperialismus die Länder und Regionen wirtschaftlich aus und dominierte sie politisch, in denen Teile der kleinbürgerlichen, halb-

---

31 Ruf, Seite 64

feudalen und bürgerlichen Eliten das Rückgrat islamistischer Kräfte stellten. Hinzu kam die Bedeutung des Israel-Palästina-Konflikts als Projektionsfläche für den vordergründigen »Antiimperialismus« islamistischer Bewegungen. Kurz gesagt: Die vormaligen Verbündeten beendeten – mit einigen Ausnahmen, wie Saudi-Arabien oder der Unterstützung islamistischer Kräfte im Syrien-Krieg - ihre mehr oder weniger friedliche Koexistenz und gerieten in immer offenere Konflikte, ob in Afghanistan, Somalia oder später im Irak.[32]

Feindbild Islam

Widerstand gegen die imperialistische Dominanz dieser Länder formierte sich immer mehr im Gewand islamistischer Gruppierungen und Bewegungen. Die Reaktion des Westens darauf waren nicht nur Bomben und Kriege, sondern auch die Schaffung eines neuen Feindbilds: des Islam. Dieser wird mal mehr, mal weniger deutlich, mal mehr, mal weniger pauschalisierend als Bedrohung für Demokratie und Menschenrechte dargestellt. Damit werden die militärischen Interventionen in islamisch geprägten Ländern wie Afghanistan, Irak, Somalia, Mali etc. gerechtfertigt. Das ist die äußere Funktion der Islamfeindlichkeit. Die nach innen gerichtete Funktion besteht darin, MigrantInnen muslimischen Glaubens bzw. solche mit vermeintlich muslimischem Hintergrund zu Sündenböcken für soziale Probleme in den westlichen kapitalistischen Staaten selbst zu machen.

Dieses Spiel wurde und wird nicht nur von VertreterInnen extrem nationalistischer oder rechtspopulistisch/rechtsradikaler Positionen gespielt, sondern eben auch von den »Etablierten« und den Massenmedien. Diese haben sozusagen den Boden bestellt, auf dem PEGIDA und AfD nun die Ernte einzufahren versuchen.

Die mediale Darstellung des Islam ist geprägt von Bildern, die Gewalt, Terror und Frauenunterdrückung darstellen. Gleichzeitig wird die Darstellung von Al Qaida- oder IS-Terrorismus von Bildern dominiert, die Symbole des Islam darstellen. Die Wirkung bei den LeserInnen und ZuschauerInnen muss sein, »den Islam« mit Gewalt, Terrorismus, Frauenunterdrückung zu assoziieren. Obwohl eine Mehrzahl der Frauen mit muslimischem Hintergrund in der Bundesrepublik kein Kopftuch trägt, wird ein Artikel zur Situation solcher Frauen in den meisten Fällen mit einer Kopftuch tragenden Frau illustriert werden. Obwohl die Mehrzahl der Opfer islamistischen Terrors selbst Muslime und Muslimas sind, werden diese

---

32 Dies ist eine zutreffende, aber zwangsläufig etwas schematische Darstellung. Konflikte zwischen islamistischen Bewegungen und den imperialistischen westlichen Mächten gab es natürlich auch schon vor dem Ende des Kalten Krieges. Hier ist vor allem der Konflikt zwischen dem Mullah-Regime im Iran und den USA seit dem Sturz der westlich orientierten Diktatur des Schah Reza Pahlevi im Jahr 1979 zu nennen. Dies hängt nicht zuletzt damit zusammen, dass islamistische Bewegungen das Ziel hatten, das Wachstum der sozialistischen Arbeiterbewegung zu verhindern, wozu eine Haltung gegen die Ausbeutung durch den Westen bzw. gegen die Unterdrückung des palästinensischen Volkes nötig war.

doch pauschal als Täter und die Menschen in den christlich geprägten westlichen Staaten als Opfer dargestellt. Kai Sokolowsky konstatiert in seinem Buch *Feindbild Moslem* zurecht:

> »*Um aber den Islam zu einem Problem für all diejenigen werden zu lassen, die nicht an ihn, aber auch noch nicht an Politically Incorrect glauben, brauchen die Muslimfeinde die Mithilfe der bürgerlichen Medien. Und die Titelgeschichten von Focus und Stern sind eine solche Hilfe – ganz gleich, wie ungewollt sie geleistet worden ist, ganz egal, wie sehr die plakativen Titel sich von den Geschichten in der Heftmitte unterscheiden.*«[33]

Zu nennen sind da auch all die Äußerungen von PolitikerInnen auf allen Ebenen von CDU/CSU, aber auch SPD und FDP. Und zwar nicht erst seit dem 11. September. Kai Sokolowsky weist in seinem Buch *Feindbild Moslem* darauf hin, dass schon im September 1991 Eckart Schiffer, Berater des damaligen Innenministers Wolfgang Schäuble, dem Nachrichtenmagazin Spiegel eine »Expertise« zum Thema Integration von MigrantInnen überließ und zitiert:

> »*Welche Empfindungen werden ausgelöst, wenn von multikultureller Gesellschaft die Rede ist? Denken wir an Stadtteile, in denen wie in Ghettos eine fremde und sich fremd fühlende Bevölkerung lebt? An das griechische Restaurant um die Ecke? An die bescheidene, türkis-graue Moschee in einer ehemaligen Werkstatt in der Vorstadt? An Demonstrationen fanatisierter Massen, die Europa auf das geistige Niveau des Mittelalters zurück bringen möchten? [es dürfe] nicht dazu kommen [...], dass wir die Errungenschaften eines Jahrhunderte Kampfes der Europäer für freie Rede, freie Presse und freie Meinungsäußerung opfern, nur weil wir eine Scheu empfinden oder nicht den Mut haben, selbstsicherem religiösen Fanatismus fremder Provenienz entschlossen entgegenzutreten.*«[34]

Die Liste solcher und ähnlicher Äußerungen durch PolitikerInnen der etablierten bürgerlichen Parteien ist lang. Der damalige CDU-Landtagsabgeordnete Hans-Jürgen Irmer sagte 2010:

> »*Der Islam ist auf die Eroberung der Weltherrschaft fixiert. Wir brauchen nicht mehr Muslime, sondern weniger.*«[35]

In einem Beitrag für die rechtsextreme Wochenzeitung *Junge Freiheit* forderte er 2012:

> »*Wir wollen als Christen niemanden in die Hölle schicken, wir sollten die Islamisten aber unverzüglich in ihre angestammte Heimat schicken, statt sie teilweise noch über Sozialleistungen zu finanzieren. Null Toleranz denen gegenüber, Die*

---

33 Kai Sokolowsky – Feindbild Moslem, Berlin 2009, Seite 40
34 Kai Sokolowsky – Feindbild Moslem, Seite 32ff
35 https://www.welt.de/welt_print/politik/article7404907/Kritik-an-Irmer-waechst-weiter.html

*Freiheit, Demokratie und Rechtsstaatlichkeit bekämpfen. Toleranz aber gegenüber
dem Wunsch nach Verteilung des Korans.«*[36]

Der heutige Bundespräsident Joachim Gauck sprach im Zusammenhang mit
Muslimen und Muslimas in Europa von Überfremdung[37] und CDU/CSU-Frakti-
onschef Kauder sieht wie viele seiner Parteikollegen den Islam als nicht zu Deutschland gehörig.[38] Diese Frage – gehört der Islam zu Deutschland? - ist unter etablierten PolitikerInnen zur Gretchenfrage bzgl. ihrer Haltung zum Islam geworden,
spätestens nachdem der damals amtierende Bundespräsident Christian Wulff sie im
Oktober 2010 bejahte. Allein die Fragestellung reproduziert jedoch islamfeindliche
Stereotype, denn sie kann auch so formuliert werden: Gehören DIE zu UNS?

Ambivalenzen

Zweifellos besteht im Bürgertum, den Regierungskreisen und etablierten Parteien
ein ambivalentes Verhältnis zur Islamfeindlichkeit. Immerhin leben in Deutschland
zwischen 4,4 und 4,7 Millionen Menschen, die man als Muslime und Muslimas kategorisiert.[39] Ein Teil davon sind deutsche StaatsbürgerInnen und damit potenzielle
WählerInnen. Vor allem aber ist klar, dass diese Menschen in der Bundesrepublik
leben, arbeiten, Kinder kriegen und dass das so bleiben wird. So sehr Spaltung ein
notwendiges Mittel für eine herrschende Klasse ist, um ihre Macht und Privilegien
aufrecht zu erhalten, so sehr kann eine zu weit gehende Diskriminierung auch Widerstand und gesellschaftliche Destabilisierung hervorrufen.

Deshalb gibt es aus herrschenden Kreisen sowohl Pauschalisierungen, Generalverdacht und Islamfeindlichkeit, als auch differenziertere Äußerungen und den Versuch, mit dem Hinweis auf Religionsfreiheit und den »friedfertigen Charakter der
Mehrheit der Muslime« oder der großen Bedeutung von muslimischen Soldaten für
die Bundeswehr[40], einen Teil dieser nicht vollständig zu entfremden, sondern ihnen
einen Weg zu dem offen zu lassen, was als »Integration« bezeichnet wird. Dies gilt
dann aber vor allem für diejenigen, die im Interesse des Kapitals ökonomisch ver-
wertbar sind und die sich den bundesrepublikanischen »Werten« und am besten der
»deutschen Leitkultur« anschließen. So kommen dann BILD-Serien unter dem Titel
»Mein Schrebergarten hat mich deutsch gemacht«[41] zustande.

---

36 https://de.wikipedia.org/wiki/Hans-J ProzentC3 ProzentBCrgen_Irmer
37 NZZ, 10.10.2010
38 https://www.welt.de/politik/deutschland/article106201159/Der-Islam-gehoert-nicht-zu-
Deutschland.html
39 Stand 2015, siehe: https://de.wikipedia.org/wiki/Religionen_in_Deutschland
40 *»Bei Auslandseinsätzen haben wir derzeit etwa 170 Soldaten mit muslimischem Hintergrund. Sie
sind unverzichtbar. Mit ihren Sprach- und Kulturkenntnissen erleichtern sie uns den Zugang zur jeweiligen Bevölkerung.«* Ursula von der Leyen am 17.9.2016 in der Berliner Morgenpost
41 http://www.bild.de/bild-plus/news/inland/kleingaertner/mein-schrebergarten-hat-mich-
deutsch-gemacht-47374058,view=conversionToLogin.bild.html

Das ist auch im Zusammenhang mit der Reform des Staatsbürgerschaftsrechts zu sehen, das von einem Blutrecht (Ius Sanguinis) zu einem eingeschränkten Bodenrecht verändert wurde.[42] »Deutsch sein« kann unter den Bedingungen einer Gesellschaft, in die über Jahrzehnte Menschen eingewandert sind und sesshaft wurden nicht mehr »genetisch« begründet werden. Das würde den Staat, der eine nationale Identifikation seiner BürgerInnen zur Herstellung einer sozialen Basis braucht, schwächen. Die weiter blickenden Teile des deutschen Bürgertums haben das erkannt und versuchen den deutschen Nationalismus auf eine neue Basis zu stellen, auch wenn der CDU-Bundesparteitag Ende 2016 gegen die eigene Parteiführung für ein Ende der doppelten Staatsbürgerschaft votiert hat – wahrscheinlich in der Hoffnung durch solche symbolträchtigen Beschlüsse der AfD WählerInnen abspenstig machen zu können. Statt »Blut und Boden«-Nationalismus wird ein kulturalistischer Werte-Nationalismus propagiert. Man könnte ihn auch Özil-Nationalismus nennen: Wenn der Migrant erfolgreich ist, hart arbeitet und sich loyal zum deutschen Staat verhält, kann man auch eine Pilgerfahrt nach Mekka akzeptieren.

Sarrazin, PEGIDA, AfD

Eine Zuspitzung erfuhr die öffentliche Debatte, als 2010 der SPD-Politiker und Bundesbänker Thilo Sarrazin sein Buch *Deutschland schafft sich ab* veröffentlichte und ein Konglomerat aus islamfeindlichem Kulturrassismus, Sozialdarwinismus und platter biologistischer Vererbungslehre vorlegte. Sarrazin selbst machte vor, was auch der AfD gelingt – zum Establishment gehören, aber als »Anti-Establishment« rüber kommen. Mit Hilfe der Bild-Zeitung, des Spiegel und anderer Massenmedien wurde sein Machwerk nicht nur millionenfach verkauft, sondern wurde biologistischer Rassismus plötzlich wieder ernsthaft diskutiert, nachdem dies Jahrzehnte nur in neofaschistischen Kreisen, zumindest in Deutschland, möglich war. Im Zuge der Sarrazin-Debatte stellte dann auch die SPD unmissverständlich klar, was sie noch von den sogenannten sozialdemokratischen Werten hält. Ein Parteiausschlussverfahren gegen Sarrazin wurde eingestellt, weil dieser versprach die SPD-Grundwerte zu respektieren![43]

Die Distanzierungen von Sarrazins Thesen aus den etablierten Parteien waren hinsichtlich seines biologistischen Rassismus deutlich, jedoch auch oftmals mit einem »aber« versehen: Aber Sarrazin spricht an, was viele denken; aber Sarrazin hat nicht nur Unrecht, aber natürlich müssen integrationsunwillige MigrantInnen

---

42 Beim Blutrecht wird die Staatsbürgerschaft nach der Zugehörigkeit der Eltern, unabhängig vom Geburtsort, vergeben. Beim Bodenrecht folgt die Staatsbürgerschaft dem Geburtsort. Wird man zum Beispiel in einem Flugzeug im US-amerikanischen Luftraum geboren, hat man automatisch das Anrecht auf die US-Staatsangehörigkeit
43 http://www.stern.de/politik/deutschland/nach-spd-beschluss-zu-sarrazin-steinmeier-freut-sich-ueber-schnelles-verfahren-3195900.html

abgeschoben werden etc.[44]; Joachim Gauck nannte Sarrazin »*mutig*«, da er auf ein Problem hinweise, »*das nicht ausreichend gelöst ist*«; der ehemalige Bundesminister und SPD-Mann Klaus von Dohnanyi sagte: »*Nur in Deutschland macht man sich unmöglich, wenn man das Offensichtliche benennt.*«[45]

Sarrazins Buch bereitete weiter den Boden für die Materialisierung seiner Thesen in Form von Bewegungen (PEGIDA), Terror (Zunahme von Anschlägen auf Moscheen und Flüchtlingsunterkünfte) und der Bildung einer bei Wahlen erfolgreichen rechtspopulistischen Partei in Gestalt der AfD.

PEGIDA gelang es ab Oktober 2014 zeitweilig Zehntausende auf Dresdens Straßen zu mobilisieren. Die Patriotischen Europäer gegen die Islamisierung des Abendlandes haben sich dabei die verbreitete Islamfeindlichkeit zu Nutze gemacht, um weit über dieses Thema hinausgehende rechtsradikale und rassistische Positionen zu verbreiten. Dass es PEGIDA-Gründer Lutz Bachmann nicht vor allem um »europäische Werte« und eine angebliche »Islamisierung« geht, kann schon daran abgelesen werden, dass Ausgangsmotivation für den ersten PEGIDA-Marsch eine Reaktion gegen Aktionen von kurdischen AktivistInnen war. So sagte Bachmann in einem Interview:

> »*Nach einer Aktion von PKK-Anhängern auf der Prager Straße wollten wir etwas tun. Dort wurden Waffen für die verfassungsfeindliche und verbotene PKK gefordert – da bin ich dagegen. Also gründeten wir eine Facebook-Gruppe.*«[46]

Um etwas gegen die konsequentesten KämpferInnen gegen den *Islamischen Staat* im Nahen und Mittleren Osten zu unternehmen, hat Bachmann also eine Bewegung gegen »Islamisierung« ins Leben gerufen! Offensichtlich, dass der Kampf gegen die »Islamisierung« hier als Vehikel zur Verbreitung von Rassismus gegen alle MigrantInnen genutzt wird.

Der Kampf gegen »den Islam« eignet sich geradezu ideal für rechtspopulistische Kräfte, um Nationalismus und Rassismus zu verbreiten. Wie wir weiter unten ausführen, können sie in Abgrenzung zu einer vermeintlich frauen- und demokratiefeindlichen Religion ihr rechtes Gedankengut quasi-fortschrittlich erscheinen lassen. Die Islamfeindlichkeit bietet eine »*intellektuelle Anschlussfähigkeit*«[47] mit der sie Schichten des Bildungsbürgertums erreichen können, die in der Vergangenheit für rechtspopulistische und offen rassistische Kräfte nicht erreichbar waren. Es kann ihnen so gelingen, den Gestank von braunem Nazi-Sumpf, Antisemitismus, rück-

---

44 Siegmar Gabriel:"Wer auf Dauer alle Integrationsangebote ablehnt, der kann ebenso wenig in Deutschland bleiben wie vom Ausland bezahlte Hassprediger in Moscheen", Quelle: http://www.rp-online.de/politik/deutschland/spd-chef-gabriel-fordert-haertere-gangart-aid-1.480741
45 https://de.wikipedia.org/wiki/Deutschland_schafft_sich_ab#Zustimmung
46 http://www.bild.de/regional/dresden/demonstrationen/pegida-erfinder-im-interview-38780422.bild.html
47 Wagner und Zander – Sarrazin, die SPD und die Neue Rechte, Berlin 2011, Seite 73

wärtsgewandtem Geschichtsbild und Frauen- und Demokratiefeindlichkeit, was eigentlich Merkmale rechts-nationalistischer Ideologien sind, abzulegen und sich eine breitere Zuhörerschaft zu erschließen. Wie wir in diesem Buch zeigen, entspricht dies nicht dem tatsächlichen Charakter von PEGIDA, AfD und anderen Rechtspopulisten. Aber im Kapitalismus ist der Schein oft wirkungsmächtiger als die Realität.

Merkmale von antimuslimischem Rassismus

Antimuslimischer Rassismus ist geprägt von einer Zuschreibung bestimmter negativer Attribute an grundsätzlich alle Menschen muslimischen Glaubens bzw. an Menschen, die (oder deren Familien) aus muslimisch geprägten Ländern stammen. Das führt zu Ausgrenzung einerseits und zur Bildung einer »Wir«-Gruppe andererseits, auch wenn diese selten eindeutig definiert wird.

Antimuslimischer Rassismus ist außerdem geprägt von einer weitgehenden Gleichsetzung der Religion Islam mit dem rechten politischen Islam, politischen Bewegungen, die sich auf die Religion Islam beziehen, bis hin zum Terrorismus durch Gruppen, die sich auf den rechten politischen Islam beziehen. So wird jeder Muslim und jede Muslima zum potentiellen Terroristen bzw. zur potentiellen Terrroristin und zur Bedrohung, wird aber zumindest unter einen Generalverdacht und Distanzierungsdruck gesetzt.

Die »Islam-Kritikerin« und Sarrazin-Unterstützerin Necla Kelek spricht von einer »Unmöglichkeit, zwischen Islam und Islamismus zu unterscheiden« und führt aus:

> »Ich definiere den Islam nicht nur als Glauben, sondern als politische Ideologie und ein gesellschaftliches System: ein System, das die Trennung von Religion und Staat, also die Säkularität und die Aufklärung verleugnet, das die vertikale Trennung von Männern und Frauen praktiziert, das heißt Frauen diskriminiert. Durch den Versuch, das System der Scharia, die religiöse Normsetzung, neben oder über das säkulare Recht zu stellen und zu leben, ergibt sich ein anderes Welt- und Menschenbild, ergeben sich andere Werte und Normen, die zu einer generellen Integrationsunwilligkeit großer Teile der muslimischen Gesellschaft geführt haben.«[48]

So oder ähnlich klingt es dann auch bei PEGIDA und AfD, nur nicht ganz so akademisch-seriös: Da sagt der AfD-Vize Gauland in einer Talkshow bei Maybritt Illner am 6.10.2016, der Islam sei eine politische Ideologie, keine Religion. Dennoch gebe es »auch einzelne Moslems, in Deutschland, die ihre Religion leben.«[49] Nach Mesut Özils Mekka-Reise sagte derselbe Gauland, bei Özil sei ihm das egal, aber »bei Beamten, Lehrern, Politikern und Entscheidungsträgern würde ich sehr wohl die Frage stellen: Ist jemand, der nach Mekka geht, in einer deutschen Demokratie richtig

---

48 Zitiert nach Anti-Sarrazin, Seite 71, Ausgabe Köln
49 http://www.express.de/24860654 ©2016

aufgehoben?«[50] Auch der »moderate« AfD-Gründer Bernd Lucke vertrat zum Islam keine grundlegend andere Position als die heutige AfD-Führung:

> *»Wenn der Satz ‚Der Islam gehört zu Deutschland' nur die faktische Existenz des Islam in Deutschland feststellen sollte, ist er überflüssig (...). Wenn er aber als eine implizite Bejahung des Islams in Deutschland gemeint ist, ist er falsch und töricht (...)«*[51]

Sein Nachfolger Jörg Meuthen sieht eine *»schleichende Islamisierung der Bevölkerungsentwicklung«* und meint:

> *»Ich will, dass auch für meine Enkel hier zuhause noch das Geläut der Kirchenglocken das geistliche Geräusch ist, das sie hören, und nicht der Ruf des Muezzins.«*[52]

Die AfD kann aber auch anders und hat in Thüringen eine wissenschaftlich anmutende Broschüre mit dem Titel *Der Islam – Fakten und Argumente* veröffentlicht. Hier kommen die Rechtspopulisten nach vielen Seiten pseudo-differenzierter Darstellung, dann aber doch zu dem eindeutigen Ergebnis, dass *»zentrale Anschauungen des Islam mit der freiheitlichen und pluralen Gesellschafts- und Verfassungsordnung nicht vereinbar sind«* und dass *»der Islam für Die Freiheitliche Ordnung eine durchaus ernste Herausforderung ist.«* Kurz gesagt: Der Islam ist gefährlich. In dieser Logik sind dann auch Muslime und Muslimas gefährlich – DIE und WIR ....

Würde man in ähnlicher Art und Weise aus den Worten der Bibel, der Geschichte des Christentums, den Äußerungen wichtiger VertreterInnen christlicher Religionen und den Taten christlicher Fundamentalisten auf »das« Christentum schließen, müsste man zu ähnlichen Schlussfolgerungen kommen.

Die Pauschalisierung und Schwarz-Weiß-Malerei ist wesentlicher Bestandteil der Islamfeindlichkeit. Das geht auch gar nicht anders, denn würde die Lebensrealität der Muslime und Muslimas in ihrer Vielfältigkeit und Komplexität erfasst, könnte ihre Religion nicht mehr zur Schaffung eines Bedrohungsszenarios herhalten. Das führt uns zu der Frage, was politische Zielsetzung und Wirkung von Islamfeindlichkeit und Rassismus sind.

Was ist Rassismus?

Wir verstehen unter Rassismus die systematische Ungleichbehandlung von Menschen aufgrund äußerer Merkmale, Herkunft, Nationalität oder Religionszugehörigkeit. Damit verwenden wir den Begriff in einer erweiterten Fassung zum

50 http://www.bento.de/politik/alexander-gauland-sein-mekka-zitat-entlarvt-das-perfide-kalkuel-der-AfD-609190/
51 Bernd Lucke in einem Rundschreiben an die AfD-Mitglieder im Oktober 2013, zitiert nach: http://www.huffingtonpost.de/2014/03/25/rechte-populismus-AfD_n_5025753.html
52 http://www.abendblatt.de/politik/article207466131/AfD-Chef-Lieber-Kirchenglocken-als-den-Ruf-des-Muezzins.html

historischen biologistischen Rassismus, der von der Existenz von Menschenrassen ausging, denen bestimmte – unveränderbare - körperliche, geistige und soziale Eigenschaften zugeschrieben wurden.

So teilte der Rassentheoretiker Carl von Lenné im Jahr 1758 die Menschen so ein:

»Europaeus albus: (…) einfallsreich, erfinderisch (…) weiß, sanguinisch (…) Er lässt sich durch Gesetze lenken. Americanus rubescus: mit seinem Los zufrieden, liebt Die Freiheit (…) gebräunt, jähzornig (…) Er lässt sich durch die Sitte lenken. Asiaticus luridus: habsüchtig (…) gelblich, melancholisch (…) Er lässt sich durch die allgemeine Meinung lenken. Afer niger: verschlagen, faul, nachlässig (…) schwarz, phlegmatisch (…) Er lässt sich durch die Willkür seiner Herrscher lenken.«[53]

Dieser, sich wissenschaftlich gebende, Rassismus war ein Produkt der kolonialen Ausbeutung der Welt durch den aufkommenden europäischen Kapitalismus. Gerade weil mit dem Siegeszug des Bürgertums und der kapitalistischen Produktionsweise auch die Aufklärung Einzug hielt, gerade weil Wissenschaft und Vernunft Religion und Obskurantismus herausforderten, war eine quasi-wissenschaftliche Rechtfertigung für die Ausbeutung und Versklavung der indigenen Völker der »neuen Welt« und der afrikanischen Sklaven nötig. Jean-Paul Sartre sagte dazu:

»Weil keiner seinesgleichen ausplündern, unterjochen und töten kann, ohne ein Verbrechen zu begehen, erheben sie es zum Prinzip, dass der Kolonisierte kein Mensch ist.«[54]

Rassismus ist seinem Ursprung nach vor allem eine Rechtfertigungsideologie für koloniale und imperialistische Ausbeutung. Oder wie Imanuel Geiss es in seiner *Geschichte des Rassismus* ausdrückt:

»Rassismus entstand als Erklärungs- und Rechtfertigungsideologie der welthistorischen materiellen, militärischen und technischen Überlegenheit der Europäer seit ihrer Expansion in Übersee.«[55]

Seinen Höhepunkt fand der biologistische Rassismus in der Shoa, der systematischen Vernichtung der JüdInnen und JüdInnen durch das Nazi-Regime. Mit dem Ende der Nazi-Diktatur schien jedoch auch das Ende des biologistischen Rassismus eingeleitet, zumindest in Europa. Beendet wurde aber nicht die systematische Ungleichbehandlung von Menschen aufgrund äußerer Merkmale, Herkunft, Nationalität oder Religionszugehörigkeit. In den Mittelpunkt rückte nun das angeblich »nationale Interesse«, das gegen äußere Einflüsse – auch durch Migration von Menschen anderer Nationalität bzw. aus anderen Kulturkreisen – geschützt werden müsse.

---

53 zitiert nach Ruf, Seite 14
54 http://www.deutschesfachbuch.de/Die_Verdammten_dieser_Erde_9783518371688.
html?snp=vrt
55 Imanuel Geiss, Geschichte des Rassismus, Frankfurt/Main 1988, Seite 39

Dieses Interesse kann vielfältig definiert werden: »unsere« Lebensweise und Werte, »deutsche Leitkultur«, Sicherheit vor angeblichen terroristischen Bedrohungen oder auch die angebliche Verteidigung der durch Migration angeblich bedrohten sozialen Sicherungssysteme oder des Arbeitsmarkts.

Die Ungleichbehandlung wird im Staatsbürgerschaftsrecht und in speziellen Gesetzen für Menschen ohne deutschen Pass festgeschrieben. In der Bundesrepublik galt von 1951 bis 1965 sogar die Ausländerpolizeiverordnung aus der Zeit der Nazi-Diktatur. In den heute als Aufenthaltsgesetz bezeichneten Sondergesetzen für Nicht-Deutsche werden MigrantInnen zu Menschen zweiter Klasse gemacht. Sie haben kein Wahlrecht, mit Ausnahme von EU-BürgerInnen bei Europa- und Kommunalwahlen, kein Recht auf uneingeschränkte politische Betätigung, können ausgewiesen werden etc.

Dieser strukturelle, staatliche Rassismus bestand in der Bundesrepublik Deutschland seit Gründung des Staates auf Basis eines Grundgesetzes, welches nur für »*das deutsche Volk*« gilt. In diesem wird zwar einerseits davon gesprochen, dass niemand aufgrund seiner »*seiner Abstammung, seiner Rasse, seiner Sprache, seiner Heimat und Herkunft, seines Glaubens, seiner religiösen oder politischen Anschauungen benachteiligt oder bevorzugt werden*« darf. Das wird aber schon dadurch ad absurdum geführt, dass Menschen ohne deutsche Staatsangehörigkeit durch die Verweigerung des Wahlrechts – bei Existenz aller staatsbürgerlichen Pflichten – offensichtlich benachteiligt werden. Auch ansonsten gesteht das Grundgesetz bestimmte Grundrechte, wie die Versammlungsfreiheit und das Recht zur Bildung politischer Vereinigungen nur »*den Deutschen*« zu.

Welche konkreten politischen Formen Rassismus in der Gesellschaft annimmt, gegen welche Gruppen von Minderheiten er sich richtet, hängt von verschiedenen Faktoren der gesellschaftlichen Entwicklung ab. Betrachtet man die Entwicklung rassistischer Stimmungen, Kampagnen, Diskurse in der Geschichte der Bundesrepublik, so gibt es einen eindeutigen Zusammenhang zu ökonomischen und sozialen Krisenprozessen.[56]

Rassismus hat hier zwei Funktionen für die herrschende Klasse. Zum einen führt die relative Rechtlosigkeit und die Möglichkeit der Ausweisung von MigrantInnen bzw. der Steuerung von Ein- und Auswanderung dazu, dass der kapitalistische Staat Einfluss auf das Arbeitskräftepotenzial der Gesellschaft nehmen kann. Mit dem erhöhten Bedarf an Arbeitskräften im Nachkriegsaufschwung wurden systematisch migrantische ArbeiterInnen vor allem aus Südeuropa, die »GastarbeiterInnen«, angeworben. Mit dem Ende des Nachkriegsaufschwungs und der Entwicklung von Massenerwerbslosigkeit seit Beginn der 1970er Jahre wurde die-

---

56 Das wird ausgeführt im Anti-Sarrazin ab Seite 130, wo es unter anderem heißt: »Mit der Verschlechterung der wirtschaftlichen Situation änderte sich die Ausprägung des Rassismus. Von einem Nebenaspekt bürgerlicher Politik wurde er zu einer zentralen Propagandawaffe in den Händen bürgerlicher Parteien und Regierungen.«

se Anwerbung beendet und in den 1980ern unter Helmut Kohl sogar ein Rückführungsprogramm eingeleitet.[57]

Zum anderen hat Rassismus die Funktion, eine Minderheit zum Sündenbock für soziale Probleme zu machen und somit von den tatsächlichen Gründen und VerursacherInnen dieser Probleme abzulenken. Er dient gleichzeitig zur Spaltung der von diesen sozialen Problemen Betroffenen und soll gemeinsame Gegenwehr erschweren. Inva Kuhn formuliert dies in ihrem Buch *Antimuslimischer Rassismus* so:

> »*Rassismus als Ideologie hat vielfältige Funktionen. Jenseits permanenter Unterwerfung, der Verfestigung sozial und politisch ungleicher Verhältnisse, der Stützung ökonomischer Ausbeutung und in Extremfällen der Vernichtung dient die rassistische Ideologie als Mittel zur Klassenspaltung, um kollektiven Widerstands- und Emanzipationsmomenten entgegenzuwirken. Darum müssen Analysen rassistisch strukturierter Systeme notwendigerweise mit ökonomischen Erklärungsansätzen verknüpft werden.*«[58]

Nationalismus und Rassismus sind dabei zwei Seiten derselben Medaille bzw. stellt Nationalismus in gewisser Hinsicht den Boden dar, auf dem rassistische Vorstellungen gedeihen können. Dabei kann sich der Nationalismus zwar darauf stützen, dass er Ausdruck realer gesellschaftlicher Verhältnisse, nämlich der Existenz unterschiedlicher Nationen, ist. Historisch betrachtet hatte die Bildung von Nationalstaaten auch eine fortschrittliche Funktion bei der Entwicklung zusammenhängender Wirtschaftsräume und der Produktivkräfte. MarxistInnen weisen auch auf den Unterschied zwischen dem Nationalismus unterdrückter und dem Nationalismus unterdrückender Nationen hin. Ersterer kann vor allem Ausdruck demokratischer und sozialer Aspirationen einer entrechteten Bevölkerungsgruppe sein, letzterer trägt ausschließlich reaktionäre Züge. In unserem Kontext ist der Nationalismus in entwickelten kapitalistischen Staaten, die ja auch wesentliche Träger des Rassismus sind, von Bedeutung

Beide – Rassismus und Nationalismus - dienen dazu, die tatsächlichen in der kapitalistischen Gesellschaft existierenden Interessenlagen zu verdecken bzw. Interessenschnittmengen und -gegensätze zu konstruieren, wo sie von einem sozial-ökonomischen Blickwinkel nicht existieren. Nationalismus und Rassismus schaffen eine »Wir«-Gruppe und äußere Feinde dieser »Wir-Gruppe«, die die unterschiedlichen sozialen und ökonomischen Interessen der real existierenden Menschengruppen im Kapitalismus, der Klassen, verwischen soll. Konkret: Der deutsche Lohnabhängige, egal ob IndustriearbeiterIn, AngestellteR, kleineR Beamter/in, soll denken, er oder sie habe mit seinem/ihrem ebenfalls deutschen Arbeitgeber oder Vermieter ein ge-

---

57 Dirk Halm - Einwanderung nach Deutschland. Gesellschaftliche und politische Rahmenbedingungen und Einstellungen der Deutschen, veröffentlicht von der Friedrich-Ebert-Stiftung: library. fes.de/pdf-filres/bueros/seoul/08178.pdf

58 Inva Kuhn, Antimuslimischer Rassismus, Seite 20

meinsames Interesse und nicht mit seinem türkischen Kollegen oder der marokkanischen Nachbarin. »Teile und Herrsche« ist das altbekannte Prinzip zur Aufrechterhaltung der Macht einer Minderheit über die Mehrheit, das im Rassismus seine Anwendung findet.

Schon Karl Marx wies auf die Funktion der Spaltung der Arbeiterklasse durch Nationalismus am Beispiel des Verhältnisses der irischen zur englischen Arbeiterklasse hin:

> »Alle industriellen und kommerziellen Zentren Englands besitzen jetzt eine Arbeiterklasse, die in zwei feindliche Lager gespalten ist, in englische proletarians und irische proletarians. Der gewöhnliche englische Arbeiter hasst den irischen Arbeiter als einen Konkurrenten, welcher den [Lebensstandard] herabdrückt. Er fühlt sich ihm gegenüber als Glied der herrschenden Nation und macht sich deswegen zum Werkzeug seiner Aristokraten und Kapitalisten gegen Irland, befestigt damit deren Herrschaft über sich selbst. Er hegt religiöse, soziale und nationale Vorurteile gegen ihn. (…) Der Irländer [zahlt ihm mit gleicher Münze zurück]. Er sieht zugleich in dem englischen Arbeiter den Mitschuldigen und das stupide Werkzeug der englischen Herrschaft in Irland. Dieser Antagonismus wird künstlich wach gehalten und gesteigert durch die Presse, die Kanzel, die Witzblätter, kurz, alle den herrschenden Klassen zu Gebot stehenden Mittel. Dieser Antagonismus ist das Geheimnis der Ohnmacht der englischen Arbeiterklasse, trotz ihrer Organisation. Er ist das Geheimnis der Machterhaltung der Kapitalistenklasse. Letztere ist sich dessen völlig bewusst.«[59]

Islamfeindlichkeit ist Rassismus

Islamfeindlichkeit ist eine Form von Rassismus, in den letzten Jahren in der Bundesrepublik und Europa zweifelsfrei die am stärksten ausgeprägte Form. Dabei geht es in Wirklichkeit nicht um den Islam, sondern um Muslime und Muslimas bzw. Menschen, die unter diesem Label eingeordnet werden, unabhängig davon, ob sie gläubige Muslime/Muslimas sind, weil sie zum Beispiel aus einem arabischen Land stammen. Inva Kuhn schreibt dazu:

> »Einer vermeintlich muslimischen Gemeinschaft werden kulturalisierte Lebensentwürfe zugeschrieben. Folglich münden Vorbehalte und (geschürte) Ängste in Bezug auf den Islam oftmals in rassistischen Praktiken. Jedoch handelt es sich beim Antimuslimischen Rassismus weniger um Religionskritik oder um Kritik des politischen Islam. Vielmehr geht er über die tatsächliche oder vermeintliche Religionszugehörigkeit der Betroffenen hinaus. (…) Durch solcherlei Regelung von (Nicht-)Zugehörigkeiten erfolgt eine konstruierte Gegenüberstellung von ,Muslimisch-Sein' und ,Deutsch-Sein'. Das bedeutet, dass es beim Antimusli-

---

59 Karl Marx, Brief an Sigfried Meyer und August Vogt, MEW, Bd 32, S. 668/669, Berlin, 1974

mischen Rassismus nicht nur um Abwertung von Muslimen geht, sondern auch um die Wahrung der eigenen Privilegien [Privileg hier im Sinne von Rechten, nicht von Vorrechten einer Minderheit, A.d.A.]– und seien sie noch so gering – durch Exklusionsmechanismen: Abgrenzung nach Außen und Identitätsstiftung nach innen«[60]

»Der« Islam dient hervorragend als Projektionsfläche für rassistische Ideologie. Hier lassen sich klassisch rassistische Vorstellungen gegen »Araber« und »Türken« mit kultur- und werterassistischen Vorstellungen gegen den »rückständigen« und »antidemokratischen« Charakter des Islam verbinden und die dschihadistischen Kräfte des rechten politischen Islam wie *Al Qaida* oder der so genannte *Islamische Staat* spielen den Rassisten willfährig in die Hände, nicht zuletzt, weil sie – aus anderen Standpunkten – ganz ähnliche Ziele verfolgen. Oder wie es Reinhard Schulze schon 1991 formulierte:

> *»Der Islam wird nun nicht nur als ideologische Antithese begriffen, sondern als gesamtkulturelle Antithese zum Westen und seiner universalistischen Identität. Der Islam gerät so zur Begründung des Gegen-Westens, zur Gegen-Moderne, ja zur Gegen-Zivilisation.«*[61]

Während der biologistische Rassismus komplett auf einem Konstrukt – menschlicher Rassen – basiert, scheint die Islamfeindlichkeit eine reale Basis in den religiösen Vorschriften des Koran und der Hadithen[62], in den realen Verhältnissen innerhalb von islamischen Glaubensgemeinschaften und islamisch geprägter Staaten bzw. Bewegungen und Terrororganisationen des rechten politischen Islam zu haben. Denn die religiös legitimierte, staatliche Frauenunterdrückung im Iran, Saudi-Arabien und anderen muslimisch geprägten Ländern, die frauen- und demokratiefeindlichen Vorstöße der türkischen AKP-Regierung, die oftmals extrem patriarchal-machistischen Traditionen in muslimischen Familien sind ja Realität.

Das macht die Auseinandersetzung mit antimuslimischem Rassismus komplizierter. Denn dieser kann sich auch fortschrittlich und quasi links, als Verteidiger von Frauen- und Menschenrechten, präsentieren. Tatsächlich sind nicht wenige Akteure islamfeindlicher Propaganda (Ex-)Linke oder AntifaschistInnen, bürgerliche Feministinnen oder auch aus islamisch geprägten Ländern oder Familien stammende Liberale. Wir gehen weiter unten auf einige der gängigen Argumente von so genannten IslamkritikerInnen ein, wollen an dieser Stelle aber erst einmal auf die Gesamtdarstellung des Islam im islamfeindlichen Diskurs hinweisen.

---

60 Inva Kuhn, Seite 24
61 Zitiert nach: Werner Ruf, Seite 16
62 Unter Hadithen versteht der Islam die Überlieferungen der Aussprüche und Handlungen des Propheten Mohammed. Sie sind neben dem Koran die zweite Quelle der islamischen Normenlehre

Was ist der Islam – und was nicht?

Ein Merkmal islamfeindlicher Darstellungen des Islam ist eine ahistorische Präsentation des Islam als einer weitgehend einheitlichen Religion. Ebenso werden Koran- und Hadithen-Zitate zur Basis von »Islamkritik« genommen und nicht die reale und vielfältige Religionspraxis der Millionen Muslime und Muslimas auf der Welt. Drittens findet oftmals, wie schon ausgeführt, eine weitgehende Gleichsetzung der Religion Islam mit politischen Bewegungen, die sich auf den Islam berufen bzw. sogar islamistischen Terrororganisationen statt.

Uns erscheinen dabei vier Aspekte von zentraler Bedeutung, die Werner Ruf in seinem Buch *Der Islam – Schrecken des Abendlandes* ausführlich darlegt: die Vielfältigkeit des Islam, das Verhältnis des Islam zu anderen Religionen, die tatsächliche Bedeutung der Scharia, des islamischen Rechtsverständnisses, und eine Unterscheidung zwischen Fundamentalismus und Terrorismus.

Erstens ist der Islam eine äußerst vielfältige Religion, die mehr als die zwei großen Glaubensrichtungen Schi'a und Sunni, vier große Rechtsschulen und diverse unterschiedliche Religionspraxen in verschiedenen Ländern und Völkern kennt. Von »dem« Islam zu sprechen ist dementsprechend noch problematischer als von »dem« Christentum oder »dem« Katholizismus zu sprechen. Vereinfachungen und Pauschalisierungen dienen den Akteuren des antimuslimischen Rassismus dazu, die vermeintlichen Muslime und Muslimas zu diskriminieren und einer differenzierten Auseinandersetzung mit Rolle und Wirkung islamischer Religion in unterschiedlichen Gesellschaften zu unterschiedlichen historischen Zeitpunkten aus dem Weg zu gehen.

Zweitens werden Koranzitate nicht nur außerhalb jeden historischen Kontextes als Argumentationshilfen verwendet, insbesondere wenn es dabei um die »Ungläubigen« geht, die laut Koran getötet werden sollen[63], wird der Eindruck erweckt, damit seien alle Nichtmuslime gemeint und die Mordbanden des IS würden ja nur den Geboten des Koran folgen bzw. diese in einer legitimen Art und Weise interpretieren. Es stimmt, dass der Islam, wie das Christentum, eine missionarische Religion ist. Tatsache ist aber auch, dass der Islam explizit Respekt vor ChristInnen und JüdInnen und JüdInnen verlangt, da diese Buchreligionen sind, deren Bücher (Thora und Bibel) Teil der islamischen Offenbarung sind. Jesus wird im Islam nicht als »Sohn Gottes«, aber als einer der Propheten betrachtet wie auch Abraham und

---

[63] So zum Beispiel aus Sure 2: Und tötet sie, wo immer ihr auf sie trefft, und vertreibt sie, von wo sie euch vertrieben haben, denn Verfolgung ist schlimmer als Töten!« Die Bibel steht dem jedoch kaum nach. In Psalm 139,19 heißt es: »Ach Gott, wolltest Du doch die Ungläubigen töten! Oder im 5. Buch Mose 20, 16-18 wird dazu aufgerufen die Ungäubigen zu töten: »Du sollst nichts leben lassen, was Odem (Atem, Anmerkung des Autors) hat, sondern sollst an ihnen den Bann vollstrecken, nämlich an den Hetitern, Amoritern, Kanaanitern, Perisitern, Hiwitern und Jebusitern.«

Moses. Tatsächlich gelten ChristInnen und JüdInnen/JüdInnen als schutzwürdig im Islam und galten dies in islamischen Herrschaftsgebieten, wo sie einem Sonderstatus unterlagen, es aber weitgehend eine friedliche Koexistenz gab und gibt, was man vom Verhältnis der christlichen Kirchen zu JüdInnentum und Islam nicht behaupten kann.

August Bebel, der SPD-Führer des späten 19. und frühen 20. Jahrhunderts legt in seinem Buch »Die Mohamedanisch-Arabische Kulturperiode« dar,

> *»dass die unterworfenen Ungläubigen mit einer im Orient bis dahin unbekannten Milde behandelt wurden und mit verhältnismäßiger Leichtigkeit sich ein gewisses Maß an Freiheit und Unabhängigkeit erkaufen konnten … In scharfem Gegensatz zu den heute in Europa noch weit verbreiteten Anschauungen, als sei der Mohamedanismus von fanatischer Unduldsamkeit gegen Andersgläubige beseelt gewesen, muss das Gegenteil konstatiert werden.«[64]*

Drittens wird die Scharia vereinfacht als rückständige, gewaltvolle Rechtsprechung dargestellt, die im Widerspruch zum bürgerlichen Recht steht. Auf Merkmale der Scharia angesprochen wird der durchschnittliche Bundesbürger sicher antworten, dass Dieben die Hand abgehackt und Ehebrecherinnen gesteinigt werden. Dazu schreibt Werner Ruf:

> *»Und dann ist da die Scharia, dieses Schreckgespenst, das im Westen immer wieder beschworen wird als grausam finsteres Strafgesetz mit fürchterlichen Körperstrafen, bisweilen assoziiert mit Zwangsheirat und Ehrenmord. Da wird in der islamfeindlichen Propaganda nicht nur nicht unterschieden zwischen den unterschiedlichen Rechtsschulen und Rechtsauffassungen, zwischen Gebräuchen unterschiedlicher Varianten des Volksislam, es wird vor allem bewusst verschleiert, dass der größte Teil der Scharia aus Vorschriften und Orientierungshilfen für das muslimische Individuum besteht, die ihm helfen sollen, ein gottgefälliges Leben zu führen.«[65]*

Alexander Flores beschreibt in der *Neuen Zürcher Zeitung* (NZZ), dass es in der Geschichte der islamischen Gesellschaften sehr selten zur Anwendung der drakonischen Strafen gekommen ist:

> *»Für die Übertretung dieser Vorschriften sind keine irdischen Sanktionen vorgesehen, sondern allenfalls Höllenstrafen angedroht. Mit der Durchsetzung dieses Teils der Scharia hatte auch in vormoderner Zeit der Staat nichts zu tun. Dem oblag vielmehr die Verfolgung von ‚Offizialdelikten' wie den Hudud, den koranischen Strafen. Von deren Verhängung waren aber die Islamischen Staaten sehr früh abgekommen. Sehr selten in der islamischen Geschichte sind Dieben die Hände abgeschnitten worden, wie es die koranische Vorschrift will; und noch weit*

---

64 August Bebel - Die Mohamedanisch-Arabische Kulturperiode, Seite 79
65 Werner Ruf, Seite 27

seltener sind Ehebrecher oder Ehebrecherinnen gesteinigt worden. Der Staat setzte religiöse Bestimmungen nur selektiv und nach eigenem Gutdünken um. Das Bild von einem Islamischen Staat, der konsequent die Scharia umsetzte,um die Untertanen in ihr Seelenheil zu peitschen, ist also falsch.«[66]

Die in der Scharia vorgesehenen Körperstrafen (Hudud) stellen nur einen kleinen Teil der islamischen Rechtssprechung dar und werden heute in nur wenigen Ländern angewendet. In einem Bericht von amnesty international aus dem Jahr 2002 heißt es dazu:

»Nicht alle Staaten, die theoretisch Körperstrafen zulassen, wenden diese auch tatsächlich an. Körperstrafen werden in Saudi-Arabien, Sudan, Mauretanien und Pakistan verhängt. Bemerkenswert ist demgegenüber eine Entscheidung des zentralen Scharia-Gerichts Pakistans, das Körperstrafen als unislamisch bezeichnete.«[67]

Viertens wird in der öffentlichen Debatte Fundamentalismus mit politischem Islam mit islamistischem Terrorismus gleichgesetzt. Werner Ruf führt aus, dass mit dem Begriff »Fundamentalismus« in allen Religionen erst einmal »nur« gemeint ist, den religiösen Vorschriften, wie sie aus den ursprünglichen Schriften (Bibel, Talmud, Koran) interpretiert werden, zu folgen, also eine Rückbesinnung auf die Ursprünge der jeweiligen Religion. Er betont:

»Fundamentalismus (hat) als Geisteshaltung nicht notwendigerweise mit Militanz und schon gar nicht mit Gewalt zu tun. So lehnt die weit überwiegende Mehrheit der Islamisten die Anwendung von Gewalt ab.«[68]

Das soll das Problem und die Bedrohung, die rechter politischer Islam und dschihadistischer Terrorismus darstellen, nicht klein reden, aber darauf hinweisen, dass nicht jeder streng gläubige Muslim ein Terrorsympathisant ist, wie auch nicht jeder deutsche Nationalist ein NSU-Sympathisant ist.

Geschichte des Islam und des Islamismus

Um die Entstehung des rechten politischen Islams und Terrorismus zu verstehen muss man sich die historische Entwicklung und insbesondere das Verhältnis der muslimisch geprägten Länder und Regionen zum imperialistischen Westen seit dem Ende des 19. Jahrhunderts anschauen. Eine sachliche Auseinandersetzung mit der Geschichte des Islam wird man aber im »islamkritischen« Diskurs kaum finden. Denn ein solcher würde die Mythen auf denen die Islamfeindlichkeit basiert zusammenbrechen lassen.

---

66 https://www.nzz.ch/der-islam--korsett-oder-weiter-mantel-1.13583558
67 http://www.amnesty.de/umleitung/2002/deu05/010
68 Ruf, Seite 30

Zum einen müsste dann anerkannt werden (siehe oben), dass der historische Islam im Gegensatz zum Christentum einen weitgehend respektvollen, zumindest akzeptierenden, Umgang mit den anderen monotheistischen Religionen praktizierte. Ein Blick auf die Taten der christlichen Kreuzritter, die bei der Eroberung Jerusalems ein schreckliches Blutbad unter Muslimen und Muslimas, JüdInnen und JüdInnen anrichteten und denen der muslimischen Streitkräfte unter dem Sultan Saladin bei der Rückeroberung Jerusalems im Jahr 1187, die keine solchen Gräueltaten begingen, ist ein Hinweis darauf, wie auch die Existenz christlicher und jüdischer Gemeinden im maurischen Spanien und der islamischen Welt im Allgemeinen. Dies würde auch den Mythos der *»christlich-jüdisch-abendländischen Kultur«* zerschlagen, welcher angesichts der Geschichte von JüdInnenverfolgungen im christlichen Mittelalter bis zur Entwicklung des modernen Antisemitismus in Europa und der JüdInnenvernichtung durch die Nazis ein zynisches Konstrukt der islamfeindlichen Propaganda ist.

Zum anderen müsste anerkannt werden, dass gerade das maurische Spanien eine entscheidende Rolle bei der Bewahrung und Weiterentwicklung der griechischen Philosophie, Mathematik und Medizin spielte, Achim Bühl weist darauf hin,

> *»dass die ‚europäische Kultur‘ zutiefst durch den islamischen Einflussbereich geprägt und ohne ihn nicht denkbar ist, dass der Islam bereits seit Jahrhunderten integraler Bestandteil Europas ist.«*[69]

Aber mehr noch, müsste die Frage gestellt werden, ob der Islamismus nicht vor allem eine Reaktion auf die koloniale Expansion imperialistischer Staaten und aktueller imperialistischer Dominanz des Nahen und Mittleren Ostens ist. Diese Schlussfolgerung drängt sich zumindest auf, wenn man zum Beispiel betrachtet, welche Rolle die Wissenschaften im islamischen Mittelalter spielten und wie sehr die Französische Revolution 1789 im arabischen Raum begrüßt wurde, weil sie von vielen islamischen Gelehrten und Intellektuellen nicht als Widerspruch zum Koran, sondern als *»im Einklang den Prinzipien des Koran«*[70] betrachtet wurde. Die kolonialistische Unterwerfung der arabischen Länder verstärkte die Hinwendung zum »ursprünglichen« Islam und die Entwicklung eines politischen Islam, wie wir ihn im 20. Jahrhundert, seit der Gründung der *Muslimbruderschaft*, kennen. Wie auch heute trieb damals die Diskriminierung Menschen islamischen Glaubens in die Religion.

Nebenbei bemerkt spricht auch viel dafür, dass die dem Islam zugeschriebene Homophobie mehr ein Import der Kolonialisten war als eigentliche islamische Tradition. Der Islamwissenschaftler Thomas Bauer geht davon aus, dass es in den Jahren 800 bis 1800 in der islamischen Kulturgeschichte keine Homophobie gab[71], sondern diese vom christlich geprägten Westen im 19. Jahrhundert eingeführt wurde. Dies greift Tariq Ali in seinen historischen Romanen auf, die zu verschiedenen

---

69 Achim Bühl, Islamfeindlichkeit in Deutschland, Seite 98, Hamburg 2010
70 Ruf, Seite 31
71 Siehe: Inva Kuhn, Seite 64

Zeitpunkten islamischer Geschichte spielen. Dort findet der Leser keine Homophobie, aber sehr wohl viel gleichgeschlechtliche Sexualität.

Der Aufstieg islamistischer Bewegungen vollzog sich in den letzten Jahren im Kontext imperialistischer Ausbeutung der Länder des Nahen und Mittleren Ostens, des Versagens der Linken und des bürgerlichen arabischen Nationalismus, des Zusammenbruchs des Stalinismus als alternativem ökonomischem Modell und materiellem Unterstützer für an diesem System orientierte linke Kräfte in der Region. Vereinfacht gesagt hinterließ das Versagen der Linken und die Degeneration der bürgerlich-nationalistischen Regime, zum Beispiel der *Baath*-Partei im Irak unter Saddam Hussein und unter Assad in Syrien, eine Leerstelle, die von Kräften des rechten politischen Islam gefüllt werden konnte, weil diese sich als Kämpfer gegen Ungerechtigkeit und Dominanz des Westens präsentieren konnten.

Dabei sind diese Kräfte Frankenstein-Monster des Westens und des Staates Israel, die zum Beispiel die afghanischen *Mudschaheddin* im Kampf gegen die sowjetfreundliche Regierung in Kabul oder den Aufstieg der *Hamas* als Gegenpol zur linksgerichteten PLO in Palästina unterstützten.[72] Nicht nur das ist ein Hinweis darauf, dass die VerteidigerInnen von »Demokratie und Freiheit« auf den Regierungsbänken in Berlin, Washington und Paris in Wirklichkeit ein völlig pragmatisch-taktisches Verhältnis zum Islamismus haben. Da, wo dieser den geopolitischen und ökonomischen Interessen der eigenen Banken und Konzerne dient, wird nicht nur ein Auge zugedrückt, sondern islamistische Kräfte tatkräftig unterstützt – siehe die wunderbaren Beziehungen des Westens zu Saudi-Arabien.[73]

Islamischer Fundamentalismus ist dabei in den Händen der arabischen Eliten ein Mittel, einerseits eine soziale Basis in der eigenen Bevölkerung zu erlangen, diese aber gleichzeitig zu disziplinieren. Andererseits kann dies dazu führen, dass durch die Erlangung einer stärkeren sozialen Basis auch die Bewegungsfreiheit gegenüber den imperialistischen Mächten erhöht wird. Unter den verarmten und perspektivlosen Massen, aber auch den von sozialem Abstieg bedrohten und wirklicher Unabhängigkeit beraubten Mittelschichten, ist der islamische Fundamentalismus ein verzerrter Ausdruck der Hoffnung auf Befreiung von westlicher Dominanz und Ausbeutung, auf ein Ende der Besetzung Palästinas und auf eine bessere Zukunft. Hinzu kommt, dass islamische Institutionen, die oftmals mit den Kräften des rechten politischen Islam verbunden sind, einen großen Teil der sozialen Infrastruktur

72 Nach Anti-Sarrazin, Seite 90
73 Auf der Webseite waffenexporte.org heißt es: »Im ersten Halbjahr 2016 genehmigte die Bundesregierung die Ausfuhr von Kriegswaffen und sonstigen Rüstungsgütern im Gesamtwert von 4,051 Mrd. Euro. Einzelausfuhrgenehmigungen beliefen sich dabei auf einen Wert von 4,032 Mrd. Euro, wovon mit 2,32 Mrd. Euro 57,5 Prozent für Drittstaaten ausmachten. Der Wert der Sammelausfuhrgenehmigungen betrug 19 Mio. Euro. Unter den 10 wichtigsten Bestimmungsländern sind im 1. Halbjahr 2016 mit Algerien, Saudi- Arabien und den VAE 3 Länder des Nahen Ostens und Nordafrikas (sog. MENA- Staaten ohne Israel) mit einem Genehmigungswert rund 1,6 Mrd. Euro.

betreiben, nachdem die Umsetzung neoliberaler Politik auch in diesen Staaten zu Privatisierungen und einem Abbau sozialer Dienstleistungen geführt hat.

Im Falle des sogenannten *Islamischen Staate*s spielte zweifellos auf der materiellen Ebene eine Rolle, dass die Rekruten der IS-Streitkräfte einen Sold erhalten, der weit über das hinaus geht, was sie in normalen Arbeiterberufen oder als einfache Bauern erwirtschaften können. Auf ideologischer Ebene ist die Wirkungsmacht des Versprechens, die künstlich vom Imperialismus gezogenen Grenzen in der Region aufzuheben und eine staatliche Einigung der über Jahrzehnte in erzwungener Zersplitterung gehaltenen Bevölkerung zu erzielen, nicht zu unterschätzen.

Es muss jedoch klar sein, dass Kräfte wie die *Hamas*, der sogenannte *Islamische Staat*, *Al Nusra*, *Al Qaida* usw. einen durch und durch reaktionären und arbeiterfeindlichen Charakter tragen. Sie wenden faschistische Methoden in den Gebieten an, die sie kontrollieren und entrechten nicht nur Frauen und Mädchen, sondern lassen auch keine unabhängige Arbeiter- und Gewerkschaftsbewegung zu, die die sozialen und politischen Interessen der Lohnabhängigen vertreten könnte. Auch, wenn ihre Interessen mit denen des westlichen Imperialismus kollidieren (wie gesehen auch nicht immer und überall: So hat der Westen auch in Syrien zeitweilig und bis heute islamistische Kräfte unterstützt), macht das solche Kräfte nicht zu Antiimperialisten, die ein Bündnispartner für die Linke sein könnten. Im Gegenteil: Es ist Aufgabe der Linken und der Arbeiterbewegung, die Islamisten zurückzudrängen und zu bekämpfen. Die Frage ist nur: wie?

Dazu schrieben wir an anderer Stelle:

>*Der rechte politische Islam kann nicht durch den Kampf gegen den Islam als Religion zurückgedrängt werden, sondern dadurch, dass denjenigen ArbeiterInnen und Armen, die sich in den Glauben flüchten, eine Perspektive für ein würdiges Leben im Diesseits aufgezeigt wird. SozialistInnen sollten deshalb nicht einen ideologischen beziehungsweise philosophischen Kampf gegen die Religion in den Mittelpunkt ihrer Tätigkeit gegenüber gläubigen ArbeiterInnen und Jugendlichen stellen, sondern den gemeinsamen Kampf von ArbeiterInnen und Jugendlichen unterschiedlicher Konfessionen oder ohne eine solche. (…) MarxistInnen betrachten die Religion als Produkt gesellschaftlicher Zustände. Sie kann nur überwunden werden, wenn die gesellschaftlichen Zustände, deren Produkt sie ist, überwunden werden. Das beinhaltet, Religion als Privatsache zu betrachten und die Abkehr vom Glauben nicht als Bedingung für den gemeinsamen Kampf zur Verbesserung der irdischen Zustände aufzustellen. Das beinhaltet aber auch, auf die philosophische Kritik an der Religion und ihren Auswirkungen nicht zu verzichten – und vor allem nicht auf den Kampf gegen reaktionäre, pro-kapitalistische Religionsbewegungen, wie den rechten politischen Islam oder die katholische Kirche. Sie alle drücken nur die Interessen privilegierter Eliten und Wirtschaftsmächte aus.«*

Lenin beispielsweise sagte dazu:

»Unserem Programm liegt eine wissenschaftliche, und zwar materialistische Weltanschauung zugrunde. Die Erläuterung unseres Programms schließt daher notwendigerweise auch die Klarlegung der wahren historischen und ökonomischen Quellen des religiösen Nebels ein. Es wäre unsinnig zu glauben, man könne in einer Gesellschaft, die auf schrankenloser Unterdrückung und Verrohung der Arbeitermassen aufgebaut ist, die religiösen Vorurteile auf rein propagandistischem Weg zerstreuen. Es wäre bürgerliche Beschränktheit, zu vergessen, dass der auf der Menschheit lastende Druck der Religion nur Produkt und Spiegelbild des ökonomischen Drucks der Gesellschaft ist.«[74]

Das bedeutet jedoch nicht, sich reaktionären Kräften des rechten politischen Islam anzupassen, weil sie sich antiimperialistisch präsentieren. Und es bedeutet auch nicht, die Verteidigung der religiösen Rechte von Muslimen damit zu verwechseln, eine »pro-muslimische« Politik zu betreiben und dabei einen internationalistischen Klassenstandpunkt zu verlassen. Solche Fehler haben nicht wenige Linke gemacht, die aus einem falsch verstandenen Antiimperialismus heraus nicht nur keine Kritik an reaktionären islamistischen Organisationen wie der *Hamas* oder auch an dem iranischen Regime formulieren, sondern diese als Bündnispartner im Kampf gegen Krieg und Imperialismus betrachten. Eine solche Herangehensweise verkennt, dass es unter Muslimen und in allen Religionsgemeinschaften, auch wenn sie einer spezifischen Diskriminierung ausgesetzt sind, unterschiedliche soziale Schichten und Klassen gibt. Während SozialistInnen als konsequente GegnerInnen jeder Form von antimuslimischer Diskriminierung agieren müssen, dürfen sie nicht davor zurück schrecken, auch Konflikte mit Teilen der muslimischen Bevölkerung einzugehen, wenn es um Fragen der Frauenrechte oder soziale Fragen geht. Vor allem aber müssen sie zu jeder Zeit versuchen, das Klassenbewusstsein zu stärken und den gemeinsamen Kampf von deutschen und nichtdeutschen, muslimischern und nichtmuslimischen ArbeiterInnen, Jugendlichen und Erwerbslosen zu propagieren und praktisch voranzutreiben.

Auswirkungen auf die Betroffenen

Für Muslime und Muslimas und für Menschen, die als solche kategorisiert werden, weil sie oder ihre Vorfahren aus einem arabischen Land stammen, hat sich das Leben in Deutschland durch die zunehmende Islamfeindlichkeit massiv verändert. Aiman Mazyek, der Vorsitzende des *Zentralrats der Muslime* in Deutschland, spricht davon, dass sich Muslime ständig für die Taten von Terroristen rechtfertigen müssen.[75] Man stelle sich nur vor, allein wegen der deutschen Staatsangehörigkeit würde man permanent dem Druck ausgesetzt, sich von den NSU-Morden zu distanzieren

---

74 W.I.Lenin, Sozialismus und Religion, in: Lenin Werke Bd. 10, S. 70-75, Berlin, 1975
75 Kuhn, Seite 28

und sein Verhältnis zur deutschen Nation zu erklären. Kopftuch tragende Muslimas berichten davon, wie sie wegen ihres Äußeren entweder angepöbelt werden oder ihnen »Hilfe« angeboten wird. Auf dem Arbeits- oder Wohnungsmarkt ist es weiterhin schwieriger für Muslime und Muslimas sowie MigrantInnen im Allgemeinen. Anschläge auf Moscheen und Flüchtlingsunterkünfte, sowie rassistische Übergriffe gegen MigrantInnen im allgemeinen haben massiv zugenommen. Der Mord an der Ägypterin Marwa El-Sherbini in einem Dresdner Gerichtssaal im Jahr 2009 ist bisher ein Einzelfall geblieben. Ähnlich wie der Massenmord des norwegischen Rassisten Anders Behring Breivik, war diese Tat aber auch Ausdruck der Gefahr, die islamfeindlicher Rassismus für die Muslime und Muslimas bedeutet. Denn in der These der Unreformierbarkeit des Islam und der Gleichsetzung des Islam mit Gewalt und Terror steckt die Legitimation, diesen mit Gewalt und Terror zu stoppen. Oder wie es Kai Sokolowsky formuliert:

> *»Die rassistische Theorie will immer auf die Praxis hinaus. Es gibt kein ›Spiel‹ mit rassistischen Vorurteilen. Dem Fremdenhasser ist jedes Wort todernst.«*[76]

Es ist leider davon auszugehen, dass im Zuge einer weiteren gesellschaftlichen Polarisierung durch wirtschaftliche und soziale Krisen unter denjenigen, die sich um islamfeindliche und rechtspopulistische Organisationen und Publikationen sammeln, die Bereitschaft zur individuellen Gewalt latent vorhanden ist und wachsen wird. Niemand sollte überrascht sein, wenn es in den nächsten Jahren nicht nur Pogrome gegen Flüchtlingsunterkünfte, sondern auch gegen Moscheen oder andere (vermeintlich) islamische Einrichtungen oder gegen Geschäfte von Muslimen und Muslimas gibt.

Hinzu kommen vor allem verschiedene Verschärfungen des Aufenthalts- und Asylrechts, die Erschwerung von Vereinsgründungen für Nicht-Deutsche[77] und weitere staatliche Maßnahmen, wie das Verbot des Kopftuchs für LehrerInnen in verschiedenen Bundesländern oder die in Baden-Württemberg vorgenommenen sogenannten Gesinnungs- oder Muslim-Tests, die wie kaum eine andere Maßnahme den Generalverdacht gegen Muslime und Muslimas zum Ausdruck bringen. Dort sollen die Einbürgerungsbehörden auf Basis eines 2006 entwickelten Gesprächsleitfadens einbürgerungswillige Muslime und Muslimas auf ihre Gesinnung überprüfen. Darin wird unter anderem gefragt, was man von Ehrenmorden hält, wie man sich verhält, wenn man von Terrorplänen erfährt, was man von Vielehe und Homosexualität hält und ob man Frauen als Autoritätspersonen akzeptiert.

Die Wirkung dieser Diskriminierungserfahrung bei vielen ist jedoch eine Hinwendung zum Islam und eine Verstärkung der Identifikation mit dem, weshalb sie diskriminiert werden.[78]

---

76 Kai Sokolowksy – Feindbild Moslem, Berlin 2009, Seite 136
77 Kuhn, Seite 46
78 Kuhn, Seite 38

Rechte ohne Antisemitismus?

Der sogenannte »Verfassungsschutz« begründete die Nicht-Beobachtung des Islamhasser-Blogs *Politically Incorrect* noch 2011 damit, dass dieses nicht als rechtsextrem einzustufen sei, weil der Antisemitismus fehle und sich das Blog als »pro-israelisch« und »pro-amerikanisch« präsentiere. Die Idee, dass Rechtsextremismus ohne Antisemitismus nicht vorstellbar sei, ist schon aus historischer Sicht falsch. Weder für den italienischen Faschismus unter Mussolini noch für die Regimes von Franco und Salazar in Spanien und Portugal spielte der Antisemitismus in der Praxis eine große Rolle.

Heute ist die Situation noch einmal anders. In den letzten Jahrzehnten sind große Teile der westeuropäischen Rechten umgeschwenkt und haben sich von antisemitischer Propaganda distanziert oder diese zumindest in den Hintergrund treten lassen. Bei den rechtspopulistischen Parteien ist das am deutlichsten. Zum Teil sind diese Parteien aus neoliberalen, kleinbürgerlichen Strömungen entstanden und hatten tatsächlich nie etwas mit antisemitischen Ideen zu tun, wie die niederländische PVV, einige der skandinavischen Parteien oder die italienische *Lega Nord*. Ihre verstärkte Radikalisierung nach rechts ist schon in der »modernen« islamfeindlichen Variante erfolgt.

Andere rechte Parteien haben einen bewussten taktischen Schwenk vom Antisemitismus zur Islamfeindschaft vollzogen, allen voran der französische *Front National*. Gruppen wie der *Bloc Identitaire*, die konsequent von harter Nazi-Politik zu modernisierter Islamfeindschaft umgeschwenkt sind, hatten dem FN mächtig zugesetzt und offen für seinen Traditions-Antisemitismus kritisiert. FPÖ und *Vlaams Belang*, in deren Fundamente Alt-Faschisten und flämische Nazi-Kollaborateure antisemitische Vorurteile eingebaut hatten, haben dies in den Hintergrund gedrängt und ihre rassistische Propaganda überwiegend auf Muslime konzentriert.

Das tatsächliche oder scheinbare Abrücken vom Antisemitismus als dem Essential rechtsextremer Politik ist der Tatsache geschuldet, dass dieser in der Praxis keine zentrale Rolle mehr spielen kann bei der Spaltung der arbeitenden Bevölkerung entlang nationaler oder religiöser Linien, allein wegen der relativ geringen Zahl von Menschen jüdischer Herkunft in Europa.

Der Antisemitismus ist von der als »Islamkritik« getarnten Hetze gegen Muslime und Muslimas abgelöst worden. Wie oben ausgeführt ist die Feindschaft gegen »den Islam« anschlussfähig an die wirtschaftlichen und geostrategischen Interessen der herrschenden Klassen in Europa.

Während der Islam eine Religion wie alle anderen ist, hat sich in den letzten Jahrzehnten der Islamismus oder der islamische Fundamentalismus als politische Strömung entwickelt. Korrekterweise müsste man eigentlich von einem rechtsgerichteten politischen Islam sprechen. Das politische Programm der Islamisten ist konservativ bis extrem reaktionär, setzt auf nationale und religiöse Spaltung, auf die Unterdrückung der Frau, politischer und sexueller Minderheiten und ist pro-kapitalistisch – und ähnelt damit nicht zuletzt der Ideologie der Rechtspopulisten.

Auf absehbare Zeit wird die Islamfeindschaft ein zentraler Hebel der Rassisten bleiben, wenn sie sich nicht schon über die letzten Jahre entwickelt hätte, müsste sie aus Sicht der Rassisten geradezu erfunden werden.

Trotzdem wäre es gefährlich zu glauben, dass sich die Rechte vom Antisemitismus verabschiedet hat. Der ihm zugrundeliegende Wahn von einer speziellen jüdischen »Rasse«, einer konstruierten »Gegenrasse« und deren unveränderbarer Andersartigkeit aufgrund ihrer genetischen und kulturellen Grundlagen weist viele Parallelen zum antimuslimischen Rassismus auf.

Unter dem Strich ist der inzwischen von vielen rechten Gruppen wie eine Monstranz vor sich her getragene »Philosemitismus« nichts anderes als die Kehrseite der antisemitischen Medaille. Thilo Sarrazin hatte sich in Interviews zur Promotion seines migrantenfeindlichen Buches *Deutschland schafft sich ab* positiv auf ein angeblich vorhandenes »jüdisches Gen« bezogen[79], welches dazu führe, dass »die JüdInnen« intelligenter und fleißiger sind. Dieser scheinbare positive Bezug ist ebenso rassistisch. Jede Reduzierung von Menschen einer Nation oder Religion, die in Wirklichkeit sämtlich aus heterogenen Gruppen mit sozialen Gegensätzen bestehen, auf ihre nationalen und religiösen Eigenschaften, dient zur Rechtfertigung von Diskriminierung bestimmter Gruppen.

Die neue Begeisterung der Rechten, soweit nicht nur rein taktisch inspiriert, bezieht sich zudem nicht auf das jüdische Leben in der europäischen Diaspora und die kulturellen Traditionen des JüdInnentums, sondern in der Regel auf den Staat Israel, genauer gesagt, auf dessen Funktion als Vorposten westlicher geostrategischer Interessen im Mittleren Osten und seine Rolle als »Frontstaat« gegen die von den Rechten befürchtete islamische Expansion.

Sie lieben »die JüdInnen« bzw. ihre eigene ideologische Konstruktion derselben, insofern diese die ihnen zugedachte Aufgabe wahrnehmen, gegen »die Araber« oder »die Muslime« zu kämpfen. Je rücksichtsloser die rechte Regierung Israels, man könnte sie auch rechtspopulistisch nennen, und die israelische Armee (IDF) diesen Kampf führen, desto lauter jubeln die europäischen Islamfeinde. Bomben auf Wohnviertel in Gaza, hurra, gezielte Tötungen, hurra, scharfe Munition auf protestierende Kinder bei Ramallah, dreimal hurra!

Die Umwandlung »der JüdInnen« vom Hassobjekt zum Liebling vieler europäischer Rechten ist ein rassistisches, nationalistisches Konstrukt. Sie akzeptieren JüdInnen als Vollstrecker vermeintlicher »europäischer Interessen« gegen aufsässige Araber. Sollten die Israelis es eines Tages wagen, eine linke Regierung zu wählen, die Siedlungspolitik zu beenden und einen gerechten Frieden mit den Palästinensern schließen, spätestens

---

79 Staničić - Anti-Sarrazin, Seite 106

dann wird aus dem rechten »Philosemitismus« schnell ein neuer, alter Hass auf »die JüdInnen«, welche Europa »verraten« und vor dem Islam »kapitulieren«.

Damit knüpfen die Rechtspopulisten an der Haltung christlich-fundamentalistischer Sekten zu Israel an. In deren alttestamentarischer Sichtweise spielt sich im »Heiligen Land« Israel der Endkampf, der Armaggedon, zwischen »Gut« und »Böse« ab, inzwischen oft als Kampf zwischen den christlichen Heerscharen und »den Muslimen« interpretiert. Israel dient als Arena für das blutige Spektakel, die JüdInnen als Kanonenfutter. Auf jeden Fall soll es sie nach dem Sieg des Christentums ohnehin nicht mehr geben:

> »Denn für Evangelikale hat zwar die Wiederkunft Christi zur Voraussetzung, dass Israel in jüdischer Hand ist. Aber genau diese Wiederkunft würde die Vernichtung aller Nichtchristen bedeuten.«[80]

Die Synthese aus Altem Testament und Kreuzritterfantasien hat nicht zufällig Eingang in die rechte Szene gefunden. Fundamentalistische evangelikale Gruppen wie die Partei Bibeltreuer Christen und die Christliche Mitte in Deutschland haben in den 1980er und 1990er Jahren ideologische Vorarbeit für die Islamfeinde geleistet und viele der heute von diesen vertretenen Thesen entwickelt. Diese angeblich »christlich-abendländischen« Ideen existieren heute auch in der AfD.

Der Abgeordnete der rechtspopulistischen *Schweizer Volkspartei* (SVP), Pfister, erklärte 2011, Israel sei der »*westlich orientierte Vorposten im Nahen Osten*«, früher sei »*das Jüdische ... eher linksorientiert ...*« gewesen, aber es hätte einen interessanten Wandel gegeben. Er beschrieb die Unterstützung der SVP für Israel als »*religiös motiviert.*«[81]

Während die Feindschaft gegen den Islam auf absehbare Zeit der dominierende Charakterzug des westeuropäischen Rassismus sein wird, ist der Antisemitismus längst nicht erledigt. Im Antisemitismus der NSDAP waren die beiden Stoßrichtungen abgebildet, die der Wut des aufgeputschten und vom Abstieg bedrohten Kleinbürgertums entsprachen: Gegen »die Börse«, »das raffende Kapital«, die unkontrollierbar und hintergründig wirkenden Kräfte des Kapitalismus, die durch den Konzentrationsprozess des Kapitals das Kleineigentum bedrohten und gegen den »jüdischen Bolschewismus«, der das Kleineigentum angeblich verstaatlichen wollte. Der Unterschied lag darin, dass das Wüten der Nazis in Richtung der wirtschaftlich Mächtigen auf Rhetorik beschränkt war, der organisierte Mob aber umso konkreter und mörderischer gegen den Feind von unten, die gesamte Arbeiterbewegung sowie die jüdischen Kleinbürger, Intellektuellen, Mittelständler und ArbeiterInnen vorging.

Nach unten treten, das heißt heutzutage die Mobilisierung gegen die angeb-

---

80 Schiffer/Wagner: Antisemitismus und Islamophobie – ein Vergleich, Wassertrüdingen, 2009, S. 176
81 Schmid: Distanzieren, Leugnen, Drohen. Die europäische extreme Rechte nach Oslo, Münster, 2011, S. 103

lich »integrationsunwilligen«, »kulturell rückständiger.« ArbeitsmigrantInnen aus mehrheitlich muslimischen Ländern oder gegen die »faulen Griechen, Portugiesen, Italiener usw.«.

Auch die angeblichen neuen Freunde Israels wissen um die Traditionen ihrer Basis und geben sich ambivalent. Als im Dezember 2010 eine Delegation rechter europäischer Gruppen Israel auf Einladung einer rechtsgerichteten Siedlergruppe bereiste, war auch HC Strache, Chef der österreichischen FPÖ, dabei. Strache gab sich enthusiastisch über die Kontakte mit israelischen Politikern, ließ sich als Freund des Landes bezeichnen und nutzte den Besuch zur Warnung vor dem Islam. Er besuchte die Holocaust-Gedenkstätte Yad Vashem, auf dem Kopf eine Mütze der schlagenden deutschnationalen Burschenschaft *Vandalia*. Diese ungeheure Frechheit lässt sich nur als Botschaft an die eigene Basis deuten, dass pro-israelische Haltung nur oberflächlich und gerade zweckdienlich ist. Ariel Muzicant, Präsident der *Israelitischen Kultusgemeinde* in Österreich, ist nach Angaben der Zeitung Der *Standard* »kotzübel« von diesem »*Signal an die Nazis in den eigenen Reihen*« geworden. Eine der heiligsten Stellen des Gedenkens an den Holocaust sei »*entweiht*« worden.[82]

Neben den modern gewendeten islamfeindlichen Rechten gibt es in fast allen Ländern Europas traditionelle Nazis mit offen antisemitischer Ausrichtung, die auch teilweise Zulauf bekommen. Die neurechten islamophoben Ideen und Organisationen müssen mit diesen Gruppen konkurrieren. Insofern stellen die rechten Parteien in ganz Europa, ungeachtet ihrer neu entdeckten Begeisterung für das aktuell rechts regierte Israel, eine potenzielle Gefahr nicht nur für MigrantInnen aus muslimischen Ländern, sondern auch für jüdische Menschen dar.

Islamhass und Antisemitismus

Wenn wir argumentieren, dass es Parallelen zwischen Antisemitismus und antimuslimischem Rassismus gibt, dann meinen wir damit nicht die praktischen Formen der beiden Phänomene. Der Antisemitismus war ideologische Basis für das größte Verbrechen der Menschheitsgeschichte, die Shoa. Deren Singularität bis zum heutigen Tag ist nicht in Frage zu stellen. Es gibt aber zweifelsfrei Parallelen in der Argumentationslogik von Antisemitismus und Islamfeindschaft.

So wie heute aus dem historischen Zusammenhang gerissene aus dem Koran die Aggressivität oder Frauenfeindlichkeit »der Muslime« belegen sollen, wurden Ende des 19. Jahrhunderts Passagen aus dem Talmud herangezogen, um »die JüdInnen« mit bestimmten Eigenschaften oder Einstellungen zu identifizieren. Der Unterricht in Tora-Schulen solle in deutscher Sprache stattfinden, die Lehrbücher seien seitens des Staates zu überprüfen.

---

82 http://derstandard.at/1292462481205/Strache-Biertonnen-und-das-Heilige-Land

»Die JüdInnen« wurden als vormodern oder unvereinbar mit der Moderne beschrieben. Das Schächten von Tieren wurde als Beispiel angeführt – welches die AfD auch heute gerne verbieten würde. Das Wippen betender JüdInnen wurde genutzt, um sie als irgendwie verrückt darzustellen, einen Kommentar, den man oft hört, wenn Muslime sich im Gebet verbeugen oder ihr Glaubensbekenntnis rezitieren.

Der Antisemitismus war im Deutschland des 19. Jahrhunderts in Gegenden stark verbreitet, in denen es wenige oder gar keine JüdInnen und JüdInnen gab. Heute erleben wir vor allem im Osten der Republik, wo weniger MigrantInnen und nur wenige Muslime leben, dass die Angst vor der »Islamisierung« weitaus verbreiteter ist als in westdeutschen Großstädten, in den es einen substanziellen Anteil von MigrantInnen aus überwiegend islamischen Ländern gibt.

Die Argumentationsmuster gegen »die JüdInnen« im ausgehenden 19. Jahrhundert und »die Muslime« im 21. Jahrhundert sind sich erstaunlich ähnlich. Beide Bevölkerungsgruppen werden als vormodern, rückwärtsgerichtet, gleichzeitig lächerlich und gefährlich abgestempelt, beiden wird eine geografische und demografische Ausbreitung unterstellt. Sowohl Antisemiten als auch Islamhasser kombinieren aus dem Mittelalter stammende Ängste und Vorurteilen mit »modernen«, »aufgeklärten«, liberalen Argumenten.

Während sich die Argumentationen ähneln, unterscheidet sich die Lage der Bevölkerungsgruppen massiv. JüdInnen und JüdInnen waren im 19. Jahrhundert überall eine kleine Minderheit, erlebten überall Diskriminierung. In nur wenigen Staaten wie den USA konnten sie relativ frei leben, vor allem in Osteuropa war es lebensgefährlich, ein Jude zu sein.

Muslime und Muslimas stellen heute mit 1,6 Milliarden die zweitgrößte religiöse Gruppe in der Welt und stellen in vielen Staaten die Bevölkerungsmehrheit. In vielen Ländern Europas sind sie eine bedeutende Minderheit. Während im 19. Jahrhundert die JüdInnen und JüdInnen in vielen Ländern komplett isoliert lebten, in Großstädten in Ghettos, auf dem Land im eigenen Stetl, ist die muslimische Bevölkerung – trotz aller Vorurteile, Spannungen, Abgrenzungen – in Schulen, Stadtvierteln und Betrieben integraler Bestandteil Bevölkerung. Eine höhere Integration kann gewaltsam rückgängig gemacht werden, wie das Beispiel der deutschen jüdischen Bevölkerung zeigt, aber aktuell ist sie Realität. Dies macht es den Islamhassern schwerer, die Muslime zu isolieren und rassistische Ideen in die Tat umzusetzen.

Andererseits wird das Geschäft der Islamhasser durch politische Entwicklungen in den muslimischen Ländern erleichtert. »Die JüdInnen« hatten nichts getan, um den Hass auf sie anzufachen. Der Antisemitismus basierte darauf, dass die JüdInnen eine isolierte Gruppe der Bevölkerung waren, eine spezielle »*Volksklasse*«, wie es der belgisch-jüdische Marxist Abraham Léon ausdrückte. Es gab keine jüdischen Terroristen, keine Bürgerkriege in jüdischen Ländern, keine jüdisch regierten Staaten, in denen die Rechte der Frauen und demokratische Rechte mit Füßen getreten wurden.

Auch »die Muslime« heute sind nicht verantwortlich, weder für die Existenz des *Islamischen Staat*es oder von *Al Qaida* noch für die Regime in Saudi-Arabien und dem Iran. Sie wollen, wie die Mehrheit der lohnabhängigen und armen Menschen auf der Welt, einen Job, von dem man leben kann, eine vernünftige Wohnung, Sicherheit für ihre Familie und eine gute Zukunft für die Kinder.

Allerdings gibt es massive reaktionäre Entwicklungen in muslimischen Ländern. Als Reaktion auf die westlich-imperialistische Dominanz des eurasischen Unterbauches haben sich rechte islamistische Gruppen gebildet und einen Massenanhang unter Teilen der muslimischen Bevölkerung gewonnen, vor allem unter sozial entwurzelten jungen Männern. Sie führen sektiererisch-religiöse Kriege und nutzen im asymmetrischen Krieg gegen die überlegenen Armeen der reichen kapitalistischen Länder das Mittel des Terrorismus in seiner reinen Form, willkürlich, um Angst zu verbreiten. Ihre Ideologie greift auf einzelne Bestandteile des Koran zurück, deren Bedeutung aber nur im historischen Kontext zu verstehen ist und für die große Mehrheit der Muslime und Muslimas in der heutigen Zeit keine Bedeutung mehr haben.

Der rechte politische Islam und die Rechtspopulisten sind – bei allen Unterschieden der sozialen Verhältnisse hier und dort – zwei Seiten einer Medaille. Sie stehen für die reaktionären, zerstörerischen Antworten auf die ökonomische, soziale und ideologische Krise des Kapitalismus. Die beiden Phänomene beinhalten eine Tendenz zur gegenseitigen Verstärkung, soweit keine linken Alternativen sichtbar werden, die das durchbrechen können.

Die gefährlichen Entwicklungen im Mittleren Osten erleichtern das Spiel der Islamhasser. Sie brauchen keine Dinge wie die *Protokolle der Weisen von Zion*[83] erfinden, wie es die Antisemiten taten, um eine jüdische Weltverschwörung vorzugaukeln. Sie können auf die schwierigen Verhältnisse in muslimischen Ländern hinweisen und diese rassistisch interpretieren. Insofern besitzt der Hass gegen den Islam weiterhin ein großes Potenzial.

Das bedeutet keineswegs, dass die Rechtspopulisten keine Verschwörungstheorien bemühen. Ihre gesamte Ideologie basiert auf der wissenschaftlich nicht haltbaren Theorie, dass es unüberwindbare kulturelle Unterschiede zwischen verschiedenen Völkern gäbe. Ihre These von der »Islamisierung« rührt völlig unterschiedliche Phänomene zu einem Verschwörungsbrei. Die Arbeitsmigration der 1960er Jahre, die britische und französische Kolonialgeschichte, der Familiennachzug der 1970er Jahre und die aktuellen Fluchtbewegungen werden alle zur »Islamisierung des Abendlandes« vermischt, als hätten sich vor sechzig Jahren marokkanische, pakistanische und kurdische Landlose mit damals noch gar nicht existierenden dschihadistischen Banden aus der saudischen Oberschicht verschworen, Europa zu erobern. In Sachen

---

83 Diese angeblichen »Protokolle« waren eine Fälschung, mutmaßlich von russischen Rechtsextremen (»Schwarzhunderter«) mit Kontakten zum zaristischen Geheimdienst Ochrana. Aus dem Text geht hervor, dass jüdische Führer die Weltherrschaft anstreben. Auch der Vernichtungs-Antisemitismus der deutschen Nazis stützte sich zur Begründung auf die »Protokolle«.

absurder Theorien stehen die Islamhasser den Antisemiten nichts nach, aber sie haben es zunächst einfacher, diese an eine scheinbare Realität anzudocken.

Wie gefährlich der Hass auf den Islam werden kann, hängt von den ökonomischen und politischen Entwicklungen ab. Der Völkermord an Europas JüdInnen lässt sich nicht alleine aus der Ideologie des Antisemitismus erklären. Ohne die Zerschlagung der Arbeiterbewegung und aller demokratischen Elemente in Nazi-Deutschland und ohne den Zweiten Weltkrieg wäre der industriell organisierte Völkermord weder ideologisch noch logistisch möglich gewesen. Eine derartig schnelle gesellschaftliche Zuspitzung wie in den 1930er Jahren steht zwar kurzfristig nicht auf der Tagesordnung, sicher ist allerdings, dass der Kapitalismus in eine instabile Phase eingetreten ist.

Wir werden in den nächsten Jahren große Verwerfungen erleben, Institutionen wie der Euro oder die EU werden nicht ewig existieren. Konflikte um Rohstoffe und Absatzmärkte eskalieren weltweit, die Kriegszone im Mittleren Osten wird nicht schnell zur Ruhe kommen. Insofern kann es zukünftig nicht ausgeschlossen werden, dass der Rassismus im Allgemeinen und der Islamhass im Besonderen eine mörderische Dynamik entwickeln. Allerdings wird es vorher viele Möglichkeiten für die Linke und die Arbeiterbewegung geben, den Rassismus zurückzudrängen und Unterstützung für eine sozialistische, multi-ethnische Zukunft zu gewinnen.

Islamfeindlichkeit konkret

»Der Islam ist nicht nur Religion, sondern immer mit der Übernahme des Staats verbunden« und »Die Islamisierung Deutschlands droht.«

Auch wenn manche Gläubige das anders sehen, sind Religionen nichts in Stein Gemeißeltes, sondern verändern sich im Zuge gesellschaftlicher Veränderungen. Wir schrieben an anderer Stelle:

»Religion ist eine Form von Ideologie, im Mittelalter deren nahezu ausschließliche Form, und ist nicht aus sich selbst heraus zu erklären. Sie ist ein Produkt gesellschaftlicher Kämpfe und Kräfteverhältnisse, spiegelt die Interessen bestimmter Gruppen und Klassen in der Gesellschaft in bestimmten Zeiträumen der Geschichte wider. Der islamische Glaube ist keineswegs ein unbefristet allumfassender Weltgeist der Frauendiskriminierung, sondern eine Ideologie, deren gesellschaftliche Funktion heute grundlegend anders ist als zur Zeit ihrer Entstehung oder, wie es August Bebel ausdrückt, ›... dass für jede Religion der Zeitpunkt kommt, in dem sie mit den Kulturbedürfnissen der Menschheit in Widerspruch gerät, weil sie selbst nur ein vorübergehendes Produkt einer bestimmten Kulturperiode ist‹. (...) Die heutige Rolle des Islams ist Produkt des ökonomischen Zurückbleibens der arabischen und muslimischen Länder gegenüber dem europäischen und später amerikanischen Kapitalismus; sie ist untrennbar verbunden mit dem

Aufkommen des Imperialismus und der Aufteilung der Welt durch die führenden imperialistischen Länder.«[84]

Und:

»Es ist Ausdruck der gesellschaftlichen Verhältnisse, dass der Islam heute in wirtschaftlich weniger entwickelten Gesellschaften eine größere und reaktionärere Rolle spielt. Das galt für das Christentum in früheren Zeiten auch. Nicht der Katholizismus oder der Protestantismus haben die Gesellschaft verändert, sondern beide sind aus gesellschaftlichen Veränderungen entstanden bzw. mussten sich solchen anpassen, um nicht völlig in der Bedeutungslosigkeit zu versinken.«[85]

Das bedeutet, dass es ein »immer« im Zusammenhang mit bestimmten gesellschaftlichen Wirkungen des Islams nicht geben kann und dies auch keiner historischen Betrachtung stand hält. Die heutige Politisierung des Islams ist ideologische Reaktion auf imperialistische Dominanz, aber keine Zwangsläufigkeit. Es sollte nicht vergessen werden, dass in der Phase der Entkolonialisierung es linke und bürgerlich-nationalistische Bewegungen waren, die die muslimisch geprägten Länder dominierten und der Islam eine gänzlich andere gesellschaftliche Rolle spielte, als heute.

Entscheidend ist aber, dass jede der großen monotheistischen Religionen zur Ideologie der herrschenden Klasse wurde und dementsprechend eine politische Funktion hatte. Das bedeutet jedoch nicht, dass dies die Zielsetzung aller Gläubigen ist. Während man bezweifeln kann, dass die Religionsführer tatsächlich »glauben«, ist der Glaube der Massen, wie Marx es ausdrückte *»der Seufzer der bedrängten Kreatur«*[86] und vor allem eine private Angelegenheit und natürlich Ausdruck gesellschaftlicher Verhältnisse im Privatleben. Das gilt auch für die übergroße Mehrheit der Muslime und Muslimas in Deutschland und der Welt. In Deutschland ist nur eine Minderheit Teil muslimischer Organisationen und Gemeinden[87], was auch ein Hinweis darauf ist, dass die Religion zwar für viele Muslime und Muslimas in den letzten Jahren wichtiger geworden ist, aber dies immer noch nicht für die Mehrzahl gilt.

Eine Islamisierung findet dementsprechend weder in einem politischen Sinne statt, weil das gar nicht der Motivation und Zielsetzung der übergroßen Mehrheit der Muslime und Muslimas entspricht, aber auch nicht im demographischen Sinn. Sarrazins *Deutschland schafft sich ab* malte den Teufel einer durch eine überdurchschnittlich hohe Geburtenrate unter Muslimen und Muslimas sich qualitativ verän-

---

84 Ludwig, Staničić u.a.: Iran – Freiheit durch Sozialismus, S. 104 u. 107
85 Staničić: Anti-Sarrazin, Seite 78/79
86 Karl Marx, Zur Kritik der Hegelschen Rechtsphilosophie, MEW, Bd. 1, S. 378 ff., Berlin, 1974
87 So sind laut Wikipedia nur 13 Prozent aller türkischen Muslime und Muslimas Mitglied eines islamischen Verbandes, Quelle: https://de.wikipedia.org/wiki/Islamische_Organisationen_in_Deutschland)

dernden Bevölkerungsstruktur an die Wand. Unabhängig davon, ob man dies überhaupt als Bedrohung (für wen und was eigentlich?) betrachtet, entbehrt diese These jeder faktischen Grundlage.

Die Geburtenrate, der Anteil von Geburten an der Gesamtbevölkerung, in der Bundesrepublik ist gesunken, weil die Lebenserwartung gestiegen ist. Die Fertilitätsrate, die Zahl der Kinder pro Frau, ist seit Mitte der 1970er Jahre relativ stabil bei circa 1,5 und steigt gerade sogar wieder etwas. Den Rückgang der Geburtenrate über einen langen Zeitraum, in dem aufgrund großer sozialer Veränderungen, wie der Einführung sozialer Sicherungssysteme, medizinischer Entwicklungen und Empfängnisverhütungsmitteln die Fertilitätsrate sank, kann man nicht einfach fortschreiben. Tut man das, wie Sarrazin und andere Rechtspopulisten, käme man zu dem Schluss, dass irgendwann gar keine Kinder mehr zur Welt kommen.

Aber auch der Gedanke, dass die höhere Fertilitätsrate bei Muslimen und Muslimas eine unverrückbare Größe ist, entspricht nicht der Realität. Tatsache ist, dass sich die Geburtenrate der zweiten und dritten Generation von MigrantInnen dem Durchschnitt anpasst.[88]

»Der Islam ist verantwortlich für Frauenunterdrückung« und »Das Kopftuch ist ein politisches Symbol für Fundamentalismus und Frauenunterdrückung«

Der Islam als Religion und der Koran als seine »heilige Schrift« sind nicht mehr oder weniger frauendiskriminierend als Christentum und Bibel oder JüdInnentum und Tora. Sie sind es alle, weil sie aus einer Zeit stammen, in denen die Entrechtung von Frauen gesellschaftlich tief verankert war, wobei der Siegeszug des Islam die Situation der Frauen in der arabischen Welt im 7. Jahrhundert tatsächlich verbesserte, weil sie erstmals überhaupt Rechte zugestanden bekamen[89]. Was daraus gemacht wird, hängt von vielen gesellschaftlichen Faktoren ab, die die reale Erscheinung einer Religion bestimmen. Wenn man heute von einer größeren Frauendiskriminierung in islamisch geprägten Ländern sprechen kann, dann hat das vor allem etwas mit der ökonomischen Rückständigkeit dieser Länder zu tun, mit der Schwäche von Arbeiter- und Frauenbewegung etc. – und gilt im Kern auch für ähnlich rückständige Länder, in denen andere Religionen dominieren (christliche Regionen Afrikas und Lateinamerikas, hinduistisches Indien etc.).

Dass islamischer Glaube sogar in Gesellschaften vorkommt, die keine systematische Diskriminierung der Frau kennen, zeigt das Beispiel der Minangkabau in Indonesien. In dieser ethnischen Minderheit dominiert seit hunderten Jahren der Islam. Gleichzeitig gilt ihre Gesellschaft als »geschlechtsegalitär organisiert.«[90]

---

88 Staničić: Anti-Sarrazin, Seite 64)
89 Ludwig, Staničić u.a.: Iran – Freiheit durch Sozialismus, Berlin 2010, Seite 108
90 Thomas Wagner und Michael Zander - Sarrazin, die SPD und die Neue Rechte, Berlin 2011, Seite 65

Frauendiskriminierung auf den Islam zu reduzieren oder den Anschein zu erwecken, diese sei dem Islam besonders innewohnend, hat wenig mit dem Kampf um Frauenrechte zu tun, aber viel mit antimuslimischem Rassismus und dem Versuch Muslime und Muslimas zu stigmatisieren.

Das wird besonders deutlich, wenn man betrachtet, wie politische Kräfte, deren Programm eine »Frauen an den Herd«-Ideologie verkörpert, die sich lange Zeit zum Beispiel gegen Illegalisierung von Vergewaltigung in der Ehe ausgesprochen haben oder die Frauen das Recht am eigenen Körper verwehren wollen, nach den Silvestereignissen von Köln zu »Frauenrechtlern« mutiert sind. »Finger weg von unseren Frauen« war da ein Spruch, der – wahrscheinlich ungewollt - zum Ausdruck brachte, dass es doch eher darum geht, die Verfügungsgewalt über »deutsche Frauen« in den Händen deutscher Männer zu konzentrieren.

Diskriminierung von Frauen war und ist integraler Bestandteil aller Klassengesellschaften in der Menschheitsgeschichte, so auch im Kapitalismus. In der Bundesrepublik verdienen Frauen durchschnittlich 21 Prozent weniger als Männer, Frauen erledigen achtzig Prozent der Hausarbeit, sie werden in sexistischer Werbung auf ihren Körper reduziert und sind täglich diskriminierenden Bemerkungen und körperlichen Übergriffen ausgesetzt, sechzig Prozent aller Frauen machen in ihrem Leben die Erfahrung sexueller Belästigung, alle 68 Minuten kommt es zu einer Vergewaltigung. Angesichts einer solchen Situation wird die Hetze gegen den Islam gerne angewendet, um von diesen Verhältnissen abzulenken und durch die Darstellung des Islams bzw. islamisch geprägter Gesellschaften und Gemeinschaften als frauendiskriminierend und -verachtend, die Lage der Frau in der Bundesrepublik und Westeuropa zu beschönigen.

Auch hier gilt: Die Lebensrealität von Muslimas ist viel komplexer, als so genannte IslamkritikerInnen es uns weis machen wollen. Sie hängt weniger von der Tatsache ab, dass sie Muslimas sind, als von den gesellschaftlichen, vor allem ökonomischen Verhältnissen und dem Stand der Arbeiter- und Frauenbewegung. So ist die Lage von Frauen in Saudi-Arabien besonders schlecht, weil sie aufgrund der ökonomischen Struktur des Landes kaum für den Arbeitsmarkt gebraucht werden, nur 16,4 Prozent der Beschäftigten sind Frauen.[91] Im Mullah-Staat Iran gehen mehr junge Frauen auf die Universität, als in vielen christlich geprägten Staaten.[92]

Wir weisen darauf nicht hin, um die real existierende Diskriminierung von Frauen in islamisch geprägten Gesellschaften und den patriarchalen Charakter der islamischen Ideologie zu negieren oder zu relativieren, sondern um der These der Exklusivität solcher Verhältnisse im Islam zu widersprechen und um deutlich zu machen, dass die Motivation der islamfeindlichen FrauenrechtlerInnen weni-

---

91 http://www.pressetext.com/news/20150813004
92 Im Iran sind circa sechzig Prozenten der Studierenden weiblich, in Deutschland weniger als fünfzig Prozent

ger die Erkämpfung von Frauenrechten als die Stigmatisierung von Muslimen und Muslimas ist.

Wäre das anders, so würden sie ihre Kraft gleichermaßen für den Kampf für die Rechte nichtmuslimischer Frauen einsetzen und nicht mit zweierlei Maß messen. Sie würden auch in Bezug auf das Kopftuch nicht die eine Form der Diskriminierung, (vermeintlicher) Kopftuchzwang, durch eine andere Form der Diskriminierung, Kopftuchverbot, ersetzen.

Alle seriösen Untersuchungen zeigen, dass Muslimas viele Gründe haben, das Kopftuch anzulegen und das – abgesehen von Staaten, in denen es eine gesetzliche Kopftuchpflicht für Frauen gibt und Gesellschaften, in denen die Traditionen eine faktische Pflicht bedeuten – sie dies in den meisten Fällen freiwillig tun, also nicht aufgrund direkten Zwangs durch Partner, Familie oder Religionsgemeinschaft.[93]

Der Glaube ist dabei oftmals nur ein Faktor für die Entscheidung. Hinzu kommt für viele Frauen, dass sie ein Bekenntnis zu ihrer Kultur und Herkunft ablegen wollen in einer Situation, in der sie permanenter Diskriminierung aufgrund ihrer Kultur und Herkunft ausgesetzt sind. Nicht wenige sehen im Kopftuch auch einen Schutz vor der in westlichen Gesellschaften dominanten Form des Sexismus bzw. wollen ihre Ablehnung davon zum Ausdruck bringen. Die Darstellung der Kopftuch tragenden Frau als entweder entrechtetem Opfer oder Terror-Sympathisantin ist ein Märchen. Jeder, der direkten Kontakt zu Kopftuch tragenden Muslimas hat, weiß das aus eigener Erfahrung. Unter Muslimas mit höherem Bildungsgrad ist das Kopftuch nicht weniger verbreitet: 71 Prozent der muslimischen Kopftuchträgerinnen ist es wichtig, im Leben etwas zu erreichen.[94]

Eine linke Position setzt sich gegen jede Form von Frauendiskriminierung, egal wo, ein. Das beinhaltet sowohl gegen ein Kopftuchverbot bzw. das Verbot von Burka, Niqab, Burkini und für das Recht der freien Kleiderwahl zu sein, aber genauso alle Frauen zu unterstützen, die religiös definierte Kleidungsstücke gegen den Druck von Familie, Partnern, Staat und Institutionen ablegen wollen. Dabei verkennen wir nicht, dass die Stärkung aller Religionen in der Arbeiterklasse, die Lage der Frau nicht erleichtert. Es ist auch keine Frage, dass die grundlegende Symbolik des Kopftuchs für Ungleichbehandlung von Frauen steht. Diese Entwicklung wird aber nicht durch Stigmatisierung und Diskriminierung von Muslimen und Muslimas zurück gedrängt, sondern dadurch, dass die Arbeiterbewegung und Linke durch gemeinsa-

---

93 Zur Relativität von Freiwilligkeit haben wir im Anti-Sarrazin geschrieben:»Die Motivation, das Kopftuch anzulegen, ist heute vielfältig. Während es zweifellos Frauen gibt, dir durch Väter oder Ehemänner dazu gezwungen werden, ist davon auszugehen, dass in Deutschland die Mehrzahl von ihnen diese Entscheidung freiwillig getroffen hat – wobei Freiwilligkeit nicht absolut zu verstehen ist, da sie im Rahmen von gesellschaftlichen Normen, Traditionen und mehr oder weniger direkt geäußerten Erwartungshaltungen im sozialen Umfeld stattfindet. Aber die Entscheidung von deutschen oder christlichen Frauen, sich die Beine zu rasieren oder Diäten durchzuführen, um im Bikini eine ‚gute Figur‘ zu machen, basieren oftmals auf einer ähnlich relativen Freiwilligkeit.«
94 Sineb El Masrar – Muslim Girls, Frankfurt/Main 2010, Seite 32

me soziale Kämpfe und Selbstorganisation von Frauen deren Selbstbewusstsein und die Unabhängigkeit stärken und sozialistische Ideen verankern.

»Junge Muslime sind gewaltbereiter und krimineller«

Kriminalität ist wesentlich eine soziale, keine ideologische Erscheinung. In Gegenden, wo Armut und Perspektivlosigkeit ausgeprägter sind, gibt es in der Regel mehr soziale Konflikte, Kleinkriminalität und sich in Gewalt entladenden Frust. Wenn in der Bundesrepublik MigrantInnen, auch solche mit muslimischem Hintergrund, überdurchschnittlich erwerbslos und arm sind und in schlechteren Wohnverhältnissen leben, ist es nur logisch, dass es hier auch mehr Gewalt und Kriminalität gibt. Das gilt aber für soziale Brennpunkte, in denen vor allem deutsche oder christliche Menschen leben, genauso. Wobei man einschränkend sagen muss: Bestimmte Formen von Kriminalität. Steuerhinterziehung und Auftragsmorde sind sicher in den reicheren Teilen der Gesellschaft verbreiteter.

Dass sich solche Prozesse entlang ethnischer oder auch religiöser Linien ausdrücken können, zum Beispiel in Form von ethnisch strukturierten Jugendgangs oder Bandenkriminalität, ändert nichts daran, dass deren Ursachen sozialer, nicht ethnischer oder religiöser, Natur sind.

Islamfeindliche und rassistische Argumentationen arbeiten in dieser Frage aber vor allem mit Pauschalisierungen und Übertreibungen. So ist zum Beispiel immer wieder von so genannten No-Go-Areas in Stadtteilen wie Berlin-Neukölln oder Köln-Kalk die Rede, die AnwohnerInnen nicht kennen. Auch die vielfach propagierte These, der Zuzug von Geflüchteten führe zu einer steigenden Kriminalität, ist schlicht und einfach eine Lüge und wird durch verschiedene Untersuchungen widerlegt.

AfD – der Weg nach rechts

Mit der *Alternative für Deutschland* (AfD) hat eine rechte Partei einen rasanten Aufstieg vollzogen und zum Teil spektakuläre Wahlerfolge erzielt. Schon werden Vergleiche zum Aufstieg der NSDAP Ende der 1920er Jahre gezogen. Wie gefährlich ist die AfD? Wird sie sich selbst entlarven, wie einige rechte Parteien zuvor oder stabilisiert sie sich?

Mit dem Aufstieg der AfD ist Deutschland kein *»rechtspopulistisches Entwicklungsland«*[95] mehr, sondern hat im Vergleich mit den rechten Bewegungen in anderen Ländern aufgeholt. Die Polarisierung nach rechts hat in Deutschland einige besonders unangenehme Züge. Anders als in den meisten Nachbarländern beschränken sich auch die Rechtspopulisten nicht nur auf Propaganda in Medien und Parlamenten, sondern tragen ihre Hetze auf die Straßen, liefern die politischen Zündstoff für die Brandsätze, die auf Flüchtlingsunterkünfte geschleudert werden. Die Stärkung der Rechten in Deutschland geht in größerem Maß als in den meisten europäischen Ländern einher mit Aufmärschen, Gewalt und letztendlich Terror.

Ein Grund für die gewalttätige Ausprägung ist die Existenz einer militanten Nazi-Szene, die sich ihrer historischen Mission, Erbe des größten Verbrechens in der Menschheitsgeschichte zu sein, sehr bewusst ist. Die schnelle Eskalation der Debatte über die Zuwanderung von 890.000 Flüchtlingen hat zudem wie ein Katalysator gewirkt und die Rassisten nicht nur zu den Wahlurnen, sondern auch auf die Straßen getrieben.

Bis zum Aufstieg der AfD waren alle Versuche, eine bundesweite rechte Partei aufzubauen gescheitert, wie wir im Abschnitt zur Geschichte des Rechtspopulismus in Deutschland dargestellt haben. Mit der Gründung der AfD änderte sich die Situation. Das Potenzial war schon zuvor vorhanden, nun wurde es durch die Truppe um Bernd Lucke abgerufen. Das Schwanken der AfD zwischen Rechtspopulismus und extremem Neoliberalismus schwächte die Partei schon bald. Vor dem Hintergrund der rassistischen Massenmobilisierungen von PEGIDA und Co. vollzog die Partei einen scharfen Ruck nach rechts, weg von der zwar nationalistisch, aber vor allem wirtschaftsliberal motivierten Kritik am Euro hin zu einer eindeutig aggressiv-nationalistischen und kulturkämpferisch-rassistischen Position.

In den vorangehenden Kapiteln haben wir uns an einer Definition und Beschreibung dieser Phänomene versucht. Wir wollen dies nun auf die AfD anwenden. Um welchen Typus Partei handelt es sich? Ist die AfD auf einem geraden Weg zu einer neuen faschistischen Massenpartei oder ist sie dies sogar schon? Oder ist sie eine neue Art Partei, ohne eine Entsprechung in der deutschen Vergangenheit?

---

95 Häusler, zitiert nach: Rechtspopulismus, Phillip Becher, Köln 2013, S.7

Dabei geht es nicht um Wortklaubereien. Der Charakter der AfD muss der Ausgangspunkt von Gegenstrategien sein. Inwieweit muss die Partei direkt und physisch konfrontiert werden? Wie wichtig sind die Argumente? Wie gehen wir mit den Mitgliedern und WählerInnen der AfD um?

Wir werden die zuvor gewonnenen Erkenntnisse auf die Partei anwenden und sie dem Nazi-Check unterziehen. Zu diesem Zweck betrachten wir ihr Programm, ihre Praxis und ihre führenden FunktionärInnen.

Zwischenstation Petry

Durch ihren Erfolg bei den Bundestagswahlen im September 2013 hatte sich die AfD schon kurz nach ihrer Gründung stabilisiert. Damit besetzte sie die lang verwaiste Stelle einer bei Wahlen erfolgreichen Partei rechts von CDU/CSU, die nicht aus dem rechtsextremen Lager stammt, sondern ein Eigengewächs bürgerlicher Schichten ist.

Die AfD hatte diesen bürgerlichen Unbedenklichkeitsstempel, ohne den Makel zu haben, überwiegend aus gescheiterten Parteipolitikern von FDP und CDU/CSU zu bestehen. Das Siegel der »Professoren-Partei« ist der Partei von den Medien verpasst und über diese in die öffentliche Wahrnehmung transportiert worden.

DIE LINKE hatte nicht als klare Opposition zum Europa der Banken und Konzerne und zum Austeritäts-Diktat aus Berlin und Brüssel agiert. Obwohl DIE LINKE eine grundlegend andere EU-Politik fordert, positionierte sie sich mit ihrem Bekenntnis, die EU als Institution reformieren zu wollen und ihrer Weigerung, sich für das Recht zum Beispiel Griechenlands auszusprechen, die Eurozone zu verlassen, zu sehr in der Nähe der etablierten »pro-europäischen« Parteien.

Eine starke parteipolitische Formierung rechts der Union war bis dahin unterblieben, weil die Gegner von Merkels Eurokurs innerhalb der etablierten Parteien Angst hatten, durch eine Abspaltung Posten, Pfründe und Einfluss zu verlieren. Sie waren sich wegen der relativen Ferne der Euro-Krise in Deutschland nicht sicher, ob eine neue Formation einen Wahlerfolg schaffen würde. Der 4,7 Prozent-Wahlerfolg bei der Bundestagswahl 2013 und der Einzug der AfD in das Europaparlament 2014 haben das Parteiensystem in Deutschland verändert.

Von Beginn an gab es in der AfD zwei Flügel, den wirtschaftsliberalen um Bernd Lucke sowie die Rechtspopulisten um Alexander Gauland, einem ehemaligen CDU-Rechtsausleger, und die heutige Vorsitzende Frauke Petry. Die Außendarstellung wurde anfangs maßgeblich vom Lucke-Flügel bestimmt. In dieser Phase achtete die AfD auf eine Distanzierung von Rechtsextremen und auf eine Konzentration auf ökonomische Fragen rund um den Euro.

Die Passagen im Bundestagswahlprogramm zum Thema Migration waren zum Beispiel nicht wesentlich rechter als die der CDU:

»Wir fordern eine Neuordnung des Einwanderungsrechts. Deutschland braucht qualifizierte und integrationswillige Zuwanderung (...). Wir fordern ein Einwanderungsgesetz nach kanadischem Vorbild. Eine ungeordnete Zuwanderung in unsere Sozialsysteme muss unbedingt unterbunden werden. (...) Ernsthaft politisch Verfolgte müssen in Deutschland Asyl finden können. Zu einer menschenwürdigen Behandlung gehört auch, dass Asylbewerber hier arbeiten können.«[96]

Bezüglich der Euro-Frage bezeichnete die AfD die »Rettungspakete« als Maßnahmen zur Rettung von Banken und lehnte dies ab. Sie forderte die Haftung der privaten Großgläubiger und wandte sich dagegen, dass die Masse der SteuerzahlerInnen in den finanziell besser gestellten Euro-Ländern die Rettung der Bankenprofite bezahlt. Dabei verwendete sie Parolen, die implizierten, dass Merkels Euro-Kurs sowohl für Griechen als auch für Deutsche schädlich ist und vertrat die These, es wäre auch für Griechenland besser, nicht im Euro zu sein:

»Wir fordern, dass die Kosten der sogenannten Rettungspolitik nicht vom Steuerzahler getragen werden. Banken, Hedgefonds und private Großanleger sind die Nutznießer dieser Politik. Sie müssen zuerst dafür geradestehen (...). Wir fordern, dass hoffnungslos überschuldete Staaten wie Griechenland durch einen Schuldenschnitt entschuldet werden (...). In der Schuldenkrise müssen Banken ihre Verluste selbst tragen oder zu Lasten ihrer privaten Großgläubiger stabilisiert werden.«[97]

Auf einem Wahlplakat zum Bundestag nutzte die AfD die links klingende Losung:

»Die Griechen leiden, die Deutschen zahlen, die Banken kassieren.«

Durch diese Positionierung begab sich die AfD in Widerspruch zu den etablierten politischen Vertretern des Kapitals, welche EU und Euro noch als gemeinsames Projekt der Herrschenden in Europa retten wollen. Bis heute ist die Hauptlinie des deutschen Kapitals die Rettung des Euro und die Begrenzung der Verluste der Banken und Konzerne um den Preis der Anhäufung enormer öffentlicher Verbindlichkeiten und der Zerstörung und Plünderung der südeuropäischen Volkswirtschaften.

Der Widerstand gegen dieses Europa der Banken und Konzerne und die Rolle des Euro in den von den Kürzungen betroffenen Ländern ist fortschrittlich und wird von den Lohnabhängigen und ihren Organisationen getragen. Die Euro-Kritik in Deutschland ist hingegen eine Mischung aus nationalistischen und sozialen, linken Elementen. Bei vielen Menschen dürften die Grenzen dazwischen unklar sein. Der Populismus der AfD ist im Kern rechts und nationalistisch, aber die Partei nutzte im Bundestagswahlkampf 2013 auch linke Versatzstücke der Euro-Kritik, um sich attraktiver für breitere Bevölkerungsschichten zu machen.

---

96 Bundestagwahlprogramm der AfD 2013, https://www.alternativefuer.de/partei/wahlprogramm/
97 Bundestagwahlprogramm der AfD 2013, https://www.alternativefuer.de/partei/wahlprogramm/

Der Rest der AfD-Programmatik in der ersten Phase unter Lucke und Henkel war kompatibel mit den etablierten Parteien, eine Mischung aus im Kern neoliberalen Positionen mit einzelnen sozialen Versatzstücken. Aber die Opposition in der Euro-Frage machte sie zu einer populistischen Partei, die sich mit der Mehrheit der herrschenden Klasse und dem politischen Establishment anlegte, was ihr Aufmerksamkeit und Wahlunterstützung bescherte.

Von Beginn an waren auch extrem rechte Positionen in der Partei vertreten, ganze Landesverbände wie Sachsen, Sachsen-Anhalt, Thüringen und Brandenburg waren von Anfang an davon geprägt. Allerdings war deutlich, dass die Lucke-AfD weit davon entfernt war, eine faschistische Partei zu sein. Die Führung der AfD stammte aus einer bürgerlichen Tradition. Die Partei setzte kaum auf Straßenaktivitäten, schon gar nicht auf Gewalt und Provokation, sondern auf mediale Präsenz und parlamentarische Vertretung. Die Partei wurde nicht zu einem Sammelbecken von Leuten, die bis dato bei der NPD oder anderen Nazi-Gruppen organisiert waren. Hysterie oder Paranoia bezüglich religiöser Fragen oder bei der Zuwanderung waren nicht vorherrschend, Lucke und Henkel erteilten einer spezifischen Ablehnung des Islams und von Muslimen öffentlich eine Absage. Die AfD argumentierte vor allem an ökonomischen Fragen orientiert.

Trotzdem war es auch 2013 - 14 richtig, die AfD als rechtspopulistische Partei zu bezeichnen. Tatsächlich war die AfD weit klarer rechtspopulistisch als die selbsternannten Rechtspopulisten der Pro-Gruppierung, die eher als getarnte Faschisten zu bezeichnen sind.

Die AfD leistete auch in ihrer vergleichsweise harmlosen Frühgeschichte einen Beitrag dazu, soziale und linke Antworten auf die Euro-Krise zu erschweren. Sie verschob den Euro-Diskurs nach rechts, hin zur Frage der Nationen, weg von den Klassenfragen.

Auf dem Boden der Ablehnung des Euro aus nationalistischer Sicht gediehen in der und um die AfD auch rassistische Stimmungen, die sich gegen »die faulen Griechen« – in Griechenland oder als MigrantInnen hierzulande – richteten. Wer Transferleistungen in ärmere Regionen der EU prinzipiell ablehnt, der ist auch schnell dabei, Flüchtlinge hierzulande aus »sachlichen«, ökonomischen Gründen als überflüssig und »schädlich« zu definieren und dies öffentlich zu einem Thema zu machen. Durch diese Ausrichtung war die AfD von Beginn an programmatisch und praktisch anschlussfähig für aggressiv nationalistische und rassistische Ideen.

Der Erfolg der frühen AfD hat somit zu einem Anwachsen von Nationalismus und Rassismus geführt, teilweise unter dem Dach der Partei, teilweise wegen der Abgrenzung der Parteispitze von solchen Tendenzen außerhalb, zum Beispiel in Form von PEGIDA oder HoGeSaEs war absehbar, dass die AfD keine Eintagsfliege bleiben würde, denn das Potenzial für eine Partei rechts von der Union existierte schon länger. Abzusehen war ebenso, dass Griechenland und der Euro nicht auf ewig die einzigen Themen sein würden. Die Zahl der Geflüchteten wuchs von

Jahr zu Jahr, es hatte 2013 schon erste Proteste migrantenfeindlicher Initiativen vor Flüchtlingsunterkünften gegeben. Diese Entwicklung würde der AfD enorme Möglichkeiten bescheren, an Unterstützung zu gewinnen, auch das war zu erwarten.

Nach den ersten Erfolgen wuchs die AfD und die Mitgliedschaft veränderte sich. Die Zahl der ultraliberalen Wirtschaftsprofessoren und ehemaligen Arbeitgeber-Präsidenten in Deutschland ist begrenzt. Aber es gibt tausende wütende Angehörige der Mittelschichten.

Mit der Eskalation der Kriege in der Ukraine und Syrien und dem Anwachsen der Fluchtbewegung nach Europa breitete sich gerade in den Schichten, die glauben, etwas zu verlieren zu haben, ein Gefühl von Unsicherheit aus. Die Stimmung, Deutschland gegen diese scheinbar äußeren Einflüsse abzuschotten wuchs. PEGIDA in Dresden machte die aggressive Stimmung gegen Flüchtlinge hoffähig.

Im September 2014 erreichte die AfD bei Umfragen 9 Prozent, bis zum Frühjahr 2015 fiel sie auf 6 Prozent. Die Euro-Krise war in den Hintergrund getreten. Die Führung um Bernd Lucke hielt Distanz zu PEGIDA und zögerte, die Themen Islam und Flüchtlinge aggressiv aufzugreifen. Die Polarisierung nach rechts entwickelte sich daher auch über andere Kanäle, eben über PEGIDA und örtliche Proteste gegen Flüchtlingsunterkünfte. Der rechte Flügel der Partei um die *Patriotische Plattform* und die späteren Verfasser der *Erfurter Resolution* unterstützten PEGIDA allerdings und gingen daraus gestärkt vor.

Dies hatte innerhalb der AfD massive Folgen. Die Basis ging weiter nach rechts und fokussierte auf die Zuwanderung. Weite Teile der Führung erkannten die Gelegenheit, die AfD in weit größerem Maße als mit dem Euro-Thema zu verankern und sprangen auf diesen Zug auf.

Die Wirtschaftsliberalen um Bernd Lucke leisteten Widerstand gegen die Rechtsentwicklung. Eine Zeitlang sah es so aus, als würde sich die Partei in fraktionellen Kämpfen selbst zerlegen, aber der Sieg von Frauke Petry auf dem Parteitag im Juli 2015 ermöglichte einen Sprung nach vorn. Befreit vom liberalen Ballast wurde die AfD binnen weniger Wochen zu der Partei, die auf der Welle des Rassismus gegen Flüchtlinge surfte. Sie vertritt seit dem Sieg von Frauke Petry eine eindeutig erkennbar rechtspopulistische Linie, mit einer aggressiven Rhetorik und völkischen Einsprengseln.[98]

Die Abwahl Bernd Luckes war vom rechten Flügel systematisch vorbereitet worden. Die *Erfurter Resolution* vom März 2015 war die Kampfansage des Flügels an die

---

98 Frauke Petry wollte den Begriff »völkisch« wieder »positiv besetzen«, schließlich sei dies doch das »zugehörige Attribut zu Volk«. Das ist falsch. Das deutsche Wort »völkisch« beschreibt historisch eine Einstellung, die der Rassenideologie der Nazis zumindest ähnelt. Die NSDAP-Zeitung hieß ab 1920 Völkischer Beobachter. Ab der Machtergreifung 1933 wurden »völkisch« und »nationalsozialistisch« oftmals synonym verwendet. Diese Gleichsetzung erscheint uns heute allerdings nicht sinnvoll. Wir nutzen das Wort, um eine Form rechtsextremen Denkens zu beschreiben, die über einen im Wesentlichen aus den ökonomischen Interessen abgeleiteten Nationalismus und Rassismus hinausgeht und eine biologistische Komponente beinhaltet, das eigene Volk als überlegen und höherwertig zu definieren. Diese Einstellung ist in Teilen der AfD verbreitet.

Wirtschaftsliberalen und darauf gerichtet, die Auseinandersetzungen in der Partei zu eskalieren. Die Protagonisten dieser Attacke waren Björn Höcke aus Thüringen, André Poggenburg aus Sachsen-Anhalt sowie Hans-Thomas Tillschneider von der *Patriotischen Plattform*. Sie hatten sich mit dem nationalkonservativen Strategen und Ex-CDUler Alexander Gauland und Parteichefin Petry verbündet.

Seit der Wahl von Petry haben sich die Kräfteverhältnisse weiter nach rechts verschoben, Petry wurde teilweise von der Entwicklung überholt. Petry ist nicht mehr die Rechtsauslegerin der Partei, sondern steht selber von rechts unter Druck. Zeitweise scheint sie eher geduldet, weil sie ein bekanntes Gesicht der AfD ist und die Partei sich über sie als gemäßigt darstellen kann. Den Ton geben Alexander Gauland und Jörg Meuthen an, im Bündnis mit dem rechtsextremen »Flügel« um Höcke und Poggenburg.

Das Programm der AfD

Aus den Zeiten von Bernd Lucke hat die AfD eine stark neoliberale Programmatik geerbt, durchsetzt mit einigen demokratischen Einsprengseln und Parolen zur Euro-Frage, die nicht sofort nach Nationalismus und Austerität klingen. Angesichts der Fokussierung der heutigen AfD auf die Flüchtlingsfrage scheint schon fast in Vergessenheit geraten, dass der Aufstieg der Partei eng mit der Krise der Europäischen Union und des Euro verbunden war und die AfD mit einer eurokritischen Haltung die ersten Wahlerfolge eingefahren hat.

Die Programmatik der AfD ist im Fluss, die Untersuchung der geltenden Programme ist daher eine Momentaufnahme und muss durch die Analyse der Entwicklungsrichtung vervollständigt werden.

In der Phase vor dem Programmparteitag wurde ein Entwurf geleakt, der die Rechtsentwicklung der Partei in einigen Bereichen abbildete, aber dessen interessanteste Teile in den Abschnitten zu Wirtschaft und Soziales zu finden waren.

Darin wurde die Privatisierung der Absicherung fast aller Lebensrisiken, von der Erwerbslosigkeit bis zum Arbeitsunfall gefordert, ein Programm wie nach einem Amoklauf der *Tea Party* oder einer Chrystal-Meth-Party der FDP. Wäre dieser Entwurf geltendes Programm, würde die AfD damit auf jede soziale Demagogie verzichten, wie sie von anderen Rechtspopulisten und Faschisten teilweise recht erfolgreich genutzt wird. Ihr Programm stünde damit im direkten und offenen Gegensatz zu den Interessen der Schichten von Erwerbslosen und Lohnabhängigen, die sie verstärkt bei den Landtagswahlen in Sachsen-Anhalt, Baden-Württemberg und Rheinland-Pfalz im März 2016 gewählt haben.

Die AfD wird häufig als neoliberal eingestuft, so in der Erklärung des DGB-Bundesvorstandes vom Mai 2016. Diese Einschätzung ist nicht falsch, vor allem die Forderungen zum Abbau von sozialen Leistungen und Rechten und zur Steuerpolitik sind eindeutig neoliberal. Allerdings ist es nicht das Ziel der AfD, den großen Konzernen und Banken möglichst freie Hand zu lassen. Dies ist jedoch der Markenkern der FDP und anderer radikaler Neoliberaler.

Die AfD versucht stattdessen, an den Interessen der kleinen und mittleren Unternehmen anzuknüpfen - mit neoliberalen Maßnahmen gegen die Armen, die Lohnabhängigen und »den Staat« und mit national-protektionistischen Maßnahmen gegen die allzu große Freiheit der global operierenden Konzerne. Dazu kommt die jedem rechten Wirtschafts- und Sozialprogramm inhärente Widersprüchlichkeit. Die Rechtspopulisten versuchen, gleichzeitig einander widerstreitende Interessen zu bedienen und Gegensätze zu verschleiern.

Sofort nach der Veröffentlichung des Programmentwurfes kam es zu einer Debatte darum, ob dieser Entwurf zu »marktradikal« sei. Parteivize Alexander Gauland meinte, dass im Programm zum Ausdruck kommen müsste, dass die AfD die »*Partei der kleinen Leute*« sei. Das Freihandelskommen TTIP sei abzulehnen, den Konzernen zu misstrauen. Er sehe die AfD weniger bei der FDP als vielmehr »*zwischen Norbert Blüm und Ludwig Erhardt.*«

Daher wurde der weitgehend neoliberale erste Entwurf schnell zurückgezogen und durch einen Vorschlag ersetzt, in dem die Agitation gegen »die Eliten«, ein konservativer Kulturkampf für die Werte der Adenauer-Zeit, die rechtsextreme Propaganda, Europas Kulturen wären durch die Zuwanderung aus islamischen Ländern bedroht und würden »*schleichend erlöschen*« und die eine oder andere Forderung, die dazu taugt, die AfD als »sozial« darzustellen, ausgewogener gemischt sind.

Dabei wurden nicht nur allzu offensichtlich brutale Sozialkürzungsphantasien entsorgt, sondern auch einzelne Absätze, die sich allzu deutlich auf faschistische Traditionen beziehen. So fehlt jetzt der Abschnitt:

> »*Echte Werte und Wohlstand nicht durch Zinsmanipulation, Spekulationsblasen, Bürokratie und Umverteilung zu schaffen sind, sondern durch die Kreativität und Tatkraft von Arbeitnehmern und Unternehmern,*«

der die klassische rechtsextreme Trennung zwischen dem »schaffenden« und dem »raffenden« Kapital beschreibt. Auch im aktuellen Programmentwurf versucht die AfD den Spagat zwischen pro-kapitalistischer Politik und kritischen Phrasen, vermeidet aber diese allzu offensichtlich dem faschistischen Sprachgebrauch entlehnte Formulierung.

Um das Programm und dessen Auslegung wird weiter gekämpft werden. In der AfD findet ein Flügelkampf zwischen denjenigen statt, die mittelfristig ein Bündnis mit dem rechten Flügel der etablierten Parteien und allgemein im parlamentarischen Rahmen agieren wollen und dem Flügel, der für faschistische Ideen und faschistische Mobilisierung offener und vor allem in den östlichen Bundesländern stärker ist.

Abseits dieses Flügelkampfes hat die gesamte AfD-Spitze ein Interesse daran, ein Bild von der Partei zu zeichnen, welches eine gewisse Flexibilität erlaubt, auch mal gegen »die da oben« zu schimpfen, wenn die Wut sich nicht beständig gegen die richten lässt, die in der Hackordnung der kapitalistischen Gesellschaft noch weiter unten stehen. Eine Festlegung auf eine ultrakonservativ-neoliberale Linie, die sich zwar in erster Linie gegen Flüchtlinge bzw. Muslime/a richtet, aber auch aggressiv gegen Erwerbslose, Beschäftigte und NutzerInnen sozialer Dienstleistungen auftritt, würde die Operationsmöglichkeiten der AfD zu sehr begrenzen.

Die Programmatik der AfD lässt sich zudem nicht auf das bundesweite Programm beschränken. Die Wahlprogramme in Sachsen-Anhalt und in Thüringen enthalten zum Beispiel auffällig positionierte Forderungen, die sich als soziale Demagogie in klassisch faschistischer Manier deuten lassen.

Wir wollen uns an dieser Stelle mit dem auf dem Parteitag am 30.4.2016 beschlossenen Programm befassen, wohl wissend, dass die Programmatik der AfD noch im Fluss ist und nur in begrenztem Maße Auskunft über den Charakter der AfD gibt.

Rassistischer Kulturkampf gegen MigrantInnen

Die AfD fordert eine »deutsche Leitkultur« und lehnt die multikulturelle Gesellschaft ab:

> *»Die Ideologie des Multikulturalismus, die importierte kulturelle Strömungen auf geschichtsblinde Weise der einheimischen Kultur gleichstellt und deren Werte damit zutiefst relativiert, betrachtet die AfD als ernste Bedrohung für den sozialen Frieden und für den Fortbestand der Nation als kulturelle Einheit.«[99]*

Sie macht damit deutlich, dass sie ihre Gegnerschaft gegen Flüchtlingen nicht auf eine scheinbar sachliche Kosten-Nutzen-Argumentation (»zu teuer«, »nehmen uns die Arbeitsplätze weg«, »zu wenig Wohnraum« usw.) beschränkt, sondern einen nationalen Kulturkampf führen will.

Die Partei sieht die derzeitige Zuwanderung – laut AfD *»eine Völkerwanderung historischen Ausmaßes«*, die Europa herausfordere[100]. Sie tritt für die *»abendländisch-christliche Kultur«* ein, will durch mehr Kinder die *»Zukunft Deutschlands für die Deutschen«* sichern.

> *»Der soziale Zusammenhalt, das gegenseitige Vertrauen und die öffentliche Sicherheit als unverzichtbare Elemente eines stabilen Gemeinwesens erodieren in einer konfliktträchtigen Multi-Minoritätengesellschaft.«*

An mehreren Stellen im Programm fordert die AfD, dass Fluchtursachen in den Herkunftsländern der Flüchtlinge bekämpft werden müssen, auch wenn das für die deutschen Unternehmen nachteilig ist.[101] Deutschland und die EU sollten darauf verzichten, zum Beispiel afrikanische Länder mit billigen Importen zu überschwemmen. An dieser Stelle übernimmt die AfD eine linke Forderung gegen die Interessen des deutschen Kapitals, allerdings aus der Motivation heraus, die Fluchtbewegungen schon an der Quelle zu verringern.

Sie will die europäischen Außengrenzen vollständig schließen[102] und gleichzeitig die deutschen Grenzen stramm kontrollieren. Alle abgelehnten AsylbewerberInnen sollen unter anderem durch die völlige Streichung staatlicher Leistungen sofort zur Ausreise gezwungen, oder abgeschoben werden. Ein europäischer Lastenausgleich

---

99 Alle Zitate aus: Grundsatzprogramm der AfD, beschlossen auf dem Stuttgarter Parteitag 2016, hier: S. 47
100 S. 59
101 S. 61
102 S. 59

solle erreicht werden, sei dies nicht möglich, müssten auch die deutschen Grenzen geschlossen und alle Flüchtlinge, die bereits in anderen EU-Staaten waren, in diese abgeschoben werden.

Die AfD will das Asylrecht komplett abschaffen, indem sie den individuellen Anspruch darauf durch eine »*institutionelle Garantie*«[103], in der Realität eine vage Absichtserklärung, Asyl gewähren zu wollen, ersetzt. Anträge sollen nicht innerhalb Deutschlands gestellt werden, sondern aus »*geschützten Aufnahmeeinrichtungen nach ortsüblichem Standard und ortsüblicher Grundversorgung*« in Afrika, dem Mittleren Osten und an den EU-Außengrenzen, Antragssteller auf deutschem Boden müssten in diese Lager reisen, in denen Außenstellen des Bundesamts für Migration und Flüchtlinge und der Verwaltung das Asylverfahren durchführen sollen.[104]

Die Rhetorik gegenüber Zuwanderern ist rabiat, basiert auf einem kulturellen Rassismus und auf der These, dass die Zukunft nur gesichert sei, wenn die Deutschen sich vermehren, setzt auf Angst gegenüber dem Islam im Besonderen und dem Fremdem im Allgemeinen. Die AfD behauptet, »*der Islam gehört nicht zu Deutschland*« die »*ständig wachsende Zahl von Muslimen*« sei »*eine große Gefahr für unseren Staat, unsere Gesellschaft und unsere Werteordnung.*«[105]

Die AfD übertreibt die demografischen Auswirkungen der Zuwanderung, um Panik zu schüren:

> »*Dass die Geburtenrate unter Migranten mit >1,8 deutlich höher liegt als unter deutschstämmigen Frauen, verstärkt den ethnisch-kulturellen Wandel der Bevölkerungsstruktur.*«[106]

Sie verschweigt dabei, dass sich die Geburtenraten von Bevölkerungsgruppen unterschiedlicher Herkunft mit der Zeit angleichen und letztendlich soziale und ökonomische Faktoren stärker wirken als die ethnische oder religiöse Herkunft.

Das von der AfD entworfene Szenario, »unsere Kultur«, »das Abendland«, sei durch »Massenzuwanderung« bedroht und ihre anti-islamischer Furore sind kompatibel mit den Ängsten der Internet-Hysteriker von PI und mit den Fantasien des norwegischen Massenmörders Anders Behring Breivik.

Die Formulierung vom »*schleichenden Erlöschen der europäischen Kulturen*«[107] knüpft an der Parole vom »Volkstod« an, welche offene Nazis vertreten. Die AfD ist in dieser Argumentation den offenen Faschisten näher als dem rechten Flügel des Establishments um die CSU und hat sich weit von der Programmatik ihrer Gründungsphase entfernt.

---

103 S. 60
104 S. 60
105 S. 49
106 S. 42
107 S. 59

In ihren praktischen Vorschlägen zum Umgang mit Menschen aus muslimischen Ländern orientiert sich die AfD an *Pro NRW* und anderen Islamhassern. Sie bezieht sich positiv auf die »Islamkritik«, will Minarette und Muezzin-Rufe verbieten, ebenso Burka und Niqab und will in Schulen sowohl LehrerInnen als auch SchülerInnen das Tragen des Kopftuches untersagen.[108]

Was sie von der NPD unterscheidet, ist die Konzentration auf die aktuelle Welle der Zuwanderung. Die klassischen Faschisten fordern im Unterschied zur AfD die »Rückführung« der hier schon länger lebenden MigrantInnen, vertreten unterm Strich ein Programm der »ethnischen Säuberung«, welches die Idee des rassischen Bürgerkrieg zwischen den Zeilen transportiert:

>*»Die NPD fordert deswegen eine gesetzliche Regelung zur Rückführung der derzeit hier lebenden Ausländer. Grundsatz deutscher Ausländerpolitik ist: Rückkehrpflicht statt Bleiberecht.«[109]*

Die AfD äußert sich nicht direkt zum Aufenthaltsstatus der schon länger in Deutschland lebenden MigrantInnen, sofern es nicht um den Islam geht. Sie lehnt allerdings die doppelte Staatsbürgerschaft ab. Das *jus sanguinis*, das Abstammungsrecht nach dem »Blut«, soll wieder eingeführt werden, Kinder sollen nur Deutsche werden können, wenn mindestens ein Elternteil Deutsche/r ist.

Fazit: Die AfD ist noch einen Schritt von der NPD entfernt, aber ruft auf zum rassistisch motivierten Kulturkampf für die Rettung des angeblich bedrohten »Abendlandes«.

Raus aus dem Euro

Die Rhetorik zum Euro hat sich seit der Gründungsphase unter Parteichef Bernd Lucke nicht wesentlich verändert. Die AfD kritisiert die Entdemokratisierung der EU und behauptet, dass nur die Nationalstaaten, die »*nationalen Demokratien*«, den BürgerInnen »*Schutz und Identifikation*« bieten können.

Die AfD fordert eine Auflösung der Eurozone und, sollte dies nicht möglich sein, einen einseitigen Austritt Deutschlands aus dem Euro. Als Mittel zur Durchsetzung verlangt sie eine Volksabstimmung über das Verlassen der Gemeinschaftswährung:

>*»Wir fordern, das Experiment Euro geordnet zu beenden. Sollte sich der Bundestag dieser Forderung nicht anschließen, muss über den Verbleib Deutschlands im Währungsverbund eine Volksabstimmung durchgeführt werden.«[110]*

---

108 S. 50
109 S. 12 des NPD-Programms, https://npd.de/inhalte/daten/dateiablage/br_parteiprogramm_a4.pdf).
110 S. 18

Während die AfD an anderen Punkten eher die Radikalisierung des Mainstreams der bürgerlichen Parteien darstellt, ist sie in der Euro-Frage Opposition gegen die Etablierten und gegen die entscheidenden Teile der Kapitalisten-Klasse.

Sie behauptet, die Einführung des Euro hätte wirtschaftlichen Schaden angerichtet und wäre »rein politisch«[111] motiviert gewesen, sozusagen als Projekt einer »Eurokratie«. Die entscheidenden Teile des deutschen Kapitals sehen das allerdings anders. Sie verteidigen den Euro, weil er für sie ein zentrales Mittel war und bleibt, ihren Vorsprung bei Produktivität und Lohnstückkosten in höhere Marktanteile und Profite umzumünzen. Die AfD vertritt dagegen Teile der Klein- und Mittelkapitalisten, die vor allem auf dem Binnenmarkt tätig sind und fürchten, den Expansionskurs der Banken und Konzerne über höhere Steuern bezahlen zu müssen.

Laut AfD sind die Schulden vieler Mitgliedsländer nicht tragfähig, die Rettungsmechanismen wie ESM würden die Pleite nur verzögern, aber nicht verhindern können. »Jeder Aufschub« der Auflösung der Eurozone würde die Risiken erhöhen. Die Partei kritisiert den Euro aus der Sicht von Kapitalisten, weist aber wie linke Euro-KritikerInnen darauf hin, dass der Euro den schwächeren Volkswirtschaften die Möglichkeit raubt, Nachteil in der Konkurrenzfähigkeit durch die Abwertung der eigenen Währung auszugleichen.

Ein Euro-Austritt oder die Auflösung der Eurozone sei »schmerzhaft«, aber die AfD meint:

> »Die mit diesem Ausstieg verbundenen einmaligen Kosten werden beherrschbarer und niedriger sein als die, welche ein Verbleiben im EURO-Verbund mit sich bringt.«[112]

Dabei verschweigt sie, welch enormer Vorteil der Euro für die Wettbewerbsfähigkeit der deutschen Kapitalisten, der stärksten in Europa, war und noch immer ist und stellt das Interesse von Kleinkapitalisten, die überwiegend für den nationalen Markt produzieren, als Gesamtinteresse der deutschen Wirtschaft dar. Dass die »wirtschaftlichen Entwicklungsmöglichkeiten«[113] der Euro-Staaten verringert würden, trifft durchaus auf die Peripherie-Staaten wie Griechenland zu, aber nicht auf das imperialistische Zentrum der EU. Deshalb hält die herrschende Klasse in Deutschland bisher am Euro fest, nicht wegen irgendwelcher Träume eines europäischen Superstaates. Das gilt nicht für alle Zeiten. Das deutsche Kapital mag zu dem Schluss kommen, dass die Aufrechterhaltung der Eurozone mehr Nach- als Vorteile bietet und auf den Ausstieg oder ein »Kerneuropa« umschwenken, doch noch ist es nicht so weit.

Die Agitation der AfD ist oberflächlich betrachtet nicht nationalistisch-aggressiv, nicht auf den ersten Blick gegen »die Griechen« oder »die Südeuropäer« gerichtet.

111 S. 18
112 S. 20
113 S. 18

Die AfD gibt vor, die EU-Eliten ins Visier zu nehmen und beschuldigt das »Regime der Euro-Rettung«, das »friedliche Zusammenleben der Völker«[114] zu beschädigen sowie »Feindseligkeiten zwischen den europäischen Völkern«[115] zu schüren:

> »Deutschland wird sehr deutlich machen, dass der Austritt nicht gegen die Partnerländer gerichtet ist, sondern dass es um die Korrektur der katastrophalen Fehlentwicklung des Euro zum Wohle aller Länder der Euro-Zone geht.«[116]

Allerdings ist die Rückbesinnung auf den Nationalstaat nicht nur einer angeblichen ökonomischen Vernunft geschuldet, sondern ist durchaus kulturell-nationalistisch gemeint. Das Kapitel zum Euro steht nicht für sich, sondern muss im Kontext des gesamten Programms gesehen werden. Die AfD will die Stärkung des deutschen Imperialismus auf Kosten anderer Länder, vertritt allerdings die Minderheitenmeinung innerhalb der herrschenden Klasse, dass die Kosten der gemeinsamen Währung deren Nutzen jetzt schon übersteigen.

Die AfD spricht sich nicht für einen EU-Austritt Deutschland aus, sondern dafür,

> »die EU zurückzuführen zu einer Wirtschafts- und Interessengemeinschaft souveräner, lose verbundener Einzelstaaten in ihrem ursprünglichen Sinne.«[117]

Fazit: Die AfD verleiht ihrer Opposition gegen den Euro einen demokratischen Anstrich und stellt ihren aggressiven Nationalismus nicht in den Vordergrund.

Linke lehnen das Austeritäts-Regime des Euro und die EU nicht aus nationalistischen, sondern aus Gründen der internationalen Solidarität ab. Hauptprofiteure dieses Konstrukts sind die Kapitalisten der wirtschaftlich starken Länder. Aber auch die Kapitalbesitzer in Griechenland, Portugal und Irland machen ihren Schnitt mit dem Euro. Die Arbeiterklasse hingegen bezahlt für die Euro-Krise, aktuell in den Ländern der Peripherie, die kaputt gekürzt werden, mittelfristig auch im »Gewinnerland« Deutschland, wenn die enormen Kosten der Rettung privater Banken und Profite über Steuererhöhungen und Ausgabenkürzungen durch die breite Masse refinanziert werden sollen. Die wirtschaftliche Integration der EU und des Euro haben zur Desintegration Europas geführt, nicht zum Zusammenwachsen, sondern zur Spaltung durch den Anstieg der Konkurrenz.

Es ist für die Linke von zentraler Bedeutung, die Kritik an Euro und EU nicht den Rechten zu überlassen, sondern diese aus internationalistischer Perspektive zu formulieren.

---

114 S. 20
115 S. 6
116 S. 20
117 S.16

Agitation gegen die politischen Eliten

Die AfD behauptet, die Macht der politischen Führung habe sich verselbständigt und würde immer weniger kontrolliert. Sie spricht dem Establishment ab, über die Zukunft »unseres Landes« zu entscheiden und wendet sich verbal gegen die »*politische Klasse*«, »*EU-Bürokraten*«, »*Banken und die Finanzindustrie*« und »*internationale Organisationen.*« Sie behauptet verschwörungstheoretisch, »*eine kleine, machtvolle politische Führungsgruppe innerhalb der Parteien*« sei »*heimlicher Souverän*« und verantwortlich für die »*Fehlentwicklungen der letzten Jahrzehnte.*«[118]

Die »*Allmacht der Parteien*« würde zur »*Ausbeutung des Staates*« führen. Ihre Macht müsse beschnitten werden, unter anderem durch die Trennung von Amt und Mandat und das Verbot der Parteienfinanzierung durch Unternehmens-Spenden.[119] Im Fall geringer Wahlbeteiligung solle die Zahl der Abgeordneten reduziert werden. Die bezahlte Nebentätigkeit von Abgeordneten soll laut AfD eingeschränkt werden, viele dieser Nebentätigkeiten seien im »*Dunstkreis des Lobbyismus und der Korruption*«[120] angesiedelt.

Mit dieser Argumentation knüpft sie an der weit verbreiteten und durchaus richtigen Haltung an, dass »die da oben« gegen die Interessen der Mehrheit agieren würden. Die Forderung, Firmenspenden an Parteien zu verbieten, dürfte auf viel Zustimmung nicht nur rechter WählerInnen treffen, ebenso die Forderung, dass Parlamentarier weniger Nebentätigkeiten ausüben dürfen und die Amtszeit von Mandatsträgern zu begrenzen ist.

Die Einführung eines »*Straftatbestandes der Steuerverschwendung*« dürfte zunächst positiv aufgenommen werden, schließlich haben viele BürgerInnen erlebt, wie zum Beispiel bei öffentlichen Großprojekten Milliarden Steuergelder in den Sand gesetzt wurden und werden, vom Berliner Flughafen über die Hamburger Elbphilharmonie bis zur Kölner U-Bahn. Allerdings ist dies eine klassische rechtspopulistische Formulierung, die es in sich hat. Die Definition, was Verschwendung und was sinnvolle Investition ist, ist politisch umstritten. Mit dieser Strafbarkeit könnte zum Beispiel auch gegen PolitikerInnen auf der kommunalen Ebene vorgegangen werden, die keine Kürzungen bei Dienstleistungen vornehmen, die das Jugendzentrum oder das Schwimmbad offen halten, obwohl die Bezirksregierung oder das Bundesland der Meinung ist, dass dies »Steuerverschwendung« wäre.

Wenn es konkret wird, schweigt die AfD. So wird im Landtagswahlprogramm für Baden-Württemberg Stuttgart 21 nicht erwähnt. Bei S21 werden zwar Milliarden öffentliche Gelder verschwendet, aber gleichzeitig verspricht dieses Projekt den Bau- und Immobilienkonzernen gewaltige Profite.

118 S. 8
119 S. 12
120 S. 13

Als Weg, den Einfluss der Parteien umzukehren oder zu begrenzen, fordert die AfD Volksbegehren und Volksentscheide *»nach Schweizer Vorbild.«* Grundgesetzänderungen und völkerrechtliche Verträge sollen zwingend zu Volksabstimmungen führen.

Abseits dieser Forderungen läuft die Politik der AfD allerdings darauf hinaus, die angeblich zu mächtigen Eliten mit noch mehr Macht auszustatten, die staatlichen Repressionsorgane und die Überwachung auszubauen.

Es ist zudem kein Widerspruch, dass Rechtspopulisten das Mittel der Volksabstimmung nutzen wollen. Diese führen keineswegs immer zu mehr demokratischer Teilhabe. Bei Abstimmungen werden politische Inhalte auf ein »Ja« oder »Nein« eingedampft, auch wenn komplexere Antworten nötig wären. Beim Brexit-Votum in Großbritannien stimmten viele für den Austritt aus der EU, weil sie gegen die unsoziale Kürzungspolitik protestieren wollten. Auch SozialistInnen in Großbritannien plädierten aus diesem Grund für ein »Ja«. Gleichzeitig hatten Teile der Jugend, der MigrantInnen und der ArbeiterInnen in den Großstädten gute Gründe, mit »Nein« zu stimmen. Sie fürchteten ein Anwachsen von Nationalismus und Rassismus.

Die Kampagne für den Austritt wurde überwiegend vom rechten Flügel der *Tories* und der rechtspopulistischen UKIP getragen, die sozialdemokratische *Labour Party* war gespalten, plädierte aber offiziell für den Verbleib in der EU, linksliberale Kräfte und die eher linken schottischen Nationalisten ebenso. Das Ergebnis war vor allem ein Schlag gegen das kapitalistische Establishment und Ausdruck der Klassenpolarisierung in Großbritannien. Weil die offizielle Kampagne aber nationalistisch aufgeladen war, fühlten sich auch rassistische Kräfte bestätigt und stieg die Zahl rassistischer Übergriffe.

Die Volksabstimmung zu Stuttgart 21 wurde von den Befürwortern für viele überraschend gewonnen. Dies lag daran, dass die gesellschaftlichen Machtverhältnisse und Rahmenbedingungen auch wirken, wenn die Menschen ihre Position zu einzelnen Sachfragen direkt kundtun können. Politiker hatten mit dem Baubeginn und der Baumfällung Fakten geschaffen. Es wurde ein Horrorszenario entworfen, dass bei einem Baustopp riesige Schadensersatzforderungen fällig würden. Konzerne wie *Daimler* warben für das Projekt. Der geballten Macht von Medien, Konzernen und Parteiapparaten konnte die Bewegung gegen S21 zu wenig entgegensetzen.

Volksabstimmungen und die Forderungen nach mehr »direkter Demokratie« sind absolut kompatibel mit einer populistischen Partei. Sie können gerade den Rechtspopulisten helfen, ihre einfachen Scheinlösungen zu transportieren.

Fazit: Die AfD weist auf Machtkonzentration, Demokratiedefizite und Korruption hin – und schlägt vor, den Machtmissbrauch weiter zu erleichtern. Zudem setzt sie auf Volksabstimmungen, als für sie passendes Mittel, zugespitzte Propaganda zu verbreiten.

Sozialraub und soziale Demagogie

Während der geleakte Entwurf noch die Zerschlagung aller sozialen Sicherungssysteme und die umfassende Privatisierung von der Absicherung von Lebensrisiken vorsah, wurde das beschlossene Programm verbal entschärft. Darin finden sich neben weiteren Vorschlägen für Kürzungen auch Bekenntnisse zu sozialen Leistungen.

Die AfD will die *Bundesagentur für Arbeit* auflösen und alle Aufgaben den kommunalen *Jobcentern* übertragen. Auch das wäre ein harter Einschnitt, weil es zu massivem Arbeitsplatzabbau bei der Arbeitsverwaltung und einer Absage an jegliche staatliche Arbeitsmarktpolitik führen würde. Die *Jobcenter* würden die Arbeitslosigkeit nur noch verwalten. Die *Jobcenter* nach Sozialgesetzbuch II (SGB II) sind bisher zuständig für die Erwerbslosen im ALG-2-Bezug (»Hartz IV«), der »Grundsicherung für Arbeitsuchende« und nicht für die EmpfängerInnen der Versicherungsleistung Arbeitslosengeld 1, die abhängig vom vorherigen Einkommen ist.

Die AfD erwähnt nicht, was mit dem ALG 1 passieren soll. Soll es abgeschafft werden? Sollen alle Erwerbslosen sofort Hartz IV beziehen? Die geänderten Passagen wirken auf den ersten Blick weniger drastisch als die ursprünglich geforderte komplette Privatisierung der Arbeitslosenversicherung, sind aber ein harter Angriff auf die Erwerbslosen und die Beschäftigten der Arbeitsagentur.

Auch die Formulierung

> *»die AfD steht für grundlegende Reformen zum Wohle Deutschlands. Das betrifft auch die Sozialversicherungen. Nur so können die Systeme auch zukünftig leistungsfähig bleiben. Die hohen Abgaben wirken sich negativ auf die Einkommen der Arbeitnehmer aus. Auch der wirtschaftliche Erfolg Deutschlands leidet darunter,«* [121]

klingt auf den ersten Blick nicht so rabiat. Gemeint ist allerdings, dass die hohen Sozialabgaben die Unternehmen belasten und gesenkt werden müssen und damit auch die Leistungen der Sozialversicherung, die Renten, das Arbeitslosengeld, Zahlungen der Krankenkasse und der Unfallversicherung.

Das Rentenalter will die AfD heraufsetzen, *»parallel zum Anstieg der Lebenserwartung.«* [122]

Der Mindestlohn soll erhalten bleiben begründet wird dies folgendermaßen:

> *»Er schützt sie (die Lohnabhängigen, d.A.) auch vor dem durch die derzeitige Massenmigration zu erwartenden Lohndruck. Insbesondere erlaubt der Mindestlohn eine Existenz jenseits der Armutsgrenze und die Finanzierung einer, wenn auch bescheidenen, Altersversorgung, die ansonsten im Wege staatlicher Unter-*

---

121 S. 37
122 S. 42

stützung von der Gesellschaft zu tragen wäre. Mindestlöhne verhindern somit die Privatisierung von Gewinnen bei gleichzeitiger Sozialisierung der Kosten.«[123]

Damit liegt sie sachlich falsch. Der Mindestlohn in Höhe von 8,84 Euro erlaubt keine Altersversorgung, sondern führt zu einer Rente unterhalb des Sozialhilfesatzes und somit zur Aufstockung durch staatliche Gelder. Einen höheren Mindestlohn fordert die AfD nicht, ihr Bekenntnis ist in erster Linie dazu da, nicht sofort als unsozial erkannt zu werden.

Bezüglich der Pflege verschleiert die AfD ihre Kürzungsvorhaben mit nett klingenden Formulierungen. So soll die Fürsorge *»für pflegebedürftige Familienangehörige in einer vertrauten familiären Umgebung«*[124] gestärkt werden. Gemeint ist allerdings, dass die Pflege zu einer innerfamiliären Privatsache werden soll:

»Die individuelle häusliche Pflege muss zu einem Hauptbestandteil der sozialen Sicherungssysteme werden.«[125]

Im Gegenzug soll bei der professionellen Pflege in Einrichtungen gekürzt werden. Das fordert die AfD zwar nicht ausdrücklich, aber das ergibt sich aus der Priorisierung von familiärer Pflege in Kombination mit dem Bekenntnis, die Sozialabgaben und die Steuerbelastung senken zu wollen. Die AfD hält daran fest, soziale Aufgaben zu privatisieren, kombiniert somit neoliberale Kürzungspolitik mit ihrem reaktionären Familienbild und will den Frauen mehr unbezahlte Arbeit aufbürden, diese aber *»anerkennen«*.

Fazit: Die AfD ist im Kern eine extrem neoliberale Partei und will die sozialen Sicherungssysteme weiter schwächen und aushöhlen. Zunehmend wird sie dazu gezwungen, auch auf soziale Demagogie zu setzen, um neue Wählerschichten zu erreichen.

»Schlanker Staat«

Die AfD fordert in neoliberaler Tradition den *»schlanken Staat«* und will diesen *»auf die vier klassischen Gebiete: Innere und äußere Sicherheit, Justiz, Auswärtige Beziehungen und Finanzverwaltung.«* beschränken.[126] Sie spricht sich im Kern für Privatisierungen aus:

»Wir wollen prüfen, inwieweit vorhandene staatliche Einrichtungen durch private oder andere Organisationsformen ersetzt werden können.«[127]

Dies untermauert sie mit den von der FDP entlehnten Phrasen:

---

123 S. 36
124 S. 37
125 S. 38
126 S. 9
127 S. 9

»Je mehr Wettbewerb und je geringer die Staatsquote, desto besser für alle.«

»Gegebenenfalls erforderliche staatliche Eingriffe – zum Beispiel um Monopole zu verhindern und Marktversagen entgegenzuwirken – sind auf das notwendige Minimum zu begrenzen und müssen für in- und ausländische Investoren kalkulierbar sein.«[128]

»Jede Form von Eingriffen staatlicher Planwirtschaft führt früher oder später zu Fehlallokationen und Korruption.«

Die AfD fordert die Prüfung, welche staatlichen Einrichtungen privatisiert werden könnten. Allerdings ist das Programm an dieser Stelle widersprüchlich.

Während im geleakten Programmentwurf noch eine umfassende Privatisierung offen und aggressiv gefordert wurde, drückt sich die AfD im beschlossenen Programm vorsichtiger aus. Mit der kämpferisch klingenden Parole *»Keine Privatisierung gegen den Willen der Bürger«* hält sie sich die Tür offen, in Einzelfällen gegen Privatisierungen einzutreten, wenn allzu deutlich ist, dass davon nur Investoren profitieren und die Bevölkerung mittelfristig draufzahlt.

»Über Privatisierungen sollen Bürgerentscheide auf der jeweiligen staatlichen Ebene entscheiden, insbesondere bei der öffentlichen Daseinsvorsorge und in Bezug auf öffentliches Wohn- und Grundeigentum. Geheime Privatisierungsverträge lehnt die AfD ab.«[129]

Auf dem Parteitag wurde der Begriff der Daseinsvorsorge in das Programm aufgenommen, ein Zugeständnis an die Notwendigkeit, eine soziale Maske überstülpen zu können und politisch ambivalent zu bleiben:

»Jenseits der Daseinsvorsorge darf der Staat nur in Ausnahmefällen unternehmerisch tätig sein.«[130]

Die AfD fordert darüber hinaus *»Bürokratieabbau«* und ein Ende der *»Überregulierung«*. Betriebliche Sicherheitsbestimmungen sollen reduziert werden, die Überprüfung der Einhaltung des Mindestlohnes soll mit weniger Aufwand betrieben werden. Natürlich stellt die AfD bei diesen Forderungen den *»Mittelstand«* in den Mittelpunkt, immerhin fühlen sich viele Mitglieder diesem Mittelstand zugehörig, doch letztendlich geht es um den Abbau von Kontrollen und Sicherheitsbestimmungen für alle Unternehmen, auch für die großen Konzerne.

Auch im Verhältnis zum Freihandelsabkommen TTIP mit den USA unterscheidet sich das beschlossene Programm von der Vorab-Version. Die AfD befürwortet grundsätzlich Freihandelsabkommen. Daher konnte sie sich im geleakten Entwurf nicht dazu durchringen, TTIP abzulehnen und eierte herum. Der Parteitag hat

128 S. 67
129 S. 69
130 S. 69

schließlich eine Ablehnung beschlossen, die aber nicht aus den sozialen Folgen von TTIP für die arbeitende Bevölkerung heraus motiviert ist:

> *Die AfD lehnt daher Handelsabkommen grundsätzlich ab, wenn diese intransparent und nicht öffentlich sowie ohne Beteiligung des Bundestages verhandelt werden, ohne ausgewogene Interessenwahrung der beteiligten Parteien gestaltet sind und unzulässig in nationales Recht eingreifen. Aus diesen Gründen werden von uns auch TTIP, TISA und CETA abgelehnt.«[131]*

Auch Teile der WählerInnen, die rassistische Ideen gut heißen, vertreten bei wirtschaftlichen Fragen Forderungen, die sich gegen die Interessen der Großkonzerne richten. Es ist ein Kennzeichen des rechten Populismus, auch solche Forderungen aufzugreifen, um taktisch flexibel zu bleiben.

Die AfD fordert die Einführung quelloffener Software für die öffentliche Verwaltung. Es soll eine *»nationale Software-Entwicklung«*[132] geben, auch die Endmontage der Hardware soll in Deutschland erfolgen. Hier verbindet die AfD das Misstrauen der BürgerInnen gegenüber der Datenunsicherheit der überwiegend US-amerikanischen Software-Riesen wie *Microsoft, Google* und *Facebook* mit ihrem eigenen Nationalismus.

Die AfD plädiert für einen Ausbau des Verbraucherschutzes sowie die bessere Kennzeichnung von Lebensmitteln und zum Beispiel von Kinderspielzeug. Sie fordert zudem die Modernisierung und Verbesserung der Wasseraufbereitung, eine Maßnahme, die nicht durch private Konzerne, sondern nur durch massive öffentliche Investitionen durchgeführt werden könnte, was die AfD nicht erwähnt. Auch diese Forderungen, die auf breite Zustimmung treffen dürften, stehen im Gegensatz zu ihren sonstigen Vorstellungen zur Liberalisierung.

Fazit: Die AfD vertritt im Kern eine harte neoliberale Wirtschaftspolitik. Um breitere Schichten der Wählerschaft zu erreichen, muss sie populistisch sein und bezieht gegen allzu offensichtlich schädliche Privatisierungen oder die Verletzung der Interessen der VerbraucherInnen Stellung.

Steuern: ein feuchter Bonzen-Traum

Die AfD will die im Grundgesetz verankerte *Schuldenbremse* durch eine *»Steuer- und Abgabenbremse«* ergänzen.

> *»Analog zur Schuldenbremse wollen wir eine verbindliche Steuer- und Abgabenbremse im Grundgesetz, um die maximale Summe der Belastung auf einen bestimmten Prozentsatz im Verhältnis zum Bruttoinlandsprodukt festzuschreiben. Steuern und Abgaben sollen in Zukunft nicht mehr beliebig erhöht werden kön-*

131 S. 68
132 S. 70

nen. Steuererhöhungen und neue Steuern darf es nur im Einklang mit der Steuer-
und Abgabenbremse geben.«[133]

Die massiven Steuerentlastungen für die Besitzenden und Reichen, welche
sämtlichen Regierungen, ob CDU- oder SPD-geführt, in den letzten Jahrzehnten
durchgesetzt haben, wären somit festgeschrieben. Die Kombination des Zwangs zur
Reduzierung öffentlicher Ausgaben durch die Schuldenbremse mit dem Verzicht
auf höhere Steuereinnahmen durch die »Steuer- und Abgabenbremse« würde dazu
führen, dass Kommunen, Länder, Bund und Sozialkassen die Sozialausgaben weiterhin permanent stark kürzen müssen. Ginge es nach der AfD, würde der Zwang
zur Zerstörung der Sozialsysteme Verfassungsrang bekommen. Damit wäre jeder
Versuch verfassungswidrig, die öffentlichen Investitionen zu erhöhen und die sozialen Dienstleistungen durch eine höhere Besteuerung der Reichen zu verbessern, und
sei es nur auf den Stand wie zu Zeiten Helmut Kohls.

Die Erbschaftsteuer will die AfD ersatzlos streichen. Die Gewerbesteuer, wichtige Finanzierungsquelle der Kommunen, soll durch andere Einnahmen, die unwei-
gerlich geringer ausfallen würden, ersetzt werden. Damit würden die Städte und
Gemeinden flächendeckend in die Pleite und den kompletten Ausverkauf kommunalen Eigentums getrieben werden, ein Zuckerschlecken für die Privatisierungs-
Raubritter, die auf öffentliches Eigentum zum Schleuderpreis spekulieren. Die AfD
möchte staatliche Körperschaften *»auch für sich genommen insolvenzfähig«*[134] machen. Das würde bedeuten, dass Kommunen oder Bereiche der Sozialversicherung
nicht automatisch durch die nächsthöhere staatliche Ebene finanziert würden, wenn
die Pleite droht, sondern diese Pleite durchleben, mit der Konsequenz des erzwun-
genen Ausverkaufs sämtlichen Besitzes dieser Körperschaft. Theoretisch könnte das
dazu führen, dass diese nicht mehr weiter existiert und die Aufgaben durch ein pri-
vates Unternehmen übernommen würden.

Der Länderfinanzausgleich soll *»überarbeitet«*, die Subventionierung der ärmeren
Bundesländer reduziert werden. Die Länder sollen sich in den Wettbewerb begeben,
mit dem Ergebnis, dass die wirtschaftlich erfolgreicheren Länder mehr soziale Leistungen finanzieren könnten als die ärmeren.

Der Kritik an der kalten Progression würden wohl viele Durchschnittsverdiene-
rInnen zustimmen, allerdings wäre der von der AfD angestrebte *»Einkommensteuer-*
tarif mit wenigen Stufen und einen deutlich höheren Grundfreibetrag«[135] alles andere
als positiv für eben diesen Durchschnitt. Der Verzicht auf eine wirkliche Progression
und die Einführung weniger Stufen führt zur Entlastung der oberen, vor allem der
obersten, Einkommensgruppen.

Das *Bank- und Steuergeheimnis* soll *»wieder hergestellt«* werden:

---

133 S. 74
134 S. 76
135 S. 74

»Steuerdaten deutscher Bürger sind sensible Daten und sollten vom Staat vertraulich behandelt und nicht mit anderen Institutionen oder fremden Staaten ausgetauscht werden.«[136]

Die AfD möchte demnach Uli Hoeneß und all den steuerhinterziehenden Konzernen bei ihrer Tätigkeit helfen. CDs mit Steuerdaten von Schweizer Banken sollte der Fiskus nicht erwerben, am Besten würden auch die Journalisten aufhören, in Panama, Luxemburg, auf den Caymans oder den Jungferninseln den *»Steuerdaten deutscher Bürger«* hinterher zu schnüffeln.

Fazit: Die Steuerpolitik der AfD läuft auf eine massive Entlastung der Konzerne und der Reichen sowie auf das Ausbluten der Kommunen hinaus, das wiederum zu Sozialabbau und Privatisierungen führen würde.

Die heilige Familie

Mit ihrer Position zur Rolle der Familie ist die AfD anschlussfähig sowohl an Faschisten als auch an Konservative und christliche Fundamentalisten. Letztere haben bei der Formierung der AfD eine große Rolle gespielt. Der Soziologe Andreas Kemper aus Münster nennt den christlichen Fundamentalismus als eine der drei zentralen Ideologien in der AfD, neben Nationaliberalismus und völkischem Nationalismus.

Die AfD *»bekennt sich zur traditionellen Familie als Leitbild.«* Frauen müssten auch als »Hausfrau« und »Mutter« wertgeschätzt werden. Es solle erstrebenswert sein, *»eine Ehe einzugehen, Kinder zu erziehen und möglichst viel Zeit«* mit seinen Kindern zu verbringen.[137]

Auffällig ist die aggressive Haltung der AfD gegen *»staatliche Institutionen wie Krippen und Ganztagsschulen«*, und deren *»zunehmende Übernahme der Erziehungsaufgabe:«*[138]

»Die sichere Bindung an eine verlässliche Bezugsperson ist aber die Voraussetzung für eine gesunde psychische Entwicklung kleiner Kinder und bildet die Grundlage für spätere Bildung und Beziehungsfähigkeit. Die AfD fordert daher, dass bei unter Dreijährigen eine Betreuung, die Bindung ermöglicht, im Vordergrund steht.«[139]

Mit »Bindung« meint sie nicht die ersten Monate, sondern tatsächlich die ersten Lebensjahre. Sie widerspricht damit allen wissenschaftlichen Erkenntnissen zur Entwicklung von Kindern und erteilt der professionellen Kinderbetreuung eine Ab-

---

136 S. 75
137 S. 41
138 S. 41
139 S. 43

sage. Die AfD behauptet, sie stünde für »*Wahlfreiheit*«[140], aber sie spricht hier von der Bindung an »*eine Bezugsperson.*« Sie will in Wirklichkeit nicht einmal die Wahlfreiheit zwischen Vater und Mutter – zwischen zwei Vätern oder Müttern ohnehin nicht – sondern möchte Kinder und Frauen aneinanderfesseln.

Die Gender-Forschung ist für die AfD eine Bedrohung ihres reaktionären Familienbildes. Sie will die Infragestellung von Geschlechterrollen und die Forschung zur biologischen und sozialen Definition von Geschlechtern nicht akzeptieren, bezeichnet diese als unwissenschaftlich und will sämtliche akademischen Projekte zu diesem Thema einstellen.[141]

Die offene, diskriminierungsfreie Darstellung von Homo- und Transsexualität, zum Beispiel im Schulunterricht, nennt die AfD »*einseitige Hervorhebung*« und lehnt diese ab. Dadurch würde das »*traditionelle Familienbild*« zerstört, »*unsere Kinder*« würden durch das Reden über die Existenz unterschiedlicher sexueller Orientierungen zum »*Spielball der sexuellen Neigungen einer lauten Minderheit werden.*«[142]

In ihrer Gegnerschaft zu öffentlichen Schulen und Kitas knüpft die AfD an den Methoden von christlichen Fundamentalisten und US-amerikanischen »StaatsgegnerInnen« an. Geradezu hysterisch spricht sie von »*staatlich geförderte(n) Umerziehungsprogramme(n) in Kindergärten und Schulen*« und unterstellt, die Sexualerziehung an Schulen würde die Kinder »*in Bezug auf ihre sexuelle Identität*« verunsichern.[143]

Bei der AfD verbinden sich ultrakonservative ideologische Vorstellungen mit neoliberaler Kürzungspolitik. Wenn die Eltern, also unter dem Strich das Elternteil, was weniger verdient, die »Hausfrau und Mutter«, die meiste Zeit mit ihren Kindern verbringen soll, dann wäre der Ausbau der Kinderbetreuung nicht nötig, dann könnten auch dort die staatlichen Ausgaben gekürzt werden. Die AfD nennt diese Politik des Zurück-an-Herd-und-Windel »*die Diskriminierung der Vollzeit-Mütter stoppen.*«[144]

Allerdings kollidiert die AfD an dieser Stelle mit den Interessen der meisten Kapitalisten, welche nach wie vor die Einbeziehung der Frauen in den Arbeitsmarkt erreichen wollen. Die lohnabhängig Beschäftigten sind ebenso auf die öffentliche Kinderbetreuung angewiesen, weil nur die wenigsten Familien mit nur einem Verdiener bzw. einer Verdienerin genug Geld haben.

Die AfD wandelt die alte CDU-Parole »*Kinder statt Inder*« zu »*Mehr Kinder statt Masseneinwanderung*«[145] um. Sie verweist auf die älter werdende Bevölkerung und fordert, diesen Trend umzukehren. Damit knüpft sie an den Vorstellungen zur Aka-

---

140 S. 43
141 S. 52
142 S. 54
143 S. 55
144 S. 43
145 S. 41

demikerInnen-Förderung an, die Sarrazin in seinem Buch *Deutschland schafft sich ab* entwickelt hat.

Sie fordert mehr Unterstützung für Familien, zum Beispiel sollen Mehrkind-Familien speziell gefördert werden, AkademikerInnen, die direkt nach dem Studium Kinder bekommen, sollen Bafög-Schulden erlassen werden, mehr Kinder sollen zur Reduzierung von Darlehensschulden für Wohneigentum führen.

Diese sozialdarwinistische Eliten-Förderung würde durch Kürzungen bei den für die AfD weniger wertvollen Familien finanziert werden. Doch selbst für die scheinbar privilegiert Geförderten würden andere Sozialabbau-Maßnahmen der AfD die Effekte aufheben. Arbeitsplatzabbau im öffentlichen Dienst, generelle Ausgabenkürzungen, Stagnation und Rückgang bei der Kinderbetreuung und andere Maßnahmen würden auch für Akademiker-Familien eine große Belastung darstellen.

Unter dem Strich würde die AfD Kinderlose massiv bestrafen, während sich die soziale Lage von Familien durch eine spezielle Förderung wahrscheinlich auch verschlechtern, bestenfalls ausgleichen würde.

Die AfD fordert, dass die Anzahl der Kinder für den Zeitpunkt der abschlagsfreien Rente ausschlaggebend sein soll. Gleichzeitig fordert sie die weitere Heraufsetzung des Rentenalters *»parallel zum Anstieg der Lebenserwartung«*[146], die nach dieser Logik Kinderlose bzw. Väter oder Mütter »nur« eines Kindes betreffen würde.

Unter der zynischen Überschrift *» Willkommenskultur für Neu- und Ungeborene«*[147] agitiert die AfD gegen Abtreibungen und fordert, der Lebensschutz müsse *»beim Embryo«* beginnen. Allein diese Zeilen entlarven sämtliche Stellungnahmen der AfD gegen die angeblich *»Frauenfeindlichkeit des Islams.«* Sie will die Rechte der Frauen ihrer ultrakonservativen Ideologie unterordnen.

Allerdings ist die AfD nicht mutig genug, ein Verbot der Abtreibung zu fordern. Diese soll *»nicht bagatellisiert«*[148] werden. Die Verbotsforderung ist zwar implizit enthalten, aber wie an so manchen Stellen im Programm deutet die AfD nur an, spitzt ihre Ideen aber nicht zu, aus Angst, WählerInnen zu verprellen. Doch durch prominente Abtreibungsgegnerinnen wie Beatrix von Storch im Europaparlament und eine sichtbare Beteiligung am jährlichen *Marsch für das Leben* in Berlin, dem größte Aufmarsch von Abtreibungsgegnern, verankert sie sich in diesen reaktionären Kreisen.

Alle rechten PopulistInnen versuchen, mehrere miteinander nicht vereinbare Positionen und Wählergruppen gleichzeitig zu bedienen, um eine breite Unterstützung zu bekommen. So auch die AfD. Sie will das reaktionäre Frauenbild rechtsgerichteter Muslime nutzen, um zu punkten, aber gleichzeitig Gruppen von fundamentalistisch-konservativen deutschen Männern erreichen.

---

146 S. 42
147 S. 44
148 S. 44

Fazit: Die AfD verbindet ein reaktionäres Frauenbild, Homophobie und Hass auf die aktuelle Geschlechterforschung mit massiven Kürzungsvorschlägen bei Bildung und Kinderbetreuung.

Investoren-Paradies

Die AfD stellt sich als skeptisch gegenüber Großprojekten dar. Für sogenannte ÖPP-Projekte (»öffentlich-private Partnerschaft«) fordert die AfD »*Transparenz statt Lobby*«[149] und drückt damit aus, dass viele Menschen diese Geschäfte kritisch sehen.

Das hindert sie nicht daran, ÖPP durch einen »*Investitionsfonds*« auf eine neue Stufe zu heben:

> »*Zu erwägen ist der Aufbau eines steuerbegünstigten deutschlandweiten Investitionsfonds oder Anleihefonds zur Finanzierung von Infrastrukturmaßnahmen unter Beteiligung der öffentlichen Hand, der (Versicherungs-)Wirtschaft und privaten Anteilseignern. Die Fondsverwaltung muss in transparenten und demokratischen Strukturen organisiert sein.*«[150]

Damit hätten private Investoren weit mehr Möglichkeiten, über Infrastruktur-Projekte Profite auf Kosten der NutzerInnen zu generieren. Die Forderung nach demokratischen Strukturen ist in diesem Zusammenhang eine hohle Phrase, für einen solchen Investitionsfonds wäre die zentrale Voraussetzung die Geheimhaltung im Interesse der privaten Investoren.

Fazit: Die AfD gibt sich investorenkritisch, will diesen aber mehr Möglichkeiten bieten.

Als gäbe es keine VermieterInnen

Die AfD geht oberflächlich auf die steigenden Mieten und den Mangel an bezahlbaren Wohnungen ein. Allerdings tut sie so, als gäbe es keine Vermieter und keine Immobilienkonzerne.

> »*Einengende Baubestimmungen, unwirtschaftliche Dämmvorschriften und bürokratische Gestaltungsvorgaben treiben die Immobilienpreise, die Baukosten und die Wohnkosten weiter in die Höhe. Das unmäßige Anheben der Grundsteuer und Grunderwerbssteuer sind ebenfalls kostentreibend, für Bauherren investitionshemmend und schlagen auf die Wohnkosten für Mieter und Eigentümer gleichermaßen durch.*«[151]

---

149 S. 91
150 S. 91
151 S. 94

Die AfD unterschlägt, dass es in vielen Großstädten an günstigen Wohnungen mangelt, weil der sogenannte soziale Wohnungsbau fast eingestellt wurde, immer mehr Wohnungen aus der Sozialbindung fallen, große öffentliche Wohnungsbestände privatisiert wurden und private Investoren überwiegend hochpreisige Wohnungen bauen.

Vermieter und Wohnungsgesellschaften nutzen zum Beispiel die energetische Sanierung, um Luxussanierungen durchzusetzen, MieterInnen mit geringem Einkommen zu vertreiben und Platz für besser verdienende MieterInnen zu schaffen.

Die AfD möchte gerne so klingen, als stünde sie auf Seiten der MieterInnen, vertritt jedoch die Interessen der Immobilienbesitzer. Sie spricht sich sogar gegen die laue »Mietpreisbremse« der CDU/CSU/SPD-Koalition aus.

Ihre Forderungen zur Wohnungspolitik beschränken sich daher darauf, ganz allgemein die Stärkung von Wohnungsbaugenossenschaften und eine Ausweitung des Wohneigentums zu fordern. Sie verweist darauf, dass mehr Wohnungen neu gebaut werden müssen, geht aber nicht darauf ein, wer diese Wohnungen bauen soll.

Fazit: Weil die AfD nichts gegen Vermieter und Immobilienkonzerne unternehmen oder auch nur sagen möchte, tut sie so, als wären es vor allem Vorschriften und Steuern, welche den Bau bezahlbarer Wohnungen behindern, was schlicht nicht der Realität entspricht.

Harter Staat

Die AfD fordert einen »*sicherheitspolitischen Befreiungsschlag*«[152], bleibt aber vage in den konkreten Forderungen. Sie fordert mehr Personal bei der Polizei sowie eine »*Kriminalstatistik ohne politische Vorgaben.*«[153] Gemeint ist damit, das die jetzige Statistik angeblich die Herkunft von Tätern verschleiert und die AfD vermutet, dass viel mehr MigrantInnen als bekannt Straftaten begehen.

Auf alle 18jährigen sei das Erwachsenenstrafrecht anzuwenden, die Strafmündigkeit soll auf zwölf Jahre gesenkt werden,[154] Angriffe auf Amtspersonen wie PolizistInnen sollten härter bestraft, psychisch kranke TäterInnen und straffällig gewordene Drogenabhängige nicht in psychiatrischen Krankenhäusern, sondern in der (unbefristeten) Sicherungsverwahrung untergebracht werden.

Straffällig gewordene AusländerInnen sollen sofort nach der Urteilsverkündung abgeschoben werden, auch wenn ihnen im Herkunftsland Gefahren drohen. Die AfD behauptet, dass die Mehrzahl der Täter im Bereich der Organisierten Kriminalität (OK) AusländerInnen seien, allein die Zugehörigkeit zu einer Gruppe der OK soll als Ausweisungsgrund reichen.[155]

---

152 S. 24
153 S. 24
154 S. 25
155 S. 27

Fazit: Die AfD will die Gefängnisse füllen, bevorzugt mit Kindern und kranken, hilfsbedürftigen Menschen. Das Einsperren von Schuldunfähigen wie psychisch Kranken, Alkohol- und Drogenabhängigen würde gegen das Grundgesetz verstoßen.

NATO-Integration und eigene imperialistische Ambitionen

Die deutsche Rechte schwankte immer zwischen einer »atlantischen« Position, die Verteilungskämpfe in der Welt gemeinsam mit den USA und den NATO-Partnern auszufechten und einer Position, die auf deutsche Alleingänge setzt und teilweise mit »antiimperialistischen« Phrasen verbrämt ist wie bei der NPD. Bei den neuen Rechten wie AfD und PEGIDA kommt hinzu, dass es dort Sympathien für Russland gibt, sowohl für die reaktionäre Politik Putins im Inneren samt Rassismus und Homophobie, als auch für dessen außenpolitisches Agieren.

Unterm Strich ist das Ziel jeder rechten Bewegung in Deutschland die Durchsetzung der »deutschen« Interessen, sprich der Interessen des deutschen Kapitals in der geostrategischen Auseinandersetzung und damit auch eine verstärkte Aufrüstung.

Die AfD versucht einige Klippen zu umschiffen bei der Diskussion, in welcher Bündniskonstellation »*deutsche Interessen*« durchzusetzen sind. Sie bekennt sich zur Stärkung und Reform der UN und fordert einen ständigen Sitz Deutschlands im Sicherheitsrat. Krisenherde will sie »*diplomatisch entschärfen [...] auch um unkontrollierten Wanderungsbewegungen in Richtung Europa entgegenzuwirken.*«[156] Die AfD verkündet, gegen die Einmischung in die inneren Angelegenheiten anderer Staaten zu sein.[157]

Deutschland soll zwar in der NATO bleiben, aber diese solle sich »*auf ihre Aufgabe als Verteidigungsbündnis*«[158] beschränken. Die Bundeswehr soll gestärkt werden, die Betonung der »*Landesverteidigung als zentrale Aufgabe*« und der Wiedereinführung der Wehrpflicht (für Männer) implizieren, dass die AfD wieder zurück zu einer Massenarmee möchte.[159]

NATO-Einsätze außerhalb des Bündnisgebietes sollen nur unter UN-Mandat stattfinden. Allerdings soll die Bundeswehr besser für »Bündnisverteidigung« und »Krisenvorsorge«, also für Auslandseinsätze vorbereitet und ausgerüstet werden.

»*Die bisher praktizierte Finanzierung nach Kassenlage lehnt die AfD ab*«[160] und macht damit deutlich, dass sie weitaus mehr Geld für die Bundeswehr ausgeben

---

156 S. 30
157 Ebd.
158 Ebd.
159 S. 32
160 S. 30

möchte, damit deren »*Führung, Stärke und Ausrüstung an den Herausforderungen künftiger Konflikte orientiert ist und höchsten internationalen Standards entspricht.*«[161] Das Engagement der NATO soll »*im Einklang mit deutschen Interessen*« stehen. Der Status der alliierten Truppen in Deutschland soll an die »*wiedergewonnene Souveränität*« Deutschlands angepasst werden. Mit diesen Formulierungen entfernt sich die AfD vorsichtig von der atlantischen Linie der etablierten Parteien und fordert verstärkt das unabhängige Agieren des deutschen Imperialismus.[162]

Auch die Formulierungen zu Russland gehen in diese Richtung. Die AfD hält sich die Festlegung auf Bündniskonstellationen offen und nutzt die Distanz zum US-Imperialismus und der offiziellen NATO-Linie und deren Eskalation in Richtung Russlands und kann so auf einfache Weise Sympathien generieren:

> »*Sicherheit in und für Europa kann ohne Russlands Einbindung nicht gelingen. Wir setzen uns daher dafür ein, Konflikte in Europa friedlich zu regeln und dabei die jeweiligen Interessen zu berücksichtigen.*«[163]

Fazit: Die AfD will aufrüsten und die Durchsetzung »deutscher« Interessen durch das Militär vorantreiben, hält sich aber etwas offen, in welcher Bündniskonstellation und gegen wen dies geschehen soll. Die aktuelle Bündnislage ist nicht das Ende der Geschichte des westlichen Imperialismus. Das macht die Ankündigung von US-Präsident Trump deutlich, die NATO für obsolet zu erklären und verstärkt auf US-Alleingänge zu setzen.

Klima-Verschwörung

Die Abschnitte zu Klima und Umwelt wirken teilweise wie Satire. Die AfD bekennt sich stolz dazu, die wissenschaftlichen Erkenntnisse zum Klimawandel zu ignorieren und vertritt stattdessen die Verschwörungstheorie, die »*Dekarbonisierung*« würde genutzt, um die »*persönliche und wirtschaftliche Freiheit einzuschränken*«:[164]

> »*Die Klimaschutzpolitik beruht auf hypothetischen Klima-Modellen basierend auf computergestützten Simulationen des IPCC (»Weltklimarat«) … IPCC und deutsche Regierung unterschlagen die positive Wirkung des CO2 auf das Pflanzenwachstum und damit auf die Welternährung.*«[165]

»*Klimaschutz-Organisationen*« sollen »*nicht mehr unterstützt werden.*«[166] Windkraftanlagen verschandeln laut AfD die Landschaft.[167] Den Beschluss zum Ausstieg

---

161 S. 31
162 Ebd.
163 Ebd.
164 S. 79
165 Ebd.
166 Ebd.
167 S. 80

110

aus der Kernkraft hält die AfD für »überhastet.« Die »zukünftige Ersetzung« der Atomkraft sei zwar »denkbar«, aber die Laufzeit der noch im Betrieb befindlichen AKW solle verlängert werden.[168]

An diesem Punkt ist die AfD im Vergleich zum Programmentwurf kräftig zurückgerudert. Dort behauptete sie noch, die deutschen AKW seien die »weltweit sichersten« und forderte, dass abgeschaltete Anlagen wieder hochgefahren werden.

Begeistert zeigt sich die AfD über Kohlekraftwerke, da diese mit voller Kraft CO_2 erzeugen, diesen »unverzichtbaren Bestandteil allen Lebens.«[169] An Wind und Sonne richtet die AfD den harten Vorwurf, zeitweise gar keine Energie zu erzeugen, manchmal aber auch zu viel. Fracking will die AfD zumindest ausprobieren und fordert, das ihrer Meinung nach zu restriktive Fracking-Gesetz zurückzuziehen.[170]

Man mag sich über diese Spinnereien amüsieren, aber die AfD entfaltet an zwei Themen eine Demagogie, mit denen sie möglicherweise punkten kann. Sie lehnt das EEG (Erneuerbare Energien Gesetz) ab und knüpft damit an der Unzufriedenheit vieler Menschen über die gestiegenen Strompreise an. Dass diese Preise so gestiegen sind, weil die Kosten den NormalverbraucherInnen präsentiert werden, während Stromerzeuger und Großverbraucher in der Industrie geschont werden, verschweigt die AfD natürlich.

Die AfD wendet sich zudem gegen die Energiesparverordnung, die eine stärkere Dämmung von Gebäuden vorsieht. Sie verweist, durchaus richtig, auf die sich daraus ergebenden technischen Probleme (zum Beispiel Schimmelbefall) und die enormen Kosten und spielt sich als Anwalt der MieterInnen auf:

> »Die staatliche Bevormundung der Besitzer von Gebäuden, der Wohneigentümer und Mieter für Maßnahmen zur Wärmedämmung und Erhöhung der Energie-Effizienz in Gebäuden ist zu beenden. EnEV und EEWärmeG führen zu einem rasanten Anstieg der Baukosten und dienen als Rechtfertigung für Luxussanierungen. Dadurch sind die Mieten vieler Wohnungen für Bürger mit mittleren und geringen Einkommen kaum noch bezahlbar.«[171]

Viele geplagte MieterInnen, die gerade eine solche Sanierung erleben, würden dem wohl zustimmen. Allerdings verschleiert die AfD den entscheidenden Punkt, indem sie an anderer Stelle im Text behauptet, diese Kosten müssten sowohl die MieterInnen als auch die Immobilienbesitzer tragen. Tatsächlich werden die energetischen Sanierungen seitens der Vermieter großflächig genutzt, um die »Aufwertung« von Wohnraum, die Verdrängung begrenzt zahlungskräftiger MieterInnen und höhere Mieten durchzusetzen.

---

168 S. 83
169 S. 79
170 S. 83
171 S. 64

Im Abschnitt zur Umweltpolitik spricht sich die AfD für eine Nutzung der Gentechnik in Forschung und Landwirtschaft aus. Gentechnisch veränderte Lebensmittel seien zu kennzeichnen. Die Patentierung von Saatgut durch die Agrarkonzerne lehnt die AfD ab.[172]

Die Überlegungen der AfD zur Verkehrspolitik - »Die AfD ist strikt gegen verkehrspolitische Schikanen« - sind ein raserpolitisches Programm zur Vermehrung von Verkehrsopfern.

Ganz in der FDP-Tradition fordert sie »*freie Fahrt für freie Bürger*«[173] und meint das bitter ernst:

> »*Kein Tempolimit auf Autobahnen, 100 km/h auf Landstraßen und 50 km/h innerorts auf allen Durchgangsstraßen, jederzeit.*«[174]

Fazit: Die AfD vertritt eine absurde Klima-Verschwörungstheorie, findet aber auch bei diesem Thema Ansätze, um an realer Unzufriedenheit anzuknüpfen.

Schule der Ausgrenzung

Die AfD behauptet, die Anforderungen für das Abitur seien beständig gesunken, die Hochschulreife nicht mehr gesichert.[175]

Sie redet vom »*Leistungsprinzip*« und meint damit die Beibehaltung des dreigliedrigen Schulsystems mit all seinen ausgrenzenden Mechanismen, die es Kindern aus ärmeren Schichten und aus Familien mit geringerer Schulbildung schwer machen, das Gymnasium zu besuchen und sie auf die Rolle von geringer entlohnten Nicht-AkademikerInnen festlegen.

Entgegen allen internationalen Studien behauptet sie, die »*Einheitsschule*« würde zu Qualitätsverlust führen. Vereinheitlichen will sie allerdings die Zulassungsbedingungen zu Gymnasien und Hochschulen, um den Leistungsdruck zu erhöhen.

Diese Positionen zur Bildungspolitik sind allerdings nichts Neues oder Besonderes, sie werden im Kern von der großen Mehrheit von CDU, CSU und FDP so oder ähnlich vertreten. Die SPD hat formell andere Positionen, hat aber in der Praxis das dreigliedrige Schulsystem mit all seinen Ausgrenzungsmechanismen akzeptiert.

Sonder- und Förderschulen sollen laut AfD erhalten bleiben, die volle Inklusion lehnt sie ab. Sie sagt das aus reaktionären Gründen, weil sie Menschen mit Behinderung nicht das Recht auf gleiche Bildung zubilligt. Allerdings kann sie an real vorhandenem Unmut ansetzen. Die Inklusion in die Regelschulen erfolgt oft auf Grundlage zu knapper finanzieller Mittel und wird zur Kostenreduzierung genutzt. Teilweise sind die Belastungen für die LehrerInnen sowie für alle SchülerInnen

---

172 S. 87
173 S. 92
174 S. 92
175 S. 53

durch die Umsetzung der Inklusion so hoch, dass sich auch viele Menschen, die eigentlich für die Idee des gemeinsamen Lernens sind, sich die Förder- und Sonderschulen zurück wünschen.

Fazit: Die AfD steht zum ausgrenzenden dreigliedrigen Schulsystem, will dieses eher noch mit Leistungsdruck verschärfen. Damit schwimmt sie im Mainstream bürgerlicher Politik.

Kulturbanausen

Unter der Überschrift *»Kultur und Kunst von Einflussnahme der Parteien befreien«* findet sich ein kurzes Kapitel, in dem eher abstrakt und auch nicht auf den ersten Blick ersichtlich beschrieben ist, wie sich die AfD die Kulturpolitik vorstellt. Diese solle sich *»generell an fachlichen Qualitätskriterien und ökonomischer Vernunft«*[176] ausrichten.

Im Programmentwurf hatte die AfD noch Klartext gesprochen und sich offen als Vorkämpferin für die Macht der privaten Medienkonzerne gebärdet. Die Zahl der öffentlich-rechtlichen TV- und Radiosender sei zu reduzieren, hieß es im Entwurf, *»um die Entwicklung einer leistungsfähigen privaten Medienlandschaft nicht durch unfaire Konkurrenz zu behindern,«* die GEZ sollte abgeschafft werden.

Das beschlossene Programm formuliert weitaus vorsichtiger. Die AfD nimmt darin nicht»den Staat« aufs Korn, sondern »die Parteien« und gibt sich überaus demokratisch:

> *»Die Idee der Kommunikationsfreiheit, möglichst jedermann den Betrieb von Medien und insbesondere die Berichterstattung durch Medien zu ermöglichen und so eine natürliche Vielfalt zu generieren, steht für uns dabei im Zentrum.«*[177]

Die Kontrollgremien der öffentlich-rechtlichen Sender sollen *»von den Zuschauern gewählt«* werden.

Im Ton hat sich die AfD gemäßigt, ihre Inhalte hat sie nicht geändert. Die AfD will den *»Zwangsbeitrag«* in Form der Rundfunkgebühren abschaffen und ARD und ZDF in ein »Bezahlfernsehen« umwandeln. Eine Steuerfinanzierung für öffentliche Sender, die eine sinnvolle Alternative zur GEZ-Gebühr wäre, soll es nicht geben. Diese sollen zudem auf *»hochwertige Berichterstattung, Kunst und Kultur«*[178] beschränkt werden.

Mit dem Zurechtstutzen der öffentlichen Sender wird den privaten Konzernen der Weg geebnet. Die AfD will trotz aller Phrasen über *»Kommunikationsfreiheit«* eine Medienlandschaft, die am kommerziellen Erfolg ausgerichtet ist, alles andere soll nicht finanziert werden, sie will die weitere Privatisierung der Kultur und die

---

176 S. 48
177 S.48
178 Ebd.

Vorherrschaft von Medienkonzernen und privaten Mäzenen – blumig mit »*gemein-nützige private Kulturstiftungen und bürgerschaftliche Kulturinitiativen*« umschrieben – ausbauen.[179]

Im Kapitel zur Kulturpolitik findet sich auch die Bemerkung:

> »*Die aktuelle Verengung der deutschen Erinnerungskultur auf die Zeit des Nationalsozialismus ist zugunsten einer erweiterten Geschichtsbetrachtung aufzubrechen, die auch die positiven, identitätsstiftenden Aspekte deutscher Geschichte mit umfasst.*«[180]

Anders formuliert: Es gab und gibt einen guten deutschen Nationalismus.

Fazit: Die AfD steht für die Kommerzialisierung und Privatisierung der Kulturpolitik und will den deutschen Nationalismus rehabilitieren und ihn von seinem Nazi-Image befreien.

Guter Kapitalismus, schlechter Kapitalismus

Mit diesem Programm formuliert die AfD die reaktionären Illusionen kleiner und mittlerer Selbständiger, es könne ein Zurück zu einer nicht-monopolistischen, »faire«, sparsamen, soliden Art des Wirtschaftens geben. Kulturell beschwört sie die Rückkehr zur angeblich heilen Welt der 1950er und 1960er Jahre bzw. einer relativ abgeschotteten DDR, als Mutti noch auf die Kinder aufpassen musste, man von Schwulen nichts hören wollte, die Atomkraftwerke brummten, der Klimawandel unbekannt war und Migration nur zeitlich begrenzt und streng kontrolliert stattfinden sollte.

Teile des Kleinbürgertums fühlen sich sowohl von den Banken und Konzernen bedroht, die sie im Konkurrenzkampf abhängen und gleichzeitig im Falle des Scheiterns die Staatsverschuldung nach oben treiben als auch von den Lohnabhängigen, welche ausreichende Einkommen, soziale Absicherung und öffentliche Infrastruktur fordern und damit Kosten für die Kleinbürger verursachen.

Mit ihren neoliberalen Forderungen knüpft die AfD an der Frühgeschichte der rechtspopulistischen Formationen an, die in den 1970er Jahren zunächst in den skandinavischen Ländern als »anti-staatliche« Parteien entstanden, eine brachiale Privatisierung des wirtschaftlichen Lebens forderten und den Schwenk des Kapitals zur Austerität, wie Ende des Jahrzehnts von Thatcher und Reagan verkörpert, von rechts begleiteten.

Das Problem jeder Partei rechts des bürgerlichen Mainstream ist es, gleichzeitig den Kapitalismus attackieren und verteidigen zu müssen. Daher haben bisher alle, bei der NSDAP angefangen, zu dem Taschenspielertrick gegriffen, die angeblich guten und schlechten Seiten dieses Systems voneinander abzuspalten und somit die Interessengegensätze zwischen Lohnabhängigen und Kapitalisten zu verbergen.

179 Ebd.
180 Ebd.

Dazu wurde der angebliche Unterschied zwischen dem »schaffenden« und dem »raffenden« Kapital, zwischen Handwerkern und Industrieunternehmen einerseits und den Banken andererseits beschworen.

Dabei verschleiern die Rechten die Entwicklung des Kapitalismus hin zu einem globalen System, in dem Industrie- und Bankkapital untrennbar zum Finanzkapital verschmolzen sind, »Zinsmanipulation«, Spekulationsblasen und staatliche Interventionen zwar krisenverschärfend wirken, aber ebenso unverzichtbare Bestandteile des Wachstums sind.

Das Programm jeder rechten Partei ist in sich widersprüchlich. Jeder Populismus braucht Forderungen, welche die Sympathien derjenigen erringen können, die sich als benachteiligt sehen, die »Verlierer« sind oder fürchten es zu werden. Gleichzeitig wollen rechte Parteien und Bewegungen den Kapitalismus nicht abschaffen oder auch nur schwächen, sondern ihn retten und stabilisieren.

Die NSDAP war das Paradebeispiel für soziale Demagogie, sie hatte von der Arbeiterbewegung die Bezeichnungen gestohlen, die Aufmärsche, die Farben, die Trommeln und Fahnen. In ihrem Programm gebärdete sie sich antikapitalistisch. Ihre historische Funktion war jedoch, das radikale Programm des Großkapitals durchzusetzen, die gesamte Nation für die Vernichtung der Gegner des Kapitals im In- und Ausland zu mobilisieren, die Gewerkschaften zu zerschlagen, die Löhne zu drücken und die ArbeiterInnen der eroberten Nachbarländer zu versklaven. Um eine Massenbasis aufzubauen, um die kleinbürgerlichen und subproletarischen Schichten auf ihre Seite zu ziehen, konnte die NSDAP jedoch nicht als offene Partei des Kapitals auftreten, sondern musste einen »dritten Weg« zwischen Kapitalismus und Sozialismus suggerieren – den »nationalen Sozialismus«.

Es soll an dieser Stelle nicht darum gehen, AfD und NSDAP auf eine Stufe zu stellen, der »Nazi-Check« findet sich weiter hinten in diesem Buch. Aber auch die AfD steht vor der Frage, inwieweit sie ihre grundlegende Haltung Pro-Kapitalismus, Pro-Privatisierung und Pro-Sozialabbau taktisch anpasst, wenn Teile ihrer WählerInnen und UnterstützerInnen mit dem real existierenden Kapitalismus zusammenprallen und unter seinen Auswirkungen leiden.

Dieser Widerspruch kann zeitweise dadurch überdeckt werden, dass viele AfD-UnterstützerInnen sich damit zufrieden geben, nach unten zu treten, in Richtung Flüchtlinge, weil sie ohnehin keine Idee haben, wie man es den Etablierten mal so richtig zeigen kann. Aber mittelfristig würde es der AfD massive Probleme bereiten, keine soziale Demagogie im Angebot zu haben.

Würde sich der Fokus der öffentlichen Debatte von der Flüchtlingsfrage zu sozialen Problemen verschieben, zum Beispiel, wenn die Wirtschaft ins Stocken gerät, stände die AfD komplett nackt da, würde sowohl an die Etablierten als auch an die LINKE verlieren, möglicherweise sogar Teile ihrer rassistischen WählerInnen an Parteien wie die NPD, die weitaus stärker mit sozialer Demagogie arbeiten.

Die AfD entstand als »Professoren-Partei«, gegründet von überzeugten Neoliberalen. Ihre ersten Wahlerfolge erzielte sie auf der Grundlage eines Wohlstands-Chauvinismus eher kleinbürgerlicher Schichten, die sich gegen die Pro-Euro-Strategie der großen Banken und Konzerne und gegen Transferleistungen an die Euro-Peripherie wandten. Ihren wirklichen Durchbruch erzielte sie jedoch als aggressiv nationalistische Kraft, sich stützend auf die Wut derjenigen, die ihren künftigen sozialen Abstieg erahnen und diese Wut sowohl gegen die Flüchtlinge als auch gegen das politische und wirtschaftliche Establishment richten.

Eine Partei mit einer solchen Basis an WählerInnen erfordert keine lupenreinen Fantasien neoliberaler Wirtschaftsprofessoren, sondern ein widersprüchliches Programm, in dem sowohl scheinbare soziale Rebellion gegen »die da oben« als auch das Treten gegen »die da unten« – nicht nur gegen Flüchtlinge, sondern auch gegen »Sozialschmarotzer«, »Kriminelle«, Alleinerziehende und andere – enthalten sind, ein Programm, welches gleichzeitig Neoliberalismus und soziale Demagogie enthält. Der Nationalismus dient dazu, diese Widersprüche in Programm und Praxis zu übertünchen und die Partei zusammenzuhalten.

Programmatisch wird sich daher noch einiges bewegen bei der AfD. Die Kräfteverhältnisse in der Partei spiegeln im Endeffekt die Entwicklungen in der Gesellschaft wieder. So wie Petry sich in der parteiinternen Auseinandersetzung gegen Lucke durchgesetzt hat, würde sich bei einer Verschärfung der wirtschaftlichen Lage oder bei größeren Klassenkämpfen wahrscheinlich der rechtsextreme, sozialdemagogische Flügel gegen die eher nationalkonservativen Elemente durchsetzen.

Die erfolgreichen Rechtsparteien der letzten Jahre, von der selbsternannten »sozialen Heimatpartei« FPÖ über den *Front National* von Marine Le Pen, welche die Frage von Arbeitsplatzverlusten oft in den Vordergrund stellt bis hin zur *Recht und Gerechtigkeit* (PiS) aus Polen, deren Wahlsieg im Oktober 2015 auch auf ihrer verbalen Unterstützung einer großen Streikwelle beruhte, stützen sich auf soziale Demagogie und die – unwahre, aber nicht unwirksame – Behauptung, sie würden die Interessen der Armen und Abgehängten gegen das Establishment verteidigen.

Dass eine rechte Partei im ökonomisch aktuell erfolgreichen Deutschland diese soziale Maske als weniger wichtig bewertet und in der Wirtschafts- und Sozialpolitik mehr Nähe zum Neoliberalismus hat, verwundert nicht. Aber auch sie muss das berücksichtigen.

Denjenigen auf der Linken, die nach dem Leak des ersten Programmentwurfes deutlich erleichtert seufzten und glaubten, jetzt brauche man die AfD nur noch als ultraliberal und arbeiterfeindlich zu entlarven und aufzeigen, dass nur Linke sozial seien und der Kuchen wäre gegessen, sei daher mit auf den Weg gegeben, dass die Aufgabe, die AfD zu bekämpfen, komplexer sein wird. Das beschlossene Programm ist weitaus widersprüchlicher als der erste Entwurf. Die AfD hat viele Elemente sozialer Demagogie oder komplett unklarer Formulierungen eingebaut, um nicht auf den ersten Blick als neoliberal erkannt zu werden.

Es bleibt jedoch von zentraler Bedeutung, auf den antisozialen und neoliberalen Charakter der AfD hinzuweisen. Linke und GewerkschafterInnen müssen aufzeigen, dass die Umsetzung des AfD-Programms einem Generalangriff auf die lohnabhängige und arme Bevölkerung gleich kommen würde und der Rassismus dazu dient, uns zu spalten und für diesen Generalangriff sturmreif zu schießen. Es muss nachgewiesen werden, dass die AfD keineswegs die Partei der »kleinen Leute« ist, sondern die Interessen von Klein- und Mittelkapitalisten aggressiv durchsetzen will.

Dies allein reicht jedoch nicht. Die stellvertretende AfD-Vorsitzende Beatrix von Storch hat verkündet, dass die Partei ihrer Meinung nach der Agitation gegen »den Islam« einen hohen Stellenwert beimessen sollte. Das ist für Linke kein einfaches Thema, allein wegen des extrem reaktionären Charakters der dschihadistischen Islam-Auslegung und der daraus resultierenden terroristischen Praxis. Aber wir werden dem nicht entgehen. Der Islamhass der AfD muss bewusst gekontert werden.

Die Linke muss das eine tun ohne das andere zu lassen. Sie muss detailliert darlegen, wie die AfD Politik gegen die Lohnabhängigen und die Armen macht, muss die soziale Demagogie entlarven. Gleichzeitig können wir dem von den Rassisten voran getriebenen »Kulturkampf« gegen die Muslime nicht entgehen, sondern müsse diese Herausforderung annehmen und einen ideologischen Kampf gegen den Islamhass führen.

Insgesamt lässt sich die Programmatik der AfD als rechtskonservativ, nationalistisch und rassistisch beschreiben. Die Partei vertritt zumindest offiziell keinen biologistischen Rassismus wie SPD-Mitglied Thilo Sarrazin. Der Rassismus der AfD ist wohlstandschauvinistisch (»die nehmen uns was weg«) und kulturell (»Islam gehört nicht zu Deutschland«) fundiert.

Neben rechtspopulistischen Elementen, wie sie aus anderen europäischen Ländern bekannt sind, wirkt die AfD oft extrem nostalgisch, als würde sie alles Gute in den 1950er und 1960 Jahren sehen, als die Globalisierung fern schien. Hier wird die Handschrift der christlichen Fundamentalisten deutlich.

Es gibt einige faschistische Einsprengsel in der AfD-Programmatik, zum Beispiel die Übernahme der paranoiden Vorstellung eines »Erlöschens« der »europäischen Kulturen«, eine Vorstellung, die in rechten Kreisen oft als Begründung für gewaltsamen »Widerstand« gegen diesen »Volkstod« herangezogen wird, nicht zuletzt vom norwegischen Terroristen Breivik.

Es handelt sich aber nicht um die Programmatik für eine Bewegung, die den Kampf zur Eroberung der Straße und für die Zerschlagung des politischen Gegners vorbereiten will. Die Programmatik drückt die Bestrebungen eines Teils des (Klein-) Bürgertums aus, der im Gegensatz zum politischen Establishment und den dahinter stehenden Banken und Konzerne steht.

Dabei radikalisiert die AfD Forderungen, wie sie auch in den bürgerlichen Parteien diskutiert werden, zum Beispiel nach Abschottung gegen Flüchtlingsbewegungen und einem Ausbau des staatlichen Repressionsapparates. Programmatisch wäre die

AfD tauglich, zu einem späteren Zeitpunkt mit einer nach rechts gewendeten CDU oder CSU parlamentarisch zusammenzuarbeiten.

Allein der Blick in das Programm beantwortet nicht die Frage, inwieweit die AfD nur eine rechtspopulistische oder schon eine faschistische Partei ist oder wohin sie geht. Ihr Personal, ihre Praxis und ihre Entwicklungsrichtung müssen dazu herangezogen werden. Aber zumindest lässt sich festhalten, dass der derzeitige Stand der AfD-Programmatik, sowohl bezogen auf das bundesweite Programm als auch auf die diversen Landtagswahlprogramme und die sonstige öffentliche Darstellung nicht dafür sprechen, die AfD zum jetzigen Zeitpunkt als grundlegend oder überwiegend faschistische Organisation einzustufen.

Praxis und Köpfe der AfD

In der Praxis der Partei spielen »*Der Flügel*« um Björn Höcke und die *Patriotische Plattform* um Hans-Georg Tillschneider eine größere Rolle als auf dem Papier. Über ihr Bündnis mit dem Parteichef Meuthen und Alexander Gauland treiben sie die Partei nach rechts.

Die offiziellen programmatischen Dokumente des rechten Flügels sind eher dünn, aber in den Reden Höckes und Poggenburgs werden einige Punkte konkretisiert. Höcke radikalisiert die AfD allein schon durch die von ihm verwendete Sprache. Häufig nutzt er Begriffe aus der Biologie und der Medizin. So behauptet er, es wäre ein »*ökologisches Grundgesetz*«, dass es in Afrika einen von ihm behaupteten »*Geburtenüberschuss von dreißig Millionen*« jährlich gäbe. Auch den Zustand Deutschlands beschreibt er vor allem mit Metaphern aus der Natur. Die »*Substanz des Volkes*« wäre von »*Aufzehrung*« bedroht, die »*politische Korrektheit*« würde »*wie Mehltau*« (eine durch Pilze verursachte Pflanzenkrankheit) auf dem Land liegen.

Höcke vertritt die These, die AfD sei »*die letzte evolutionäre Möglichkeit für unser Land*«, »*die letzte friedliche Chance.*« Was ist das anderes als die Drohung mit einem Bürgerkrieg beziehungsweise mit einem Putsch von rechts? Die harmloseste, aber wenig wahrscheinliche Interpretation wäre, dass er fürchtet, dass es unvermeidlich zur Gewalt käme, wenn es der extremen Rechten nicht gelänge, die Republik auf parlamentarischem Wege in einen offenen rassistischen und autoritären Staat umzubauen. Plausibler ist es, diese Ansage so zu verstehen, dass er sich zu den Kräften zählt, innerhalb oder außerhalb der AfD, die bewusst und geplant Gewalt einsetzen wollen, um das Land zu verändern. Vor allem mit dieser Äußerung zeigt Höcke seine Nähe zum Faschismus und zu dessen Kernkompetenz, der terroristischen Mobilisierung kleinbürgerlicher und entwurzelter Schichten zur Zerschlagung der Linken und der Arbeiterbewegung.

Weder die AfD als Gesamtpartei noch die Landesverbände in Sachsen-Anhalt oder in Thüringen haben heute eine faschistische Praxis. Allerdings zeigt der relativ große Einfluss Höckes und seines »Flügels«, dass das offizielle Parteiprogramm nicht alles ist und die Entwicklungsmöglichkeit in Richtung einer faschistischen Kraft in der AfD angelegt ist.

Die AfD nutzt in starkem Maße Provokationen, um im Gespräch zu bleiben. Die FunktionärInnen gehen dabei bewusst über das Parteiprogramm hinaus und dokumentieren eine aggressive Haltung gegenüber Minderheiten, die beim äußersten rechten Rand gut ankommen dürfte. »*Verbale Brandfackeln … der Mobilisierung von Erregungen von Aggressionen*« nennt der Soziologe Hajo Schulz diese Aktionen.[181]

---

181 Hajo Schulz: «Von Wutbürgern und Brandstiftern», Berlin 2016, S. 80

119

Die Parteivorsitzende Petry forderte im Januar 2016, an der Grenze müsse notfalls auf Flüchtlinge geschossen werden, um illegale Grenzübertritte zu verhindern. Die Berliner Vorsitzende Beatrix von Storch legte nach und betonte, die Bundespolizei müsse auch auf Frauen und Kinder schießen. Zuvor hatte sich schon der NRW-Vorsitzende Pretzell dafür ausgesprochen, die deutschen Grenzen mit Waffengewalt zu verteidigen.

Parteivize Alexander Gauland verbreitete anlässlich der Fußball-Europameisterschaft 2016 rassistische Stereotypen über aus Afrika stammende Menschen und wendete diese gegen den Nationalspieler Jerome Boateng. Gegenüber der FAZ behauptete er:

> *Die Leute finden ihn als Fußballspieler gut. Aber sie wollen einen Boateng nicht als Nachbarn haben.*[182]

Marcus Pretzell nutzte den Terroranschlag mit zwölf Toten am 19. Dezember 2016 in Berlin zu einer besonders widerwärtigen Aktion. Er twitterte nur wenige Minuten nach den ersten Berichten über den Anschlag:

> *Wann schlägt der deutsche Rechtsstaat zurück? Wann hört diese verfluchte Heuchelei endlich auf? Es sind Merkels Tote!*

Von den provokativen Äußerungen wurde sich mal gar nicht, mal halbherzig distanziert. Die Distanzierung ist jedoch unwichtig. Solche Äußerungen werden bewusst genutzt, um maximale Aufmerksamkeit zu erreichen. Durch diese Sprüche wird die Programmatik der AfD bewusst nach rechts erweitert.

In Einzelfällen wurden Provokationen auf die Straße getragen. Die *Junge Alternative* Köln zog im Juli 2016 als »Islamisten« verkleidet, zum Teil mit Burkas maskiert durch die Kölner Innenstadt und hielt Schilder mit Parolen »*Allahu Akbar*«, »*Kein Terrorist ist illegal*« und »*Scharia statt Grundgesetz*« hoch.

Der Landesverband Saarland sollte ursprünglich wegen enger Kontakte zur NPD und offenen Nazis aufgelöst werden, dies hatte der Bundesparteitag im April 2016 beschlossen. Das Bundesschiedsgericht der AfD kassierte diese Entscheidung im Oktober, der Landesverband besteht weiter, auch die Vorsitzenden, welche die Annäherung an die NPD gestartet hatten, sind weiter im Amt. Der Spitzenkandidat zur saarländischen Landtagswahl, Rudolf Müller, geriet im Herbst 2016 ins Visier der Staatsanwaltschaft Saarbrücken, weil er in seinem Geschäft mit Nazi-Devotionalien wie Hakenkreuz-Orden und »Lagergeld« aus dem KZ Theresienstadt verkauft hatte. Die Parteispitze stellte sich hinter Müller, der nicht gewusst haben wolle, dass dies illegal sei.[183]

---

182 Zitiert nach www.faz.net
183 Nach einem Bericht des Saarländischen Rundfunks, 22.9.2016, www.sr.de

Herbstoffensive 2015

Die AfD hat bisher überwiegend im parlamentarischen und medialen Raum agiert und keinen besonderen Hang zur Präsenz auf der Straße gezeigt. Eine Ausnahme ist die »Herbstoffensive 2015«. In deren Rahmen wurden von September bis November mehrere Demonstrationen nach dem Modell von PEGIDA durchgeführt, denen sich auch andere Rechtspopulisten und Faschisten anschlossen. Am Erfolgreichsten waren die acht Demonstrationen im thüringischen Erfurt mit bis zu 5.000 TeilnehmerInnen.[184] Auch zur bundesweiten Abschlussveranstaltung in Berlin am 7. November 2015 kamen bis zu 5.000 AnhängerInnen der AfD.

Mit der »Herbstoffensive« hat vor allem der rechte Flügel seine Muskeln spielen lassen und gezeigt, dass die Partei zumindest im Osten zur Straßenmobilisierung fähig ist. Allerdings hat die AfD nicht an diesem Erfolg angeknüpft und versucht, eine dauerhafte Präsenz und damit ein Drohpotenzial gegen MigrantInnen und Linke zu schaffen. Zumindest im Westen führt die Partei sogar ihre Wahlkämpfe mit äußerst geringer Präsenz im öffentlichen Raum, organisiert nur selten Informationsstände geschweige denn Demonstrationen. Für einen Wahlerfolg der AfD ist das auch nicht nötig, sie kann sich vorerst auf die mediale Wirkung verlassen.

Die Struktur der Partei, in Westdeutschland deutlicher als im Osten, unterscheidet sich nach wie vor stark von aktivistischen Rechtsparteien mit faschistischen Wurzeln oder Ambitionen. Auch in den Kommunalvertretungen sitzen überwiegend saturierte Bürgerliche, denen es fern liegt, einen Kampf um die Straße zu führen.

Das Potential für eine aktivistische Partei dürfte in den östlichen Landesverbänden und in Teilen der Partei wie der Jungen Alternative jedoch vorhanden sein. Daher ist nicht sicher, wie lange die AfD sich auf die überwiegend parlamentarischmediale Taktik stützt, der bis Anfang 2017 auch die Rechtsausleger Höcke und Poggenburg trotz einer davon abweichenden Ideologie noch folgen.

Frauke Petry

Die Parteivorsitzende Frauke Petry ist Chemikerin und gescheiterte Kleinunternehmerin, 1975 geboren in Dresden, als Teenager ins westfälische Bergkamen umgezogen. Für ihre Erfindung und Unternehmensgründung in Leipzig bekam sie mehrere Innovationspreise, musste jedoch schon nach wenigen Jahren Insolvenz für ihre Firma anmelden, was auch ihre Privatinsolvenz zur Folge hatte.

Sie stieg zusammen mit ehemaligen CDU-Mitgliedern in die Vorbereitung zum Aufbau einer neuen rechten Partei ein und wurde auf dem Gründungsparteitag der AfD neben Bernd Lucke und Konrad Adam zur Sprecherin der AfD gewählt, wurde sächsische Landessprecherin und zog in den dortigen Landtag ein.

---

184 Laut Zählungen der Initiative »Durchgezählt«, www.durchgezaehlt.org

Sie orientierte sich am rechten Flügel der Partei und wurde mehr und mehr zur Gegenspielerin von Lucke. Der Machtkampf in der Partei spitzte sich zu. Der Rechtsruck der AfD manifestierte sich im Sieg Petrys über Lucke auf dem Parteitag im Juli 2015. Petry hatte sich mit den Initiatoren der »Erfurter Resolution« verbündet und die Frage von Flucht und Zuwanderung zum zentralen Thema der Partei gemacht.

Vor 2013 ist sie politisch nicht in Erscheinung getreten. Es ist möglich, dass ihr erster Impuls für die politische Aktivität die persönliche Pleite war und sie ein Gespür dafür hatte, dass eine neue rechte Partei auch Posten und Gelder generieren würde. Ihre Hinwendung zu rechtspopulistischen Ideen kann auch, typisch für kleinbürgerliche Schichten, ein Ergebnis des unternehmerischen Scheiterns gewesen sein. Man selber ist so talentiert, hat tolle Ideen. Das Scheitern muss an äußeren Gründen liegen, zum Beispiel an Gesetzen, die den Spielraum von Unternehmen einengen, an Steuern, mit denen Sozialleistungen finanziert werden. Gerade im Raum Dresden gibt es viele kleine Unternehmen, teils Neugründungen. Diese soziale Schicht der prekären Kleinkapitalisten spielt auch bei PEGIDA eine relativ große Rolle.

In der Nach-Lucke-AfD repräsentiert Petry nicht den äußersten rechten Flügel. Sie steht für eine rechtspopulistische Ausrichtung der Partei, nicht für eine faschistische. Die verbündeten Putschisten von gestern stellen heute ihre führende Stellung in der Partei in Frage und kritisieren sie teilweise öffentlich. »Der Flügel« um Björn Höcke kooperiert mehr mit dem Co-Vorsitzenden Jörg Meuthen und mit Alexander Gauland.

Jörg Meuthen

Der 1961 geborene Wirtschaftswissenschaftler Jörg Meuthen war vor der AfD nicht erkennbar politisch aktiv. Er lehrte an diversen Hochschulen, zuletzt im baden-württembergischen Kehl. Meuthen trat der AfD kurz vor der Bundestagswahl 2013 bei und galt lange als Anhänger einer wirtschaftsliberalen Linie. In Interviews distanziert er sich teilweise von rechtsextremen Ansichten.

Allerdings war Meuthen an der Abwahl Luckes beteiligt und ist zumindest taktisch mit dem äußersten rechten Flügel verbunden. Seine Selbstbeschreibung klingt liberaler als die Petrys, aber Meuthen agiert zusammen mit Gauland und Höcke und sichert die Rechtsentwicklung der Partei ab. Anders als Höcke tritt er nicht als Agitator und Volkstribun auf, sondern als nachdenklicher Intellektueller, der bei Fragen gerne mal die Stirn in Falten legt und den Eindruck macht, ergebnisoffen nachzudenken.

Sein Habitus erinnert an die angeblich »kultivierten« und »aufgeklärten« preußischen Offiziere, Akademiker und Wissenschaftler, die »nie Nazis waren,« aber dem Aufstieg der NSDAP und den Kriegsvorbereitungen treu und fachlich kompetent gedient haben.

Als im Juni 2016, kurz nach dem Einzug der AfD in den baden-württembergischen Landtag, bekannt wurde, dass der Abgeordnete Wolfgang Gedeon antisemitische Positionen vertritt – er bezeichnet Holocaust-Leugner als »*Dissidenten*« und bestreitet, dass die »*Protokolle der Weisen von Zion*« Fälschungen sind – bestand Meuthen auf dessen Ausschluss aus der Landtagsfraktion. Die notwendige Zwei-drittel-Mehrheit erreichte er nicht, neun Mitglieder lehnten den Ausschluss ab. Meuthen verließ mit zwölf Mitstreitern die Fraktion und gründete eine zweite AfD-Fraktion. Gedeon trat im Juli aus der Fraktion und der AfD aus. Meuthens Gruppe wurde vom AfD-Bundesvorstand als einzige Vertretung anerkannt. Meuthens Konkurrentin Petry stellte sich dagegen und wollte die ursprüngliche Fraktion anerkennen. Im Oktober 2016 wiedervereinigten sich die zerstrittenen Gruppen. Meuthen wurde zum Vorsitzenden gewählt und führt nun die Fraktion inklusive der Leute, die sich für einen offenen Antisemiten ausgesprochen hatten.

Ob Meuthen seine Rolle, das freundliche Gesicht der Rechtsverschiebung zu geben, lange spielen kann, ist offen, aber aktuell ist er wichtig für die AfD.

Alexander Gauland

Alexander Gauland ist ein alter konservativer Politstratege. Gauland, Jahrgang 1941, kommt aus der hessischen CDU, einer Hochburg des rechten Parteiflügels. Unter Ministerpräsident Wallmann war er bis 1991 Leiter der hessischen Staatskanzlei. Bis 2013 war er im konservativen *Berliner Kreis* in der CDU organisiert. 2012 gehörte er zu den Gründungsmitgliedern der *Wahlalternative 2013*, aus der die AfD hervorging. Aktuell ist er stellvertretender Bundesvorsitzender sowie Listenführer für die Bundestagswahl in Brandenburg.

In der AfD positionierte er sich schon bald als Gegenspieler Luckes und Vertreter des nationalkonservativen Flügels. Er hält Kontakt zur Jungen Freiheit und dem *Compact*-Magazin des stramm rechten Ex-Linken Jürgen Elsässer. Gauland unterzeichnete den »*Erfurter Appell*« von Höcke und Poggenburg, eine Art Kriegserklärung an die Wirtschaftsliberalen um Lucke. Seitdem treibt er im Bündnis mit Höcke und Co. die Partei weiter nach rechts und nutzt gezielt Provokationen, um die Partei als rebellisch und oppositionell darzustellen. So bezeichnete er den Anstieg der Zahl an Geflüchteten 2015 als »*Geschenk*« für die AfD.

Anders als vielleicht durch seine Vita zu erwarten war, hat Gauland nach Luckes Abgang nicht die Rolle als Vermittler zwischen den extremen Rechten und den verbliebenen Nationalliberalen- und konservativen eingenommen, sondern agiert klar auf einer Seite. Er ist ein Bündnis mit Leuten eingegangen, die eindeutige inhaltliche Überschneidungen zu offenen Faschisten haben und – zumindest ansatzweise – deren Methoden der Propaganda nutzen.

Dies scheint nicht nur kurzfristig taktisch bedingt zu sein. Gauland hat offensichtlich seine politischen Positionen radikalisiert. Wirtschaftspolitisch ist er deutlich in Richtung sozialer Demagogie gegangen. Er warnt, ungewohnt für einen ehemaligen CDU-Rechtsausleger, vor der Globalisierung und lehnt die Ökonomisierung aller

Lebensbereiche ab. Er bezog öffentlich Stellung gegen die stark wirtschaftsliberale Ausrichtung des ersten Entwurfes für ein AfD-Programm im Frühjahr 2016 und verlangte ein Mehr an sozialen Slogans, zum Beispiel eine Ablehnung der Freihandelsabkommen TTIP und CETA.

Björn Höcke

Björn Höcke ist der Anführer des »Flügels« der formierten Rechten in der Partei. Er ist Sprecher der AfD Thüringen und Fraktionsvorsitzender im Landtag. Er wuchs in Nordrhein-Westfalen auf, arbeitet seit Anfang der 2000er als Lehrer in Hessen und in Thüringen, direkt an der Grenze zu Hessen. Als Jugendlicher war er Mitglied der *Jungen Union*.

Vor seiner Zeit in der AfD ist er nicht als Repräsentant einer Organisation der äußersten Rechten in Erscheinung getreten. Nach einem Bericht des *Focus* hat er allerdings zumindest einmal an einem Treffen rechter Publizisten teilgenommen und 2008 einen Leserbrief in der *Jungen Freiheit* veröffentlicht.

Der Münsteraner Soziologe Andreas Kemper hat sich intensiv mit der AfD und Höcke im Besonderen beschäftigt. Er vertritt die Ansicht, dass Höcke hinter dem Pseudonym »Landolf Ladig« steckt. Mit diesem Namen gezeichnete Artikel erschienen 2011 und 2012 in den Zeitschriften *Volk in Bewegung* und *Eichsfeldstimme*, die beide von Thorsten Heise herausgegeben werden. Die Artikel ähneln nach Ansicht Kempers sprachlich und vom Aufbau her sowohl Höckes Leserbrief von 2008 und seinen Reden als AfD-Politiker.[185]

Der mehrfach vorbestrafte niedersächsische Neonazi Heise ist Mitglied im Bundesvorstand der NPD. In den 1990er Jahren war Mitglied der *Freiheitlichen Arbeiterpartei* (FAP) und nach deren Verbot Anführer der *Kameradschaft Northeim*. Heise agiert am rechten Rand der NPD, er ist mit Leuten aus dem Umfeld des NSU bekannt, hatte Kontakte zum *Thüringer Heimatschutz*. Heise und Höcke wohnen nicht weit voneinander entfernt, die Kinder der beiden gehen in die gleiche Schule. Sie kennen sich und haben das zugegeben.

Höcke initiierte im März 2015 zusammen mit André Poggenburg aus Sachsen-Anhalt die »*Erfurter Resolution*«, ein rechtes Manifest, genutzt zum Angriff auf den damaligen Parteivorsitzenden Lucke. Laut dieser Resolution sollte sich die AfD verstehen

> »*als Widerstandsbewegung gegen die weitere Aushöhlung der Souveränität und Identität Deutschlands.*«[186]

Höcke war maßgeblich verantwortlich für die »*Herbstoffensive 2015*«. Anders als Petry oder Gauland, die sich als möglichst entspannte Talkshow-Plauderer darstel-

---

185 Unter www.andreaskemper.org sind mehrere Artikel zu »Landolf Ladig« zu finden
186 Unter www.derfluegel.de

len wollen, agiert Höcke als Brandredner und Tribun auf Demonstrationen. Sein Redestil ist laut und aggressiv und ähnelt stark dem Stil von Neonazis und deren historischen Vorbildern. Terminologie und Inhalte entsprechen diesem Stil.

Die Rede Höckes am 23. September 2015 in Erfurt verdeutlicht die Schärfe seiner Agitation:

>*Die Bevölkerung ist nicht mehr geschützt. Volksseuchen wie die Tuberkulose, Typhus, HIV sind wieder auf dem Vormarsch.*«

Höcke behauptet zudem, »*die Afrikaner*« hätten ein anderes »*Reproduktionsverhalten*« als »*die Europäer*«, in Afrika lebe der sogenannte »*Ausbreitungstyp*«. Damit geht er über den kulturell und wohlstandschauvinistisch definierten Rassismus der Rechtspopulisten hinaus und überschreitet die Grenze zum biologistischen Rassismus.

Kemper weist nach, dass Höcke und seine MitstreiterInnen vom »Flügel« auch in anderen Punkten inhaltlich sprachlich an der NSDAP anknüpfen. Tatsächlich wirken Höckes Reden auf eine fast schon satirische Weise wie ein »Best of Nazi-Vokabeln«. So ist die Rede vom »*Volksempfinden*«, dem »*Erwachen*« Deutschlands, einer »*tausendjährigen Zukunft*«; »*Entartung*« und »*Dekadenz*« kommen auch vor.[187]

Dabei geht es nicht nur um Parolen. Höcke vertritt ein Programm, das sich deutlich vom Mix aus Neoliberalismus, Protektionismus und sozialer Demagogie unterscheidet, welches die AfD auf dem Stuttgarter Parteitag beschlossen hat. Er tritt für eine »*organische Marktwirtschaft*« ein, die »*national ausgerichtet*« sein soll. Die Welt müsse vor dem »*zinsbasierten Globalisierungstotalitarismus*« gerettet werden.

Höcke kritisiert nicht nur einzelne Erscheinungsformen des Kapitalismus, sondern formuliert wie die Protagonisten des historischen Faschismus einen »Dritten Weg« zwischen Globalisierung und Sozialismus:

>*Wenn wir den gegenwärtigen Finanzkapitalismus nicht überwinden, dann fahren wir diesen wunderbaren Planeten gegen die Wand. Aber ich betone auch, dass die Lösungsansätze der Sozialisten und Kommunisten falsch sind. Sie sind falsch, weil sie das Ungleiche gleich machen, was genauso ein Verbrechen ist, wie das Gleiche ungleich zu machen.*«[188]

Höcke distanziert sich stärker von den Establishment-Parteien als andere Teile der AfD. Er plädiert für einen neuen Typus Politiker und verwendet medizinische Begriffe für politische Zustände, redet von Krankheit, Neurosen, Degeneration. Er sieht die AfD als »*fundamentaloppositionelle Bewegungspartei*.« Er warnt davor, dass viele in die AfD drängen, die »*selbst Establishment*« werden wollen und fürchtet,

---

187 Zusammengefasst in einem Vortrag von Andreas Kemper
188 Zitiert nach Kemper, Andreas: »Die neurotische Phase überwinden, in der wir uns seit siebzig Jahren befinden.« Zur Differenz von Konservativismus und Faschismus am Beispiel der »Historischen Mission« Björn Höckes (AfD). Rosa-Luxemburg-Stiftung, Berlin 2015, S. 116

dass auch die AfD »*erstarren*« können. Er hofft, dies möge »*bitte erst nach Erfüllung der historischen Mission*«[189] geschehen.

In einer Weihnachtsansprache an die *Junge Alternative* 2014 verbindet er Revanchismus mit einer Erlösungsvision:

> »*Ich bin überzeugt, dass wir als Volk durch ein tiefes Tal gehen werden. [...] Wir müssen wieder wir selbst werden. [...] Wenn wir selber wir selbst werden, wenn wir die neurotische Phase überwinden, in der wir seit siebzig Jahren durch die Weltgeschichte dämmern.*«[190]

Mit seiner Rede in Dresden am 17. Januar 2017 hat Höcke die verbale Verschiebung nach rechts weiter getrieben als jemals zuvor. Mit seinen Attacken gegen das Holocaust-Mahnmal in Berlin positioniert er sich deutlich in der geistigen Tradition des Hitler-Faschismus und sendet eindeutige Signale an die organisierten Nazis:

> »*Wir Deutschen, also unser Volk, sind das einzige Volk der Welt, das sich ein Denkmal der Schande in das Herz seiner Hauptstadt gepflanzt hat.*«[191]

Er fordert in seiner Rede eine »*180-Grad-Wende*« der geschichtlichen Aufarbeitung und bezeichnet die Entnazifizierung nach 1945 als »*Umerziehung.*«

Die Schmähung der Erinnerung an die Shoa wurde in den bürgerlichen Medien breit dokumentiert. Weitere interessante Punkte von Höckes Rede wurden hingegen kaum beachtet. So bezog er sich auch bei seinen wirtschafts- und sozialpolitischen Vorstellungen auf die Nazi-Idee von der »*Volksgemeinschaft*«, von ihm als »*national begrenzte Solidargemeinschaft*« bezeichnet:

> »*Unsere einst kraftvolle Wirtschaft ist nur noch ein Wrack, neoliberal ausgezehrt. Unser einst weltweit beneideter sozialer Friede ist durch den steigenden Missbrauch und die Aufgabe der national begrenzten Solidargemeinschaft sowie durch den Import fremder Völkerschaften und zwangsläufigen Konflikte existentiell gefährdet.*«[192]

Bei der Formulierung »*einst geachtete Armee*« lässt er offen, ob er vergangene Zeiten der Bundeswehr meint oder doch eher die Wehrmacht:

> »*Unsere einst geachtete Armee ist von einem Instrument der Landesverteidigung zu einer durchgegenderten multikulturalisierten Eingreiftruppe im Dienste der USA verkommen.*«[193]

---

189 Rede in Dresden, 17.1.2017, dokumentiert auf Youtube
190 Zitiert nach Kemper, Andreas: »Die neurotische Phase überwinden, in der wir uns seit siebzig Jahren befinden.« Zur Differenz von Konservativismus und Faschismus am Beispiel der »Historischen Mission« Björn Höckes (AfD). Rosa-Luxemburg-Stiftung, Berlin 2015, S. 116
191 Rede in Dresden, 17.1.2017, dokumentiert auf Youtube
192 Ebd.
193 Ebd.

Da die Bundeswehr von Beginn an im Bündnis mit den USA agierte, scheint er eher die Wehrmacht zu meinen.

Auch Höcke hatte bis dato vor allem gegen die etablierten Parteien geschossen, bei seiner Rede in Dresden nimmt er auch die Gewerkschaften ins Visier und markiert damit einen der klassischen Feinde für Nazis:

>*Die alten Kräfte, also die Altparteien, nicht nur die Altparteien, auch die Gewerkschaften und die Amtskirche, und die immer schneller wachsende Sozialindustrie, die an dieser perversen Politik auch noch prächtig verdient [...] lösen unser schönes Deutschland auf wie ein Stück Seife unter einem warmen Wasserstrahl.*«[194]

Höcke würzt seine Rede mit Schwärmereien über Dresden und den Osten insgesamt, nennt Dresden »*die Hauptstadt der Mutbürger*« und stellt die neuen Bundesländer, vor allem ihre ländlichen Regionen, als das authentische Deutschland dar, in Abgrenzung zu Berlin und den westdeutschen Großstädten.

Sowohl Andreas Kemper als auch der Soziologe und Autor Hajo Funke kommen zu dem Schluss, dass Höckes Inhalte und agitatorische Methoden faschistisch sind. Hinzu kommt der Verdacht, dass Höcke schon vor der AfD in der neuen Rechten aktiv war und die AfD bewusst taktisch genutzt hat, um dort einen rechtsextremen Flügel aufzubauen. Wer sich die Reden Höckes auf Youtube anschaut, wird schwerlich behaupten können, dass dort ein durchschnittlicher Rechtspopulist redet.

Allerdings ist auch Björn Höcke bis Anfang 2017 in die eher parlamentarisch und medial orientierte Strategie der AfD eingebunden. Soweit erkennbar beteiligt er sich nicht aktiv am Aufbau einer physisch schlagkräftigen Truppe. Die Bereitschaft zur massiven Gewalt gegen politische Gegner und Minderheiten ist jedoch ein zentrales Kriterium, was Faschisten von anderen Rechtsextremisten unterscheidet. Höcke sendet jedoch mit seinen Parolen und Forderungen und seinem Führer-Gehabe Signale an die Teile der AfD-Mitglieder oder WählerInnen, die bereit sind, weiter zu gehen sowie an die organisierten rechten Gruppen außerhalb der Partei wie *Identitäre*, PEGIDA, Hooligans, NPD, Die Rechte und Kameradschaften.

»*Der Flügel*« agiert zum jetzigen Zeitpunkt nicht wie eine faschistische Organisation, hat aber alle Anlagen, dazu zu werden, was die Massivität der rassistischen Hetze, die politischen Ziele und die betont aggressive Haltung gegen die Linke und das Establishment angeht. Björn Höcke steht für die Vorform einer faschistischen Strömung in der Partei.

Beatrix von Storch

Die 1971 als »Herzogin von Oldenburg« in Lübeck geborene von Storch ist Vertreterin der christlich-fundamentalistischen und Adels-Netzwerke in der AfD. Sie

---

194 Ebd.

ist stellvertretende Bundesvorsitzende, Landesvorsitzende in Berlin und Mitglied des Europäischen Parlaments. Reaktionäre Einstellungen haben in ihrer Familie Tradition, ihr Großvater Johann Ludwig Graf Schwerin von Krosigk fungierte unter den Nazis bis 1945 als Finanzminister.

Von Storch war zunächst FDP-Mitglied und trat der AfD bei deren Gründung bei. Sie ist seit den 1990er Jahren politisch aktiv und hat dabei mehrere Stränge verfolgt. Sie vertritt extrem wirtschaftsliberale, libertär-kapitalistische Ideen, zum Beispiel in der Zeitschrift *eigentümlich frei* oder der *Hayek-Gesellschaft*. Mit der *Allianz für den Rechtsstaat* ist sie dafür eingetreten, die Bodenreform in Ostdeutschland rückgängig zu machen und das Land den oftmals adeligen ehemaligen Großgrundbesitzern zurückzugeben.

Gleichzeitig formuliert sie über ihre *Initiative Familienschutz* religiös-fundamentalistische Inhalte gegen die Gleichberechtigung von Homosexuellen und Frauen und fordert ein Verbot von Abtreibungen. Sie ist eine treibende Kraft bei der »Demo für alle.« Unter diesem harmlos klingenden Titel machen ultrarechte Gruppen mobil gegen Sexualaufklärung in der Schule oder wie sie es nennen, gegen »*Gender-Agenda*« und »*Sexualisierung unserer Kinder*.« Im April 2016 behauptete sie, »der Islam« sei ein mit dem Grundgesetz nicht vereinbarer »*Fremdkörper*« und kündigte an, dass die AfD die Gegnerschaft gegen den Islam in den Vordergrund stellen werde.

Als konservative religiöse Fundamentalistin mit klarer neoliberaler Ausrichtung steht sie Höcke und seinem »*Flügel*« inhaltlich nicht allzu nahe, ist aber über Jörg Meuthen auch mit den völkischen Ultrarechten zumindest taktisch verbündet. Sie gilt als umtriebig und fähige Netzwerkerin, die Interessengruppen in der Partei dirigieren kann.

André Poggenburg

Der 1975 geborene Poggenburg ist Partei- und Fraktionsvorsitzender in Sachsen-Anhalt und Flügelmann von Höcke bei der Rechtsverschiebung der Partei. Die AfD kam für Poggenburg gerade rechtzeitig. Als Unternehmer war er gescheitert, wegen einer nicht vorgelegten Vermögensauskunft (»Offenbarungseid«) gab es mehrere Haftbefehle, die jedoch nicht vollstreckt wurden. Wie bei Frauke Petry stellte die AfD für Poggenburg eine Chance dar, die eigene Karriere zu sichern. In Kernschichten der AfD-Mitglieder und Unterstützer gibt es viel Verständnis für die Tricksereien gescheiterter Kleinkapitalisten, denn viele sehen sich in einer ähnlichen Lage oder wünschen sich zumindest, auch selbstständig zu sein und tricksen zu könnenAuch in der AfD hatte ihm das Ärger bereitet, als Repräsentant des rechten Flügels und Chef des starken Landesverbandes Sachsen-Anhalt war er jedoch zu wichtig und wurde von der Parteiführung gestützt. In seinem Wahlkreis Zeitz holte er bei der Landtagswahl 31 Prozent der Erststimmen.

Poggenburg initiierte zusammen mit Höcke die »*Erfurter Resolution*«. Der Soziologe Andreas Kemper vermutet, dass die Weigerung des AfD-Bundesvorstandes, den rechtsextremen Vordenker und Pegida-Dauerredner Götz Kubitschek vom *Institut für Staatspolitik* in die Partei aufzunehmen der letzte Anstoß für die »*Erfurter Resolution*« war. Poggenburg und Höcke hatten sich für Kubitschek stark gemacht und sind ohnehin von seinen Ideen beeinflusst.

Hans-Thomas Tillschneider

Der 1978 geborene Islam-Wissenschaftler rumäniendeutscher Herkunft fungiert als Sprecher der *Patriotischen Plattform* auf dem rechten Flügel der Partei und ist Landtagsabgeordneter in Sachsen-Anhalt. Er verortet sich in der Nähe von PEGIDA und deren Leipziger Ableger LEGIDA sowie der *Identitären Bewegung* und agiert innerparteilich zusammen mit Höcke und Poggenburg.

Die Mandatsträger – eine Stichprobe

Eine Untersuchung der personellen Zusammensetzung der beiden größten Landtagsfraktionen in Baden-Württemberg und Sachsen-Anhalt zeigt Gemeinsamkeiten und gleichzeitig Unterschiede zwischen Ost und West. In beiden Fraktionen dominiert das Kleinbürgertum. Unternehmer aller Art, Ärzte, Professoren sind reichlich dabei, durchschnittlich oder gering verdienende Lohnabhängige aus der Industrie, dem Gesundheitswesen, öffentlichem Dienst, Handel und Dienstleitung tauchen kaum auf.

Die Fraktion in Baden-Württemberg steht für den wohlhabenden, satten Teil des Kleinbürgertums. Neben drei Ärzten, mehreren Unternehmern und Professoren finden sich in der Fraktion im baden-württembergischen Landtag Unternehmensberater, Produktmanager, ein Physiker und einige Betriebswissenschaftler. Unter den 21 Mitgliedern sind zwei Frauen und zwei Angehörige nicht-akademischer Berufe, ein Industriemeister und ein Einzelhandelskaufmann. Es handelt sich um eine Konzentration akademisch gebildeter Kleinbürger, männlich, überwiegend im höheren Alter, die nicht dem Bevölkerungsschnitt oder der eigenen Wählerschaft entsprechen.

Nur drei Mitglieder der Fraktion waren zuvor in bürgerlichen Parteien aktiv (CDU, FDP, Grüne, Freie Wähler), allerdings nicht in führender Position. Das lässt darauf schließen, dass sich in der AfD Baden-Württemberg überwiegend konservative Schichten formiert haben, die es bisher nicht nötig hatten, sich zu engagieren. Sie betrachten ihren privilegierten Lebensstil als »natürlich« und Forderungen nach Abschaffungen von Diskriminierungen oder den Zuzug von Flüchtlingen als Bedrohung ihrer »heilen Welt« und ihrer Meinungsführerschaft. Dazu würde passen, dass es bei fast allen keine Hinweise auf eine vorherige organisierte Tätigkeit in rassistischen oder faschistischen Organisationen gibt. Nur der Abgeordnete Räpple, Jahrgang 1981, ist wohl kein unbeschriebenes Blatt. Die taz berichtete über Kontakte zur *Identitären Bewegung*[195], die Räpple leugnet. Im Landtag bezeichnete er die Vertreter anderer Parteien als »*Volksverräter*.« Räpple gibt als Beruf »Hypnotiseur« an.

Die Fraktion in Sachsen-Anhalt unterscheidet sich deutlich von der in Baden-Württemberg. Der Altersdurchschnitt ist niedriger. Hier finden wir weniger Akademiker und nur einzelne Wissenschaftler. Es überwiegt das prekäre Kleinbürgertum. Ein arbeitsloser Fahrlehrer, mehrere »Immobilienunternehmer«, Kfz-Händler, ein Besitzer von Telefonläden. Zumindest von André Poggenburg wissen wir, dass er als Unternehmer gescheitert ist, bei anderen ist das zu vermuten. Dazu kommen ein Justivollzugsbeamter, ein Ex-Polizist sowie angestellte Techniker bzw. Ingenieure.

Auch in dieser Fraktion finden sich nur wenige, die zuvor in anderen Parteien aktiv waren. Drei waren in der CDU, einer wechselte von der SPD zur AfD, einer war in seiner Jugend in der *Deutschen Kommunistischen Partei* (DKP). Hinweise auf eine Vergangenheit in faschistischen Gruppen sind auch in Sachsen-Anhalt nicht bekannt. Ähnlich wie in Stuttgart sitzt auch im Magdeburger Landtag ein Vertreter der Jugendorganisation *Junge Alternative*, der als Redner bei den *Identitären* aufgetreten ist und zudem ein Ex-NPD-Mitglied in seinem Wahlkreisbüro beschäftigt.

Die Fraktion in Sachsen-Anhalt ist ein Ausdruck der Verhältnisse in den neuen Bundesländern. Das Kleinbürgertum dort ist nicht satt, sondern bestenfalls halb erfolgreich, immer vom Niedergang bedroht. Das verfügbare Einkommen liegt nur knapp über dem von Lohnabhängigen, in einigen Fällen auch darunter. Die PEGI-DA-Marschierer und die AfD-Funktionsträger verteidigen anders als die Rechtspopulisten im reichen Schwabenland nicht in erster Linie ihre realen Privilegien, sondern ihren gefühlten Anspruch auf diese Privilegien. Es verwundert daher nicht, dass in der Fraktion in Magdeburg auch mehr Vertreter des organisierten rechten Parteiflügels zu finden sind, mindestens sechs von 24 Mitgliedern haben die »*Erfurter Erklärung*« unterschrieben.

Diese Untersuchung der AfD-Mandatsträger ist nicht repräsentativ, zeigt aber deutliche Tendenzen. Die Partei ist kleinbürgerlich, von der Zusammensetzung wohl am ehesten mit der FDP zu vergleichen. Das deutsche Kleinbürgertum /Akademiker, funktioneller Mittelbau und kleine Unternehmer) ist unruhig geworden. Man will sich gegen die politischen Eliten und die großen Konzerne wehren, deren Orientierung auf EU, externe Absatzmärkte und riskante Finanzoperationen, um den Laden am Laufen zu halten, als bedrohlich empfunden werden. Man ernennt sich selbst zum »Volk« und tritt umso heftiger nach unten, gegen Geflüchtete, MigrantInnen, Lohnabhängige, Erwerbslose und diskriminierte Bevölkerungsgruppen, die ihre Rechte einfordern. »*Extremismus der Mitte*« oder »*enthemmte Mitte*« wird dies heutzutage in der soziologischen Forschung genannt.

---

[195] http://taz.de/!5284408/

Im Westen dienen die »heilen« 1950er Jahre als Bezugsrahmen, als Homosexuelle sich nicht in der Öffentlichkeit zeigen konnten, der Islam nur in Form von Märchen und Erzählungen von Karl May nach Deutschland fand und verängstigte Kinder und Frauen dem Herren des Hauses gehorchten. Natürlich waren auch die 1950er nicht wirklich und überall so, aber Konservative neigen dazu, ihre Erinnerungen in ihrem Sinn zu idealisieren. Im Osten gibt es eher die Vorstellung einer »DDR von rechts«, einer klar hierarchisch strukturierten Gesellschaft mit einem hohen Grad sozialer Sicherheit, in denen trotz aller real erreichten Gleichberechtigung alte Männer das letzte Wort hatten, am Besten ohne den Ballast der »Völkerfreundschaft« von Kuba bis Vietnam.

Keine Wurzeln in faschistischen Gruppen

Aus der medial bekannten Führungsriege der AfD hat keine/r eine Vergangenheit in einer originär faschistischen Gruppe. Björn Höcke hat allerdings Kontakte und möglicherweise auch publizistische Erfahrungen in diesem Bereich. Die Führungsfiguren stammen überwiegend aus kleinbürgerlichen Schichten und stehen für diverse nationalkonservative, rechtspopulistische oder christlich-fundamentalistische Strömungen. Einzelne Mitglieder haben eine Vergangenheit im *Bund freier Bürger* oder in der inzwischen aufgelösten Partei *Die Freiheit*. Zumindest in den Landtagsfraktionen in Baden-Württemberg und Sachsen-Anhalt gibt es keine personellen Verbindungslinien zu Organisationen wie der NPD oder offenen Nazi-Gruppen.

Der Anteil von ehemaligen CDU-WählerInnen und Mitgliedern dürfte relativ hoch sein, aber es sind nur wenige führende Funktionsträger, die zur AfD gewechselt sind. Die AfD ist kein ausgelagerter rechter Flügel der CDU, sondern eine echte Neugründung. Sie basiert auf Schichten, die bisher überwiegend latent rechts waren, aber sich nicht organisiert hatten.

Bezüglich des Personals gilt ebenso wie bei Programmatik und Praxis, dass nicht allein die Momentaufnahme zählt, sondern Tempo und Richtung der Entwicklung. Die AfD hat mit dem Übergang von Lucke zu Petry einen scharfen Rechtsruck verschoben. Dies hat den Charakter der Partei verändert. In der neuen AfD wirkt Frauke Petry mit ihrer rechtspopulistischen Linie fast schon gemäßigt.

Die Strömung von Höcke und Poggenburg nennt sich treffend »*Der Flügel*«, das Attribut »rechts« ist unnötig weil allzu offensichtlich. Die Landeschefs in Sachsen-Anhalt und Thüringen versuchen die AfD weiter zu radikalisieren. Ihre Art zu reden und zu beleidigen, ihr Gestik, teilweise auch die Programmatik der östlichen Landesverbände, ist bewusst den Traditionen des deutschen Faschismus nachempfunden.

Höcke inszeniert sich als Brandredner, der von der Bühne aus die Wut anheizt. Insofern kann man davon sprechen, dass Teile der AfD sich bei faschistischen Methoden der Propaganda und des Aufbaus bedienen.

Vor allem die *Junge Alternative* sucht den Kontakt zur neurechten, faschistischen *Identitären Bewegung* und versucht, deren Aktionsformen zu kopieren. Die Keime für einen faschistischen Flügel oder die Hinwendung der Mehrheit der Partei in Richtung Faschismus sind vorhanden, aber wir können heute noch nicht sagen, wann und mit welcher Kraft diese Keime sprießen.

Auch in Sachsen-Anhalt und Thüringen setzt die AfD noch überwiegend auf eine medial und parlamentarisch ausgerichtete Agitation und nicht auf den Kampf um die Straße, nicht einmal in dem symbolischen Rahmen, in dem die Pro-Gruppierung versuchte, die Straße zu »erobern«. Wie gefährlich das ist, haben wir bereits ausgeführt. Wir sehen jedoch klare Unterschiede zwischen dem Personal der AfD und dem einer faschistischen Bewegung.

Partei der »kleinen Leute«?

Trump ist laut Berichten vor allem von der weißen, männlichen Mittelschicht und »der weißen, männlichen Arbeiterklasse« gewählt worden. Wir haben bereits im Abschnitt »Aufstieg der Rechtspopulisten« darauf hingewiesen, dass diese Einschätzung zwar nicht komplett falsch ist, aber zumindest relativiert werden muss.

Auch die AfD gebärdet sich als Partei der »kleinen Leute«, ihre Forderungen laufen jedoch auf eine verstärkte Umverteilung zu Gunsten der Besitzenden hinaus. Die Mandatsträger der Partei sind zudem überwiegend Angehörige des Kleinbürgertums, Selbstständige und AkademikerInnen.

Befragungen anlässlich der Wahlen haben allerdings ergeben, dass die AfD viele Stimmen von ArbeiterInnen und Erwerbslosen bekommen hat. Bei der Abgeordnetenhauswahl in Berlin im September 2016 soll sie bei diesen beiden Gruppen stärkste Partei geworden sein. In Sachsen-Anhalt wählten im März 2016 laut Nachwahlbefragungen mehr als ein Drittel der ArbeiterInnen und Erwerbslosen die AfD, in Baden-Württemberg rund 30 Prozent. Dabei wählten deutlich mehr Männer die Rechten, vorwiegend im mittleren Alter.

Laut einer von der *Zeit* zitierten Forsa-Umfrage sind es aber nicht die Armen und Prekären, welche die AfD wählen. Diese ergab, dass der Anteil der AfD-WählerInnen mit einem Haushaltsnettoeinkommen unter 2.000 Euro im Monat bei 28 Prozent liegt, ähnlich wie bei den Unionsparteien und damit niedriger als bei SPD (32 Prozent) und LINKE (37 Prozent):

> *»Wer schlecht verdient, sympathisiert eher mit SPD und Linkspartei als mit der AfD. Oder er geht erst gar nicht zur Wahl: Die Schlechterverdiener der Gesellschaft finden sich zu einem großen Teil unter den Nichtwählern, hier haben 45 Prozent der Menschen ein Haushaltsnettoeinkommen von unter 2.000 Euro.«*[196]

---

196 zeit.de, 30.11.2016

Wie auch bei den US-Wahlen haben es die anderen Parteien, vor allem LINKE und SPD nicht geschafft, die Erwerbslosen und prekär Beschäftigten zu mobilisieren. Ein Teil der Arbeiterklasse – MigrantInnen ohne deutschen Pass – darf ohnehin nicht wählen. Bei Jüngeren und Frauen hat die AfD nicht gut abgeschnitten. Ein großer Teil der Lohnabhängigen firmiert heute unter »Angestellten«, bei denen die Rechtspopulisten auch unterdurchschnittlich Stimmen geholt haben.

Daraus lässt sich schließen, dass die AfD nicht von »den Arbeitern« oder »den kleinen Leuten« gewählt wurde, sondern von einem Teil der überwiegend männlichen Arbeiter, die »Mittelschicht« sein wollen, die sich stark nach oben orientieren, Richtung Kleinbürgertum und die sich, ohne selber arm zu sein, bedroht fühlen von Globalisierung und Zuwanderung. Laut *Frankfurter Allgemeine Sonntagszeitung* wählen die AfD

»… auch nicht die Ärmsten der Armen, sondern Leute, die ausgeprägte Abstiegsängste plagen. Rund 70 Prozent der AfD-Wähler in Sachsen-Anhalt gaben an, sie empfänden die allgemeine Wirtschaftslage als schlecht.«[197]

Protestwahl und Rassismus

Bei ihren Wahlerfolgen in 2016 ist die AfD auch aus Protest gewählt worden, um den etablierten Parteien einen Denkzettel zu verpassen. In der Vergangenheit konnten rechtspopulistische Parteien bei Landes- und Kommunalwahlen Erfolge erzielen, schnitten aber bei Bundestagswahlen, als es »ernst« wurde, schlechter ab. Dies ist nicht die Perspektive für die AfD. Die Proteststimmung ist verfestigter, der Anteil derjenigen, welche die Partei aus Überzeugung unterstützen ist deutlich höher als bei den vorherigen Anläufen von Parteien rechts der Union.

Viele AfD-WählerInnen kennen die sozial- und wirtschaftspolitischen Forderungen der Partei nicht und wissen nicht, dass sie ihre eigenen Schlächter wählen. Sie wählen die AfD als zur Zeit deutlichste Ohrfeige gegen das Establishment und weil sie eine schärfere Einwanderungsbegrenzung befürworten. Bei der Nachwahl-Befragung von *Infratest dimap* in Baden-Württemberg und Sachsen-Anhalt teilten jeweils 99 Prozent der befragten AfD-WählerInnen die Thesen »Hat besser als andere verstanden, dass sich viele Menschen nicht mehr sicher fühlen« und »Gut, dass sie den Zuzug von Ausländern und Flüchtlingen stärker begrenzen will.«[198] Es bestehen auch ökonomische und soziale Ängste, durchaus berechtigte Sorgen über die zunehmende Unsicherheit in der Welt, diese sind jedoch diffus und werden von den WählerInnen der AfD sehr unterschiedlich gesehen.

---

197 FAS, 20.2.2016, zitiert nach: Neue soziale Bewegung von Rechts? (Häusler/Virchow, Hrsg.), Hamburg 2016, S.22
198 Zitiert nach: »Die Ergebnisse der Landtagswahlen am 13. März 2016 – Wahlnachtbericht und erste Analyse« Hoff/Kahrs/Stahl, Rosa-Luxemburg-Stiftung, Berlin 2016, S. 51

Bei WählerInnen der AfD gibt es durchaus Distanz zu extrem rechten Ideen. In Rheinland-Pfalz, Baden-Württemberg und Sachsen-Anhalt meinten 49, 54 bzw. 50 Prozent der AfD-WählerInnen, die Partei würde sich »*nicht genug von rechtsradikalen Positionen*«[199] distanzieren. Dies verweist darauf, dass es sich bei den WählerInnen nicht um Nazis handelt, mehrheitlich wohl auch nicht um Menschen mit verfestigten rassistischen Vorstellungen. Allerdings wählen sie die Partei trotz dieser Skepsis und befürworten mit deutlicher Mehrheit deren angewandten Rassismus.

Bezüglich der parteilichen Herkunft der AfD-Stimmen gibt es Unterschiede zwischen Ost und West. In beiden Gebieten stammten 40 bis 45 Prozent der AfD-Stimmen von vorherigen NichtwählerInnen oder kleinen Parteien. In Baden-Württemberg kamen allerdings die meisten Stimmen von der CDU (31 Prozent), deutlich weniger von der SPD (13 Prozent). Hier haben überwiegend konservative ArbeiterInnen, die sich der Mittelschicht zurechnen und Teile des Kleinbürgertums AfD gewählt. In Sachsen-Anhalt kamen mit jeweils 17 Prozent gleich viele Stimmen von CDU und LINKE, zudem 11 Prozent von der NPD.[200] Hier dürfte der Anteil der tatsächlich prekär Beschäftigten oder vom Abstieg bedrohten Kleinunternehmer und Lohnabhängigen höher sein. Ein Teil der Wählerbasis im Osten ist rechtsextrem, die AfD kannibalisiert auf der Wahlebene die faschistische NPD.

Im Jahr 2015, vor den Wahlerfolgen der AfD bei den Landtagswahlen, meinte Manfred Güllner, Chef von *Forsa*, die WählerInnen der Partei

> »*kommen aus einem Segment der Mittelschicht, dem es objektiv eigentlich gut geht, das sich aber subjektiv durch Statusängste auszeichnet und zerrieben fühlt zwischen dem globalen Kapitalismus und dem Proletariat.*«[201]

Das dürfte damals zutreffend gewesen sein. Die AfD war als eine Partei des Mittelstandes gestartet, in der Mitgliedschaft und bei den Mandatsträgern ist dies auch heute deutlich erkennbar. 2016 konnte die Partei ihre Wählerbasis allerdings ausweiten und Stimmen von ArbeiterInnen, jedoch überwiegend männlichen, gewinnen.

Klare Kante zeigen

Die Stimmabgabe für die AfD beinhaltet Elemente des Protests gegen Establishment und soziale Unsicherheit, doch verbindendes Merkmal unterschiedlicher Wählerschichten ist die Akzeptanz und Zustimmung zu migrantenfeindlicher Praxis und Propaganda. Es wird, wenn die AfD sich nicht selbst zerlegt, keine schnelle Abwanderung der WählerInnen geben, weil ihre Wahl Ausdruck relativ gefestigter rückschrittlicher Einstellungen ist.

---

199 Ebd., S. 52
200 Ebd., S. 52
201 Zitiert nach: Neue soziale Bewegung von Rechts? (Häusler/Virchow, Hrsg.), Hamburg 2016., S. 25

Argumente sind in der Auseinandersetzung mit AfD-WählerInnen nicht nutzlos. Es ist sinnvoll, auf die Parallelen zwischen Björn Höckes »*Flügel*« und dem Auftreten offener Faschisten hinzuweisen. Es ist zentral, im Detail aufzuzeigen, dass die wirtschafts- und sozialpolitische Agenda der AfD einem Generalangriff auf die Lohnabhängigen und die Armen entspricht. Es wird gelingen, einzelne AfD-WählerInnen, denen vor allem der Protest gegen das Establishment wichtig war, zu überzeugen, dass sie auf dem falschen Dampfer sind.

In diesem Zusammenhang ist es wichtig, dass Linke die AfD-WählerInnen nicht als »Nazis« beschimpfen oder sich über deren angebliche oder tatsächliche Dummheit oder das Bildungsniveau mokieren. Wir müssen mit den Leuten ernsthaft diskutieren. Auf der Straße und im Betrieb muss die harte, aber wenn möglich sachliche Diskussion mit potenziellen oder tatsächlichen AfD-WählerInnen geführt werden.

Die Menschen ernstnehmen heißt allerdings nicht, rassistische Verschwörungstheorien oder Hetze ernst zu nehmen oder gar, den rechten Vorurteilen nachzugeben. Das Schlimmste, was die Linke im Allgemeinen und DIE LINKE im Konkreten machen kann ist der Versuch, nationalistische Positionen zu übernehmen und diese »links« umdeuten zu wollen. Eine unklare Haltung an diesen zentralen Punkten zerrüttet die Linke und enttäuscht die eigenen UnterstützerInnen. In Zeiten der Polarisierung entscheiden sich die Menschen für das Original. Nur eine politisch klare und entschlossene sozialistische Bewegung, die konsequent für ihre Ideen eintritt, kann es schaffen, Leute zu beeindrucken und zu überzeugen, die zeitweise rassistischen PropagandistInnen gefolgt sind.

Die heutigen AfD-WählerInnen sind in einer sozialistischen Strategie nicht die erste und nicht die zentrale Zielgruppe. DIE LINKE muss sich an denjenigen ArbeiterInnen, Erwerbslosen und Jugendlichen orientieren, die bereit sind für ihre gemeinsamen Klasseninteressen einzutreten und denjenigen eine politische Heimat bieten, die gegen Rassismus kämpfen und sich an der Solidaritätsarbeit für Geflüchtete beteiligen sowie ihre Anstrengungen darauf richten, die NichtwählerInnen, die Abgehängten und Enttäuschten, zu mobilisieren, auf Wahlebene und für soziale Kämpfe. Wir erleben nicht einfach einen Rechtsruck, sondern eine Polarisierung in der Gesellschaft. Auf der rechten Seite hat sich ein politischer Pol formiert, auf der linken Seite hinkt diese Formierung hinterher. Doch das Potential ist vorhanden.

Der Faschismus-Check: Wie Nazi ist die AfD?

Wir hatten im Abschnitt »Faschismus als Terror gegen die Arbeiterbewegung« einige Kriterien für eine faschistische Organisation aufgeführt. Wir überprüfen abschließend die AfD anhand dieser Kriterien, um zu klären, ob es sich um eine faschistische oder »nur« eine rechtspopulistische Partei handelt.

Soziale Demagogie

Verglichen mit den Zeiten unter Bernd Lucke hat die AfD mit ihrem neuen Grundsatzprogramm einen gewaltigen Schritt in Richtung sozialer Demagogie, dem scheinbaren Aufgreifen der Interessen der unteren sozialen Schichten, gemacht. In den eher rechtsextremen Landesverbänden wird in noch stärkerem Maße die angeblich soziale Seite der Partei betont.

Doch nach wie vor gilt: Die Umsetzung des Programms wäre gleichbedeutend mit einer Verschärfung der Umverteilung von unten nach oben durch die Verschleuderung öffentlichen Eigentums, Steuersenkungen für die Reichen, Kürzungen bei Sozialleistungen und in der Bildung, Zerschlagung der Bundesagentur für Arbeit. Noch immer prägen die Mittelständler und ihre Klasseninteressen das Programm. Ein klassisches Beispiel für faschistische soziale Demagogie liefert hingegen die NPD, die suggeriert, es würde nicht nur von Deutschen zu MigrantInnen umverteilt, sondern auch von armen zu reichen DeutschenBezüglich der sozialen Forderungen bewegt sich die AfD eher im Mittelfeld der europäischen Rechtspopulisten. *Front National* und die polnische PiS geben sich weit sozialer. Auf der Faschismus-Skala von eins bis zehn liegt die AfD hier aktuell bei drei. Die Eins entspricht der CSU, die Zehn der Partei *Die Rechte*.

Nazi-Kader

An führender Position in der Partei finden sich keine erfahrenen Nazis, die ihr Handwerk in militanten Organisationen gelernt haben. In den Fraktionen der Landtage sitzen einzelne extreme Gestalten, die man als Nazis bezeichnen könnte, aber bei denen handelt es sich meistens um Einzelgänger. Auch vor Ort sind es eher gutwut-bürgerliche Typen, oftmals Unternehmer oder aus dem Staatsapparat. Der eine oder andere mit Schläger-Erfahrung wird der AfD als einfaches Mitglied beigetreten sein, aber es ist nicht sichtbar, dass es sich um größere Gruppen handelt und die Praxis der AfD davon geprägt ist.

Ein Sonderfall ist Björn Höcke. Auch er hat keine Erfahrungen in Nazi-Organisationen, aber die Recherchen von Andreas Kemper deuten darauf hin, dass er zuvor in faschistischen Netzwerken unterwegs war und bewusst den Weg in die AfD gegangen ist.

Es wird Kontakte der AfD zu Gruppen wie PEGIDA geben. Daher ist es nicht ausgeschlossen, dass in der Zukunft Nazi-Schläger oder Hooligans Veranstaltungen der AfD »schützen«. Doch aktuell ist nicht absehbar, dass dies zu einem wichtigen Aspekt der AfD-Politik wird.

In Sachen Nazi-Kader gibt es zwei Punkte auf der Skala.

Straßenaktivitäten

Im Herbst 2015, auf dem Höhepunkt der Flüchtlingsdebatte, hat die AfD eine Reihe von Demonstrationen, vor allem in Ostdeutschland durchgeführt und damit an der Praxis von Gruppen wie *Pro NRW* angeknüpft. Im thüringischen Erfurt gab es wöchentliche Demonstrationen mit bis zu 5.000 TeilnehmerInnen, organisiert von Björn Höcke.

In vielen Orten führt die AfD nicht einmal Infostände durch, sondern organisiert sich eher in Hinterzimmern, um keinen Protest zu verursachen. Die starke mediale Präsenz der Partei, immer wieder angefeuert durch gezielte Provokationen, macht es möglich, die Präsenz vor Ort nicht als Priorität zu sehen. Das mag sich in den Wahlkämpfen im Jahr 2017 ändern, aber die Durchführung von Infoständen lässt sich noch nicht als Kampf um die Straße interpretieren. Dieses Element muss von AntifaschistInnen vor Ort genau beobachtet werden, aber es scheint bisher nicht das vorrangige Interesse der Partei, mit Aufmärschen Kontroversen auszulösen.

Auch dafür gibt es lediglich drei Punkte auf der nach oben nicht offenen Nazi-Skala.

Paranoia

In Sachen konstruierter und realer Paranoia hat die AfD einiges vorzuweisen. Obwohl massiv über sie berichtet wird, schimpft sie auf die »Lügenpresse« und behauptet, sie könne ihre Argumente nicht vortragen. Im Grundsatzprogramm wird die Einwanderung aus überwiegend muslimischen Ländern als Gefahr für den Bestand des »Abendlandes« beschrieben, in Anlehnung an die »Volkstod«-Begrifflichkeit der Nazis. KlimawissenschaftlerInnen und der Wettervorhersage schenkt die AfD keinen Glauben und denkt sich ihre eigene Wahrheit zum Weltklima einfach aus.

Für diesen ins Parteiprogramm gegossenen Irrsinn bekommt die AfD sechs Punkte.

Flexibler Rassismus

Flexibel ist die AfD. Muslime sind ein besonderes Feindbild. Aber sie beschränkt sich darauf nicht. Sie hat alle Flüchtlinge im Visier. Auch die gestiegene Gleichberechtigung von Frauen und LGBTQI-Menschen passt der AfD nicht. Sie ist flexibel bei der Wahl der Sündenböcke. Allerdings geht sie bisher nicht soweit, Forderungen für den Rauswurf der schon länger hier lebenden MigrantInnen zu stellen. Sie vertritt eher einen kulturellen und keinen biologistischen Rassismus.

Das reicht für sechs Punkte, SPD-Mitglied Thilo Sarrazin hätte zwei mehr geholt.

Schlägertruppen

Die AfD verfügt bisher über keine gewaltbereiten Einheiten. Es ist nicht bekannt, dass sie etwas in die Richtung plant. Es hat seitens Frauke Petry und Beatrix von Storch zynische Äußerungen über den Waffeneinsatz gegen Geflüchtete an der Grenze gegeben, doch so widerlich sie waren, bezogen sie sich auf das Handeln staatlicher Organe und waren kein Aufruf zum Aufbau rassistischer Bürgerwehren. Vor Ort mag es Kontakte von AfD-Gliederungen zu faschistischen Schlägern oder Hooligans geben, aber diese sind nicht Teil der Partei. In ihrer jetzigen Zusammensetzung zielt die AfD nicht auf gewaltsame Attacken gegen die Linke und die Arbeiterbewegung, sondern auf die Verschiebung der öffentlichen Meinung nach rechts durch rassistische Propaganda.

Auf der Nazi-Skala gibt es dafür zwei Punkte.

Die AfD kommt damit auf 22 Punkte, im Durchschnitt weniger als vier Punkte. Dieses kleine Spiel mit Zahlen bestätigt unsere Beschreibung von Programm, Personal und Praxis der Partei. Die AfD kann zum jetzigen Zeitpunkt nicht als faschistische Partei charakterisiert werden. Sie unterscheidet sich deutlich von faschistischen Organisationen, deren Kern die Gewaltbereitschaft gegen den politischen Gegner und deren Ziel die Zerstörung aller Elemente der Demokratie ist. Die AfD setzt aktuell vor allem auf rassistische Agitation in Parlamenten, Talkshows und Versammlungen und treibt die etablierten Parteien vor sich her.

Mögliche Perspektiven

Die Situation ist im Fluss. »Der Flügel« und seine Verbündeten weisen viele Merkmal einer faschistischen Formation in der AfD auf. Aktuell verfügen Höcke und Co. über viel Einfluss in der Partei und haben Frauke Petry mehrfach isoliert.

Nach der provokanten Rede von Höcke in Dresden im Januar 2017 eskalierten die Konflikte in der Parteiführung erneut. Der Bundesvorstand schloss sich der Ausschlussforderung seitens Frauke Petry und Alice Weidel zunächst nicht an, änderte einige Wochen später seine Meinung und stimmte bei einer Telefonkonferenz mehrheitlich für den Ausschluss des Rechtsaußen. Meuthen und Gauland wandten sich erneut dagegen, Gauland bezeichnete den Beschluss als *»politische Dummheit.«*[202]

Sie wollen Höcke in der Partei halten und bewusst den rechtsextremen Rand der Gesellschaft erreichen, die AfD für diesen wählbar machen. Sie können Höcke in ihre Taktik der gezielten Provokationen einspannen: Erst mit voller Wucht rechtsextreme Sprüche hinausposaunen und sich dann, halb augenzwinkernd, halb bedauernd, davon distanzieren. Sie hoffen, dass auch die WählerInnen der bürgerlichen Mitte akzeptieren, dass die AfD einen »Provokateur« wie Höcke braucht. Der Politikwissen-

---

202 https://www.welt.de/politik/deutschland/article162186521/Hoecke-entschuldigt-sich-fuer-falsche-Tonlage-in-Dresden.html

schaftler Florian Hartleb nannte Höckes Dresdner-Rede treffend »*teilweise Strategie, teilweise Entgleisung*«[203]. Es geht der Führung der AfD eigentlich zu weit, kann aber trotzdem noch passend gemacht werden für die Außendarstellung der Partei.

Eine Umfrage der Welt unter AfD-AnhängerInnen ergab, dass eine Mehrheit von 52 Prozent für Höckes Verbleib in der Partei ist. Viele Funktionäre, vor allem in Thüringen, sprachen sich für den rechten Flügelmann aus. Höcke selbst entschuldigte sich auf dem Thüringer Landesparteitag Ende Februar 2017 und meinte, er hätte ein »*großes Thema … in einer Bierzeltrede vergeigt.*«[204]

Ein Auschluss Höckes, zumal ein schneller, ist unwahrscheinlich. Die führenden Köpfe in der AfD wollen es offen halten, wie sehr sich die Partei nach rechts entwickelt. Nicht ausgeschlossen ist, dass Frauke Petry und ihre Verbündeten so viele Niederlagen einstecken, dass sie irgendwann aufgeben. Aber auch das ist nicht im Interesse von Gauland und Meuthen. Petrys Opposition zu Höcke passt gut in ihre Taktik, beweist sie doch, dass nicht alle in der AfD so nazinah sind wie der Thüringer, dass es einen scheinbar »gemäßigten« Flügel gibt.

Auch »*Der Flügel*« ist allerdings keine entwickelte faschistische Gruppierung, es fehlt das entscheidende Merkmal der organisierten Gewaltbereitschaft. Wir definieren Höckes Fraktion daher als potenzieller faschistischer Flügel der AfD.

Die Rechtsentwicklung seit 2013 ist sehr schnell gelaufen. Daraus lässt sich jedoch kein Automatismus ableiten, dass es genauso rapide Richtung Faschismus geht, genauso wenig, wie man heute klar vorhersagen kann, dass die Rechtsentwicklung irgendwann stoppen wird.

Wenn sich der potenziell faschistische Flügel in der Partei auf breiter Front durchsetzen würde, könnte dies zum Ende des fragilen Bündnisses aus Nationalkonservativen, christlichen FundamentalistInnen und völkischen NationalistInnen führen. Eine substanzielle Spaltung der Partei mit anschließender Schwächung wäre dann möglich.

Aktuell dürfte es im Interesse diverser Gruppen in der Partei liegen, die Widersprüchlichkeit in Programm und Praxis zu bewahren, um die Partei als Projektionsfläche für sehr unterschiedliche Arten von Angst, Hass und Wut zu erhalten und damit breit wählbar zu machen. Figuren wie Alexander Gauland und Jörg Meuthen sind keine Faschisten, sie sind rechte Opportunisten, die den »*Flügel*« nutzen, um die innerparteilichen Kräfteverhältnisse zu ihren Gunsten zu verschieben.

Die AfD lässt sich Anfang 2017 als eine rechtspopulistische, rassistische, aggressiv-nationalistische Partei, mit einer offenen Flanke in Richtung faschistischer Ideen und einem organisierten potentiell faschistischen Flügel charakterisieren. Auch in diesem Zustand ist sie brandgefährlich. Sie verschiebt den gesamten politischen Diskurs nach rechts, verstärkt die Tendenz, nur in ethnischen und nationalen Katego-

---

203 Im Interview mit dem Deutschlandfunk, unter www.deutschlandradiokultur.de
204 https://www.welt.de/politik/deutschland/article162186521/Hoecke-entschuldigt-sich-fuer-falsche-Tonlage-in-Dresden.html

rien zu denken anstatt die sozialen Interessengegensätze zu sehen, radikalisiert den auch von den etablierten Parteien betriebenen staatlichen Rassismus.

Ihre Verschwörungstheorien von der islamischen Masseneinwanderung und von der Bedrohung des »christlichen Abendlandes« ermutigen politische Paranoiker zu Gewaltfantasien und einige möglicherweise auch zu terroristischen Taten. Der norwegische Massenmörder Anders Behring Breivik, der im Juli 2011 in Oslo und auf der Insel Ütöya 77 Jugendliche aus Rassenhass getötet hat, kam nicht aus einer Nazi-Partei, sondern wurde in der rechtspopulistischen Fortschrittspartei politisiert und radikalisiert. Wie PEGIDA sieht sich Breivik als »patriotischer Europäer«, der das »Abendland« gegen »die Islamisierung« verteidigt.

Auch Alex Wiens, der 2009 im Gerichtssaal in Dresden die Ägypterin Marwan-Al-Sherbini aus Hass gegen den Islam erstach, war kein Neonazi, sondern ein »Einzelgänger«, ein früher »besorgter Bürger«, der sich durch Islamhass im Internet aufgeheizt hatte. Der AfD liegt solch Terrorismus aktuell fern, aber ohne Zweifel finden die wahnhaften Ideen vom »bedrohten Abendland« auch entsprechende Vollstrecker.

Im Kern ist die AfD gerade besonders gefährlich, weil sie keine klassische faschistische Partei ist, weil sie dadurch in der Lage ist, breitere Schichten anzusprechen, die kein geschlossenes rassistisches Weltbild, aber migrantenfeindliche Vorurteile haben. Die offenen Nazis sind in den meisten europäischen Ländern aktuell nicht in der Lage, massenhaft UnterstützerInnen und WählerInnen zu mobilisieren. Die RechtspopulistInnen hingegen sind oft gut aufgestellt, um die Polarisierung nach rechts voranzutreiben und davon zu profitieren. Sie stehen für eine modernisierte Variante des Rassismus.

Mit ihrer angeblich »weltoffen-liberalen« Betonung »westlicher Werte« und der Konzentration ihrer Agitation gegen Muslime oder »frauenfeindliche Flüchtlinge« sind sie anschlussfähig für Teile der Bevölkerung bis hin zu Menschen, die das AfD-Programm nicht gelesen haben und glauben im Kampf gegen »den Islam« für die Rechte von Frauen oder Homosexuellen einzutreten.

Wie die meisten islamfeindlichen oder rechtspopulistischen Gruppen ist die AfD in der Lage, sowohl ihre »demokratische«, gemäßigte Seite zu betonen als auch auf gröbste Art zu hetzen und ist damit taktisch flexibler als die offen faschistischen Gruppen.

Die Akzeptanz rechter und islamfeindlicher Ideen in der Gesellschaft ist auch gestiegen, weil die etablierten bürgerlichen Parteien, allen voran die Konservativen, aber auch die Sozialdemokraten, in den vergangenen Jahren Teile des Programms der Rechtspopulisten übernommen haben. Die FPÖ hat die österreichische Regierungspolitik auch in den Zeiten nach rechts verschoben, in denen sie nicht an der Regierung beteiligt war.

Die RechtspopulistInnen sind gefährlich, weil sie Menschen rassistisch vergiften und damit die Spaltung entlang nationaler, ethnischer, kultureller und religiöser Linien vertiefen. Sie gaukeln vor, eine alternative Kraft gegen das Establishment zu sein, helfen jedoch durch diese Spaltung bei der Festigung der bestehenden Herrschaft, zementieren die sozialen Verhältnisse und erschweren damit eine gemeinsame Gegenwehr der lohnabhängigen und armen Menschen gegen die soziale Krise und für ein besseres Leben. Sie verankern autoritäre und antidemokratische Denkweisen in breiteren Schichten.

Damit bereiten sie auch den Weg für extremere rechte Kräfte. Ob die FaschistInnen und TerroristInnen innerhalb der rechtspopulistischen Parteien heranwachsen, diese selbst in Gänze zu faschistischen Organisationen werden oder nur der Entstehung und Stärkung noch extremerer Kräfte Vorschub leisten, weil sie die Stimmung nationalistisch aufputschen, aber nicht »liefern« können, ist offen. Alle Varianten sind möglich. Sicher lässt sich jedoch sagen, dass es keinen unüberwindbaren Graben zwischen den RechtspopulistInnen und den klassischen FaschistInnen gibt.

Die RechtspopulistInnen wollen Maßnahmen zur verstärkten Diskriminierung von MigrantInnen durchsetzen und mit Repressionen gegen die Linke und die Arbeiterbewegung vorgehen. Zum jetzigen Zeitpunkt setzt die Mehrheit ihrer FunktionärInnen und AnhängerInnen darauf, ihre Ziele mit den Mitteln des bürgerlichen Politikbetriebs durchzusetzen, nicht mit Gewalt auf der Straße und Terror.

Eine klassische Nazi-Partei, welche auf Schädellehre setzt, sich nicht vom »Dritten Reich« distanziert und die verlorenen Schlachten des letzten Jahrhunderts wieder aufleben lassen will, hat aktuell in Westeuropa weniger Chancen, zu einer Massenkraft zu werden. Biologistischer Rassismus wird den Herrschenden ebenso abgelehnt wie von der großen Mehrheit der arbeitenden Menschen. Kultureller Rassismus jedoch, vor allem in Form der »Islamkritik«, wird vom Establishment immer wieder genutzt und hat tiefe Wurzeln in vielen Ländern geschlagen.

Die Perspektiven für die AfD sind offen und es wäre zu gewagt, sich heute festzulegen, welches Schicksal diese Partei erleben wird. Nicht unwahrscheinlich ist, dass der jetzige Zustand in der rechtspopulistischen Grauzone noch einige Zeit anhält. Aktuell braucht die Partei ihren »*Flügel*«, um wütende RassistInnen und ehemalige NPD-WählerInnen an sich zu binden. Gleichzeitig nutzt es ihr, dass Teile der Partei respektabel gelten und somit UnterstützerInnen gewonnen werden können, die nicht bereit sind, eine offen rechtsextreme oder gar faschistische Partei zu unterstützen.

Die AfD könnte als rechter Flügel in das bürgerliche Establishment eingebunden werden und weiter auf parlamentarische Methoden setzen. Sie könnte von inneren Gegensätzen zwischen RechtspopulistInnen und sich Richtung Faschismus bewegenden Fraktionen zerrissen werden oder zur Hauptkraft auf der extremen Rechten werden, dabei gewaltbereite Gruppen einverleiben und sich in eine eindeutig faschistische Organisationen verwandeln, die auf die klassischen Methoden der Gewalt gegen die Linke und die Arbeiterbewegung setzt. Das ist allerdings die unwahrscheinlichere Perspektive. Solch eine Entwicklung würde mit einem Rückgang der Wählerbasis und Bedeutung der AfD einhergehen, weil die objektive gesellschaftliche Lage keinen Raum für eine starke offen faschistische Partei bietet.

Die aktuelle relativ geringe Gewaltbereitschaft der RechtspopulistInnen resultiert nicht nur, aber auch, aus der Tatsache, dass ein Sturz des Kapitalismus durch die Linke und die Arbeiterbewegung kurzfristig nicht möglich erscheint. Die schon existenten »Kettenhunde« der offenen Nazi-Gruppen reichen aus, um bei Bedarf Linke einzuschüchtern oder beschäftigt zu halten. Die RechtspopulistInnen können sich auf ihre zentrale Aufgabe, die Verbreitung reaktionärer Ideen, konzentrieren, ohne mit dem Staat oder dem Establishment zusammenprallen zu müssen. Eine Intensivierung der Klassenkämpfe und der sozialen und politischen Polarisierung wird die sie allerdings vor die Notwendigkeit stellen, ihre Methoden und ihr Programm der zugespitzten Lage anzupassen.

PEGIDA – besorgte Bürger, Spinner oder Faschisten?

Dresden ist eine ostdeutsche »Boomstadt«. Menschen ziehen hierher, die Geburtenrate liegt über dem Landesdurchschnitt, die Arbeitslosenrate darunter. Dresden ist ein Tourismus-Magnet und ein Ort des Mittelstandes. Die Kriminalität ist vergleichsweise gering und der Anteil an MigrantInnen liegt weit unterhalb des Bundesdurchschnitts. Gleichzeitig gibt es Armut, ja Elend und die Mieten schnellen in die Höhe.

Seit mehr als zwei Jahren produziert in dieser Stadt eine Bewegung Schlagzeilen, die arme MigrantInnen gegen arme Deutsche ausspielen will, die von steigender Kriminalität spricht und Zuwanderung für diese Entwicklung verantwortlich macht. Der Name dieser Bewegung: *Patriotische Europäer gegen die Islamisierung des Abendlandes* (PEGIDA). Seitdem wird über den Charakter und die Entwicklung von PEGIDA diskutiert, gerade auch in der Linken.

PEGIDA Dresden – Entwicklung einer rechten Bewegung[205]

Wenige Wochen nach Beginn der PEGIDA-Demonstrationen im Herbst 2014 verkündete ein Lautsprecherwagen von *Dresden nazifrei*[206] auf dem Dresdner Post-

---

205 Die dargestellten Zahlen sind die jeweils offiziell bekanntgegebenen. In den ersten Monaten des Bestehens von PEGIDA wurden die Zahlen der AufmarschteilnehmerInnen ausschließlich durch die diensthabenden PolizeibeamtInnen ermittelt. Diese Zahlen gerieten schnell in die Kritik. Besonders die GegendemonstrantInnen bemängelten vielfach die deutlich zu hoch angesetzten Zahlen. Seit April 2015 übernahm die Dresdner Studierendeninitiative »durchgezählt« die Ermittlung der Teilnehmerzahlen. Diese wurden in der nachfolgenden Zeit kaum noch angezweifelt. Eingegangen wird in obenstehender Darstellung nur auf die wichtigsten Termine. Weitere Zahlen können der Tabelle oder der Seite von »durchgezählt« entnommen werden. Vgl.: https://durchgezaehlt.org/pegida-dresden-statistik/ [Stand: 21.12.2016]. Sollten andere Quellen als die genannten herangezogen werden, ist dies im Text durch Fußnoten ausgewiesen.
206 »Dresden nazifrei«, eigentlich »Nazifrei – Dresden stellt sich quer«, ist ein Blockadebündnis, in dem DIE LINKE, die Grünen, die SPD, Mitgliedsgewerkschaften des DGB und Einzelpersonen aktiv sind. Es war 2009 ins Leben gerufen worden, um den damals jährlich in Dresden stattfindenden Großaufmarsch rechter Gruppen anlässlich der Bombardierung der Stadt zu blockieren was seit 2010 mehrmals erfolgreich gelang. »Dresden nazifrei« organisierte Ende 2014/Anfang 2015 die Proteste gegen PEGIDA, nachdem die Dresdner Antifa-Gruppe »URA« (»Undogmatische Radikale Antifa«), die anfangs die Gegendemonstrationen organisiert hatte »Dresden nazifrei« um Hilfe gebeten hatte. »Dresden nazifrei«, Einzelpersonen, die Religionsgemeinschaften, DIE LINKE, die

platz während einer Gegenaktion: »*Die Dynamik bei PEGIDA scheint also erstmal gebrochen.*« Angeblich hätten sich die Teilnehmerzahlen beinahe halbiert. Sollte es das wirklich schon gewesen sein? Bereits als der PEGIDA-Aufzug vorbeilief, war klar, dass der Jubel unangebracht und die Einschätzung vom Lautsprecherwagen die Folge von Falschmeldungen war. Es waren wieder mehr RassistInnen gekommen. Die Gegendemonstrationen hingegen hatten Mühe auch nur Schritt zu halten. Das war (und ist) eine Dresdner Besonderheit. PEGIDA-Dresden wuchs schnell und erholte sich von zwei Spaltungen.[207]

Dennoch lässt gerade auch der Rückblick auf zwei Jahre PEGIDA deutlich erkennen, dass die »Patrioten« inzwischen an Boden verlieren. Die Teilnehmerzahlen am Weihnachtsliedersingen von PEGIDA sprechen bezüglich dieser Entwicklung eine klare Sprache: 2014 kamen noch 15.000 Menschen.[208] Knapp ein Jahr später, am 22.12.2015 beteiligten sich laut »*durchgezählt*« 6000 bis 8000 Leute.[209] Im Jahr darauf, am 18.12.2016, sangen noch 2500 bis 3500 RassistInnen mehr schlecht als recht auf dem Dresdner Theaterplatz Weihnachtslieder.[210]

PEGIDA Dresden ist hingegen nur ein Teil des Problems, neben den wöchentlichen rassistischen Aufmärschen in Dresden gab es hunderte kleinere und größere rechte Protestaktionen in ganz Sachsen. Auch wenn die Gegenproteste in Dresden kleiner blieben als im Bundesgebiet, gab es in Dresden zumindest Widerstand. In Teilen von Sachsen konnten Nazis und Rassisten oftmals unbeantwortet agieren. Gerade im Regierungsbezirk Dresden nahmen rechte Aktivitäten in den letzten zwei Jahren drastisch zu. PEGIDA wirkte dabei wie ein Katalysator. Gerade die ras-

---

Grünen, SPD und Gewerkschaften gründeten mit »Dresden für Alle« (»DfA«) ein Bündnis, welches Geflüchteten helfen und den Kampf gegen PEGIDA führen sollte. Fortan verlor »Dresden nazifrei« in dieser Auseinandersetzung mehr und mehr an Bedeutung. Seit dem Herbst 2015 organisierten dann die sehr kleinen Gruppen »GEPIDA« und »Dresden pegidafrei« den wöchentlichen Kampf gegen PEGIDA. Diese Gruppen schlossen sich Mitte 2016 zur Gruppe »NOPE« zusammen. Seit Herbst 2015 existiert zudem »Herz statt Hetze«, ein Bündnis, welches ursprünglich Aktionen gegen den ersten Geburtstag von PEGIDA (16.10.2015) plante und seither unregelmäßige, aber größere Proteste gegen PEGIDA organisierte.

207 Im Januar 2015 verließ ein Teil des ursprünglichen PEGIDA-Vorbereitungskreises um Kathrin Oertel PEGIDA. Nach einigen Kurswechseln gründete Oertel zusammen mit anderen die Gruppe »DDfE« (»Direkte Demokratie für Europa«), die jedoch nie Bedeutung erlangte. Oertel ist zudem Aktivistin der Gruppe »EnDgAmE« (»Engagierte *Demokraten* gegen die Amerikanisierung Europas«). Mit dem faktischen Rauswurf Tatjana Festerlings, der PEGIDA-Kandidatin für das Amt des Dresdner Oberbürgermeisters; spaltete sich die Gruppe ein weiteres Mal. Im Abschnitt »die etwas eigenartige Radikalisierung von PEGIDA« werden die Gründe dieses Rauswurfs ausführlicher dargestellt werden.

208 Vgl.: http://www.spiegel.de/politik/deutschland/pegida-in-dresden-15000-demonstranten-5000-gegendemonstranten-a-1008645.html [Stand: 19.12.2016].

209 Vgl.: http://www.tagesspiegel.de/politik/dresden-tausende-singen-weihnachtslieder-bei-pegida kundgebung/12753432.html [Stand: 22.12.2016].

210 Vgl.: http://www.dnn.de/Dresden/Lokales/Liveticker-zum-Adventssingen-in-Dresden [Stand: 19.12.2016].

sistischen Großaufmärsche in Dresden um die Jahreswende 2014/15 ermutigten die sächsische Rechte bis zu ihren extrem radikalen und militanten Außenflügeln.

Am 1. Dezember 2014 erreichte PEGIDA mit 7500 Demonstranten einen ersten Höhepunkt. Immerhin 1500 AntirassistInnen gingen auf die Straße. Auf dem Terrassenufer, der vielbefahrenen Straße zwischen Elbe und der historischen Brühlschen Terrasse, wollte Bachmann, der Gründer von PEGIDA, seine Anhänger entlangmarschieren lassen. Ausweichmöglichkeiten gab es nicht und so gelang durch den Mut der anwesenden AntirassistInnen etwas, was so nie wieder gelingen sollte, PEGIDA wurde auf der Strecke gestoppt.

Nur eine Woche später boten *Dresden nazifrei*, SPD, Grüne, LINKE und Studierende gut 9800 Menschen zum Sternmarsch gegen PEGIDA auf. PEGIDA ging mit 11.000 Menschen auf die Straße. Am 5. Januar rief PEGIDA 18.000 Menschen auf die Straße, die gegen PEGIDA gerichteten Postplatzkonzerte versammelten 4000 Menschen zu einem Konzert, AntifaschistInnen fanden sich zu einer Spontandemo mit 1500 TeilnehmerInnen zusammen.

Nur eine Woche später schienen endgültig alle Dämme zu brechen. PEGIDA ging mit 25.000 Menschen auf die Straße. *Dresden nazifrei* bot zu Blockadeaktionen, die im Ansatz stecken blieben, nur mehr 1500 TeilnehmerInnen auf. Das damals vergleichsweise neue Bündnis *Dresden für alle*[211] versammelte in Hör- und Sichtweite von PEGIDA 9000 AntirassistInnen.

Am 13.04.2015 hatte Lutz Bachmann, Mitbegründer und Anführer von PEGIDA, den europaweit bekannten niederländischen Rassisten Geert Wilders eingeladen. PEGIDA blieb unter den Erwartungen und dennoch versammelten sich 10.000 Menschen. Im Spätsommer 2015 fand sich erstmals die Gruppe GEPIDA[212] zusammen. Der Zusammenschluss von jugendlichen und Studierenden, die halb humoristisch mit Mottos wie »*Volksfahrräder*« die »*Volksverräter*«-Rufe konterkarieren wollten, griff auch den ungriffigen Namen des rassistischen Bündnisses auf: »*Genervte EinwohnerInnen protestieren gegen die Intoleranz Dresdner Außenseiter.*« Mit 150 bis 350 Leuten organisierte GEPIDA die einzig wahrnehmbaren Gegenproteste.

Während zum ersten Geburtstag von PEGIDA aus dem ganzen Bundesgebiet 20.000 Menschen anreisten, bekamen die Gegner der Rassisten 22.000 Leute auf die Straße. Bislang war das der größte Erfolg.

In dem darauffolgenden Jahr änderten sich die Zahlenverhältnisse kaum. Die Gegner blieben montags in der Minderheit, die wirklichen Mehrheitsverhältnisse in der Stadt waren Anlass zu ständiger Debatte. In dieser Zeit entschied sich PEGIDA dazu, zur anstehenden Oberbürgermeisterwahl anzutreten und holte gut zehn Pro-

---

211 Siehe Anmerkung 206
212 Siehe Anmerkung 206

zent der Stimmen, also 21.000.[213] Der Kandidat der ebenfalls angetretenen AfD holte nicht ganz fünf Prozent.[214]

Zweifelsohne, die Teilnehmerzahlen von PEGIDA sind tendenziell im Fallen begriffen. Allerdings stabilisierten sie sich in den letzten Wochen und Monaten. Ein Kern der »Patrioten« scheint also auch noch für längere Zeit zu bleiben. Außerdem sind die rassistischen Stimmungen in Schichten der sächsischen Bevölkerung mit der sinkenden Teilnahme nicht verschwunden. Zudem ist die lange Dauer der Proteste, weit mehr als zwei Jahre, eine neue Qualität. Worin liegen die Gründe für den Erfolg der PEGIDA-Demonstrationen?

»Der rechte Sachsensumpf«[215]

Dass sich Rechte in Sachsen breit zu machen versuchen und dabei auch so manche Erfolge haben, ist nichts Neues. Schon vor der Wende 1989 waren Dresden und Umgebung ein Schwerpunkt des rechten Aufbaus. Entsprechend hoch waren hier schon damals die Zahlen rechter Übergriffe. Deren Anzahl stieg jedoch in der ganzen DDR seit Ende der 1970er Jahre stark an.

Ähnlich wie heute versuchten Nazis dabei als »Fuballfans«, »Hooligans« oder – wovon sie inzwischen vermehrt abgewichen sind – als »Skinheads« aufzutreten. Krawalle bei Oberligaspielen schienen der perfekte Resonanzboden für zur Schau gestellte Nazi-Posen, für brutale Gewalt und ein Vorgehen gegen die Sicherheitsorgane der DDR.

Die Liste der neonazistisch und rassistisch motivierten Vorfälle liest sich besonders für die zweite Hälfte der 1980er Jahre erschreckend.[216] Dramatisch zudem die vergleichsweise geringe Bereitschaft der Sicherheitsorgane der DDR – also vor allem der *Volkspolizei* und des *Ministeriums für Staatssicherheit* (MfS), diese Erscheinungen zu verfolgen. Als 1979 zwei Kubaner in Merseburg aus klar rassistischen Motiven heraus ermordet wurden, musste sich erst die kubanische Botschaft einschalten und Druck auf das »befreundete Land« ausüben, um Ermittlungen in dieser Sache zu erwirken.[217] Für die zweite Hälfte der 1980er Jahre sprach die Sektion für Krimi-

---

213 Vgl.: http://wahlen.dresden.de/2015/OBW/index.html [Stand: 02.11.2016].
214 Vgl.: Ebd.
215 Die Bezeichnung Sachsensumpf galt 2010/11 als Schlagwort, als sich zahlreiche Vorwürfe über angebliche Verstrickungen zwischen Justiz, Politik einerseits und organisierter Kriminalität (u.a. Kinderprostitution) verdichteten. Eine vollständige Aufklärung der Vorwürfe steht bislang aus. Vgl.: u.a.: https://www.welt.de/print/wams/politik/article132837576/Dichter-Nebel-ueber-dem-Sachsensumpf.html [Stand: 22.01.2017]. Der Begriff wird hier im Folgenden auch auf Verstrickungen zwischen rechten Gruppen und Strömungen und den Sicherheitsorganen des Staates bzw. rechte Tendenzen in staatlichen Organen ausgeweitet.
216 Vgl.: Prenzel, Monika: »Im Rechtsschritt, marsch! Neofaschistische Tendenzen auf deutschem Boden«, Berlin: Dietz-Verlag, 1990, S. 63f.
217 Vgl.: Waibel, Harry: »Rassismus und Neonazismus in der DDR – Ursachen und Folgen«,

nalistik der Humboldt-Universität Berlin, die diese im Auftrag des Ministerium des Innern (MdI) angefertigt hatte, von einer »organisierten rechtsextremen Bewegung«, die »offen aggressiv« auftrete.[218]

Für Dresden und die Umgebung der heutigen Landeshauptstadt von Sachsen gilt dies im Besonderen. Schon 1985 rotteten sich im Anschluss an ein Fußballspiel von Dynamo Dresden 150 bis 250 Neonazis und RassistInnen ausgerechnet am Fucik-Platz (seit 1991 Straßburger Platz) zusammen, um Jagd auf MosambikanerInnen zu machen. Es dauerte lange, bis die Volkspolizei eingriff, Ermittlungsverfahren wurden nicht eingeleitet.[219] Rechte Übergriffe – auf MigrantInnen, linke und subkulturell geprägte Jugendliche – nahmen Ende der 1980er Jahre, gerade auch in Dresden, rasant zu.

Bereits vor 1989 gab es lose Kontakte zwischen rechtsradikalen Gruppen in der DDR und in der Bundesrepublik. Gerade zu den verschiedenen Gruppen Michael Kühnens, einer der führenden Kader der militanten Nazi-Szene in Westdeutschland, existierten Beziehungen. Dieser verabredete gemeinsam mit anderen Gruppen schon im Januar 1990 – nur zwei Monate nach der Maueröffnung – wer in welchem Gebiet der DDR den Aufbau neonazistischer Gruppen betreuen solle. Auf diese Strukturen, welche hier errichtet wurden, können radikale Rechte bis heute zurückgreifen.

Nach der Wende, als die gescheiterte Revolution im kapitalistischen Rollback endete, die ostdeutsche Industrie faktisch zerschlagen und Millionen Menschen arbeitslos wurden, waren es Nazis aus dem Westen, wie Michael Kühnen, welche beim Aufbau faschistischer Gruppen in den neuen Ländern eine wichtige Rolle spielten. In Dresden demonstrierte er im Oktober 1990 und der gerade vom vorgeblichen »Arbeiter- und Bauernstaat« zum kapitalistischen Herrschaftsorgan gewendete Staatsapparat half kräftig mit. Ausgerechnet in Dresden begrüßte Hauptkommissar Klaus Wunsch Kühnen am Hauptbahnhof ausnehmend freundlich.[220] Er solle doch »keinen Anstoß an den Polizisten nehmen« und im Falle von (antifaschistischen) Gegenaktivitäten werde man selbstverständlich eingreifen[221] – Wunsch hielt Wort. Dass er bei dieser kleinen Unterredung gefilmt wurde, schien ihn nicht weiter zu stören.

Auf Anfrage eines schwedischen Kamerateams, das gerade an der später weltweit bekannten Dokumentation Wahrheit macht frei über die deutsche Neonazi-Szene arbeitete, ob er nicht im Angesicht von Hitler-Grüßen und offenkundigen

---

218 Zit. nach: Wolf, Dietmar: »Neonazis in der DDR«, »Antifaschistisches Info-Blatt«, https://www.antifainfoblatt.de/artikel/neonazis-der-ddr#footnoteref6_a39t7bh [Stand: 20.01.2017].

219 Waibel, Harry: »Antisemitismus, Rassismus und Neonazismus in der DDR«, https://psychosputnik.wordpress.com/2015/07/24/antisemitismus-rassismus-und-neonazismus-in-der-ddr/

220 Vgl.: »Wahrheit macht frei«, Dokumentation, 1990 (erstmals aufgeführt 1991), https://www.youtube.com/watch?v=k69ccfmofXg [Stand: 20.01.2017]. Ebenso in: Hasselbach, Ingo; Bonengel, Winfried: »Die Abrechnung. Ein Neonazi steigt aus«, Berlin: Aufbau Taschenbuch Verlag GmbH , 2001, [nachfolgend: Hasselbach], S. 99ff.

221 Vgl.: Ebd.

Nazi-Parolen gedenke einzugreifen, entgegnete Wunsch süffisant grinsend: »*Wo sind Neonazis?*«[222]

In den folgenden Monaten und Jahren wurden die Zeiten sehr schwer für linke AktivistInnen in der sächsischen Landeshauptstadt. Der regionale rechte Führer hieß Rainer Sonntag, ein »*Westimport*« aus Frankfurt/Main.[223] Dort war er wegen diverser Unregelmäßigkeiten im Umgang mit der Kasse der Partei *Nationale Sammlung* untragbar geworden und schließlich nach Dresden gezogen.

Hier entwickelte er nicht nur sofort eine enge Beziehung zur Polizei und ließ sich von dieser sogar durch die Stadt chauffieren[224], sondern ließ seine Schlägertrupps auch sogenannte Hütchenspieler vor dem Hauptbahnhof überfallen und diese dann der Polizei übergeben. Die machte nicht etwa die selbst ernannte rechte »Polizei« dingfest, sondern hielt sich an die Order und verhaftete die Hütchenspieler.[225]

Sonntag ging – sehr früh allerdings – den Weg alles Irdischen, jedoch war dieser Weg nicht so ganz natürlich, er wurde aus nächster Nähe mit einer Schrotflinte niedergestreckt. Die Polizei verdächtigte zunächst Linke der Tat. Der Hintergrund des Mordes an Sonntag war jedoch ein anderer: Der Dresdner Führer ließ, angeblich, um die Prostitution zu bekämpfen, Bordelle von seinen Nazi-Horden überfallen und Schutzgeld von diesen erpressen. Ein griechischer Bordellbesitzer wollte in dieser Auseinandersetzung nicht nachgeben und erschoss Rainer Sonntag mit einem Gewehr, welches dieser ihm kurz zuvor verkauft hatte.[226] Es kann nur vermutet werden, inwieweit die Dresdner Polizei, die mit Sonntag insgesamt friedliche Beziehungen pflegte, über dessen Nebeneinkünfte informiert war. Die bundesweit führenden Neonazi-Kader waren es.[227]

Die neuen staatlichen Strukturen wurden überall im Osten mittels BeamtInnen, RichterInnen und PolizistInnen aus den alten Bundesländern errichtet. Schnell wurde der Vorwurf laut, wer im Westen nichts geworden sei, der sei eben in den Osten gegangen. Es winkten Aufstiegschancen und finanzielle Vorteile wie die »Buschzulage« genannte Sonderzahlung für BeamtInnen aus dem Westen, die in den östlichen Bundesländern eingesetzt wurden. Nicht selten kamen BeamtInnen in die ostdeutschen Bundesländer, die im Westen als nicht mehr tragbar galten, man denke nur an den langjährigen Chef des *Thüringer Verfassungsschutzes*, rechten Autor und Verschwörungstheoretiker Helmut Roewer, der bis über beide Ohren im NSU-Skandal steckt.

Diese Mischung aus gewachsenen Nazi-Strukturen, die auch zu den Demonstrationen von PEGIDA mobilisieren und zusammengezimmerten staatlichen Strukturen, die auf dem rechten Augen oftmals blind sind oder gar mit rechten Kräften

---

222 Vgl.: Ebd.
223 Vgl.: Hasselbach, S. 100.
224 Vgl.: Ebd.
225 Vgl.: Ebd.
226 Vgl.: Ebd.: S. 101.
227 Vgl.: Ebd.

kooperieren, zeigte schnell ihr erschreckendes Gesicht. Als am 6. April 1991 Jorge Joao Gomondhai in Dresden Opfer rechter Schläger wurde, man ihn aus der Straßenbahn stieß und er den Verletzungen erlag, ermittelte die Polizei nur unzureichend. Nur drei der Täter wurden verurteilt, zwei von ihnen zu Bewährungsstrafen. Anfangs hatte es noch geheißen, Gomondhai sei unter Alkoholeinfluss aus eigenem Verschulden aus der Straßenbahn gestürzt.[228]

Auch wenn bis 2004, als das *Nationale Bündnis Dresden* in den Stadtrat einzog, rechte Parteien in der Elbmetropole keine Erfolge verzeichnen konnten, wurde die sächsische Landeshauptstadt immer wieder zum Ort rechter Großaufmärsche. Ob nun der Marsch anlässlich des Mordes an Rainer Sonntag, der Aufmarsch gegen die Wehrmachtsausstellung 1998, oder die jährlichen Aufzüge anlässlich der Bombardierung Dresdens im Zweiten Weltkrieg – eines war immer gewiss, Schützenhilfe für die rechten Aufzüge durch den sächsischen Staatsapparat. Jedes Jahr nach dem 13. Februar, als tausende Nazis aus ganz Europa durch die Stadt marschierten, versprach der Staat, dem Treiben per Gesetzesverschärfung Einhalt zu gebieten, aber kriminalisierte stets auf's Neue antifaschistische Initiativen und AktivistInnen. Gestoppt wurde der Aufmarsch erstmals 2010, nicht durch staatliche Organe, sondern durch Massenblockaden und genau die wurden im darauffolgenden Jahr Ziel massiver staatlicher Repression.

Bei PEGIDA wurde erneut deutlich, in welchem Maße der sächsische Staatsapparat nach rechts offen ist. Während bei PEGIDA selbst über größte Auflagenverletzungen großzügig hinweggesehen wird, Angriffe auf JournalistInnen nicht selten ungeahndet bleiben und sogar das Bewerfen von GegendemonstrantInnen mit Bruteiern[229] durch PEGIDA-Anhänger nicht zum Einschreiten der Polizei führte[230]; wachen die BeamtInnen bei den Gegendemonstrationen nicht selten mit Argusaugen über die TeilnehmerInnen.

In einem Fall wurde ein Gegendemonstrant aus der Demo herausgezogen, weil er Aufkleber mit der Aufschrift verklebte: »*Lasst uns mit PEGIDA Schluss machen, damit wir uns wieder den schönen Dingen des Lebens zuwenden können.*« Dem Siebzehnjährigen wurde ein Verstoß gegen das Presserecht zur Last gelegt, weil auf diesen Aufklebern eine Angabe über den »Verantwortlichen im Sinne des Presserechts« fehlte. Selbst Steinwürfe gegen die GegendemonstrantInnen blieben von der Polizei ungeahndet.

Die politische Nähe eines Teils der Hundertschaften zu PEGIDA belegte auch die Tatsache, dass die bei einer von der PEGIDA-Führung initiierten Zählung der DemonstrationsteilnehmerInnen PolizistInnen in die dafür vorgesehenen Tonnen Geldstücke einwarfen, um damit zu zeigen, dass sie sich als Teil der Demonstrati-

---

228 Vgl.: Alexe, Thilo (08.04.2011): »Wie Jorge Gomondhai starb«, »Sächsische Zeitung, 08.04.2011, http://www.sz-online.de/nachrichten/wie-jorge-gomondai-starb-2405823.html [Stand: 21.01.2017].
229 Unter Bruteier versteht man Eier, in denen Küken heranreifen.
230 Vgl.: http://www.netz-gegen-nazis.de/artikel/pegida-anhaengerinnen-bewerfen-gegendemo-mit-toten-kueken-10158 [Stand: 23.12.2016].

on fühlten.[231] Selbst der stellvertretende sächsische Ministerpräsident Martin Dulig (SPD) stellte in einem Interview die Frage, ob es innerhalb der Polizei ein größeres Maß an Nähe zu Parteien wie der AfD gäbe als im Schnitt der Bevölkerung.[232] Während einer angemeldeten Protestaktion in Hör- und Sichtweite der PEGIDA-Demonstration stellten GegendemonstrantInnen fest, dass auf der Rückseite eines Einsatzwagens einer Hundertschaft ein Bild zu sehen war, auf dem eine Sturmhaube von einem Ährenkranz umgeben war. Auf Nachfrage, was diese sehr aggressiv wirkende Darstellung zu bedeuten habe, gaben die PolizeibeamtInnen grinsend zurück, dieses Zeichen sei »einheitenintern«. Der scheinbare Befehlshaber dieser Einheit bezeichnete bei einer anderen Gelegenheit Rumäninnen als »Rumänentussis«.

Ähnlich agierte der Staat auch in Heidenau. Der zwischen Dresden und Pirna gelegene Ort wurde im August 2015 Schauplatz tagelanger rechter Ausschreitungen. Vor einem leerstehenden Baumarkt, der zur Erstaufnahmeunterkunft umgebaut wurde, randalierten häufig organisierte Neonazis gegen den geplanten Bezug durch Asylsuchende. Ebenso lang wurde die sächsische Polizei nicht Herrin der Lage. Als Antifa-Gruppen hingegen Demonstrationen und Kundgebungen in Heidenau anmeldeten, war die Polizei stark genug, hart gegen diese vorzugehen, bzw. die Kundgebungen komplett auszuleuchten und es somit rechten Steinewerfern leicht zu machen. Ein von linken Gruppen organisiertes Willkommensfest wollte der sächsische Innenminister Markus Ulbig (CDU) zunächst verbieten, erst nach öffentlichen Protesten wurde dieses erlaubt.

Obwohl mehrere hundert Menschen an der Randale in Heidenau teilnahmen wurden bislang lediglich 41 Ermittlungsverfahren eingeleitet, 22 mal wurde Anklage erhoben.[233] Die Vorfälle in Heidenau, Freital, Bautzen, Meißen und anderen sächsischen Kleinstädten zeigen immer wieder dasselbe: Rechten Ausschreitungen steht der Staatsapparat scheinbar hilflos gegenüber, gegen links wird mit aller Härte des Gesetzes vorgegangen, und zwar auch dann, wenn es keinen auch noch so an den Haaren herbeigezogenen Anlass dazu gibt.

Doch nicht nur die gewachsenen Strukturen auf der Rechten, die rechts häufig sehschwache Justiz und Polizei halfen beim Aufstieg von PEGIDA. Auch die Schwäche der Linken und der Arbeiterbewegung trugen zum Erfolg von PEGIDA bei. Während eines Gesprächs mit einer Krankenpflegerin aus dem damaligen Krankenhaus Dresden-Neustadt, erklärte diese, zwar nicht zu PEGIDA zu gehen, dass sie aber den Demonstrationen mit Sympathie gegenüberstehe. Gleichzeitig erklärte sie

---

231 Vgl.: http://www.dnn.de/Dresden/Lokales/Pegida-will-Zahlen-der-Personenzaehlung-per-Muenzen-nicht-veroeffentlichen [Stand: 23.12.2016].
232 Vgl.: http://www.zeit.de/2016/11/sachsen-martin-dulig-vize-regierungschef-wendepunkt [Stand: 23.12.2016].
233 Vgl.: Übersicht über die Tatvorwürfe und Ermittlungsverfahren bezüglich der Ausschreitungen in Heidenau: http://www.mdr.de/sachsen/dresden/ermittlungen-ein-jahr-nach-heidenau-100.html [Stand: 21.01.2017].

ebenso gewerkschaftliche Aktivitäten im Krankenhaus inhaltlich zu unterstützen, aber nicht an ihnen teilzunehmen, aus Furcht vor Repressalien. Bei PEGIDA könne man besser, eben risikofreier zeigen, dass man mit Vielem nicht einverstanden sei, schon deshalb, weil man von Seiten des Staates auf diesen Demonstrationen weitgehend unbehelligt bleibt.[234]

Der Erfolg von PEGIDA speist sich aus zahlreichen Quellen, aber eben auch aus der Schwäche der Arbeiterbewegung, dem erschreckenden staatlichen Handeln und den gewachsenen rechten Strukturen. Dies ist der Dung, auf dem PEGIDA gewachsen ist.

Fallbeispiel Tim H.

Den Umgang des sächsischen Staatsapparates mit AntifaschistInnen zeigt der Fall Tim H. Er soll während der erfolgreichen Massenblockaden gegen den erwähnten alljährlichen Nazi-Aufmarsch in Dresden im Jahre 2011 durch sein Megafon Aufrufe zur Gewalt getätigt haben. Obwohl sich Zeugen – unter ihnen vier Polizeibeamte – vor Gericht nicht im Sinne der Tatvorwürfe äußerten, verurteilte ein Dresdner Gericht Tim H. wegen Landfriedensbruch und Beleidigung zu fast zwei Jahren Haft ohne Bewährung. In späteren Prozessen blieb von diesem Urteil nichts übrig. Indirekt entschuldigte sich das Gericht bei H. und lobte klar die Arbeit der Verteidigung. Dennoch ging die Dresdner Staatsanwaltschaft noch einmal in Revision. In den fünf Jahren, in denen der Prozess gegen den zweifachen Familienvater nun läuft, wurde dessen Berliner Wohnung von mutmaßlichen Nazis überfallen. Es türmen sich Kosten in Höhe von 10.000 Euro vor ihm auf.[235]

Am gleichen Tag, als H. erstinstanzlich zu einer zweijährigen Haftstrafe wegen des von ihm angeblich getätigten Rufes »Kommt nach vorn«, verurteilt wurde, verurteilte man in Dresden Mitglieder der Nazi-Gruppe *Sturm 34*[236], die in der Gegend um Mittweida ihr Unwesen trieb, wegen Bildung einer kriminellen Vereinigung, schwerer Körperverletzung und Sachbeschädigung gerade mal zu Geld- und Bewährungsstrafen.[237]

Fallbeispiel Richter Maier

Ein besonderer Tiefpunkt der an Skandalen reichen Geschichte der sächsischen Justiz ist sicherlich der Fall von Richter Jens Maier, der am Landgericht Dresden arbeitet. Als am 17. Januar 2017 Björn Höcke, der Vorsitzende der Thüringer AfD-

---

234 Vgl.: Transkript des Interviews im Archiv des Autors.
235 Vgl.: Darstellung des Prozesses: http://www.sueddeutsche.de/politik/dresden-saechsische-justiz-beendet-jahrelange-posse-um-nazigegner-1.3322174 [Stand: 19.01.2017].
236 Der Name »Sturm 34« nimmt absichtlich Bezug auf den in der Endphase der Weimarer Republik existierenden »SA-Sturm 34«, der wegen seines brutalen Vorgehens innerhalb der Arbeiterbewegung als »Mördersturm bezeichnet wurde.
237 Vgl.: http://www.netz-gegen-nazis.de/artikel/dresdner-verhaeltnisse-8443 [Stand: 19.01.2017].

Landtagsfraktion und ebenso Vorsitzender des Thüringer Landesverbandes dieser Partei, auf Einladung der Jugendorganisation der AfD im Dresdner Ballhaus Watzke sprach, war einer seiner Vorredner Richter Jens Maier. Neben ausdrücklich lobenden Worten für Höcke, drehte sich Maiers Rede dann um die nach seiner Meinung Unerträglichkeit der in Europa entstehenden »*Mischvölker*« und den angeblichen »*Schuldkult*« der Deutschen.[238] Dass Maier ein klar aus dem Vokabular der NPD stammenden Begriff verwendete mag zwar irritieren, scheint bei ihm aber Programm zu sein. In seiner Rede lobte er auch die NPD. Sie sei die »*einzige Partei [...], die immer geschlossen zu Deutschland gestanden hat.*«[239] Die AfD Sachsen hat Maier auf Listenplatz 2 für die Bundestagswahlen 2017 aufgestellt.

Im Sommer 2016 hatte Maier dem Sozialwissenschaftler Steffen Kailitz per einstweiliger Verfügung untersagt weiterhin öffentlich zu erklären, dass die NPD »*rassistisch motivierte Staatsverbrechen*« plane.[240] Nach öffentlichen Protesten und einer Revision durch Kailitz musste Maier seine eigene Verfügung wieder aufheben. Momentan plant das Landgericht Dresden ein Disziplinarverfahren gegen Maier.

Fallbeispiel Gordian Meyer-Plath

Gordian Meyer-Plath ist seit dem 1. August 2013 Chef des sächsischen *Landesamtes für Verfassungsschutz*. Der sächsische Innenminister Markus Ulbig setzte sich für Meyer-Plaths Ernennung ein. Fällig wurde die Neubesetzung, weil Meyer-Plaths Vorgänger im Amt des Präsidenten, Reinhard Boos, über Unregelmäßigkeiten bezüglich der NSU-Ermittlungen gestolpert war. Meyer-Plath fabrizierte allerdings schnell eigene Zeitungsaufmacher, nachdem 2014 bekannt geworden war, dass er »Alter Herr« der Burschenschaft *Marchia* ist. Diese Burschenschaft geriet wegen des Vorwurfs einer rechten Ausrichtung in die Kritik.[241] Zudem war Meyer-Plath V-Mann-Führer von Carsten Szczepanski. Szczepanski hatte sich 1995 wegen versuchten Mordes an einem nigerianischen Asylbewerber zu verantworten und wurde zu einer Gefängnisstrafe verurteilt. Dennoch war er V-Mann des *Verfassungsschutzes*. Angeblich habe er bereits 1998 Informationen über das Terror-Trio des NSU weitergeleitet, die unter Umständen dessen Ergreifung, noch vor Beginn der Terror-Serie, hätten bewirken können. Doch diese Informationen wurden nie der Polizei übergeben. Die Rolle Meyer-Plaths gilt als umstritten.

---

238 Vgl.: https://www.welt.de/politik/deutschland/article161318995/Dresdner-Richter-preist-oeffentlich-die-NPD-und-Hoecke.html [Stand: 20.01.2017].
239 Ebd.
240 Vgl.: https://www.welt.de/politik/deutschland/article161318995/Dresdner-Richter-preist-oeffentlich-die-NPD-und-Hoecke.html [Stand: 20.01.2017].
241 Vgl.: Schlottman, Katrin: »Verfassungsschützer in Burschenschaft löste Kontroverse aus«, http://www.sz-online.de/sachsen/verfassungsschuetzer-in-burschenschaft-loest-kontroverse-aus-2860412.html [Stand: 22.01.2017].

Fallbeispiel Bürgerwehren in Sachsen

Bereits seit mehreren Jahren kann man in Sachsen eine deutliche Zunahme rechter Bürgerwehren feststellen.[242] Zwar warnte Gordian Meyer-Plath vor einer Aushöhlung des Rechtsstaats und dessen Unterwanderung durch Nazis, allerdings bekundete er ebenso Verständnis für die selbsternannten Sheriffs:

> *»Hinter der steigenden Anzahl so genannter Bürgerwehren steht das sinkende Sicherheitsgefühl vieler Menschen. Deshalb müssen wir uns fragen: Was ist los, damit so etwas nötig zu werden scheint?«*[243]

Welches Potential sich in den zahlreichen sächsischen Bürgerwehren zusammenfindet, zeigen zwei Beispiele im Mai 2016. Damals griffen vier Männer, die einer solchen Bürgerwehr angehörten, einen psychisch erkrankten Geflüchteten in einem Arnsdorfer Supermarkt an und fesselten ihn an einen Baum. Einer der vier Männer war Detlef Oelsner, er saß zum Tatzeitpunkt für die CDU im Gemeinderat. Als die Polizei zum Vorfall dazu kam, nahm sie nicht einmal die Personalien der vier Männer auf, von denen zumindest Oelsner beteuerte, sie würden keiner Bürgerwehr angehören.[244] Lange Zeit weigerte sich die Polizei bei den vier Tätern Verfehlungen zu erkennen.

Ein zweites Beispiel ist die *Gruppe Freital*, bei der es sich um die rechte Bürgerwehr *FTL/360* handelt. Den inzwischen acht Angeklagten (sieben Männer, eine Frau) werden Sprengstoffanschläge auf Geflüchtete, ein linkes Wohnprojekt und versuchter Mord zur Last gelegt. Zu den Taten gehören auch Angriffe auf aktive Mitglieder der Partei DIE LINKE und AntifaschistInnen. Zunächst wurde gegen einen, zwischenzeitlich sogar gegen drei sächsische Polizisten wegen des Verdachts auf Weitergabe von Dienstgeheimnissen ermittelt. Scheinbar haben mindestens diese drei Polizisten der Gruppe Freital Informationen aus Polizeikreisen zur Verfügung gestellt.[245]

»Was wollen die denn eigentlich?«

»Was wollen die denn eigentlich? Irgendwie scheinen die wegen allem und nichts zu demonstrieren«, die Frage einer Passantin während einer antirassistischen Flug-

---

242 Vgl.: u.a.: Fraktion DIE LINKE im sächsischen Landtag [Hrsg.]: »Von wegen ‚Polizei'. Bürgerwehren in Sachsen – eine Gefahr«, Dresden, 2016, abrufbar unter: http://www.linksfraktionsachsen. de/images/content/publikationen/Broschueren/Brosch_Buergerwehren.pdf [Stand: 20.01.2017].

243 Zit. nach: Debski, Andreas (05.01.2016): »Verfassungsschutz: Es gibt immer mehr Bürgerwehren in Sachsen«, http://www.lvz.de/Mitteldeutschland/News/Verfassungsschutz-Es-gibt-immer-mehr-Buergerwehren-in-Sachsen [Stand: 20.01.2017].

244 Vgl.: Stürzenhofecker; Michael (02.06.2016): »Angebliche Bürgerwehr greift Asylbewerber an«, http://www.zeit.de/gesellschaft/zeitgeschehen/2016-06/arnsdorf-sachsen-fluechtling-buergerwehr-supermarkt [Stand: 20.01.2017].

245 Vgl.: Debski,,Andreas (19.01.2017): „Gruppe Freital: Drei Polizisten unter Verdacht", Dresdner Neueste Nachrichten, 19.01.2017, S. 5.

blatt-Aktion in der Dresdner Innenstadt mag nach nunmehr zwei Jahren zunächst eigenartig wirken. Doch diese Frage begründet sich durch die Eigenart von PEGIDA. Und schon ist man mittendrin in der PEGIDA-Ramschkiste. Da gibt es den Verschwörungstheoretiker, der geheimnisvolle Mächte und elitäre Zirkel hinter weltpolitischen Entscheidungen wähnt. Und wieder sind es »die JüdInnen«, die die USA regieren und diese wiederum herrsche, selbstverständlich zusammen mit dem jüdischen Israel, über Deutschland. Man findet bei PEGIDA die Großmutter, die fürchtet, man werde sehr bald schon Weihnachten in Deutschland in einer Moschee feiern müssen, wenn es das liebgewordene Fest dann überhaupt noch gäbe. Einen Passanten, der sich vor den durch die Geflüchteten mitgebrachten Bazillen fürchtet. Und den Rentner, der bitter und voller Berechtigung über seine *mickrige Rente* schimpft. Natürlich ist auch das Pärchen im etwas fortgeschrittenen Alter nicht weit, dass den Kampf gegen die *»Islamisierung des Abendlandes«* als Kampf für eine wirklich freie Presse versteht.[246] Selbstverständlich ohne auch nur in Betracht zu ziehen, dass Freiheit und Unabhängigkeit der Presse nicht durch Muslimas und Muslime eingeschränkt werden, sondern durch das Privateigentum an Produktionsmitteln, welches die JournalistInnen dazu verdammt, das zu schreiben, was der Eigentümer ihrer Zeitung zulässt. Der unüberhörbare Ruf von der »Lügenpresse« übertönt solche Überlegungen erfolgreich. Auch der ist nicht neu und findet sich genauso auch im 25-Punkte-Programm der NSDAP von 1920.[247]

Die von PEGIDA gemahnte *»Islamisierung des Abendlandes«* – sie ist so unkonkret und so wenig von Fakten belegt, dass sie im Grunde nur zweierlei Reaktionen provozieren kann: Gleichgültiges Achselzucken oder die Bereitschaft zur Projektion diffuser, aber keinesfalls nur erdachter Ängste und Befürchtungen.

Plötzlich ist die Islamisierung alles: Wachsende Kriminalität, steigende Krankenkassenbeiträge, Mietwucher, fallende Löhne, Bauchschmerzen und Haarausfall. Genau diese Mischung aus echter und verständlicher Frustration über die eigene soziale Lage, die Furcht vor sozialem Abstieg und Kopfschütteln erzeugendem Irrsinn machte PEGIDA von Anfang an aus. Genau dieses, wenn man so will, inoffizielle Programm blieb wenigstens PEGIDA Dresden bis heute trotz aller Akzentverschiebungen erhalten und es macht bis heute einen großen Teil des Erfolgs der Bewegung aus. *»Was findet man dort nicht alles, zu niedrigem Preis und in noch niedrigerer Qualität«*[248], schrieb der russische Revolutionär und Marxist Leo Trotzki 1933 über das Programm der Nazis.

Als im Januar 2015 die damalige Oberbürgermeisterin der Stadt Dresden, Helma Orosz (CDU), zu einer offiziellen Kundgebung der Stadt einlud und verschiedene Mu-

246 Vgl.: Ebd.
247 Vgl.: Päzold, Weißbecker, Manfred: »Geschichte der NSDAP«
248 Trotzki, Leo: »Porträt des Nationalsozialismus, in Arbeiterpresseverlag [Hrsg.]: »Leo Trotzki: Porträt des Nationalsozialismus. Ausgewählte Schriften 1930-1934«, Essen. Arbeiterpresseverlag, 1999, S. 300-310, S. 306 [nachfolgend: Trotzki: »Porträt«].

sikerInnen und KünstlerInnen auf die Bühne holte, um den »weltoffenen Charakter« der Stadt zu demonstrieren, war das politische Fundament dieser Aktion so brüchig, dass selbst PEGIDA die eigenen AnhängerInnen aufforderte bei diesem »Event« dabei zu sein, damit sie die tollen Musikgruppen nicht verpassen würden. Die *Sozialistische Alternative* verteilte Flugblätter gegen PEGIDA. Schulterklopfen, Anfeindungen, Diskussionen – die Palette der Reaktionen war riesig. Die Flyer wurden aus den Händen der VerteilerInnen gerissen, einerseits, um sie effektvoll auf den Boden zu werfen und wütend auf ihnen herumzutrampeln, andererseits, um sie weiterzuverteilen.

Ein Mann mittleren Alters erklärte nach einigem Zögern, dass er zu PEGIDA gehe, natürlich, ohne Rassist zu sein. Schon im Revolutionsjahr 1989 habe er demonstriert, gegen Stalinismus und die Perversion einer wirklich guten Idee, genannt Sozialismus. Der Kapitalismus und all seine Ungerechtigkeiten würden ihn anwidern. Er habe immer PDS (heute: DIE LINKE) gewählt. Aber deren Politik sei doch ein Verrat an den Niedriglohnjobbern und den Armen. Bei PEGIDA würde man ein Zeichen gegen Kriegsgefahr und Rüstungsexporte setzen. Dagegen müsse man etwas tun. Er meinte, dass Linke das unterstützen müssten.

PEGIDA Dresden scheint eine Ansammlung von Menschen zu sein, die sich selbst allen möglichen Strömungen zuordnen würden. Und wie heterogen sie auch daherkommen, sie alle nennen sich PEGIDA. Doch wie ist das zu erklären? Was hält diese Bewegung zusammen? Was bringt sie dazu seit zwei Jahren jeden Montag auf die Straße zu gehen?

So wie der Begriff »Islamismus« eine Projektionsfläche von Ängsten, Befürchtungen, verstörenden Erfahrungen und Hass ist und so irreal manch präsentierte Ansicht eines PEGIDA-Anhängers sein mag, so real sind manche Missstände, die PEGIDA auf ihren Demos aufgreift. Die Krankenkassenbeiträge sind gestiegen. Zwischen 2009 und 2014 sind in Dresden die Mieten um satte 23 Prozent in die Höhe geschnellt und damit erreichte die sächsische Landeshauptstadt einen Mietanstieg, der höher war als der in München.[249] Kriege und Bürgerkriege in der Welt haben in den letzten Jahren zugenommen. Nur taugt das den PEGIDA-AnhängerInnen präsentierte und weithin von ihnen dankbar angenommene Feindbild, nämlich das des gläubigen Muslims und der gläubigen Muslima, nicht im geringsten.

Nur 5,1 bzw. 4,9 Prozent der auf PEGIDA-Demonstrationen befragten Personen wünschen sich mehr »Solidarität« bzw. »Umverteilung«. Dabei spielten die sozialen Probleme und die Ängste, die der Kapitalismus von Haus aus produziert, durchaus eine Rolle. Doch den Organisatoren von PEGIDA ist es gelungen, Wut und Frustration über alle möglichen Probleme in Richtung Rassismus zu lenken.

Weder zu Beginn von PEGIDA noch heute sind alle Demonstrierenden RassistInnen. Elemente von Verwirrung, von Projektion von Problemen, vom Protest

---

249 Vgl.: Pleil, Ingolf (09.03.2017): »Mietpreisbremse Sache des Stadtrats«, Dresdner Neueste Nachrichten, S. 15.

gegen das Establishment, von Ost-Nostalgie, dürften, wenn auch geringer als am Anfang, noch vorhanden sein. Aber sie werden sämtlich überlagert vom Rassismus, der einzige Kitt, der die Bewegung zusammenhält. Je länger PEGIDA läuft, desto mehr haben die TeilnehmerInnen vom Gift des Nationalismus und Rassismus inhaliert. Aktionen wie das Volksbegehren gegen die Rundfunkgebühren sind nur die Begleitmusik für den Haupttrend von PEGIDA.

Die Befragung des *Göttinger Instituts für Demokratieforschung* ist nicht repräsentativ, aber zeigt eine Tendenz. Sie basiert auf 610 beantworteten Fragebögen auf einer PEGIDA-Demonstration im November 2015 und zeigt, wie sich die Meinung der TeilnehmerInnen verändert hat. Etwa sechzig Prozent zeigen Verständnis für Gewalt. 82 Prozent sind für die Befestigung der deutschen Außengrenzen. 93 Prozent wollen »*mehr aufrechte Patrioten*« in Staat und Politik. Die AfD findet großen Zuspruch, achtzig Prozent können sich vorstellen, sie zu wählen.

Eine Auswertung von 1000 *Facebook*-Kommentaren von PEGIDA-AnhängerInnen, die per Zufall ausgewählt wurden, ergibt ein recht eindeutiges Bild der Perspektiven dieser Leute. Der Soziologe Hajo Funke fasst die Auswertung zusammen:

> »*Das Weltbild von PEGIDA besteht … vordergründig aus der Wahrnehmung einer unmittelbar bevorstehenden oder in Gang befindlichen Übernahme Deutschlands und Europas durch den Islam und dessen totalitärer Herrschaft.*«[250]

Soziale Zusammensetzung

»*Arsch hoch gegen ein neues 1933*« lautet die deutlich lesbare Aufschrift eines der häufig auf den Demonstrationen gegen PEGIDA-Dresden getragenen Transparente. Der Journalist Michael Bittner, von einem Teil der PEGIDA-Gegner gern zitiert, rückte die RassistInnen in einem seiner Beiträge in die Nähe der historischen NSDAP. Und auch der vorstehende Text geizt nicht mit Parallelen zwischen NSDAP und PEGIDA.[251] Doch die Gleichsetzung dieser zwei Phänomene wird, trotz unleugbarer Parallelen, der Komplexität beider nicht im Geringsten gerecht.

Es waren vor allem drei Dinge, die die faschistische Bewegung der zwanziger und dreißiger Jahre auszeichneten: Ihre soziale Zusammensetzung, ihre in alle Richtungen deutbare Programmatik und ihre Methodik. Dabei wurden ihr Programm und ihre Methoden durch ihre soziale Zusammensetzung definiert.

Bachmann entdeckte früh seine lobenden Worte für die gesellschaftliche Mitte, die mit ihm auf die Straße gehe. Das war nicht nur als Tarnung seiner politischen Ansichten gemeint, die er wenigstens in den ersten Monaten von PEGIDA, als »*nicht links und nicht rechts*« bezeichnete. Es war auch soziologisch gemeint.

---

250 Von Wutbürgern und Brandstiftern; Hajo Funke, Berlin 2016, S. 51
251 Vgl.: http://michaelbittner.info/2015/10/13/pegida-und-nsdap-ein-vergleich/ [Stand: 30.10.2016].

Die meisten Studien, die zu PEGIDA erschienen, pflichteten ihm durchaus bei. Vorländer veranschlagte den Anteil der »Selbstständigen« in den Reihen der DemonstrantInnen auf zwanzig Prozent.[252] Die Studie des *Göttinger Instituts für Demokratieforschung* kam zu ähnlichen Ergebnissen.[253] Verglichen mit ihrem Anteil an der erwerbstätigen Bevölkerung – bundesweit elf[254], sachsenweit 10,8 Prozent[255] - sind die Selbstständigen damit deutlich überrepräsentiert.[256] Hingegen sind Angestellte und ArbeiterInnen auf den Demonstrationen weniger stark vertreten als in der deutschen Bevölkerung. Besonders Vorländer sieht diese Gruppe als bei PEGIDA deutlich unterrepräsentiert. Demnach seien gut 47 Prozent[257] der »SpaziergängerInnen« ArbeiterInnen und Angestellte, während es gemessen an allen Erwerbstätigen in Deutschland 83,1 Prozent[258] sind.

Ein ähnliches Bild ergibt sich bei der Betrachtung der formalen Bildungsabschlüsse der PEGIDA-Demonstranten. Die Göttinger Sozialforscher ermittelten, dass 27,4 Prozent AkademikerInnen mit Hochschulabschluss oder gar Doktortitel seien.[259] In Deutschland sind es ganze 14,1 Prozent.[260]

Wer die Anhänger von PEGIDA sind, beantwortete die *Sächsische Zeitung* vom 17. Dezember 2015 in einem ganzseitigen Artikel auf Seite drei mit den Worten:

»Wutbürger? Angstbürger? Wirre Wohlstandsbürger? Enttäuschte Wendeopfer? Abstiegsbesorgte Mittelständler? Nagelstudiobesitzerinnen, die ihre Interessen von den alten Parteien nicht vertreten fühlen? PEGIDA vereint sie alle. Ein diffuser Mischmasch.«[261]

---

252 Vgl.: Springer, Christoph (15.01.2015): »Islam ist nur für jeden vierten Pegida-Anhänger ein Thema«, in: »Dresdner Neueste Nachrichten«, S. 4 [nachfolgend: »PEGIDA-Anhänger«].
253 Vgl.: »Göttinger Studie«. Die Studie geht von einem Anteil von 18 Prozent aus.
254 Vgl.: http://www.bpb.de/nachschlagen/zahlen-und-fakten/soziale-situation-in-deutschland/61698/erwerbstaetige-nach-stellung-im-beruf [Stand: 20.01.2017].
255 Vgl.: https://de.statista.com/statistik/daten/studie/38297/umfrage/selbststaendigenquote-nach-bundeslaendern/ [Stand: 20.01.2017].
256 Die Studien sind nicht ohne Weiteres vergleichbar: Sowohl die Studie bei »statista« als auch jene bei der »Bundeszentrale für politische Bildung« erheben den Anteil der jeweiligen Berufsgruppen an den Erwerbstätigen. Die Studie von Vorländer erhebt diesen Anteil an der Gesamtteilnehmerzahl der Demonstrationen.
257 Vgl.: Springer, Christoph (15.01.2015): »Islam ist nur für jeden vierten Pegida-Anhänger ein Thema«, in: »Dresdner Neueste Nachrichten«, S. 4.
258 Vgl.: http://www.bpb.de/nachschlagen/zahlen-und-fakten/soziale-situation-in-deutschland/61698/erwerbstaetige-nach-stellung-im-beruf {Stand: 19.12.2016]. Angaben laut Statistik für das Jahr 2011: ArbeiterInnen und Angestellte 83,1 Prozent, 11,0 Prozent Selbstständige, BeamtInnen 5,2 Prozent, 0,6 Prozent mithelfende Familienangehörige; bei 39.869.000 Erwerbstätigen.
259 Vgl.: »Göttinger Studie«. Die Studie ermittelte einen Anteil von 3,6 Prozent mit Doktortitel und 23,8 Prozent mit sonstigen Hochschulabschlüssen.. Erfragt wurde jeweils der höchste formale Bildungsabschluss.
260 Vgl.: http://www.bpb.de/nachschlagen/zahlen-und-fakten/soziale-situation-in-deutschland/61656/bildungsstand [Stand: 19.12.2016].
261 Grossmann, Karin (17.12.2015): »Alle gegen alles«, in: »Sächsische Zeitung«, S. 3.

Übersetzt bedeutet das, Bachmann und Co. rufen seit zwei Jahren sehr erfolgreich vor allem verschiedene Schichten des Kleinbürgertums auf die Straße.[262] Das bildet, wenn man so will, die Füllmasse der rassistischen Aufzüge, bestimmt in Gestalt des Kleinunternehmers Bachmann, das Programm der ganzen Bewegung und prägt die auf den Demonstrationen auftauchenden, teils ganz wirren, Ansichten. Das Kleinbürgertum als soziale Klasse

> »[...] *strebt nach der Stellung der Bourgeoisie [Klasse der Großunternehmer – A.d.A.], aber das kleinste Missgeschick schleudert die Angehörigen des Kleinbürgertums hinab in die Reihen des Proletariats [Arbeiterklasse – A.d.A.],*«[263]

schrieb Friedrich Engels bereits im September 1851.

Das unbedingte Streben nach gesellschaftlichem Aufstieg, gepaart mit Angst vor dem Verlust des eigenen sozialen Status bestimmt Handeln und Denken des Kleinbürgertums, der kleinen und mittleren Unternehmer, der BeamtInnen und AkademikerInnen in Führungspositionen. Genau dort liegen die Gründe für die politischen Ansichten von PEGIDA: Dem Kleinbürgertum ist Solidarität fremd. Sein ganzes Sein wird vom Konkurrenzdenken bestimmt. Er muss sich gegen zahlreiche MitbewerberInnen am Markt durchsetzen, kämpft um KundInnen oder um die Gunst der Vorgesetzten. Ist es da ein Wunder, dass sich nur etwa fünf Prozent der PEGIDAs mehr Solidarität innerhalb der deutschen Gesellschaft wünschen?[264]

Dafür klebt das Kleinbürgertum an seinem Eigentum, weil das kleine Geschäft oder die leitende Position es zu dem macht was es ist.

> »*Nur im persönlichen Eigentum liegt das Heil. Der Gedanke des nationalen Eigentums ist Brut des Bolschewismus. Die Nation vergottend will der Kleinbürger ihr doch nichts schenken. Im Gegenteil erwartet er, dass die Nation ihm selbst Besitz beschert [...]*«[265]

erklärt Trotzki das grundlegende Herangehen des Kleinbürgertums, also der gesellschaftlichen Mittelschichten, an alle gesellschaftlichen Auseinandersetzungen.

Die Zusammensetzung der sozialen Basis von PEGIDA aus kleinbürgerlichen und subproletarischen Schichten ist das besondere Kennzeichen des rassistischen Bündnisses in der sächsischen Landeshauptstadt. Dresden war damit dafür prädestiniert der Schmelztiegel dieser Bewegung zu werden. Verlierer der Wiedereinführung des

---

262 Jedoch bleiben bestimmte Schichten des Kleinbürgertums den Aufmärschen auch fern. Gerade BesitzerInnen kleiner Läden in der Innenstadt beklagen fallende Umsätze durch die montäglichen PEGIDA-Aufmärsche.
263 Engels, Friedrich: »Revolution und Konterrevolution in Deutschland«, in: Institut für Marxismus-Leninismus beim ZK der SED [Hrsg.]: »Karl Marx, Friedrich Engels: Ausgewählte Werke in sechs Bänden. Band II«, Berlin: Dietz-Verlag, 1972, S. 181-297, nachfolgend: Engels: Revolution und Konterrevolution«, S. 189.
264 Vgl.: Göttinger Studie.
265 Trotzki: Porträt«, S. 305f.

Kapitalismus in Ostdeutschland finden sich allerorten. Am untersten Ende der sozialen Hierarchie, ohne Hoffnung auf (Wieder-)Aufstieg. Sie finden sich in Dresden ebenso wie in anderen ostdeutschen Städten. Doch Sachsen und Dresden hat auch eine andere Seite: Es ist eine Boomregion, hat mehr als andere Gebiete in den neuen Bundesländern von der Vereinigung profitiert. Gerade Dresden ist einer der viel beschworenen »Leuchttürme« der CDU-Wirtschaftspolitik. Hier steigt die Geburtenrate, Dresden wächst – die Folgen des relativen wirtschaftlichen Aufschwungs, der neben erschreckenden Ungleichheiten und VerliererInnen eben auch NutznießerInnen kennt. Teile dieser NutznießerInnen, Teile des Kleinbürgertums sammeln sich um Bachmann und Däbritz allmontäglich in der Dresdner Innenstadt.

Es ist keineswegs das erste mal in der Geschichte, dass Bewegungen einen solchen sozialen Unterbau haben.

Als Karl Marx seine Einschätzung der Bewegung und der späteren Herrschaft von Napoleon III. zu Papier brachte und diese Herrschaft als »Bonapartismus« bezeichnete, ahnte er wohl kaum, dass er damit eine Schablone für die Analyse faschistischer Bewegungen in den zwanziger und dreißiger Jahren lieferte[266], die SozialistInnen wie August Thalheimer, der zeitweise Vorsitzende der KPD, in seinen Texten immer wieder heranzogen. Bemerkenswert ist dabei gerade Marx' Untersuchung der Zusammensetzung der von Napoleon III. geschaffenen Partei, der *Gesellschaft des 10. Dezember*. Dort finde man städtische Arme, Tagelöhner, alte Soldaten, Zuhälter, Taschendiebe, Kriminelle, kleine Unternehmer...[267] Die illustre Ansammlung, die Bachmann mit dem Stempel »PEGIDA« versah könnte man kaum besser beschreiben.

Es sei eine »[...] *mittelmäßige[] und groteske[] Personage gewesen [...]*«, die sich angeschickt habe die »*Heldenrolle*« zu spielen, so Marx über die Herrschenden im Frankreich des 19. Jahrhunderts.[268] Es ist überraschend wie sehr diese Beschreibung auch auf Lutz Bachmann und Siegfried Däbritz, als den leitenden Figuren von PEGIDA zutrifft.

Däbritz, der gescheiterte Kleinunternehmer mit dem Hotel und der Security-Firma im sächsischen Meißen, der die Kontakte zu rechten Hooligan-Gruppen herstellt und damit im Endeffekt verantwortlich ist für die militanten Übergriffe auf PEGIDA-GegnerInnen und JournalistInnen aus den rassistischen Aufmärschen heraus. Und da ist der allseits präsente Lutz Bachmann, der wenigstens zeitweise seinen Lebensunterhalt ganz oder teilweise durch kriminelle Machenschaften verdiente[269],

---

266 Marx, Karl: »Der 18. Brumaire des Louis Bonaparte«, in: »Karl Marx, Friedrich Engels: Ausgewählte Werke in sechs Bänden. Band II«, Berlin: Dietz-Verlag, 1972, S. 299-417, nachfolgend: Marx: »18. Brumaire«.
267 Vgl.: Ebd.: S. 362.
268 Ebd.: S. 304.
269 Zu Bachmanns kriminellem Vorleben ausführlich: Schneider, Alexander; Wolf, Ulrich; Wolf, Tobias; Löbbers, Heinrich Maria (30.10.2015): »Pegida persönlich«, in: AuSZeit«, {nachfolgend: »Pegida perönlich«], S. 26f. In diesem Artikel werden Bachmann 16 Einbruchdiebstähle, Besitz und Handel mit Kokain und falsche Angaben bezüglich eines angeblichen Studienabschlusses, so-

der nach einer Verurteilung wegen Auftragseinbrüchen für das organisierte Verbrechen nach Südafrika floh und dort eine Diskothek betrieb. Der sich wegen eines Fehlers bei der Verlängerung seines Visums selbst enttarnte und so den deutschen Behörden in die Hände fiel. Der seine Strafe – natürlich ganz reumütig – absaß, um dann mit Kokain zu handeln. Der Verweigerer von Unterhaltszahlungen. Der kleine Werbeunternehmer. Der Abenteurer, den die Kleinbürger und Spießer um ihn herum wegen seiner Art zu leben im Stillen beneiden, und dennoch die angeblich kriminellen »Ausländer« hassen. Lutz Bachmann, der Bockwurststandbesitzer, der mit diesem Versuch Geld zu machen scheiterte.[270] Der einen Presseausweis besitzt und Bild-Leipzigreporter war und dennoch die »Lügenpresse« verabscheut. Dem wiederkehrend von einstigen Weggefährten die Veruntreuung von Spendengeld vorgeworfen wird.[271] Es ist eine »*mittelmäßige und groteske Personage.*«

Und die NSDAP? Adolf Hitler? Der Mann, der Fußpuder im Haustürgeschäft verkaufte und Opern schrieb, der ein alkoholfreies Ersatzgetränk für Bier entwickeln wollte, damit der Arbeiter endlich weniger Rauschmittel konsumiert und der dennoch einen Hang zu Aufputschmitteln entwickelte. Der Städte entwarf und sich stets mit jungen Menschen umgab, weil er hoffte, ihre Jugendlichkeit würde durch geheimnisvolle Wellen auf ihn übergehen. Der um jeden Preis »nach oben« wollte und das Establishment nur deshalb hasste, weil er lange Zeit kein Teil davon sein durfte. Oder Göring, der morphinsüchtige Weltkriegspilot, der sich als Kunstflieger in Skandinavien verdingte. Oder Goebbels, der 1931 der Berliner SA die Lohnzahlungen stahl, um seine amourösen Abenteuer mit der geschiedenen Unternehmergattin Magda Quandt finanzieren zu können und so die »Sturmabteilung« der damaligen Reichshauptstadt gegen Hitler aufbrachte. Es war eine »*mittelmäßige und groteske Personage.*«

Methoden und Programmatik

Ist PEGIDA also doch die neue NSDAP? Sind Bachmanns Patrioten die neuen Faschisten, die allenfalls und das noch nicht einmal in allen Fällen den zur Schau gestellten Antisemitismus ablegten, um sich vollends als Islamhasser zu präsentieren?

Wie erwähnt, diese Gleichsetzung wäre zu einfach. Was die NSDAP mit ihrer SA in Deutschland oder die Faschisten in Italien ausmachte, war vor allem ihre

---

wie Flucht vor Strafverfolgung zur Last gelegt. Bei Bachmanns letzter Verurteilung am 30.11.2016 benötigte das Gericht laut Presseangaben eine Dreiviertelstunde, um dessen Vortrafenregister zu verlesen: http://www.sz-online.de/sachsen/bachmann-rechtskraeftig-wegen-volksverhetzung-verurteilt-3552673.html [Stand: 23.12.2016].

270 Vgl.: »Pegida persönlich«.

271 Vgl.: u.a.: Ulmen, Stefan (20.02.2015): »Was läuft da mit den PEGIDA-Spendengeldern?«, https:// www.tag24.de/nachrichten/spendenkonto-pegida-rechnung-bachmann-4795?isAjax=1?isAjax=1 [Stand: 22.01.2017]. Sowie: »Pegida demonstriert gegen Pegida«, spiegel.de, 27.09.2016, http:// www.spiegel.de/politik/deutschland/lutz-bachmann-vs-tatjana-festerling-pegida-zerlegt-sichselbst-a-1114059.html [Stand: 22.01.2017].

systematische Militanz, die Bereitschaft zum Massenmord an SozialistInnen, GewerkschafterInnen und KommunistInnen. Elemente davon sind sehr wohl bei und um PEGIDA zu finden, wie die rechtsterroristische *Gruppe Freital*, der gerade der Prozess wegen Sprengstoffanschlägen gemacht wird, beweist. Genauso wie der Angriff rechter Hooligans auf eine Großkundgebung zum Protest gegen den ersten PEGIDA-Geburtstag im Oktober 2015. Und dennoch ist diese Art der Gewaltanwendung weit entfernt von dem Maß des brutalen und unberechenbaren Terrors der SA zu Anfang der dreißiger Jahre in Deutschland. PEGIDA führt den »Kampf um die Straße« überwiegend symbolisch. Dabei kommt es zu einzelnen Gewalttaten. Diese Gewalt ist aber nicht systematisch und wird vorwiegend von organisierten Neonazis verübt.

Noch etwas unterscheidet die Methodik PEGIDAs von der der NSDAP. Spätestens seit 1930/31, dem Jahr des ersten großen Wahlerfolgs der NSDAP auf Reichsebene und der Versicherung der deutschen Wirtschaft die Nazis mit umfassenden finanziellen Mitteln auszustatten, sollte es nötig sein, eine sozialistische Umwälzung in Deutschland von Neuem zu verhindern, mauserte sich die NSDAP mehr und mehr zu so etwas wie der stillen Kaderreserve der herrschenden Eliten der Weimarer Republik. PEGIDA war das nie. Denn dazu müsste PEGIDA wenigstens versuchen, organisierte Strukturen zu schaffen. Doch der Versuch eine eigene Partei zu gründen, blieb bereits im Ansatz stecken.

Angeblich, so Bachmanns Darstellung auf der Demonstration vom 13. Juni 2016, habe er eine *Freiheitliche direkt-demokratische Volkspartei* (FDDV), das doppelte »D« wohl auch als Anspielung auf Dresden, ins Leben gerufen.[272] Sollte das der Fall sein, geschah dies ebenso wie die Ernennung Tatjana Festerlings zur OB-Kandidatin, an den eigenen AnhängerInnen vorbei. Der Bundeswahlleiter, dem Parteigründungen angezeigt werden müssen, gab auf Presseanfrage jedoch mehrmals an, von einer FDDV nichts zu wissen.[273]

PEGIDA eignet sich, um Geflüchtete und Linke einzuschüchtern und rassistisch Stimmung zu machen. Aber den Staatsapparat übernehmen können die RassistInnen um Bachmann und Däbritz wohl kaum. Dazu müssten die Leute um Bachmann gezielt versuchen Kaderstrukturen aufzubauen und das nimmt PEGIDA noch nicht einmal in Angriff.

Auch das extreme Ausmaß sozialer Demagogie, welches gerade die NSDAP kennzeichnete, hat PEGIDA bislang nicht erreicht, auch wenn ihnen dieser Propaganda-Trick nicht fremd ist. Zwar hat man immer wieder die angeblich enormen Kosten der Zuwanderung ins Feld geführt und dem die Armut Hiergeborener gegenübergestellt; Bachmann verkündete auf einer Demonstration Ende 2015 von der

---

272 Vgl.: http://www.zeit.de/politik/deutschland/2016-07/fddv-lutz-bachmann-pegida-partei [Stand: 20.12.2016].
273 Vgl.: http://www.dnn.de/Dresden/Lokales/Pegida-Parteigruendung-Bundeswahlleiter-weiss-noch-von-nichts [Stand: 20.12.2016].

Bühne herab auch seine vorgebliche Bestürzung über die ungleiche Einkommens- und Vermögensverteilung weltweit. Anders als beispielsweise die Nazis unter Adolf Hitler bestehen die PEGIDA-RassistInnen jedoch unbedingt darauf, selbst keine Sozialisten zu sein.

PEGIDA ging seit dem Auftritt auf der politischen Bühne im Oktober 2014 bis heute immer neue Schritte in Richtung einer neuen faschistischen Bewegung, dort angekommen ist PEGIDA jedoch noch nicht. Ob Bachmann und Däbritz PEGIDA jemals dorthin bringen werden, bleibt weiterhin unklar. Nicht zuletzt auch deshalb, weil sich die Frage stellt, ob es beiden nur in zweiter Linie um politische Idealvorstellungen geht und in erster um die Lösung ihrer ganz eigenen sozialen Frage.

Die etwas eigenartige Radikalisierung von PEGIDA

Folgt man der Darstellung von *PEGIDA-Watch* in Dresden, dann bedeutete die spürbare Verringerung der Teilnehmerzahlen von PEGIDA auch ein Eindampfen dieser Bewegung auf ihren *»faschistischen Kern.«* Nun ist diese Darstellung etwas zu einfach, gerade in der Verwendung der Vokabel *»faschistisch.«* Die dargestellte Tendenz jedoch ist nicht falsch. Mit der Abnahme der Demonstrationsteilnehmerzahlen nimmt bei den Aufmärschen das Gewicht organisierter rechter Kräfte bis hin zu Nazis deutlich zu. Dennoch reihen sich montags auch weiterhin Menschen bei PEGIDA ein, die nicht in diese Klientel eingeordnet werden können. Nicht wenige von ihnen haben nach zwei Jahren jedoch ihr Weltbild deutlich nach rechts verschoben. Die Radikalisierung von PEGIDA ist spürbar und bei Protesten in Hör- und Sichtweite regelrecht mit Händen zu greifen. Sie wird nicht zuletzt deutlich durch die Auswahl der RednerInnen auf der Tribüne - zu Beginn waren es Bachmann selbst, Däbritz und die später ausgeschiedene Kathrin Oertel. Man sprach davon weder rechts noch links zu sein. Inzwischen kommen Größen der sogenannten »neuen Rechten« wie Götz Kubitschek[274] oder Jürgen Elsässer.[275]

---

274 Kubitschek, Götz: * 17.08.1970, Ravensburg; rechter Verleger und Chefredakteur der rechten Zeitung Sezession. Sie gilt als Theorieblatt der »Neuen Rechten«. Kubitschek trat als Redner bei LEGIDA in Leipzig und PEGIDA in Dresden auf. Gemeinsam mit Jürgen Elsässer, dem Herausgeber des *Compact*-Magazins gründete Kubitschek die rassistische Ein-Prozent-Bewegung. Seit der Gründung der AfD versucht Kubitschek auf deren politische Ausrichtung Einfluss auszuüben. Der Gründer der AfD warnte, anlässlich des Antrags auf Eintritt durch Kubitschek und dessen Frau, ausdrücklich vor ihm. Vgl.: Bender, Justus; Bingener, Reinhard: »Die rechten Fäden in der Hand«, http://www.faz.net/aktuell/politik/inland/zu-besuch-bei-goetz-kubitschek-14180792.html?printPa gedArticle=true#pageIndex_2 [Stand: 22.01.2017].
275 Elsässer, Jürgen: * 20.01.1957, Pforzheim; Journalist. Lange Zeit Redakteur, Herausgeber bzw. Mitherausgeber verschiedener linker Zeitungen und Zeitschriften wie Arbeiterkampf (Zeitung des Kommunistischen Bundes), Bahamas, Junge Welt, Jungle World, Neues Deutschland usw. Seit circa 2008/09 wendete sich Elsässer mehr und mehr der Neuen Rechten zu, was er erstmals mit der Grün-

Distanzierte sich Bachmann in seinem ersten Presseinterview mit der Bild-Zeitung im Dezember 2014 noch von Nazis und rechten Hooligans und beklagte er sich bei dieser Gelegenheit sogar darüber, dass ihm das Versammlungsrecht die Möglichkeit nehme diese Gruppen von der Demonstration auszuschließen[276], scheute derselbe Bachmann sich später nicht, seine Bewegung in eine Reihe mit der klar faschistischen *Goldenen Morgenröte* in Griechenland zu stellen.[277]

Gleichzeitig ist der Prozess in sich enorm widersprüchlich. Die Radikalisierung führte nicht dazu, dass sich die »Patrioten« nun »Freie Kräfte« oder die NPD als Partner suchen, sondern den rechten Flügel der AfD. Die Ausrichtung auf diese Partei bzw. auf einen bestimmten Flügel dieser bestimmt seit Monaten das politische Auftreten von Bachmann und Co. und determinierte ebenso unverkennbare Richtungsentscheidungen des Führungsgremiums.

Von Anfang an bestimmte das Verhältnis zwischen PEGIDA und der AfD auch die politische Debatte um PEGIDA. In den raren Äußerungen, die Bachmann zu Beginn seiner PEGIDA-Karriere gegenüber der Presse tätigte, gehörte auch die Aussage, von den politischen Parteien wolle man lediglich mit einer sprechen, mit der AfD. Diese schien darüber wenig erfreut. Zu einer Annäherung zwischen Bachmanns Truppe und der Führung der sächsischen AfD kam es nie. Eine Allianz scheiterte nicht nur an dem damaligen Parteivorsitzenden und Gründervater der AfD, Bernd Lucke. Auch die sächsische AfD-Vorsitzende und aktuelle Bundeschefin der Partei, Frauke Petry, lehnte frühzeitig ein Bündnis mit Bachmann, Däbritz und Co. ab.

Lucke war der Verein suspekt und er fürchtete mit einem Zugehen auf PEGIDA, den rechten Flügel seiner Partei zu stärken, der seinen Sturz wollte und ihn später auch bekam. In jedem Fall zerstörte Frauke Petry alle Brücken zu PEGIDA, als sie im Januar 2015 über Bachmanns zeitweiligen Rücktritt von der PEGIDA-Spitze derart frohlockte, dass sie bereits zwei Stunden vor der Bekanntgabe desselben eine Presseerklärung herausgab, die diesen Schritt ausdrücklich begrüßte.

Während jedoch Petry versuchte PEGIDA auf Abstand zu halten, suchten nicht wenige ihrer Parteifreunde die Nähe zu Bachmann und seiner Truppe. Achim Exner, Mitglied des Dresdner Stadtvorstandes der AfD, ehemaliger Sicherheitchef von *Dynamo Dresden*[278], fungierte als Berater von PEGIDA in Fragen Sicherheit

---

dung seiner Volksinitiative gegen das Finanzkapital, auch öffentlich darstellte. Er sprach 2014/15 auf rechten »Friedens«-Demonstrationen und -Mahnwachen. Zeitgleich begann er mit dem Magazin *Compact* die Herausgabe eines klar rechten Organs, welches rassistische, homophobe und verschwörungstheoretische Positionen vertritt. Elsässer sprach mehrmals bei LEGIDA in Leipzig und bei PEGIDA in Dresden. Bei einer Diskussionsveranstaltung mit Götz Kubitscheek in Dresden ordnete er sich selbst als »Nationalbolschewisten« ein.

276 Vgl.: http://www.bild.de/regional/dresden/demonstrationen/pegida-erfinder-im-interview-38780422.bild.html [Stand: 22.12.2016]

277 Vgl.: »Pegida in einer Reihe mit Neonazis«, http://www.dnn.de/Dresden/Lokales/Pegida-in-einer-Reihe-mit-Neonazis [Stand: 22.01.2017].

278 Vgl.: https://AfDwatchAfD.wordpress.com/tag/achim-exner/ [Stand: 18.12.2016].

und Öffentlichkeitsarbeit.[279] Auch wenn Petry betonte, Exner sei nicht Mitglied des PEGIDA-Vereins, sprach er mit seinem Verhalten eine deutliche Sprache. Andere sächsische AfD-Größen warben für eine Teilnahme an den PEGIDA-Demonstrationen.[280] Petry bezeichnete dies gegenüber der *Sächsischen Zeitung* zwar als »unglücklich« und der Landesvorstand sprach sich gegen die Aufnahme von PEGIDA-Orga-Team-Mitgliedern in die Partei aus, das Interesse vieler AfD-Leute an PEGIDA ließ und lässt sich jedoch kaum bestreiten.[281]

Bachmann blieb, Lucke ging und wenigstens für einige Monate schien sich PEGIDA nun eine neue politische Partnerin zu suchen, die sächsische CDU. Im März 2015 füllten sich die Seiten der sächsischen Presseorgane mit Artikeln über schon seit Wochen stattfindende Treffen zwischen einer PEGIDA-Kontaktgruppe und teilweise hochrangigen CDU-Mitgliedern. Bachmann gehörte dieser Gruppe zwar nicht an, lobte aber ihre Arbeit ausdrücklich.[282] Der CDU-Politiker Lars Rohwer, zugleich Vorsitzender des Kuratoriums der sächsischen *Landeszentrale für politische Bildung*, lobte PEGIDA voller Überschwang: »*PEGIDA hat es geschafft, wie zuletzt die 68er Generation, die Systemfrage wieder auf die Tagesordnung zu setzen.*«[283]

Alles schien nach einer Annäherung zwischen CDU und PEGIDA auszusehen, bis der Sprecher der PEGIDA-Kontaktgruppe auf einer PEGIDA-Kundgebung ausgebuht wurde, weil er forderte den Komplex um die Frage bezüglich der Zuwanderung von Menschen muslimischen Glaubens zurückzustellen und andere Themen auf den Kundgebungen in den Vordergrund zu rücken. Sofort machte Bachmann die Kehrtwendung, die Gespräche mit der CDU wurden – wenigstens offiziell – abgebrochen. Nicht zuletzt auch, weil ebenso die CDU politisch unter Druck geriet. Bachmann fiel der Kurswechsel leicht, er war nie Mitglied der Kontaktgruppe gewesen und konnte sich so vergleichsweise leicht distanzieren.

Aber vielleicht war all das nur ein Ablenkungsmanöver. Wollte Bachmann die AfD wieder an den Verhandlungstisch zwingen, indem er Petry suggerierte, es gehe auch ohne sie? Möglich. Oder suchten Bachmann und Däbritz ernsthaft eine Alternative? Vielleicht in dem Wissen, dass man nicht ewig demonstrieren könne und man, um nicht in der Bedeutungslosigkeit zu verschwinden, PEGIDA in irgendein politisches Projekt einmünden lassen müsse, mit dem man gesichert dauerhaft Geld verdienen könnte?

Die bald darauf verkündete Kandidatur der seinerzeit aus der Hamburger AfD gedrängten Tatjana Festerling war jedoch eine weitere Absage an die AfD.[284] Gegen

---

279 Vgl.: Saft Gunnar (23.01.2015): »Petry hält PEGIDA auf Distanz«, in: »Sächsische Zeitung«, S. 6.
280 Vgl.: Ebd.
281 Vgl.: Ebd.
282 Vgl.: U.a.: Wolf, Ulrich (09.03.2015): »Wir fahren nach Berlin«, in: »Sächsische Zeitung«, S. 3.
283 Ebd.
284 Tatjana Festerling war scheinbar selbst der Hamburger AfD zu weit rechts. Sie wurde anlässlich ihrer positiven Bezüge auf den militanten und rassistischen Aufmarsch der »Hooligans gegen

diese kandidierte man schließlich auch bei der Dresdner Oberbürgermeisterwahl 2015 und holte mehr Stimmen als sie. Selbstverständlich war für jemanden wie Tatjana Festerling eine Rückkehr zur AfD unvorstellbar. »*Haken dran und vergessen*«, rief sie bezüglich der AfD ihren ZuhörerInnen in Dresden zu, die AfD sei auch nicht anders als die anderen.

Damit hatte sie scheinbar für Bachmann den Rubikon überschritten. Ein einfacher Blick auf die Parteipräferenzen seiner AnhängerInnen zeigte Bachmann, dass dieser Umgang mit der AfD auf die Dauer auch ihm schaden könnte. Stellte die bereits zitierte Studie von Vorländer im Januar 2015 noch fest, dass 17 Prozent der DemonstrationsteilnehmerInnen bei PEGIDA die AfD wählen würden[285], stieg deren Anteil bis Januar 2016 auf rund achtzig Prozent![286] Der Rausschmiss folgte prompt. Tatjana Festerling musste PEGIDA verlassen und liefert sich seither einen Kleinkrieg mit Lutz Bachmann.

Seitdem scheinen die Pfade auf denen PEGIDA läuft geklärt. »*A-f-D – A-f-D*« - Rufe sind bei PEGIDA normal, ebenso folgt Bachmanns Satz: »*Frau Petry, das sind Ihre Wähler!*« jeder PEGIDA-Kundgebung obligatorisch wie das Amen in der Kirche. Ergänzt noch durch den Aufruf, Petry möge bei den Demonstrationen sprechen.

Frauke Petry hingegen scheint davon wenig angetan zu sein. Dem Aufruf folgte sie bislang nicht und auch das kann kaum überraschen. Sowohl Däbritz, als auch Bachmann betonen immer wieder ihre guten Beziehungen zu AfD-Rechtsaußen Björn Höcke. Der ist erklärte Gegner von Petry innerhalb der Partei und möchte deren Politik gern noch weiter nach rechts verschieben. Petry dürfte klar sein, dass sich im Zuspruch zu diesem Flügel die Radikalisierung der Bewegung AfD ausdrückt und das sie mit einem Zugehen auf Bachmann den äußerst rechten Flügel der AfD und damit ihre Gegner nur stärken würde. Ihre Taktik scheint nunmehr die des Aussitzens zu sein. PEGIDA wird schwächer, die Aufrufe an Petry zu einer Kundgebung zu kommen, verlieren somit an Gewicht.

Zudem scheint die sächsische AfD-Basis in ihrer Haltung zu PEGIDA nicht einheitlich zu sein. Als sich PEGIDA-Vize Däbritz im Landkreis Meißen um das dortige Direktmandat der AfD für die Bundestagswahl 2017 bewarb, unterlag er seinem AfD-Gegenkandidaten Carsten Hütter deutlich. Der letztgenannte erhielt 65 Prozent der Mitgliederstimmen, Däbritz nur 24 Prozent.[287]

Zudem scheinen auch Teile der organisierten Rechten die Taktik der PEGIDA-Führung, sich der AfD anzunähern, nicht zu teilen. Während die *Identitären* auf die Demonstrationen und Kundgebungen zurückkehren, wird die Annäherung an die

---

Salafisten« in Köln mehr und mehr an den Rand der Partei gedrängt und verließ diese schließlich.
285 Vgl.: »PEGIDA-Anhänger«.
286 Vgl.: »Göttinger Studie«.
287 Vgl.: http://www.sz-online.de/sachsen/AfD-kandidat-will-keine-schlammschlacht-3556003. html [Stand: 23.12.2016].

Alternative für Deutschland gerade die NPD-Führung vor Probleme stellen, nimmt sie doch die AfD als Konkurrenzorganisation wahr.

Einen vorläufigen Höhepunkt des Zugehens auf den Höcke-Flügel der AfD stellte der 17. Januar 2017 dar. Damals besuchte Björn Höcke auf Einladung der Jungen Alternative (JA), der Jugendorganisation der AfD, Dresden und sprach im Ballhaus Watzke.[288] Seine Rede war gespickt mit antisemitischen, antidemokratischen Ausfällen und verbalen Angriffen auf die Arbeiterbewegung. Mit von der Partie war auch der berühmt-berüchtigte Richter Jens Maier vom Dresdner Landgericht. Nicht nur, dass PEGIDA eigens für diesen Termin die Demonstration vom 16. Januar abgesagt hatte, um die eigenen AnhängerInnen zu Höcke zu mobilisieren, PEGIDA sicherte den Abend auch mit der eigenen Ordnertruppe ab.[289]

Dies zeigt wenigstens zweierlei Entwicklungen deutlich: Zum einen, PEGIDA und der Rechtsaußenflügel der AfD sind bereits eng miteinander verflochten. Zum anderen, zumindest zwischen der Jungen Alternative Dresden und PEGIDA scheint es ebenso Tendenzen der Annäherung zu geben. Das mag überraschen, hatte Bachmann doch stets die schlechten Beziehungen zwischen der AfD Sachsen und PEGIDA angemahnt und Frauke Petry dafür verantwortlich gemacht. Zugleich könnte es ein Hinweis darauf sein, dass Petrys Hausmacht innerhalb der eigenen Partei bröckelt, nicht umsonst reagierte sie auf Höckes Rede in der sächsischen Landeshauptstadt mit – für AfD-Verhältnisse – scharfen Worten. Im neurechten Blatt *Junge Freiheit* beklagte sie sich über Höcke, der »[…] mit seinen Alleingängen und ständigen Querschüssen zu einer Belastung für die Partei [...]« geworden sei.[290] Es scheint somit nicht ganz unmöglich, dass Bachmann und Däbritz ihr Ziel doch noch erreichen könnten und Einfluss auf die AfD-internen Auseinandersetzungen nehmen werden.

Was ist PEGIDA?

PEGIDA ist im Kern eine Reaktion auf die sich verschärfende internationale Situation. Kapitalismus bedeutet weltweit Krisen, Konflikte und Kriege. Die Bewegung bietet eine rassistische Interpretation dieser Situation. Die Demonstrationen starteten mehrere Monate, bevor verstärkt Geflüchtete nach Sachsen kamen. Dennoch war deren Zuzug der Eisbrecher für die rassistischen Dauermobilisierungen, die sich zu großen Teilen auf Schichten des in Sachsen vergleichsweise starken Kleinbürgertums stützen. Dieses sieht sich sozial und ökonomisch unter Druck. Seit 2007 gehen die Existenzgründungen im Freistaat zurück und seit 2014 gehen mehr kleine

---

288 Vgl.: Meisner, Matthias; Hofmann, Laura: »Der totale Höcke«, http://www.tagesspiegel.de/politik/brandrede-in-dresden-der-totale-hoecke/19267154.html [Stand: 20.01.2017].
289 Vgl.: Ebd.
290 Zit. Nach: Kochinke, Jürgen (19.01.2017): »'Übler Nazi-Sprech' - scharfe Kritik an Höckes Ausfällen in Dresden«

Firmen vom Markt als neue gegründet werden.[291] Gerade kleinbürgerliche Schichten neigen in solchen Situationen rassistischen Deutungen zu. Ebenso neigen sie zu wirren Ideen aller Art, was den eigenartigen Hang zu Verschwörungstheorien bei PEGIDA erklärt.

Dies ist insbesondere dann der Fall, wenn – wie in Sachsen – Gewerkschaften und DIE LINKE ihrer Verantwortung nicht gerecht werden, eine entschlossene Kampagne gegen die rechten Kräfte zu führen und der Staatsapparat rassistische Stimmungen und Gruppen weitgehend toleriert, was nicht zuletzt auch ein Ergebnis von 25 Jahren CDU-Landesregierung darstellt. Die Christ*Demokraten* stehen in Sachsen besonders weit rechts, ihre Kontrolle über den sächsischen Staatsapparat hat dazu beigetragen diesen zu dem zu machen, was er ist.

PEGIDA ist eine rassistische und rechtspopulistische Bewegung, die seit zwei Jahren mehr und mehr faschistische Züge trägt.

---

291 Vgl.: »Zahl der Existenzgründungen in Sachsen sinkt«, http://www.sz-online.de/sachsen/zahl-der-existenzgruendungen-in-sachsen-sinkt-3102712.html [Stand: 22.01.2017].

Rechtspopulismus international

Koblenz, Januar 2017. Die nationalistischen, rassistischen und rechtspopulisti-schen Parteien Europas suchen den Schulterschluss. Vor den Kameras der europä-ischen Medien feiern sie öffentlich ihre Annäherung. Der Termin des Treffens ist klug gewählt: 2017 wird ein Jahr voller Wahlen. Geert Wilders' PVV in den Nie-derlanden könnte stärkste Kraft im Parlament werden. Le Pens *Front National* wird möglicherweise die zweite Runde der Präsidentschaftswahlen erreichen und Petrys AfD wird – wahrscheinlich sogar mit einem zweistelligen Ergebnis – in den Bun-destag einziehen und damit erstmals seit Jahrzehnten eine Fraktion rechts von den Unionsparteien bilden.

Trumps Wahlsieg hat in den Reihen dieser Parteien viel Begeisterung ausgelöst: Le Pen gratulierte kurz nach dem Wahltag dem neuen US-Staatschef, Björn Höcke von der AfD war in seiner Video-Botschaft geradezu euphorisch. Sind die Rechten vielleicht nicht mehr aufzuhalten? Kommt gar der Zusammenschluss der Nationa-listInnen über Landesgrenzen hinweg zur »nationalistischen Internationale«?

Ein gemeinsames Agieren rechtspopulistischer und nationalistischer Parteien und Gruppen ist jedoch unwahrscheinlich. Allein das gemeinsame Feindbild kann nicht über reale Differenzen zwischen diesen Parteien hinwegtäuschen. Nicht um-sonst diente Koblenz dem gemeinsamen Schaulaufen und nicht der wirklichen Dis-kussion um ein gemeinsames Vorgehen. Zudem würden PVV und FN, genauso wie die AfD – sollten sie jemals in Regierungen kommen – die Interessen ihrer natio-nalen kapitalistischen Klassen vertreten. So wie es gerade Trump versucht, der sich bemüht der klassischen industriellen Bourgeoisie der USA wieder auf die Beine zu helfen, wobei er nicht nur den Widerspruch der Kapitalisten anderer Länder her-vorrufen wird, sondern sicherlich auch eines Teils der US-Unternehmer, die sich übervorteilt sehen.[292] Wann immer nationalistische, rassistische, rechte Parteien in Regierungen einzogen, war die grenzüberschreitende Zusammenarbeit alles andere als ein Automatismus und so wird es auch zukünftig bleiben.

Auch wenn die Parteien, um die es hier geht, keine faschistischen Organisationen darstellen, sei ein Blick in die Geschichte gestattet. Als Hitler seine NSDAP aufbaute, war Mussolini für ihn ein Vorbild. Als aber Hitler – ebenso wie sein langjähriges Idol – in der Regierung war, gerieten beide in heftige Konflikte um Österreich. Hit-

---

292 So freute sich die US-Autoindustrie über Trumps Einladung ins Weiße Haus kurz nach dessen Amtsantritt und die dabei gemachten Zusicherungen; Fedex hingegen war über die Aufkündigung des Freihandelsabkommens TPP enorm erbost.

ler wollte das Land annektieren - Mussolini wollte genau das verhindern. Und das, obwohl beide Länder später, im Zweiten Weltkrieg, jahrelang zusammenarbeiteten.

Ist eine »nationalistische Internationale« also eher ein Schreckgespenst, so fürchten viele Menschen nach wie vor den Rechtsruck innerhalb der Gesellschaft. In einer Umfrage des *Allensbach-Institutes für Demoskopie* erklärten 68 Prozent der Befragten sich vor wachsender Fremdenfeindlichkeit zu fürchten. Und 58 Prozent besorge der wachsende Rechtsextremismus in Deutschland.[293] Ein andere Umfrage zeigte, dass gerade auch die Amtsführung des neuen US-Präsidenten vielen Deutschen die Sorgenfalten aufs Gesicht treibt. Demnach fürchten 72 Prozent dessen unberechenbare Amtsführung.[294]

Ein Blick in die Nachrichten lässt diese Befürchtungen und Ängste auf beklemmende Weise real erscheinen: Wahlerfolge für rechte Parteien überall in der Welt, besonders in Europa und den USA, rechtsextremistische Terrorgruppen scheinen wie Pilze aus dem Boden zu sprießen[295] und Anfeindungen gegenüber Geflüchteten nehmen teilweise dramatische Ausmaße an.

Doch das ist nur ein Teil der Wahrheit. Der andere Teil ist ebenso wenig von der Hand zu weisen: Anlässlich des Amtsantritts von Donald Trump demonstrierten Millionen in den USA und protestierten damit gegen dessen sexistische und rassistische Äußerungen. Es waren die wohl größten landesweiten Proteste in der Geschichte der USA. Auch in Deutschland gingen Zehntausende gegen PEGIDA und Co. auf die Straßen und nicht zuletzt zeigen die angeführten Umfragen, dass sich aktuell nicht einfach nur ein Rechtsruck abspielt. Viel mehr scheint sich die gesellschaftliche Stimmung zu polarisieren.

Nur findet diese Polarisierung auf der Linken keinen geeigneten Ausdruck. Und so wie das Anwachsen rechter Kräfte eine Gemeinsamkeit zwischen vielen Ländern Europas und den USA ist, so ist es auch die organisatorische und politische Schwäche der Linken in diesen Ländern.

Die folgenden Beiträge sollen zeigen, was genau rechtspopulistische und rassistische Parteien und Bewegungen international auszeichnet.

---

293 Vgl.: »Die Angst der ‚Generation Mitte' wächst«, http://www.zeit.de/news/2016-09/08/gesellschaft-die-angst-der-generation-mitte-waechst-08082207 [Stand: 25.01.2017].
294 Vgl.: Kecke, Anita (02.01.2017): »Große Mehrheit sieht Entfremdung zwischen Parteien und Volk«, Dresdner Neueste Nachrichten, 02.01.2017, S. 4.
295 Vgl.: U.a. Kapitel über PEGIDA in diesem Buch.

USA: What the Trump!?

Ein Interview mit Tom Crean, Socialist Alternative, New York.

Ist der Wahlsieg Donald Trumps ein Ergebnis der Tea-Party-Bewegung? Kannst Du diese und deren Verbindungen zu Donald Trump beschreiben?

Trumps Wahlsieg wurde ohne Zweifel durch die Tea Party und deren Herausforderung des republikanischen Establishments vorweggenommen. Es gibt viele politische Parallelen. Doch es gibt keine einfache, lineare Entwicklung. In Wirklichkeit sind sowohl die Tea Party als auch Trump Produkte weiterer Entwicklungsverläufe. Hier ist vor allem die enorme soziale und politische Polarisierung in der amerikanischen Gesellschaft zu nennen.

Um das Phänomen Tea Party zu verstehen müssen wir auf die ersten beiden Jahre der Regierung von Barack Obama zwischen 2008 und 2010 zurückblicken. Damals gab es große Erwartungen für Veränderungen in der Gesellschaft. Die *Demokratische Partei* kontrollierte beide Häuser des Kongresses. Doch anstatt Maßnahmen im Interesse der Arbeiterklasse zu ergreifen, um das Leiden, welches durch die größte Wirtschaftskrise seit den 1930er Jahren hervorgerufen wurde zu mildern, war die größte Aktion der *Demokraten* die Rettung jener Banken, die die Krise überhaupt erst verursacht hatten. Sie haben nichts unternommen um den Millionen Menschen zu helfen, die aufgrund von Zwangsvollstreckungen aus ihren Häusern geworfen wurden. Zum selben Zeitpunkt verweigerten die liberale Linke und die Führung der Gewerkschaftsbewegung jede Kritik am Milliarden Dollar schweren Rettungspaketen der Obama Regierung.

Das hat den Rechten die Tür geöffnet. Aber sie brauchten ein Vehikel welches unabhängig vom republikanischen Establishment war. Letzteres war durch die Bush-Jahre immer noch sehr stark diskreditiert. Die Tea Party war ein loser Zusammenschluss verschiedener Gruppen, die zum Teil auf die Initiative der Koch-Brüder – zwei rechte Milliardäre – und Rupert Murdoch's *Fox News* zurückgingen. Sie konnte aber auch eine echte Basis unter einem älteren Teil der weißen Arbeiterklasse und der Mittelklasse aufbauen, vor allem aufgrund ihrer Opposition zum Bankenrettungspaket.

Die Tea Party stellte einige Forderungen auf, die bei einfachen Menschen auf offene Ohren stießen. Dazu gehören die Opposition zur Dominanz des Finanzkapitals und der Rolle der LobbyistInnen in Washington und dem »Vetternwirtschafts-Kapitalismus«. Sie unterschied sich auch von den Kräften der christlichen Rechten, die seit der Präsidentschaft Ronald Reagans eine große Rolle in der Republikanischen Partei gespielt hatten. Zumindest am Anfang ließ die Tea Party Themen wie Abtreibung außen vor, nahm aber eine sehr harte Position bei der Frage des ungehinderten Waffenbesitzes für alle ein. Sie wurde auch für Kräfte der radikalen Rechten attraktiv. Ihre gegen Obama gerichtete Propaganda hatte ausgeprägt rassistische Untertöne. Sie war außerdem von tief sitzender Feindschaft gegen den Islam und MigrantInnen geprägt. All diese Dinge nahmen Trump definitiv vorweg.

Doch die wirkliche Rolle der Tea Party war deren komplette Opposition gegen den öffentlichen Dienst. Deshalb wurde sie auch von einem Teil der herrschenden Klasse unterstützt. Sie war ein Rammbock, um die noch existenten Errungenschaften der ArbeiterInnen aus der Vergangenheit zu beseitigen und um die nach Jahrzehnten neoliberaler Angriffe geschwächte Arbeiterbewegung anzugreifen, die nun sehr stark im öffentlichen Dienst konzentriert war.

Ironischerweise würde ein großer Teil der älteren Basis der Tea Party unter der Einführung ihres Wirtschafts- und Sozialprogramms stark leiden. Das gilt auch für viele andere rechtspopulistische Kräfte. Ihre Version eines nackten Kapitalismus der freien Marktwirtschaft würde die Abschaffung von *Medicare* und *Medicaid* bedeuten. Das sind Gesundheitsprogramme für ältere und arme Menschen. Auch *Social Security*, ein stark eingeschränktes öffentliches Rentensystem, will die Bewegung abschaffen.

Aufgrund des Rückzugs und der Abwesenheit der Linken und der Arbeiterbewegung konnte die Tea Party aufblühen. Doch spätere Entwicklungen zeigten auf, wie solche Kräfte zurückgedrängt werden können. Bei den Wahlen auf Kongress- und bundesstaatlicher Ebene konnten zur Tea Party gehörende *Republikaner* im Jahr 2010 große Erfolge erzielen. So wurde im Bundesstaat Wisconsin Scott Walker zum Gouverneur ernannt. Der war eine bösartig reaktionäre Figur, die mit Unterstützung der Tea Party und der Koch-Brüder gewählt wurde.

Im Jahr 2011 begann Scott Walker mit drastischen Kürzungen im höheren Bildungswesen und der Zerschlagung der Gewerkschaften im öffentlichen Dienst durch die Streichung fast aller kollektiven Verhandlungsrechte. Er wurde sofort mit massiven Protesten von ArbeiterInnen und jungen Menschen konfrontiert. Das Regierungsgebäude in Wisconsins Hauptstadt Madison wurde über viele Wochen hinweg besetzt. Als die Tea Party Gegenmobilisierungen versuchte, kamen nur wenige Menschen. Es gab massive Unterstützung für die Idee eines eintägigen Generalstreiks. Diese Idee wurde von *Socialist Alternative*, vertreten um den Kampf auf eine höhere Ebene zu heben. Tragischerweise arbeiteten die GewerkschaftsführerInnen hart, um das zu verhindern. Damit haben sie die Bewegung zur Entgleisung gebracht und auf die Sackgasse der Wahlebene abgedrängt.

Aufgrund dieses konservativen Ansatzes erlitt die Bewegung eine Niederlage. Doch einige Monate später betrat die Bewegung *Occupy Wall Street* mit ihrem Schlachtruf »Wir sind die 99 Prozent« die Bühne. Die Reaktionen darauf waren gewaltig und zeigten einmal mehr das Potential für die Linke und die ArbeiterInnenbewegung, wenn diese ein klares Programm für die Interessen der Arbeiterklasse unabhängig von allen Flügeln des kapitalistischen Establishments, einschließlich der *Demokratischen Partei*, aufstellt.

Die Wahl Donald Trumps zum US-Präsidenten hat viele Menschen schockiert. In Form und Inhalt erinnert seine Politik viele EuropäerInnen an verschiedene rechtspopulistische Parteien wie den *Front National* in Frankreich, UKIP in Großbritannien oder die AfD in Deutschland. Ist Trump ein Rechtspopulist?

Ja, Trump fällt definitiv in diese Kategorie. In seiner Kampagne richtete er einen direkten sozialen Appell an die »vergessenen Männer und Frauen« und sprach am Ende sogar direkt über die Arbeiterklasse. Er sprach sich gegen Freihandelsabkommen wie NAFTA und TPP aus. Diese haben zu massivem Abbau von besser bezahlten FacharbeiterInnenjobs im Laufe der vergangenen 30 Jahre beigetragen. Er versprach diese Jobs zurückzuholen und Firmen zu bestrafen die Jobs exportieren. Außerdem sagte er, das »*System ist manipuliert.*« Das fand bei vielen Menschen großen Widerhall, stand aber in komplettem Widerspruch zur republikanischen Orthodoxie.

Doch dieser Appell wurde mit einer offen rassistischen, gegen Einwanderung gerichteten, anti-muslimischen, frauenfeindlichen Agenda kombiniert. Trump möchte außerdem die Arbeiterbewegung attackieren und massive Steuerkürzungen für die Superreichen durchsetzen. Den von Obama geschaffenen Gesundheitsplan will er abschaffen. Um die christliche Rechte, in dieser Regierung vertreten durch den Vizepräsidenten Mike Pence, ruhig zu stellen möchte er jemand in den obersten Gerichtshof berufen, der sich für die Abschaffung von Abtreibungsrechten und der starken Beschneidung gewerkschaftlicher Rechte im öffentlichen Dienst einsetzt.

Trump hat große Unterstützung in Teilen der weißen Arbeiterklasse und der Mittelklasse doch die größte Anziehungskraft liegt in seiner »Anti-Establishment«-Rhetorik und seinem Versprechen gute Jobs zu schaffen. Wir streiten nicht ab, dass ein Teil davon enthusiastisch auf die deutlich reaktionären Aspekte seiner Agenda reagiert hat. Doch betrachtet man die gesamte Gesellschaft handelt es sich definitiv um Minderheitenpositionen.

Das ändert aber nichts an der Tatsache, dass die Trump-Regierung die ernsthafteste Bedrohung der Interessen arbeitender und junger Menschen und aller unterdrückten Schichten in der amerikanischen Gesellschaft seit den Tagen Reagans darstellt. Er wird eine Reihe von Zielen angreifen, allen voran MigrantInnen ohne gültige Papiere.

Es gibt auf jeden Fall Gemeinsamkeiten zwischen Trumps politischem Programm und rechtspopulistischen Kräften wie Le Pen in Frankreich. Doch im Gegensatz zu Le Pen steht er nicht an der Spitze einer Partei mit einer in sich geschlossenen politischen Ideologie die er kontrolliert. Trump ist ein ideologisches Chamäleon und wird mit der republikanischen Führung im Kongress in eine Reihe von Konflikten eintreten. Die herrschende Klasse als Ganze ist außerdem sehr besorgt über seine Regierung. Sie hält ihn für einen unberechenbaren Mann, der ihre Interessen im

In- und Ausland beschädigen könnte. Doch es ist sehr gut möglich, dass Trump versuchen wird eine politische Kraft aufzubauen die mehr seinem Selbstbild entspricht – innerhalb oder, wenn nötig, außerhalb der *Republikaner.*

Was sagen diese Entwicklungen über die Situation in den USA aus? Sehen wir eine Rechtswende in der Gesellschaft?

Der generelle Trend in der US-amerikanischen Gesellschaft während der vergangenen Periode war nach links. Das spiegelte sich im Effekt der *Occupy*-Bewegung wieder, die 2011 begann, gefolgt vom wachsenden Kampf für einen Mindestlohn von 15 Dollar pro Stunde und der Bewegung *Black Lives Matter*, die im Jahr 2014 begann, ebenso wie der Sieg für gleichgeschlechtliche Ehen. Umfrage nach Umfrage zeigt, dass junge Menschen den Sozialismus gegenüber dem Kapitalismus bevorzugen. Im Jahr 2013 wurde Kshama Sawant, Mitglied von *Socialist Alternative*, zur ersten sozialistischen Stadträtin Seattles seit über hundert Jahren gewählt.

Doch zweifellos war es der Präsidentschaftswahlkampf von Bernie Sanders, der den Linksruck und das Potential für eine neue Massenpartei, die die Interessen arbeitender Menschen vertritt, am deutlichsten aufzeigte. Schätzungen zufolge haben 1,4 Millionen Menschen an seinen Kundgebungen teilgenommen. Sie alle wurden von seinem Programm im Interesse der ArbeiterInnen angezogen. Sanders bezeichnete sich offen als Sozialist. Allein das ist ein enormer Schritt vorwärts für einen ernsthaften Präsidentschaftskandidaten in den USA. Umfrage nach Umfrage zeigte, dass Sanders viel größere Chancen gehabt hätte Trump zu schlagen als Clinton. Doch tragischerweise hat sich seine Kampagne im manipulierten System der demokratischen Vorwahlen verheddert und schließlich Clinton als Präsidentschaftskandidatin akzeptiert, anstatt einen unabhängigen Wahlkampf bis zum Ende im November zu führen.

So blieb Trump als einzige »Anti-Establishment-Stimme« mit der Hoffnung auf einen Wahlsieg übrig. Hillary Clinton, durch tausend Stricke mit Wall Street verbunden, repräsentierte den Status Quo. Wir haben jede Anstrengung unternommen um aufzuzeigen, dass man die Aufgabe, den Rechtspopulismus zu besiegen nicht der *Demokratischen Partei* überlassen darf. Deren neoliberale Politik hat zunächst der Tea Party und schließlich Trump die Tür geöffnet.

Letztendlich liegt der Schlüssel für Trumps Wahlerfolg nicht in einem riesigen Wählerumschwung zu seinen Gunsten, sondern darin, dass die *Demokraten* wichtige Schichten nicht in dem selben Maß für Clinton ansprechen konnten, wie dies für Obama in den Jahren 2008 und 2012 gelungen ist. Trump hat nicht gewonnen, sondern die *Demokraten* haben verloren. Das zeigt, wie desillusioniert normale Menschen mit der Politik der herrschenden Klasse sind.

Ohne die Besonderheiten des amerikanischen Wahlsystems hätte Clinton sogar gewonnen. Sie hat 2,9 Millionen mehr Wahlstimmen als Trump erhalten. Das zeigt, dass Trump kein Mandat hat. Er ist der am wenigsten populäre Präsident, der je in der amerikanischen Geschichte sein Amt angetreten hat.

Es wird eine Bewegung in der Größenordnung der Bürgerrechtsbewegung der 1950er Jahre oder der Antikriegsbewegung der 1960er und 1970er Jahre brauchen, um Trump zu besiegen – vor allem, wenn man bedenkt, dass die *Republikaner* alle Teile der Regierung kontrollieren.

Diese Bewegung muss alle potentiellen Opfer von Trumps Politik vereinen. Sie braucht aber auch ein Programm für die Arbeiterklasse, ähnlich wie jenes von Sanders während seines Wahlkampfes. Solch eine Bewegung könnte viele WählerInnen Trumps gewinnen, wenn sie auf der sozialen Macht der Arbeiterklasse aufbaut und Massenproteste sowie zivilen Ungehorsam mit dem Willen zu politischen Streiks kombiniert. Das ist absolut machbar, da Trump und seine mit Milliardären bestückte Regierung sehr bald viele Menschen enttäuschen wird, die für ihn gestimmt haben. Die Gewerkschaften haben eine Schlüsselrolle. Trotz ihres Rückzugs repräsentieren sie immer noch 16 Millionen ArbeiterInnen und es gibt einige Lebenszeichen, wie zum Beispiel der erfolgreiche Streik von 40.000 ArbeiterInnen bei dem Telefonhersteller *Verizon*. Durch diesen Streik gingen im Jahr 2016 so viele Arbeitstage durch Streiks verloren wie seit den 1990er Jahren nicht mehr.

Doch wir müssen an dieser Stelle nochmals darauf hinweisen, dass es in den letzten Jahren zwar einen generellen Ruck im Massenbewusstsein nach links gegeben hat, es gleichzeitig aber eine scharfe Polarisierung mit dem Anwachsen einer giftigeren Rechten als bisher gegeben hat. Sollten die Linke und die Arbeiterbewegung scheitern, könnte das zu einer riesigen Demoralisierung führen. Dann könnten rechte Ideen tiefere Wurzeln in Teilen der Gesellschaft schlagen.

Doch sollte die Bewegung große Siege erringen, könnte sie die Frage einer neuen Arbeiterpartei wieder auf die Tagesordnung setzen. Vor allem im Fall der unvermeidlichen Desillusionierung jener Kräfte, die derzeit versuchen dem Beispiel Sanders zu folgen um die *Demokratische Partei* »zurückzuerobern«.

Wie haben rechtspopulistische und rassistische Kräfte auf den Sieg Trumps reagiert? Wachsen sie?

Die extreme Rechte fühlt sich durch Trumps Sieg sicherlich bestärkt. Sein führender Berater Steve Bannon kommt von *Breitbart News*, einer Plattform für die sogenannte »alternative Rechte«, welche »weiße Nationalisten« und Neonazis beinhaltet. Diese Elemente haben derzeit noch keine große Basis aber Trump hat ihnen die beste Möglichkeit seit Jahrzehnten verschafft, um zu wachsen, selbst wenn er sich formell von ihnen distanziert. Außerdem gibt es nun eine wachsende Zahl von Angriffen auf Muslime, MigrantInnen und LGBTQI-Leute. Natürlich schweigt Trump zu all dem.

Noch einmal: Falls die Anti-Trump-Bewegung dazu verleitet wird, die *Demokraten* wieder an die Macht zu bringen anstatt Trumps Agenda durch unabhängige Massenmobilisierungen zu stoppen, kann sich die Tür für diese Kräfte weiter öffnen. Es wird dann viel schwerer sein sie zu besiegen. Jetzt sind sie noch relativ schwach.

Österreich: FPÖ – Was sie ist und was sie nicht ist

Von Sonja Grusch, Sozialistische Linkspartei, Wien

Wer sich mit dem Phänomen Rechtspopulismus beschäftigt kommt an der österreichischen FPÖ, der Freiheitlichen Partei Österreichs, nicht vorbei. Sie ist eine der ältesten, stabilsten und erfolgreichsten rechtspopulistischen Parteien Europas. Seit der Machtübernahme von Jörg Haider beim Innsbrucker Parteitag 1986 verzeichnet die Partei bei Wahlen und in Umfragen einen deutlichen und starken – wenn auch unterbrochenen – Aufwärtstrend.

Die Umwandlung zur modernen Rechtspartei

Die FPÖ war 1956 aus dem *Verband der Unabhängigen*, einer de facto Wahlplattform für die ehemaligen Nazis, entstanden und blieb bis auf eine kurze »liberale« Phase von 1980-86 stets von Burschenschaftlern und anderen aus dem rechts-außen Lager dominiert. Haider selbst kam ebenfalls aus diesem Milieu, machte aber aus der eher verstaubten Partei ab 1986 eine moderne Rechtspartei. Seit damals hat die FPÖ ein starkes populistisches Element und verbindet neoliberale Ideologie mit sozialer Rhetorik. Haider kam zu einer Zeit an die Macht, als die SPÖ gerade dabei war, ihren Prozess der Verbürgerlichung abzuschließen.

In den 1980er Jahren wurden große Teile der ehemals starken verstaatlichten Industrie – auf dem Höhepunkt war rund ein Drittel der Industrie staatlich – geschlossen bzw. privatisiert. Zehntausende Jobs gingen verloren. Arbeitslosigkeit wurde wieder zum Problem. Ebenfalls mit den 1980er Jahren setzte eine Serie von Spar- bzw. Kürzungspaketen ein, die den Sozialstaat zunehmend aushöhlten. Die SPÖ war bei all diesen Angriffen auf die österreichische Arbeiterklasse nicht nur dabei, sondern stellte den Kanzler und war teilweise sogar treibende Kraft in diesem Prozess. Die österreichische Sozialdemokratie agierte spätestens seit 1945 als ideelle Gesamtkapitalistin, vorrangig im Sinne des internationalen Großkapitals. Und das bedeutete ab den 1980er Jahren der herrschenden monetaristisch-neoliberalen Doktrin folgend, ein Zurückdrängen des Staates und Kürzung der staatlichen Ausgaben für Soziales, Gesundheit und Bildung.

175

Der Prozess blieb nicht unwidersprochen: Es gab Proteste von ArbeiterInnen der betroffenen Betriebe und Massendemonstrationen gegen die Kürzungen. Allerdings fehlte diesen Protesten der politische Ausdruck im Parteienspektrum. Die SPÖ-Linke war seit jeher schwach. Eine relevante Linke außerhalb der SPÖ war nicht einmal in Ansätzen existent. Die Gewerkschaften standen unter vollständiger Kontrolle der SPÖ und verstanden sich als staatstragend. Die Wut und der Widerstand fanden also weder einen organisatorischen Ausdruck noch eine Entsprechung auf der Wahlebene.

Hier kam die FPÖ ins Spiel. Während der Konsumpleite Anfang der 1990er Jahre, von der rund 15.000 Beschäftigte betroffen waren, blieben SPÖ und Gewerkschaft weitgehend untätig. Haider besuchte gleich mehrere betroffene Filialen. Die FPÖ inszenierte sich gegen die überbordenden Privilegien von Arbeiterkammer-FunktionärInnen (die Arbeiterkammer ist eine staatliche Interessenvertretung der unselbstständig Beschäftigten) - nicht allerdings ohne das gleich auch zu nutzen, um gegen die Pflichtmitgliedschaft zu wettern, welche die FPÖ als »Zwangsmitgliedschaft« bezeichnet. Der soziale Populismus stand allerdings stets im Widerspruch zu extrem wirtschaftsorientierten Programmatik sowie zur brutalen neoliberalen Politik, die *Die Freiheit*liche Praxis stets kennzeichnete.

Die schwarz-blaue Regierung zeigt das neoliberale Gesicht der FPÖ

Der Regierungseintritt im Jahr 2000, als die FPÖ zur Juniorpartnerin in der von der ÖVP geführten schwarz-blauen Koalition wurde, zeigte, wofür die FPÖ tatsächlich steht. Der neoliberale Kurs der vorangegangenen SPÖ-ÖVP-Koalition wurde stark beschleunigt. Zentrale österreichische Unternehmen wurden – zu Schleuderpreisen und unter teilweise mehr als dubiosen »Bieterverfahren« – privatisiert. Die FPÖ brachte eine Vielzahl ihrer ParteigängerInnen vor allem aus den Burschenschaften in einflussreiche Positionen. Eine Reihe dramatischer Verschlechterungen für die Arbeiterklasse wurden durchgezogen, deren Herzstück die Pensionsreform darstellte, die weitreichende negative Folgen für große Teile der Bevölkerung hatte. Kein Zufall also, dass diese Regierung große Unterstützung aus der Wirtschaftskammer sowie von den radikalsten Teilen des Kapitals, der Industrieellenvereinigung, hatte.

Diese Regierungsbeteiligung führte in den Reihen der FPÖ zu Konflikten und letztlich 2005 zur Abspaltung der Regierungsgruppe um Haider sowie die Neugründung von *Bündnis Zukunft Österreich* (BZÖ). KommentatorInnen frohlockten damals, die FPÖ hätte sich damit selbst zerschlagen. Doch diese kurzsichtige Analyse ignorierte völlig die Gründe für den Aufstieg des Rechtspopulismus. SozialistInnen, die davor gewarnt hatten, dass das Problem durch die Spaltung bestenfalls kurzfristig geschwächt, aber keinesfalls beseitigt wäre, sollten Recht behalten: Die FPÖ stabilisierte sich unter dem neuen Parteivorsitzenden Strache wieder. Solange das BZÖ als relevante Kraft existierte, teilten sich die WählerInnen auf zwei rechtspopulistische Parteien auf, doch Teile des BZÖ und viele der WählerInnen fanden mit dem de facto Ende des BZÖ wieder in die Reihen der FPÖ zurück. Strache nutzte die Möglichkeiten und führt die FPÖ seit 2005 weitgehend ununterbrochen zu neuen Höhenflügen. Spätestens seit 2015 liegt die Partei in Meinungsumfragen auf Platz 1 und – was ein Novum ist – auch Strache selbst kommt bei der Kanzlerfrage immer wieder in die Pole Position.

Ist die FPÖ die neue Arbeiterpartei?

Spätestens seit in den 1990er Jahren in manchen der traditionell sozialdemokratisch gefärbten Wiener Gemeindebauten eine Mehrheit für die FPÖ stimmte, wird diese immer wieder als neue Arbeiterpartei beschrieben. Auch Haider, und später Strache, spielen ganz bewusst mit der Sehnsucht nach den 1970er Jahren, als unter dem rechten *Sozialdemokraten* Kreisky die Welt noch in Ordnung schien und die sozialen Folgen der Wirtschaftskrise durch staatliche Investitionen ausgebremst wurden. Um die Frage, ob die FPÖ eine oder gar die neue Arbeiterpartei ist, beantworten zu können müssen mehrere Faktoren berücksichtigt werden: die Geschichte und Herkunft, das Programm und die Politik, die Funktionärs- und Wählerstruktur sowie die Beziehung zur organisierten Arbeiterbewegung.

Die FPÖ kommt nicht aus der Arbeiterklasse, sondern aus kleinbürgerlich-deutschnationalen Kreisen. Diese Schicht stellt auch den Kern der FunktionärInnen. Trotz ihres Stimmenzuwachses hat die FPÖ kaum an Mitgliedern zugelegt und hält sich bei ca. 50.000. Dies ist angesichts der Tatsache, dass knapp eine Million Menschen direkt oder im Fall der ÖVP oft indirekt Mitglied von Parteien sind eine eher bescheidene Zahl, die sich auch in den letzten zwanzig Jahren nicht wesentlich verändert hat. Der mächtige und politisch dominante Kern der Mitgliedschaft kommt aus dem gut vernetzten Burschenschaftlermilieu. Strache, der kein Abitur hat und somit »nur« Mitglied in einer Penälerverbindung ist, steht zwar an der Spitze der Partei doch es ist zu vermuten, dass dieses elitäre Klientel kein Problem damit hat, ihn auszutauschen, wenn er nicht »liefert«. Mit dem erfolgreichen Präsidentschaftskandidaten Hofer, der eben aus jenem Burschenschaftlermilieu kommt könnte ihm längerfristig hier ein Konkurrent erwachsen sein.

Die WählerInnenherkunft der FPÖ unterscheidet sich deutlich von der sozialen Verortung ihrer Mitglieder und Funktionäre. Der typische FPÖ-Wähler ist in seinen 30er bzw. 40er Jahren, männlich und hat Angst vor der Zukunft. Es sind einerseits die typischen kleinbürgerlichen Krisenverlierer, Kleinunternehmer die mit zunehmender Krise aufgerieben werden, und andererseits auch Teile der Arbeiterklasse. Doch auch hier stimmt das oft transportierte Bild, »die Arbeiter« würden die FPÖ wählen, so nicht. Zweifellos gibt es eine Schicht von Arbeitern aus Industrie und

Handwerk, die der FPÖ ihre Stimme geben, und zwar nicht nur einmal. Andererseits schneiden die FPÖ-Listen bei Betriebsrats-, Personalvertretungs- und Arbeiterkammerwahlen regelmäßig schwach ab. Gewerkschaften und Arbeiterkammer gehören auch zu den Feindbildern der FPÖ. Hier gibt es regelmäßig Forderungen nach »Zurückdrängung des Einflusses«, Streikverbot und Beschneidung der Rechte dieser Organisationen der Arbeiterbewegung.

Nach wie vor gibt ein nicht unerheblicher Teil der FPÖ-WählerInnen seine Stimme aus Protest und als Zeichen gegen »die da oben« ab. Allerdings, und hier darf nicht beschönigt werden, in dem Wissen, mit der Duldung und teilweise sogar in Unterstützung der rassistischen, homophoben und frauenfeindlichen Positionen der FPÖ.

Ihre Herkunft als Wählersammlung für die ehemaligen Nazis nach 1945 und ihre soziale Basis im rechtsextremen Burschenschaftermilieu drückt sich in dieser inhaltlichen Positionierung aus. Vom Antisemitismus hat man sich heute auf einen aggressiven Anti-Islamismus verlagert. Frauenhäuser sowie das Recht auf Schwangerschaftsabbruch werden in Frage gestellt. 2015 erklärte Strache »Wir sind die wahre Pegida«. Alle paar Wochen, manchmal auch Tage, werden neue, von der FPÖ als »Einzelfälle« verharmloste Verbindungen von FPÖlern mit der faschistischen oder ultrarechten Szene bekannt, fallen FPÖler durch rassistische Hetze im Netz auf.

Dass ein deutschnationaler Burschenschaftler mit ultrarechten Ansichten knapp die Hälfte der Stimmen bei der endgültigen Stichwahl für den österreichischen Bundespräsidenten am 4. Dezember 2016 erhielt macht Angst. Ebenso die Perspektive, bald einige der rechten Hetzer in der Bundesregierung, vielleicht sogar einen FPÖ-Kanzler zu haben. Doch die Versuche mancher Linker mit »der Faschismus steht vor der Tür« Panik zu verbreiten hilft für die Analyse und Lösung wenig. Ebenso hilflos sind jene Ansätze, die die FPÖ-Erfolge auf die »Dummheit« beziehungsweise »Unwissenheit« der WählerInnen oder die Allmacht der Medien reduziert. Wer nicht versteht, warum die FPÖ stark geworden ist, kann sie nicht effektiv bekämpfen.

Die Selbstinszenierung als »*soziale Heimatpartei*« bei gleichzeitigem Fehlen einer echten, linken, Alternative brachte der FPÖ auch Stimmen aus der Arbeiterklasse ein. Die Verbürgerlichung der SPÖ, die heute für neoliberale Kürzungspolitik steht, kombiniert mit der Passivität der Gewerkschaftsführung, die Verschlechterung über Verschlechterung hinnimmt oder sogar rechtfertigt, sowie einem immer abgehobenerem und korrupterem Establishment sind die Zutaten, die die FPÖ stark gemacht haben. Haider mag der rechte Mann am rechten Fleck gewesen sein, doch der Rahmen wurde durch Wirtschaftskrise und SPÖ-Politik gelegt. Bei den Themen Migration und Asyl treibt die FPÖ die anderen etablierten Parteien vor sich her, weil diese letztlich ebenso (wie auch der Gewerkschaftsbund ÖGB) eine »Österreicher zuerst« Logik haben. Was logisch ist: Wer es nicht wagt, eine Umverteilung von oben nach unten einzufordern und umzusetzen, dem bleibt nur Verteilung des Mangels unten, um den Reichtum oben zu erhalten.

Ein effektiver Kampf gegen die rechte Gefahr muss daher nicht nur den Rassismus der FPÖ, der in wesentlichen Grundzügen von den anderen Parteien übernommen wurde, aufgreifen. Vor allem muss die Politik der jeweiligen Regierungen, die sich gegen die Arbeiterklasse, gegen Frauen, Jugendliche, RentnerInnen etc. richtet, bekämpft werden. Wo immer die FPÖ in Regierungsfunktionen ist, zeigt sie rasch ihr wahres, neoliberales Gesicht. Die selbsternannte »soziale Heimatpartei« ist führend im neoliberalen Thinktank, dem Atterseekreis und setzt dessen Vorschläge beispielsweise in der oberösterreichischen Landesregierung oder in der Stadt Wels auch um. Da wird bei Kinderbetreuung, Altenpflege und Sozialhilfe gekürzt. Bei Kämpfen gegen solche Kürzungen, egal von welcher Partei sie kommen, werden auch WählerInnen der FPÖ unter den AktivistInnen sein. Und die FunktionärInnen dieser Partei der Reichen und Eliten werden auf der anderen Seite stehen.

Der Kampf gegen die FPÖ braucht drei zentrale Ebenen: 1. Den Widerstand gegen Sozialabbau, Arbeitslosigkeit und Rassismus, 2. Eine Rückgewinnung der Gewerkschaften für klassenkämpferische Politik und 3. Den Aufbau einer linken, antikapitalistischen und demokratischen neuen politischen Kraft, einer echten Arbeiterpartei mit sozialistischem Programm.

Frankreich: Die soziale Demagogie des Front National

Ein Interview mit Olav van Aken, Gauche Révolutionnaire (Revolutionäre Linke), Rouen

Die Partei *Front National* ist kein völlig neues Phänomen wie die AfD in Deutschland oder die UKIP in Großbritannien. Aber die heutige *Front National* unter der Führung von Marine Le Pen hat sich im Vergleich zu der Ära Jean-Marie Le Pen verändert. Wie konnte man den FN früher charakterisieren und was stellt er heute dar?

Der frühere FN unter Jean-Marie Le Pen war eine rechtsextreme Partei, rassistisch, antisemitisch, nationalistisch, offen neoliberal und anti-gewerkschaftlich orientiert mit einigen faschistischen Elementen innerhalb und guten Verbindungen zu kleinen, faschistischen Gruppen außerhalb der Partei. Je nach politischer Wetterlage hat sich auch die historische Führung um Jean-Marie Le Pen ab und zu sozialer Rhetorik bedient. Marine Le Pen und ihre rechte Hand Florian Philippot haben die Partei in den letzten Jahren zu einer für die herrschende Klasse »salonfähigen« rechtspopulistischen Wahlpartei umgewandelt und dabei die Fraktion um Jean-Marie Le Pen, die für einen härteren Kurs einsteht, zurückdrängen können. Dieser Flügelkampf zwischen Vater und Tochter Le Pen fand seinen vorläufigen Abschluss im Herbst 2015 mit dem Parteiausschluss von Jean-Marie Le Pen aufgrund seiner antisemitischen Stellungnahmen. Die Positionen von Jean-Marie Le Pen werden jedoch von seiner Enkeltochter, der Abgeordneten Marion Maréchal-Le Pen, weiterhin vertreten. Die starken Spannungen und Spaltungen innerhalb der Partei bleiben bestehen und kommen regelmäßig zum Vorschein.

Marine Le Pen bedient sich sozialer Demagogie und kopiert sogar einige Elemente der traditionellen Arbeiterbewegung. Was sind die sozialen Inhalte des Programms und der Politik des FN?

Marine Le Pen und Philippot benutzen soziale Rhetorik, denunzieren die Korruption der politischen Klasse, prangern die Massenarbeitslosigkeit an und fordern eine Reindustrialisierung Frankreichs. Soziale Forderungen wie das Renteneintrittsalter mit sechzig Jahren finden sich im Wahlprogramm von Marine Le Pen, sind jedoch pure Wahlpropaganda. In letzter Konsequenz verteidigt der FN den Kapitalismus und die Interessen der Großunternehmen. In den Städten, in denen der FN den Bürgermeister stellt, betreibt sie eine klar unsoziale und rassistische Politik: Abschaffung des kostenlosen Essens in den Schulkantinen für Kinder von Arbeitslosen, Zwangsräumungen von karitativen und sozialen Einrichtungen wie »Secours populaire«, Abschaffung des angepassten Essens für muslimische Kinder in Schulkantinen. Der Bürgermeister der Stadt Fréjus erklärte im Dezember 2016 öffentlich, dass es zu viele muslimische Kinder in den Schulen der Kommune gäbe. Der FN will sich als Anti-Establishment- und Anti-Korruptions-Partei präsentieren, die Finanzskandale auf allen Ebenen der Partei häufen sich jedoch und die Familie Le Pen und andere führende Parteimitglieder sind millionenschwer und im Establishment bestens eingerichtet.

Aber warum erhält der FN Stimmen aus der Arbeiterklasse?

Die Wahlerfolge des FN in den letzten Jahren sind hauptsächlich Ausdruck der Perspektivlosigkeit und der fehlenden politischen Alternative. Bei genauem Hinsehen wird klar, dass diese Wahlerfolge relativ sind. Bei den letzten Regionalwahlen im Dezember 2015 erzielte der FN hohe Wahlergebnisse, diese repräsentierten aber nur 13 Prozent der Wahlberechtigten. Der FN ist also weit davon entfernt eine Massenbasis in der Arbeiterklasse zu erobern, weder auf Wahlebene noch auf organisatorischer Ebene (Mitgliedschaft, Ortsgruppen, etc.). Ein Teil der ArbeiterInnen, Arbeitslosen und auch Jugendlichen benutzen jedoch ihre Wahlstimme für den FN als Proteststimme, als Stimme gegen das Establishment und die sich verschärfenden sozialen Probleme.

Eribon, der breit in der deutschen Linken diskutiert wird, ist der Meinung, dass die französische Linke für den Erfolg des FN verantwortlich ist. Wie ist dein Standpunkt dazu?

Die Schwäche der französischen Linken im Allgemeinen und das Fehlen einer kämpferischen Arbeiterpartei im Speziellen sind Hauptgründe für das Wiedererstarken des FN auf Wahlebene. Die *Sozialistische Partei* (PS) ist völlig ins kapitalistische Lager übergelaufen und hat in den letzten fünf Jahren unter François Hollande knallharte neoliberale Politik und mehr Sozialabbau als Sarkozy vorher betrieben. Die Kräfte links von der PS haben es in den letzten Jahren nicht geschafft beziehungsweise nicht gewollt, am Aufbau einer neuen kämpferischen, klar antikapitalistischen Partei zu arbeiten, die Millionen von ArbeiterInnen und Jugendlichen in sozialen Kämpfen und bei Wahlen eine Perspektive bieten und somit dem FN das Wasser abgraben würde. Trotz des Fehlens einer solchen Partei hat sich immer wieder gezeigt, dass der FN zu fast vollständiger Bedeutungslosigkeit degradiert wird, wenn verallgemeinerte Klassenkämpfe stattfinden.

Dies war aufs Neue der Fall bei der beeindruckenden Massenbewegung gegen das neue Arbeitsgesetz von März bis Juli 2016. Die rassistische und islamophobe

Propaganda der etablierten Parteien vom FN, über die PS bis hin zur rechten LR (*Republikaner*) hatte in dieser Zeit so gut wie keinen Einfluss in breiten Schichten der Bevölkerung und der FN traute sich nicht, Demonstrationen gegen MigrantInnen zu organisieren.

Welche Methoden benutzt der FN? Macht sie Demonstrationen und Aufmärsche oder haben sie Verbindungen zu rechtsradikalen Gruppen?

Obwohl der FN kaum lebendige Strukturen hat, nur über wenige aktive Parteimitglieder verfügt und eher eine Partei für Karrieristen ist, hat die Partei in einigen Kleinstädten in Südfrankreich im Herbst 2016 Demonstrationen gegen Flüchtlingsunterkünfte organisiert. Diese gingen aber nie über 200 bis 300 TeilnehmerInnen hinaus und waren jedes mal mit doppelt so großen Gegendemonstrationen konfrontiert. Der FN stellt weniger eine Gefahr auf der Straße dar und unterhält öffentlich keinerlei Verbindungen zu gewaltbereiten rechtsradikalen Gruppen, die, anders als in Deutschland, nur am Rande existieren. Die eigentliche Gefahr ist eher ideologischer Natur. Seine permanente rassistische und nationalistische Propaganda kann sich in den Köpfen einnisten, da sie fast immer unwidersprochen bleibt. Und noch dazu in weiten Teilen von allen Regierungen und zuletzt von der Regierung Valls aufgegriffen und in die Tat umgesetzt wurde. Die damit einhergehende Spaltung zwischen ArbeiterInnen und Jugendlichen verschiedener Herkunft und Religion kann zeitweise ein Hindernis für gemeinsame Kämpfe sein.

Was ist deiner Meinung nach nötig, um die FN zurückzudrängen? Muss man die PS, als das »kleinere Übel« bei Wahlen unterstützen oder ist es sogar nötig mit allen sogenannten demokratischen Kräften zusammenzuarbeiten, um das rechtsextreme Lager zu bekämpfen?

Es ist dringend nötig, dass eine neue politische Kraft geschaffen wird, eine Alternative zur FN, zur Rechten und zur PS, um der großen Wut und der Radikalisierung einen politischen Ausdruck zu verleihen. Wir kämpfen schon heute für die größtmögliche Einheit von ArbeiterInnen und Jugendlichen bei sozialen Kämpfen gegen Entlassungen, Niedriglöhne und die starke Repression gegen aktive Gewerkschafter.

Jean-Luc Mélenchon könnte eine zentrale Rolle spielen, eine linke Kraft aufzubauen. Mélenchon und seine Bewegung *France insoumise (Widerständiges Frankreich)* hätte das Potenzial einen Einfluss in breiten Schichten zu erreichen und somit dem FN das Wasser abzugraben. Dafür ist es jedoch nötig, dass seine Kampagne hauptsächlich auf den Kampf für bessere Arbeits- und Lebensbedingungen und den Kampf gegen Rassismus orientiert ist. Damit einhergehen müsste ein klarer Appell an all die ArbeiterInnen und Jugendlichen, die heute schon kämpfen oder kämpfen wollen, sich zu organisieren und eine neue kämpferische Partei aufzubauen.

Ungarn: Rechts-
extremismus an der Macht

Von Tilman M. Ruster,
Sozialistische Linkspartei, Wien

In der Flüchtlingskrise von 2015/16 gingen besonders auch die Bilder aus Ungarn um die Welt. Aufnahmen von Flüchtlingen eingesperrt in Käfigen, die um Essen betteln mussten, Familien, die an bellenden Hunden und Wolken von Tränengas vorbei versuchten in die EU zu gelangen, Militärs und rechte Milizen Seite an Seite bei der »Grenzsicherung«... Diese Bilder riefen vielen wieder in Erinnerung, dass in Ungarn seit 2010 eine rechtsextreme Partei an der Macht ist: *Fidesz (»Allianz junger Demokraten«)* hat Ungarn verändert, aber nur, um gleichzeitig alles beim Alten zu lassen.

Fidesz gründete sich als liberale Partei. Als der Stalinismus in Ungarn dabei war sich aufzulösen, spielte *Fidesz* eine Rolle in der Bewegung gegen das Regime und schließlich bei der Überführung Ungarns in den Kapitalismus und dem Aufbau einer bürgerlichen Demokratie. In den ersten zehn Jahren ihres Bestehens war sie Mitglied der »Liberalen Internationalen« (also eine Schwesterpartei der FDP), bis sie eine erste Wende vollzog.

Die Restauration des Kapitalismus war Ungarn schlecht bekommen: Der Lebensstandard war extrem gefallen, große Teile der Wirtschaft privatisiert und zwar auf Kosten von Löhnen, Arbeitsschutz und Arbeitsplätzen. Liberale Versprechen, der »freie« Kapitalismus würde Ungarn beim wirtschaftlichen Aufstieg helfen, funktionierten nur für wenige Jahre. *Fidesz* blieb bei den ersten beiden Wahlen unter zehn Prozent, was in der Partei zu heftigen Debatten und schließlich einer konservativen Neuorientierung führte. Eine Krise der anderen Parteien nutzend konnte *Fidesz* nach den Wahlen 1998 als stärkste Partei eine Koalitionsregierung bilden. Victor Orbàn, der Architekt der konservativen Wende, wurde Ministerpräsident. Als frisch gebackenes Mitglied der *Europäischen Volkspartei* (EVP), dem Zusammenschluss der konservativen Parteien auf EU-Ebene, lud Orbàn seine Politik zwar mit Nationalismus und Religion auf, unterschied sich sonst aber wenig von der Vorgängerregierung.

In Ungarn aber stieg der Lebensstandard langsam aber spürbar wieder etwas an. Grund dafür war nicht die Politik, sondern eine große Zahl von Krediten aus dem Ausland, mit deren Hilfe so etwas wie eine Mittelschicht entstand. Im Einzelnen ging es oft um Projekte wie die Eröffnung eines kleinen Geschäfts oder dem Bau eines Mietshauses; für einen bescheidenen Wohlstand reichte es aber aus. Entsprechend gingen 2002 auch viele von einem erneuten *Fidesz*-Wahlsieg aus. Stattdessen gewann die sozial*Demokratische Partei* MszP knapp. Gerade ArbeiterInnen hatten nichts von dem Mini-Aufschwung, was der MSzP wohl die Mehrheit brachte.

In der Opposition schärfte *Fidesz* das Profil. Immer offener wurde auf Rassismus gesetzt, besonders auf Hetze gegen die Roma-Bevölkerung (ca. 6 Prozent), geschickt verwoben mit einer rechten EU-Kritik, um Ungarns »Identität« zu verteidigen. *Fidesz* wurde stärker und immer mehr zum Sammelbecken der Konservativen und Rechten in Ungarn. Dennoch verlor Orbàn die Wahlen 2006 erneut knapp gegen die MSzP.

Die folgenden Jahre der Opposition bildeten eine Säule von Orbàns heutiger Macht. Einige Monate nach den Wahlen 2006 geriet eine eigentlich geheime Rede des MSzP Ministerpräsidenten Gyurcsány an die Öffentlichkeit, in der er zugab seit Jahren besonders über wirtschaftliche Lage gelogen zu haben. In Wahrheit sei sie desaströs. Die »Lügenrede« führte zu massenhaften Protesten gegen die Regierung, die trotz massiver Polizeigewalt wochenlang andauerten. Schon an dieser Bewegung wurde klar, was eines der Grundprobleme der ungarischen Politik darstellt: Weil sich die Proteste gegen die angeblich »Linken«, also die MSzP, richteten übernahmen die Rechten die Führung der Bewegung. In den Umfragen profitierte *Fidesz*, auf der Straße besonders die faschistische und gewalttätige Bewegung *Jobbik*.

Der Aufstieg *Jobbik*s gipfelte zunächst in massiven Straßenschlachten zwischen Polizei und einem mehrere Tausend starken faschistischen Mob, in deren Verlauf die FaschistInnen die nationale Fernsehstation besetzten und mit einem gekaperten Panzer Sperren überrollten. Einige sprachen damals von einem Putschversuch durch *Jobbik*.

Aber Gyurcsány trat erst 2009 zurück, als die Wirtschaftskrise über Ungarn einbrach, sein Nachfolger wurde Gordon Bajnai. Riesige Staats- und besonders private Schulden in fremden Währungen bei ausländischen Banken konnten nicht zurückbezahlt werden. Bei einer Bevölkerung von rund zehn Millionen waren 900.000 Haushalte betroffen und sind es Großteils bis heute. Noch vor Griechenland geriet Ungarn unter die Fuchtel der Troika und es war Bajnai, der sie eingeladen hatte und sich als williger Vollstrecker der brutalen Kürzungspolitik anbot. Der Wahlkampf 2010 stand unter diesem Zeichen und *Fidesz* entschlossen gegen die Troika, zumindest in Worten. Orbàn wurde mit einer Zweidrittel-Mehrheit im Parlament erneut Ministerpräsident.

Tatsächlich warf er die Troika noch im gleichen Jahr aus dem Land und machte einige ihrer Maßnahmen rückgängig, er senkte Steuern und würzte all das mit nationalistischem Gerede. Schuld an der Krise Ungarns sei letztlich der Verlust von einem großen Teil des Staatsgebietes nach dem ersten Weltkrieg. So wie damals ausländische Mächte Ungarn zerstört hätten, so versuche es heute die Troika. Orbàns Propaganda setzt seitdem auf das Gefühl einer belagerten Festung. In der Festung gelte es für den großen Kampf gegen den äußeren Feind auch Entbehrungen zu ertragen.

Orbàn ist kein Antikapitalist, er ist ein Vertreter der ungarischen Kapitalisten. Nicht um die »kleinen Leute« zu retten hatte er die Troika raus geworfen, sondern um seine Freunde in der Bourgeoisie zu retten. Ein Blick nach Griechenland zeigt, was Orbàn verhindern wollte: Neben der verheerenden Armut, die den ArbeiterInnen dort aufgezwungen wurde, hatte die Troika auch Effekte auf die griechische Bourgeoisie. Sie verlor an Macht in Griechenland, als die Troika mit Privatisierungen ausländisches Kapital in neuer Stärke ins Land holte. Die Troika regierte Griechenland nicht zuerst im Sinne des griechischen Kapitals, sondern im Sinne der starken Player in Europa. Statt die Austeritätspolitik der Troika umzusetzen entwarf die Partei ihre eigene.

Maßnahmen wie die Einführung einer Kopfsteuer oder Angriffe auf den Kündigungsschutz und weitere Arbeiterrechte waren die eine Seite. Anders als Griechenland unter der Troika war Orbàn als Vertreter der ungarischen herrschenden Klasse aber auch frei für Angriffe auf das ausländische Kapital. Der Bankensektor in Ungarn ist fast vollständig in ausländischer Hand. Allein österreichische Banken halten ca. sechzig Prozent Marktanteil. So führte Ungarn als erstes Land eine Finanztransaktionssteuer ein und setzte später einen für die SchuldnerInnen sehr günstigen, fixen Wechselkurs zum Schweizer Franken fest, zu dem die Kredite zurückbezahlt werden sollen. Das half zwar nur einer Minderheit der SchuldnerInnen, weil diese inzwischen oft nichts mehr bezahlen können, aber es tat den internationalen Banken doch weh.

EU, IWF & Co. sind nicht stärker eingeschritten, weil Ungarn trotzdem seine Staatsschulden weiter und aus eigener Kraft bediente. Die Aushöhlung der Demokratie war der EU angesichts der Krise daher auch nur ein paar Ermahnungen wert. Der Verlauf der Krise reichte auch, um die Banken dazu zu bringen die Profitverluste zu schlucken, weil sie so zumindest nicht die vollen Kredite abschreiben mussten. In Ungarn brachten solche Manöver zusammen mit kleinen Geschenken wie der Senkung von Gaspreisen Orbàn zunächst große Popularität.

In einer belagerten Festung, die Orbàns Propaganda gerne beschwört, gilt es auch sich gegen innere Feinde zu »wehren«. Die krassen Angriffe auf den Sozialstaat rechtfertigte die Regierung gerne mit Rassismus gegen Roma. Obwohl nur eine Minderheit der Betroffenen Roma sind, wurde zum Beispiel die Einführung einer faktischen Zwangsarbeit inklusive Zwangsumsiedlung von Erwerbslosen damit begründet die »faulen« Roma zum Arbeiten zu bringen. Dass Roma schon wegen Ihrer Herkunft fast keine Arbeitsplätze in Ungarn bekommen, wurde dabei nicht erwähnt.

Zum Schutz gegen Feinde von innen gehört auch die Einschränkung der Opposition. Mit Hilfe der Zweidrittel-Mehrheit im Parlament gestaltete *Fidesz* den Staat um. Zum einen ist da die rechtliche Ebene, die Entmachtung des Verfassungsgerichts, die Angriffe auf die Pressefreiheit und schließlich die neue Verfassung von 2014 und die Wahlrechtsreform, die genau auf *Fidesz* zugeschnitten ist. Die Macht Orbàns ist damit extrem gewachsen. Aber auch wenn der Begriff »Republik« aus dem offiziellen Namens Ungarns gestrichen wurde, übrigens nicht aus der Verfassung, bleibt es doch eine bürgerliche Demokratie, wenn auch eine schwache. *Fidesz* lässt sich formal abwählen, und das nicht nur theoretisch: Bei den Wahlen 2014 konnte *Fidesz* zwar dank der Wahlrechtsreform die Zweidrittel-Mehrheit behalten, hat aber seitdem bei Nachwahlen massiv an Stimmen verloren.

Die Frage, ob sich *Fidesz* wirklich abwählen lässt hängt eher an der zweiten Ebene, der Umgestaltung des Staates, vor allem der aggressiven Personalpolitik. Nicht nur die Führungspositionen, sondern auch viele der Beschäftigten im öffentlichen Dienst sind inzwischen *Fidesz*-Leute. Darüber hinaus gilt das auch für fast alle Bereiche, die von öffentlichen Geldern abhängig sind, wie Kultur, Medien oder Bildung. Die Partei ist fest mit dem Staatsapparat verwoben, ob unlösbar fest, wird sich zeigen, wenn *Fidesz* einmal seine Mehrheit verliert.

Bis dahin ist diese Personalpolitik eine Machtbasis für Orbàn. Hunderttausende Menschen verdanken *Fidesz* ihre Karriere und ihr Auskommen. Dabei helfen auch Maßnahmen wie zum Beispiel die Einführung eines staatlichen Tabakmonopols und der damit verbundenen Vergabe von Verkaufslizenzen. Kriterium war vor allem die Nähe zu *Fidesz*, was der Partei neue »KlientInnen« brachte. Was für die einfachen Menschen gilt, gilt doppelt für die Reichen in Ungarn: Wer saftige Aufträge will, sollte sich mit der Regierung gut stellen. »Mafia-Kapitalismus« wird dieses System gerne genannt, nicht weil es illegal wäre, das vielleicht auch, sondern weil es auf einem Klientelsystem beruht. Die allgegenwärtige und schlecht verhüllte Korruption der ParteifunktionärInnen rundet dieses Bild nur ab.

»KlientInnen« sind aber keine echte Machtbasis. So stark die Regierung ihre juristische Macht auch ausbaut, am Ende ist sie extrem instabil. Sie hat wenig echte UnterstützerInnen. Sie wird durch das Versagen der Opposition an der Macht gehalten. Auch nach Jahren der Regierung gilt *Fidesz* immer noch als das »kleinere Übel«. Besonders deutlich wurde das bei den Wahlen 2014, als sich fast die gesamte bürgerliche Opposition vereinigte. Als Spitzenkandidaten wählten sie ausgerechnet Bajnai, den ehemaligen Ministerpräsidenten, der die Troika ins Land geholt hatte und versprach das wieder zu tun. Die bürgerliche Führung der Massenproteste gegen Orbàn, die es seit 2012 gegeben hatte, schloss sich dem Bajnai-Wahlbündnis an. Die UngarInnen hatten also die Wahl zwischen Kürzungen und Korruption aus der Hand von *Fidesz* oder aus der Hand der Sozialdemokratie. Eine Alternative zu Orbàn braucht eine glaubwürdige Alternative zum Bezahlen der Schulden. Letztlich muss so eine Alternative mit dem Kapitalismus brechen, um ernsthafte Verbesserungen zu erreichen.

Die faschistische *Jobbik* (»*Die Besseren/die Rechteren*«) gibt sich alle Mühe den Anschein zu erwecken, als würde sie genau das tun. Vieles von dem, was die Regierung sagt und tut macht *Jobbik* auch, nur radikaler. Wo Orbàn Rassismus gegen Roma nutzt, um Erwerbslose anzugreifen, organisiert *Jobbik* regelrechte Pogrome gegen Roma. Wo Orbàn von ausländischen Mächten spricht die Ungarn schaden wollen, redet *Jobbik* offen von der »jüdischen Weltverschwörung«. Vor allem ist *Jobbik* aber auf der Straße und in Bewegungen aktiv: Als sich zwangsgeräumte HauseigentümerInnen für Widerstand organisierten, war die Gruppe da, um die Bewegung zu unterstützen und mit einem politischen Programm zu versorgen, natürlich durchsetzt mit antisemitischen Theorien über die Ziele der Banken.

Am schärfsten wurde der Kontrast zur bürgerlichen Opposition aber bei einer Anti-Regierungs-Kundgebung mit ca. 100.000 TeilnehmerInnen sichtbar. Als die Veranstalter auf Druck der Protestierenden einer ca. 500 Personen starken Gruppe FaschistInnen die Teilnahme untersagten, besetzen diese ein Bankgebäude in der Nachbarschaft. Während bürgerliche PolitikerInnen von Demokratie und internationalem Ansehen redeten, setzten die Rechten in der Wahrnehmung vieler Menschen ein Zeichen gegen Kapitalismus. *Jobbik* ist die stärkste Oppositions-Partei im Parlament mit 19 Prozent der Stimmen. Ihr Verhältnis zur Regierung ist kompliziert. Als die Partei-Miliz Garda nach den Straßenkämpfen von 2006 verboten wurde, duldete die Orbàn-Regierung ihre faktische Neuformierung. Nach eigenen Angaben ist diese Miliz heute ca. 60.000 Personen stark. Besonders seitdem *Fidesz* die Zweidrittel-Mehrheit verloren hat, kommt es auch immer wieder zu engerer Zusammenarbeit mit *Jobbik* im Parlament. Die wenigen öffentlichen Posten, die nicht durch *Fidesz*-Leuten besetzt sind, haben Anhänger von *Jobbik* inne. Aber die Gruppe ist oppositionell genug, um als solche gewählt zu werden. Das kommt *Fidesz* eher entgegen als beispielsweise eine stärkere MSzP. Wer sich heute in Ungarn gegen Kapitalismus wehren möchte landet häufig bei *Jobbik* und damit in der Sackgasse.

Derzeit braucht die Regierung die bürgerliche Opposition nicht wirklich zu fürchten. Wovor die Rechtsextremen Angst wirklich haben zeigen sie in ihrem Kampf gegen Gewerkschaften, Betriebsratsstrukturen und die Arbeiterbewegung im Allgemeinen. Die heftigen Angriffe im Namen der ungarischen Kapitalisten auf den Sozialstaat haben vor allem ArbeiterInnen getroffen. Als erstes in der Verantwortung den Widerstand aufzunehmen waren eigentlich die Gewerkschaften, aber die blieben weitgehend passiv. Seit dem Zusammenbruch des Stalinismus sind die Gewerkschaften extrem geschrumpft. Die Gewerkschaftsführung hatte wenig gute Argumente um die Mitglieder zu halten. Sie verzichteten auf Widerstand gegen die Einführung des Kapitalismus, auch weil ihre engen, historischen Beziehungen zur MSzP, der Nachfolgerin der alten Staatspartei, sie davon abhielten, solange diese an der Regierung war. Als Orbàn an die Macht kam und sich daran machte, die Gewerkschaften zu bekämpfen nahmen sie den Widerstand nicht auf, vielleicht weil sie glaubten, inzwischen nicht mehr genug Kraft dafür zu haben. Immer mehr Mitglieder fragten sich, wozu sie noch Mitglied bleiben sollten.

Heute sind Gewerkschaften im öffentlichen Dienst und dem Sicherheitsbereich durch Gesetze praktisch entmachtet. Laut ungarischem Gesetz muss der Arbeitgeber den Gewerkschaftsbeitrag zahlen, was in der Praxis dazu führt, dass sich kaum jemand traut, das zu verlangen. Am Stärksten lassen sich die Gewerkschaften aber durch eine extreme Einschränkung des Streikrechts behindern: Jeder Streik muss von einem Gericht erlaubt werden, das das in der Regel natürlich nicht tut. Daran müssten sich die Gewerkschaften nicht halten, schließlich wurde ja auch schon gestreikt als das grundsätzlich verboten war, tun sie aber. Als Reaktion auf die schrumpfenden Mitgliederzahlen bildete sich in vor allem aus der großen Chemie-Gewerkschaft heraus eine Initiative: *Solidiaritàs* war zunächst ein großer Erfolg. Tausende traten bei, auch in der Hoffnung hier eine neue Linkspartei zu gründen. Aber die Führung setzte voll auf eine »breite« Front gegen Orbàn und unterstützte schließlich den Wahlkampf des bürgerlichen Kandidaten Bajnai und zeigte damit, dass auch sie keine Alternative war.

Trotzdem wird hier das Potential deutlich: Viele wollen sich wehren und sie tun das auch immer wieder. Besonders Jugendliche sehen keine Zukunft in einem »Weiter so« und kämpfen entschlossen. Die Bewegung gegen die Internet-Steuer war erfolgreich, andere Bewegungen wie die gegen eine Bildungsreform konnten die Regierung schnell an den Verhandlungstisch zwingen. Dort wo es doch zu Streiks kommt, wie zum Beispiel bei KrankenpflegerInnen, ist die Unterstützung aus der Bevölkerung enorm. Was fehlt ist eine Vernetzung all jener, die Widerstand leisten wollen und es fehlt an einem klar antikapitalistischen Programm als echter Alternative gegen Orbàn. Orbàn kann gestürzt werden, durch Massenproteste oder auch Wahlen. Aber wenn darauf wieder eine bürgerliche Regierung folgt wird *Fidesz* oder eine vergleichbare Partei zurückkehren können.

Schweden: Schwedendemokraten

Ein Interview mit Elin Gauffin, Rättvisepartiet Socialisterna (Sozialistische Gerechtigkeitspartei), Stockholm

In einer Umfrage vom Februar 2016 erreichten die *Schwedendemokraten* 29 Prozent. Was sind die Ursachen für derartige Erfolge dieser Partei?

Die *Schwedendemokraten* zogen erstmals im Jahr 2010 in das Parlament ein. Bei den letzten Wahlen im Jahr 2014 wuchsen sie zur drittstärksten Partei an. Laut einer jüngsten Umfrage kommen sie jetzt auf rund zwanzig Prozent, während die größte traditionelle konservative *Moderaterna*-Partei bei 22 Prozent steht. Sie nimmt mehr und mehr den rassistischen Ansatz der *Schwedendemokraten* auf. Ich glaube nicht, dass sie jemals bei dreißig Prozent standen, nicht oft jedenfalls. Aber sie haben eine Unterstützung in dieser Größenordnung unter männlichen Arbeitern.

Der Hauptgrund dafür ist, dass sie als anders, als die anderen etablierten Parteien gelten. Einerseits haben die sieben anderen im Parlament vertretenen Parteien ihnen den Rücken zugekehrt. Andererseits setzt insbesondere die derzeit aus *Sozialdemokraten* und Grünen bestehende Regierung die Vorstellungen der *Schwedendemokraten* in der Asylpolitik um, was ihnen Legitimation verschafft. Die *Schwedendemokraten* schieben alle Probleme der Gesellschaft auf Geflüchtete ab. Nach zehn Jahren konstanter Propaganda und unter dem Einfluss der Politik aller großer Parteien hatte das einen gewissen Effekt auf eine Schicht von Leuten.

Ein Großteil der UnterstützerInnen der *Schwedendemokraten* lebt im Süden von Schweden. Was sind die Ursachen dafür?

Sie liegen in einer Kombination aus faschistischer Tradition im ländlichen Raum, einer unter dem Abbau der Industrie leidenden Region mit vielen stillgelegten Fabriken und hoher Arbeitslosigkeit und der Nähe zu Dänemark und der Dänischen Volkspartei, die dort die politische Agenda seit den frühen 2000er Jahren dominiert. Die traditionellen Parteien haben in diesem Teil des Landes schneller als anderswo an Unterstützung verloren. Lokale Kleinparteien mit oft rassistischem Inhalt wur-

189

den gegründet. Sie haben sich später in die *Schwedendemokraten* eingefügt. Ein von ihnen behandeltes Hauptthema ist die hohe Zahl von Verbrechen in einigen Städten. Doch in Skane gibt es auch eine Tradition antirassistischen Widerstandes und eine linke Stimmung. Es ist also polarisiert.

In einem Interview mit dem deutschen Radiosender *Deutschlandfunk*, sagte Markus Wiechel, einer der führenden Politiker der *Schwedendemokraten*, er wolle die schwedische Grenze für Asylsuchende schließen. Man kann also sagen, dass die *Schwedendemokraten* eine rassistische Partei sind. Aber sind sie auch eine faschistische Organisation?

Im Gegensatz zu den rassistischen Parteien Finnlands, Dänemarks und Norwegens haben die *Schwedendemokraten* eine klare faschistische Vergangenheit. Die FaschistInnen der 1940er und 1950er Jahre waren an der Gründung der *Schwedendemokraten* im Jahr 1988 beteiligt und sie hatten enge Verbindungen zu gewalttätigen Gruppen, die während der 1990er Jahre Nazislogans und Symbole verwendeten. Manche von ihnen waren Teil der Partei. Der heutige Parteichef Jimmie Akesson trat Mitte der 1990er Jahre bei. Doch erst zur Jahrtausendwende begannen sie sich populistischer zu präsentieren. Sie kopierten dabei den *Front National*. Wir bezeichnen sie als rassistische, nicht als faschistische Partei.

Wie sieht die politische Praxis der *Schwedendemokraten* aus? In Deutschland veranstalten rassistische Gruppierungen wie PEGIDA Massendemonstrationen. Und in Schweden? Man kann den *Schwedendemokraten* am Wahltag seine Stimme geben, aber gibt es Straßenaktionen oder so etwas? Sind die *Schwedendemokraten* gewalttätig?

Im Wahljahr 2014 gab es jede Menge antirassistische Proteste an 63 Orten. Fast immer wenn die *Schwedendemokraten* eine Straßenaktion machen wollten wurden sie ausgebuht. Sie machen keine großen Aufmärsche. Sie verhalten sich sehr wie eine etablierte Partei. Zum Beispiel haben sie Treffen mit dem Verband der Bosse. Das hat sie zu einer Änderung ihrer Position gebracht. Jetzt sind sie dafür, den Wohlfahrtssektor im Interesse der Firmenprofite anzugreifen. Gleichzeitig sind viel mehr PolitikerInnen der *Schwedendemokraten* straffällig geworden als von jeder anderer Partei. Ihr parlamentarischer Rechtssprecher Kent Ekeroth ist in zahlreiche Skandale verwickelt.

Unter anderem hat er Menschen auf offener Straße zusammengeschlagen. Die *Schwedendemokraten* brauchen keinen gewalttätigen Flügel, dafür gibt es andere faschistische Gruppen. Letztes Jahr führte Kent Ekeroth eine hasserfüllte Kundgebung gegen Asylsuchende durch, auf der sein Bruder Karten verteilte, auf denen verschiedene Flüchtlingsunterkünfte markiert waren. Am Tag danach wurden viele von ihnen in Brand gesteckt.

Wie müssen Linke handeln, um Gruppen wie die *Schwedendemokraten* zu stoppen?

190

Man muss die antirassistische Bewegung aufbauen und ein politisches Programm gegen Rassismus aufstellen. Vor drei Jahren gab es nach gewaltsamen Angriffen noch Massenproteste, letztes Jahr nur noch sehr kleine.

Am 12. November 2016 hat *Rattvisepartiet Socialisterna* eine große antirassistische Demonstration mit 5000 TeilnehmerInnen in Stockholm organisiert. Erstmals haben einige Gewerkschaften teilgenommen, ein großer Erfolg. Die Demonstration richtete sich gegen einen Naziaufmarsch mit 600 TeilnehmerInnen. Sie hat außerdem die Regierung und ihre neue, gegen Flüchtlinge gerichtete Mauer kritisiert. Außerdem wurde die Bedrohung durch Massenabschiebungen aufgegriffen. Dies alles ist im Kampf gegen Rassismus sehr wichtig.

Doch wir haben auch die Bedrohung durch Donald Trump und die sehr wichtigen Lehren der Wahlen in den USA aufgegriffen. Antirassismus muss mit der sozialen Frage verknüpft werden und eine Bewegung für Jobs, Wohnungen und soziale Leistungen für alle aufbauen, um eine echte Chance zu haben den Rassismus zu bekämpfen.

Gegenstrategien

Wie bei einer Krankheit muss man auch beim Kampf gegen Rechtspopulismus, Rassismus und Faschismus zwischen der Bekämpfung der Symptome und der Krankheitsursache unterscheiden. Die Symptome zu bekämpfen ist in der Regel nicht falsch. Wenn man aber nicht die Ursachen bekämpft, wird man die Krankheit nicht besiegen können. Und bekämpft man die Symptome mit Mitteln, die die Krankheitserreger in Wirklichkeit verstärken – stirbt man schneller …

Unsere Vorschläge zum Kampf gegen Rechts leiten sich aus unserer in diesem Buch vorgenommenen Analyse ab. Zum besseren Verständnis fassen wir die wichtigsten Punkte hier noch einmal kurz zusammen:

- Rassismus, Rechtspopulismus und Faschismus sind Produkte der krisenhaften kapitalistischen Gesellschaft, ihrer Klassenwidersprüche und der Interessen der herrschenden Klasse von KapitalbesitzerInnen.
- Rassismus dient zur Ablenkung von den wahren sozialen Problemen und ihren tatsächlichen Verursachern, indem MigrantInnen, Muslime und Muslimas oder andere Gruppen zu Sündenböcken dafür gemacht werden. Es wird das »Teile und herrsche«-Prinzip angewendet. Durch Spaltung derjenigen, die von den sozialen Problemen betroffen sind – Lohnabhängige, sozial Benachteiligte, Jugendliche, RentnerInnen – soll kollektiver Widerstand erschwert bzw. verhindert werden.
- Die Stärkung rechtspopulistischer und anderer rechter Kräfte ist nicht einfach Ausdruck eines gewachsenen Rassismus in Teilen der Gesellschaft, sondern auch Ausdruck sozialer Ängste und in Teilen ein fehlgeleitetes Aufbegehren gegen »die da oben«, gegen das bürgerliche Establishment und Ausdruck sozialer Polarisierung. Der Raum für rechtspopulistische bzw. neofaschistische Kräfte wurde vergrößert bzw. geschaffen durch die Verbürgerlichung der Sozialdemokratie, durch die in der Regel sozialpartnerschaftliche und prokapitalistische Politik der Gewerkschaftsführungen und durch die Schwäche und Defizite der bestehenden linken Parteien.
- Rechtspopulismus und Faschismus sind zu unterscheiden, auch wenn es zweifellos ideologische, politische und personelle Schnittmengen gibt. Während rechtspopulistische Kräfte zwar demokratische Rechte abbauen wollen, agieren sie heute im Rahmen des bürgerlichen Parlamentarismus. Faschismus ist eine besondere Form bürgerlicher Reaktion. Sie ist geprägt von dem Versuch mittels einer gewalttätigen Massenbewegung alle Elemente der Arbeiterbewegung, der Linken und anderer fortschrittlicher sozialer Kräfte zu bekämpfen und ultimativ zu zerschlagen. Der faschistische Staat schränkt demokratische Rechte nicht nur ein, zerschlägt nicht nur die Selbstorgani-

sierung der Arbeiterschaft und der Linken im Rahmen der kapitalistischen Gesellschaft, sondern auch die bürgerliche Demokratie. Faschismus ist eine terroristische Bewegung gegen Minderheiten und die Arbeiterbewegung mit dem Ziel ein totalitäres Unterdrückungsregime zu errichten.

In den letzten Jahren wird von allen möglichen politischen und gesellschaftlichen Kräften viel darüber gesagt, dass Rassismus bekämpft werden muss. Es wird auch einiges auf unterschiedlichen Ebenen gemacht. Den Aufstieg der AfD und die Zunahme rechten Terrors hat das bisher nicht verhindert. Es hat zwar viele lokale Demonstrationen gegen rechte Aufmärsche gegeben, aber es gibt bisher keine bundesweite Strategie gegen RechtspopulistInnen und FaschistInnen – weder von linker noch von etablierter Seite. Versuche bundesweite, kontinuierlich arbeitende Kampagnen zu etablieren, hoben entweder nicht ab oder entpuppten sich als Papiertiger. Und es gibt in Gewerkschaften, Linke und LINKE und sozialen Bewegungen auch keine gemeinsame inhaltlich-politische Antwort, die den Rechten entgegen gesetzt würde.

Das ist aus unserer Sicht Ausdruck davon, dass AfD und Rassismus eine größere Basis in Teilen der Gesellschaft erringen konnten, als rechte Kräfte in der Vergangenheit, was wiederum dazu führt, dass es weniger schnelle Erfolge im Kampf gegen sie zu verzeichnen gibt. Das hängt auch damit zusammen, dass diese Kräfte mit der von ihnen propagierten und in den Mittelpunkt gerückten Islamfeindlichkeit nicht nur Schnittmengen zu etablierter bürgerlicher Propaganda und pseudolinken Argumentationen haben, sondern real den reaktionären Charakter islamistischer Bewegungen ausnutzen und rassistisch beantworten können.

Das führt uns zu der Schlussfolgerung, dass zum Kampf gegen Rechts ein Programm nötig ist, das die wahren Ursachen und Lösungen für die sozialen Probleme benennt und auch einen Weg aufzeigt, solche Lösungen zu erkämpfen. Der Versuch jedoch, die AfD mit den tatsächlich Verantwortlichen für genau diese sozialen Probleme zu bekämpfen, ist zum Scheitern verurteilt. Genauso jedoch, wie Versuche linksradikaler, autonomer Gruppen durch möglichst radikale, oftmals physische Minderheitenaktionen den Rechten etwas entgegenzusetzen.

Gewerkschaften und LINKE

Schauen wir uns an, welche Formen von Initiativen und Aktivitäten in den letzten zwei, drei Jahren von den Kräften, die die Ressourcen für wirkungsvolle Kampagnen hätten, und von anderen organisiert wurden.

Wenn man unserer Analyse folgt, dass Rassismus und Rechtspopulismus in Wirklichkeit nicht nur gegen eine Minderheit gerichtet ist, sondern gegen die große Mehrheit aller Lohnabhängigen und sozial Benachteiligten, dann sind die Gewerkschaften die Organisationen, die die größte Verantwortung tragen, den Rechten etwas entgegenzusetzen. Aber selbst, wenn man dieser Logik nicht folgt, sind sie wahrscheinlich die Organisationen mit den meisten MigrantInnen und Muslimen in ihren Reihen. Es gibt sehr viele aktive GewerkschafterInnen, die sich in ihren Betrieben und vor Ort gegen Rechts engagieren. Aber von den Gewerkschaftsführungen gibt es keine konzertierte Aktion, keine Aufklärungsoffensive in den Betrieben, keine Kampagne, keine breit angelegte Mobilisierung gegen Rassismus und Rechtspopulismus – außer der *Allianz für Weltoffenheit, Solidarität, Demokratie und Rechtsstaat - gegen Intoleranz, Menschenfeindlichkeit und Gewalt*, in der gemeinsam mit den Kirchen, Religionsgemeinschaften, Sport-, Kultur- und – ja, tatsächlich – Arbeitgeberverbänden moralisiert wird und die von diesen als Plattform genutzt werden kann, sich für Abschiebungen von MigrantInnen auszusprechen.[296]

Solche Kampagnen sind aus unserer Sicht nicht nur wirkungslos, sondern kontraproduktiv, weil sie abschreckend auf all diejenigen ArbeiterInnen wirken müssen, die zurecht keinerlei Vertrauen in die VertreterInnen von Arbeitgeberverbänden und Kirchen haben. Ein Bündnis mit denjenigen, die Ausnahmen beim Mindestlohn für Geflüchtete fordern, muss sich notwendigerweise auf moralische Kritik an einem nicht näher definierten Rassismus beschränken, statt für wirkliche gleiche Rechte einzutreten. Während die Gewerkschaftsführungen in solchen Bündnissen ausstrahlen, dass sie Teil des elitären Establishments sind bzw. sein wollen und die bestehenden gesellschaftlichen Verhältnisse stabilisieren wollen, können sich Rechtspopulisten in Abgrenzung zu solchen Initiativen als »Stimme der kleinen Leute« präsentieren. Umso schlimmer sind solche Bündnisse aber, wenn sie sogar dazu genutzt werden können, die kapitalistische Spaltungspolitik des »DIE und WIR« zu verbreiten und letztlich nicht einmal für eine uneingeschränkte Solidarität mit allen von Rassismus (in diesem Fall: Abschiebungen) betroffenen MigrantInnen stehen.

Sinnvolle gewerkschaftliche Kampagnen, wie die durch das Symbol der gelben Hand bekannt gewordene Kampagne *Mach' meinen Kumpel nicht an*, die 1986 gegründet wurde[297], sind mittlerweile zu in Vereinsmeierei institutionalisierten Bildungseinrichtungen geworden, die sinnvolle Bildungsarbeit machen mögen, aber keine dynamische Kampagnentätigkeit und Mobilisierungsfähigkeit in den Betrieben und Gewerkschaften entfalten und deren Politik durch die Nähe zu sozialdemokratischen PolitikerInnen geprägt ist.[298]

---

296 http://www.allianz-fuer-weltoffenheit.de/ - hier findet sich folgendes Statement vom Präsidenten der Bundesvereinigung der Arbeitgeberverbände, Ingo Kramer: »Die deutsche Wirtschaft tritt für ein weltoffenes Europa ein, in dem ausnahmslos jeder Mitgliedstaat die Menschenwürde und unsere demokratischen Grundwerte schützt. Menschen, die nach Europa flüchten, weil sie in ihrer Heimat an Leib und Leben bedroht sind, müssen hier Zuflucht erhalten. Das ist aber nur möglich, wenn jene Menschen, die nicht von Verfolgung und Gewalt bedroht sind, auch in ihre Heimatstaaten zurückgeführt werden. Asylsuchende mit Bleibeperspektive müssen ihren Beitrag leisten, damit ihre Integration gelingt. Sie müssen die grundlegenden Werte und Regeln unseres gesellschaftlichen Zusammenlebens uneingeschränkt anerkennen.«

297 www.gelbehand.de

298 siehe Jubiläumszeitschrift der Kampagne mit Grußworten von SPD-RegierungspolitikerInnen aus NRW oder http://www.gelbehand.de/meldung/artikel/klare-kante-gegen-rassismus-engage-

Aus der Partei DIE LINKE wurde im Jahr 2016 das Bündnis *Aufstehen gegen Rassismus* gegründet, maßgeblich vorangetrieben vom Netzwerk *marx21*. Gemeinsam mit SpitzenpolitikerInnen von Grünen und SPD, einschließlich RegierungsministerInnen, wurde dazu aufgerufen, gegen die AfD auf die Straße zu gehen und durch die Ausbildung so genannter *»StammtischkämpferInnen«* antirassistische Aufklärungsarbeit voranzutreiben. Um SPD und Grüne ins Boot zu bekommen, wurde im Gründungsprozess des Bündnisses jeder Versuch soziale Forderungen und eine deutliche Distanzierung von staatlichem Rassismus, zum Beispiel durch eine klare Positionierung gegen Abschiebungen und die Asylrechtsverschärfungen, zurückgewiesen. Die Hoffnung, durch solche Zugeständnisse an SPD und Grüne eine Mobilisierung durch diese Organisationen und die Gewerkschaftsführungen zu erreichen, erfüllten sich nicht und bei der zentralen Demonstration dieses Bündnisses beteiligten sich laut VeranstalterInnen am 3. September 2016 nur sechstausend Menschen, ein großer Teil aus Gruppierungen, die diese Anpassung kritisiert hatten und trotzdem zur Unterstützung der Demonstration aufgerufen hatten. Wie die StammtischkämpferInnen-Ausbildung wirkungsvolle Analysen und Argumente gegen Rassismus entfalten soll, wenn sie diese gemeinsam mit den VerursacherInnen von Rassismus ausarbeitet, bleibt ein Geheimnis.

In der Partei DIE LINKE hat sich im Laufe des Jahres 2016 ein weiteres Phänomen im Umgang mit dem Rechtspopulismus entwickelt: Das partielle Aufgreifen von Formulierungen und Positionen rechtspopulistischer Kräfte oder zumindest die Implikation von gewissen Übereinstimmungen. Konkret hat Sahra Wagenknecht nach den Ereignissen der Kölner Silvesternacht 2015/16 davon gesprochen, dass Menschen – gemeint sind Geflüchtete – die ihr *»Gastrecht«* missbrauchen, dieses auch verwirken. Damit sprach sie sich nicht nur für die Abschiebung vermeintlich krimineller MigrantInnen aus, sondern machte aus dem Grundrecht auf Asyl und Schutz vor Krieg und Verfolgung mal eben ein Gastrecht. In der Folge sollte Wagenknecht immer wieder mit Äußerungen auffallen, die die Notwendigkeit einer Begrenzung des Zuzugs von Geflüchteten implizierten oder terroristische Anschläge in einen ursächlichen Zusammenhang mit der Einwanderung von Geflüchteten stellten.[299]

Während Teile des rechten Parteiflügels zurecht Kritik an diesen Äußerungen übten, schien diese doch mehr aus innerparteilichen Machtinteressen heraus motiviert, schließlich beteiligen sich diejenigen LINKE-Landesverbände, die in Regierungskoalitionen mit SPD und Grünen eingetreten sind, an der Exekution rassistischer Abschiebepraxis. In Thüringen hat die vom LINKE-Ministerpräsidenten Bodo Ramelow geführte Landesregierung, den symbolträchtigen Winterabschiebestopp

ment-fuer-demokratie/
299 Siehe dazu u.a.: https://www.sozialismus.info/2017/01/die-wagenknecht-debatte/ und https://www.sozialismus.info/2016/09/die-gute-linke-von-sezuan/

zum Beispiel wieder aufgehoben, der neue rot-rot-grüne Senat in Berlin einen solchen gar nicht erst beschlossen.

Beides wird den Kampf gegen die AfD und gegen Rassismus im Allgemeinen erschweren. Wenn DIE LINKE versucht AfD-WählerInnen dadurch zu erreichen, dass sie der AfD-Argumentation zu Fragen von Einwanderung, Geflüchteten oder Terrorgefahr nachgibt, werden Menschen das nicht als Grund betrachten, sich von der AfD abzuwenden, sondern als Bestätigung der AfD-Positionen. Wenn DIE LINKE durch die Exekution von Abschiebungen, aber auch von anderen prokapitalistischen Gesetzen, wie die Umsetzung von Hartz IV-Sanktionen oder polizeilicher Repression gegen DemonstrantInnen, sich als staatstragend und »verantwortungsbewusst« präsentiert, dann werden Menschen diejenigen wählen, die tatsächlich und offensichtlich für diesen bürgerlichen Staat und seine Form von repressiver Demokratie stehen. Es ist nicht neu, dass lieber das Original als die Kopie gewählt wird.

Dresden gegen PEGIDA

Versagt haben LINKE und Gewerkschaften speziell auch in Dresden in der Auseinandersetzung mit PEGIDA, was ein nicht zu vernachlässigender Faktor beim Aufstieg der »patriotischen Europäer« war. Als Akteurin trifft man DIE LINKE im Kampf gegen PEGIDA fast nirgendwo. Hier wurde weder eine kontinuierliche Kampagne entwickelt, noch wurden konsequent die Gegenmobilisierungen antirassistischer Kräfte unterstützt. Paradox ist sicher, dass diese maßgeblich von LINKE- und Gewerkschaftsmitgliedern organisiert wurden, ihre Organisationen sie aber in der Regel im Stich ließen. Trauriger Höhepunkt waren hier sicher die Proteste zum zweiten Jahrestag von PEGIDA, wo DIE LINKE offiziell erklärte, die Gegendemonstration des Bündnisses »Herz statt Hetze« nicht zu unterstützen, weil sie stattdessen zur Teilnahme an der vom Dresdner FDP-Oberbürgermeister ausgerufenen Kundgebung des Establishments aufrufen würden – ein Bürgermeister übrigens, der im zweiten Wahlgang von PEGIDA unterstützt wurde und der sich davon nie distanziert hat.

Statt Proteste zu organisieren, setzt die Dresdner LINKE alles auf ihr Kooperationsabkommen mit SPD und Grünen im Dresdner Stadtrat. Gemeinsam mit Parteien, die Sozialabbau betreiben und rassistische Gesetze mit verabschiedet haben, bilden sie seit gut zwei Jahren eine mehr oder weniger stabile Mehrheit im Stadtrat. Positive Effekte gab es so gut wie keine: Die versprochene Einführung einer Krankenversicherung für Geflüchtete ließ man fallen und die Neugründung einer städtischen Wohnungsbaugesellschaft verschiebt man von Halbjahr zu Halbjahr. Zuletzt machte die LINKE-Sozialbürgermeisterin von sich reden, weil sie als SozialarbeiterInnen eingestellte FlüchtlingshelferInnen demnächst entsprechend ihres Berufsabschlusses und nicht mehr nach der von ihnen verrichteten Arbeit, also in vielen Fällen niedriger, bezahlen will.

Dabei trägt DIE LINKE an der Lage in Dresden sicher nicht alleinige Verantwortung. Von den Gewerkschaftsführungen erfahren die PEGIDA-GegnerInnen eher selten Unterstützung. Hinter vorgehaltener Hand wird nicht einmal selten eingeräumt, dass man fürchtet, bei einem spürbaren Engagement gegen PEGIDA eigene Mitglieder zu verlieren. Dass dieses Engagement den Gewerkschaften auch Mitglieder bringen würde, scheinen sie nicht zu sehen. Ebenso wie das Problem, dass sie in Zukunft Lohnkämpfe und Kampagnen für die Verbesserung von Arbeitsbedingungen nur dann werden erfolgreich führen können, wenn diese Kämpfe multiethnisch organisiert werden.

So bleibt es oft unorganisierten Jugendlichen vorbehalten, den Kampf gegen PEGIDA am Leben zu erhalten. Eine der in diesem Zusammenhang wichtigsten Aktionen war die Schülerdemonstration im April 2015. Die RassistInnen beschimpften die Jugendlichen mit kaum wiederzugebenden Drohungen. Aber diese ließen sich nicht einschüchtern und demonstrierten mit 700 TeilnehmerInnen durch die Innenstadt. Das Presseecho war gehörig und eines bewies dieses Beispiel zweifelsfrei: Jugendliche gegen PEGIDA zu mobilisieren kann gelingen.

Gegen PEGIDA zu kämpfen heißt in Dresden mit kaum vorhandenen finanziellen Mitteln, mit geringer Unterstützung durch DIE LINKE und noch geringerer Hilfe durch die Gewerkschaftsführungen auf die Straße zu gehen und dort auf eine Polizei zu treffen, die über so ziemlich jeden Auflagenverstoß bei PEGIDA hinwegsieht, aber die GegnerInnen fortwährend kriminalisiert. Nicht die oftmals geringe quantitative Stärke der Proteste gegen PEGIDA ist bemerkenswert, sondern, dass sie unter diesen Umständen überhaupt noch stattfinden.

Grundsätzliches

Wir sind davon überzeugt, dass der Kampf gegen Rechts zwei Säulen haben muss: Möglichst massenbasierte Mobilisierung zur Verhinderung bzw. Konfrontation rechter Aktionen und Mobilisierungen und massenwirksame Aufklärungsarbeit einschließlich des Aufzeigens politischer Alternativen zu den Scheinantworten der Rechten. Gleichzeitig würden wir betonen, dass der effektivste Beitrag zum Zurückdrängen rassistischer Stimmungen und rechtspopulistischer bzw. neofaschistischer Kräfte der gemeinsame Kampf von Lohnabhängigen, Jugendlichen und sozial Benachteiligten für ihre gemeinsamen Interessen ist – für höhere Löhne, bessere Arbeitsbedingungen, gegen Entlassungen und Arbeitsplatzvernichtung, gegen Mietwucher, für Investitionen in Infrastruktur, Bildung, Gesundheit, Rente etc.

Um im Bild der zu bekämpfenden Krankheit zu bleiben: Die Gegenmobilisierung ist die Symptombekämpfung, der Aufbau politischer Alternativen die Bekämpfung des Krankheitserregers. Beides steht in einem Zusammenhang. Wir sind davon überzeugt, dass Gegenmobilisierungen größer werden können, aber vor allem eine nachhaltige Wirkung erzielen werden, wenn sie sich nicht auf einen moralisierenden Antirassismus im Bündnis mit etablierten Kräften beschränken, sondern wenn sie auf Basis eines Klassenstandpunkts die gemeinsamen sozialen Interessen von deutschen und nichtdeutschen Lohnabhängigen und sozial Benachteiligten und Opposition gegen das kapitalistische Establishment zum Ausdruck bringen.

So wäre es möglich, mit Gegenmobilisierungen auch solche Menschen zu erreichen, die für die soziale Demagogie und Scheinantworten der Rechten anfällig sind. All diejenigen, die berechtigte Wut auf Merkel und Co. haben, wird man kaum davon überzeugen können, dass man gemeinsam mit den Regierungsparteien, die AfD bekämpfen muss. Wenn man aber erklärt, dass diese Wut berechtigt ist, dass aber AfD und Co. eine Politik betreiben wollen, die die sozialen Verhältnisse noch mehr zugunsten der Reichen und Superreichen verändern würde und dass man sich sowohl gegen diese – rassistisch aufgeladene – Politik der AfD und gegen die seriös-demokratisch daherkommende arbeiterfeindliche Politik der Regierungsparteien wehren muss, wäre die Chance größer, breitere Schichten der arbeitenden Bevölkerung zu erreichen – umso mehr, wenn dies mit tatsächlichen Kämpfen für soziale Verbesserungen verbunden würde.

Ebenso bedeutend ist es, die tagtäglich von Rassismus und rechten Übergriffen Betroffenen für den Kampf gegen Rassismus und Rechtspopulismus zu mobilisieren und zu vereinigen, also Geflüchtete, MigrantInnen, Muslime und Muslimas, Sinti und Roma und andere Minderheiten. Wie soll das möglich sein, wenn man sich nicht konsequent für deren Bürgerrechte einsetzt? Ist es nicht eine Zumutung für von Abschiebung bedrohte Flüchtlinge, dass sie mit Regierungsmitgliedern, die gerade eine Verschärfung der Abschiebepraxis beschlossen haben, gemeinsam demonstrieren sollen? Aus unserer Sicht sollte eine antirassistische Bewegung unmissverständlich gleiche Rechte für alle dauerhaft in Deutschland lebenden Menschen fordern und jede Form der Diskriminierung zurückweisen, vor allem Abschiebungen grundsätzlich ablehnen.

Einheitsfront

Uns wird oft entgegnet, die wichtigste Lehre aus der Machtergreifung Hitlers sei, dass die Arbeiterbewegung gespalten war und keinen vereinigten Kampf gegen die Nazis führte, dass die Vorschläge Leo Trotzkis und August Thalheimers zur Bildung einer antifaschistischen Einheitsfront der Arbeiterorganisationen nicht befolgt wurden. Manche argumentieren, auf den ersten Blick nachvollziehbar, dass man doch mit allen Kräften gegen die AfD arbeiten sollte, die deren Aufstieg etwas entgegen setzen wollen. Das scheint natürlich umso mehr zu gelten, wenn man die AfD als faschistisch oder als Embryo einer faschistischen Partei betrachtet. Alle zusammen gegen die große Gefahr eines neuen Faschismus, die eigenen Partikularinteressen hinten anstellen – das klingt vernünftig. Aber zwei Grundprämissen dieser Politik sind falsch.

Erstens ist die AfD, wie wir in diesem Buch ausgeführt haben, keine faschistische Partei bzw. ihre Entwicklung nicht dahin vorgezeichnet. Diese Erkenntnis macht den Kampf gegen sie nicht weniger wichtig, aber hat Auswirkungen auf die Art und Weise, wie dieser Kampf geführt werden sollte. Wie Trotzki sagte, kann auch die Überschätzung eines Gegners diesen stark machen, weil es die eigenen Reihen desorientiert. Die Charakterisierung der AfD als faschistisch bzw. als auf dem sicheren Weg zu einer faschistischen Partei lenkt davon ab, dass der Kampf nicht nur gegen die AfD, sondern gegen jeden Rassismus geführt werden muss, mit Argumenten und dem Aufbau sozialer Gegenbewegungen.

Der andere Fehler ist, die Einheitsfrontpolitik für die Trotzki und Thalheimer eintraten – das Bündnis von Kommunisten und *Sozialdemokraten* bzw. die Einheit der Arbeiterorganisationen – eins zu eins auf heute zu übertragen, ohne die veränderten Voraussetzungen in Betracht zu ziehen. Wer das macht, übersieht den eigentlichen Inhalt der Einheitsfrontpolitik.

Die SPD der 1920er und 1930er Jahre und die SPD von Sigmar Gabriel und Martin Schulz sind qualitativ unterschiedliche Phänomene. Während die SPD-Führung auch vor Hitlers Machtergreifung ihren Frieden mit dem Kapitalismus gemacht hatte und einen bürgerlichen Charakter hatte, musste sie aber den Sozialismus als Ziel propagieren und hatte die Partei eine aktive Massenbasis in der Arbeiterklasse und den Gewerkschaften. Hunderttausende und Millionen von ArbeiterInnen setzten ihre Hoffnungen darin, mit der SPD ihre Klasseninteressen durchzusetzen einschließlich den Kampf gegen Hitler erfolgreich führen zu können. Mit dem *Reichsbanner Schwarz-Rot-Gold* verfügte die Sozialdemokratie über eine bewaffnete Selbstschutzorganisation, die ein bis zwei Millionen Mitglieder hatte.[300] Eine Machtergreifung der Nazis war auch eine existenzielle Bedrohung für die sozialdemokratischen Arbeiterorganisationen. Die Einheitsfrontkonzeption sah vor, dass die KPD ernsthafte und ernst gemeinte Angebote der Aktionseinheit an die SPD-Führung richten sollte. Mit dem Ergebnis, dass es entweder zu machtvollen gemeinsamen Aktionen gegen die Nazis gekommen wäre oder die Basis der Sozialdemokratie die Erfahrung gemacht hätte, dass ihre Führung einem gemeinsamen Widerstand im Weg steht, was wiederum die KPD gestärkt hätte. Da die sozialdemokratischen ArbeiterInnen aber (noch) nicht mit ihrer Führung gebrochen hatten, war die Haltung der KPD, die SPD als sozialfaschistisch zu beschimpfen und den Kampf gegen sie mit dem Kampf gegen die Nazis auf eine Stufe zu stellen, nicht nur Ausdruck eines Unverständnisses von der Natur des Faschismus, sondern auch eine Barriere, um die sozialdemokratische Basis zu erreichen. Die Aufforderung zur »*Einheitsfront von unten*«, nur an die Basis der SPD gerichtet, musste so als Provokation oder Erpressung betrachtet werden.

Entscheidend für die Einheitsfrontkonzeption war und ist aber, dass sie auf Basis eines Klassenstandpunkts formuliert wird und zum Ziel hat Arbeiterorganisationen

---

300 www.historisches-lexikon-bayerns.de/Lexikon/Reichsbanner_Schwarz-Rot-Gold,_1924-1933

und deren Basis zu mobilisieren, weil sie sich nicht auf eine reine Abwehr des Faschismus orientierte, sondern auch darauf den Kampf für die Klasseninteressen der Lohnabhängigen zu führen – letztlich bis zum Kampf für eine sozialistische Veränderung der Gesellschaft.

Der Gedanke, dass heute Hunderttausende und Millionen sozialdemokratischer Arbeiterinnen und Arbeiter nicht gegen die AfD auf die Straße gehen, weil die SPD-Führung nicht dazu aufruft, hat nichts mit der Realität zu tun. Die SPD ist heute eine durch und durch bürgerliche, prokapitalistische Partei, Wegbereiterin von Neoliberalismus, Agenda 2010 und Krieg, mitverantwortlich für staatlichen Rassismus, Asylrechtsverschärfung und den schmutzigen Deal mit der Türkei, der die Geflüchteten an das mörderische Erdoğan-Regime verkauft hat. Sie ist eine Partei, von der sich die Arbeiterklasse weitgehend abgewendet hat und sich nicht mehr mit ihr identifiziert, auch wenn Teile sie noch wählen, ohne aktive Basis in der Klasse. Tatsächlich hat es die größten Mobilisierungen der letzten fünfzehn Jahre immer gegen die SPD gegeben: 2003 und 2004 gegen Agenda 2010 und Hartz IV, letztes Jahr gegen TTIP.

Die Hoffnung, durch Bündnisse mit SPD und Grünen breite Massen zu mobilisieren, ist trügerisch. Hinzu kommt, dass dafür ein hoher politischer Preis gezahlt wird, nämlich – wie beim Bündnis Aufstehen gegen Rassismus – der Verzicht auf Kritik an der Verschärfung des Asylrechts, auf jegliche Kritik an der Großen Koalition, auf eine Kritik am staatlichen Rassismus, auf den Hinweis, dass die Funktion des Rassismus die Spaltung der arbeitenden Bevölkerung ist, auf soziale Forderungen. Das bedeutet, dass keine Argumente geliefert werden. Und letztlich wird SPD und Grünen ein antirassistisches Gütesiegel ausgestellt, das sie nicht verdient haben. Es ist absehbar, dass solche Bündnisse wie ein Messer ohne Klinge sein werden. Das gilt unabhängig davon, ob sie einmalige große Demonstrationen auf die Beine stellen können. Der antifaschistische Widerstandskämpfer Theo Bergmann spricht davon, dass Erfolge bei Demonstrationen gegen Nazis nur Erfolge für einen Tag sind. Der Kampf gegen Rechts muss dadurch gewonnen werden, dass wir den RassistInnen, RechtspopulistInnen und Nazis den Boden entziehen. Weder der damalige so genannte »Aufstand der Anständigen« unter Gerhard Schröder Ende im Jahr 2000 noch die erfolgreichen Mobilisierungen gegen die Nazi-Aufmärsche in Dresden 2011 und 2012 haben das Wachstum der RassistInnen verhindert. Natürlich waren die Mobilisierungen von Dresden wichtige Erfolge, an denen die SAV beteiligt war, aber sie waren einmalige Aktionen und gaben keine politischen Antworten für diejenigen, die für Kräfte wie die AfD anfällig sind.

Wenn man Bündnisse mit den Kräften schließt, von denen sich große Teile der Massen zurecht abwenden, wird es ungleich schwerer diese zu erreichen. Das bedeutet selbstverständlich nicht, dass wir vorschlagen würden, es zur Bedingung zu machen, dass SPD und Grüne oder gar Mitglieder und Wählerinnen und Wähler dieser Parteien aus antirassistischen Bündnissen ausgeschlossen werden. Und wenn es um tatsächliche Aktionseinheiten zur unmittelbaren Verhinderung bestimmter rechter Mobilisierungen geht, sollte grundsätzlich jeder und jede willkommen sein, der an Blockaden gegen Nazis oder AfD teilnehmen will. Aber politische Bündnisse, die dauerhafte politische Argumentationsarbeit in der Arbeiterklasse betreiben sollen, sind zum Scheitern verurteilt, wenn sie auf genau die Inhalte verzichten, die notwendige Voraussetzung sind, um die Rechten zurückzudrängen.

Das ist so, als ob man gegen Kopfschmerzen möglichst viele Medikamente, zum Beispiel gegen Leberzirrhose, Schuppenflechte und schwachen Blutdruck einwirft, aber keine Kopfschmerztablette. Eine solche Politik entspricht auch nicht der tatsächlichen Einheitsfrontpolitik, für die Trotzki argumentierte und die von TrotzkistInnen vor Hitlers Machteroberung angewendet wurde. Ihm ging es einerseits um die gemeinsame direkte Aktion und Mobilisierung gegen die Nazis, um den Schutz vor faschistischen Übergriffen, um die Verhinderung von Aufmärschen von SA und SS. 1931 schrieb er:

> *»Keine gemeinsame Plattform mit der Sozialdemokratie oder den Führern der deutschen Gewerkschaften, keine gemeinsamen Publikationen, Banner, Plakate! Getrennt marschieren, vereint schlagen! Sich nur darüber verständigen, wie zu schlagen, wen zu schlagen und wann zu schlagen! Darüber kann man mit dem Teufel selbst sich verständigen (...) und mit seiner Großmutter (...). Unter einer Bedingung: man darf sich nicht die eigenen Hände binden!«*[301]

Das entscheidende Wort hier und das ist nicht sinnbildlich gemeint ist: Schlagen! Welche SPD-FührerInnen sind tatsächlich bereit, die Rechten zu schlagen? Die Erfahrung ist doch in der Regel, dass sie vor der Konfrontation zurückschrecken, sich auf Polizei und Staat verlassen, weil sie wissen, dass jede direkte Massenaktion gegen Nazis auch eine Konfrontation mit dem Staat bedeutet, mit dem sie sich identifizieren, mit dem sie verschmolzen sind und für den sie stehen.

Aber vor allem sehen wir nicht die Verantwortung von Linken darin, die politischen Inhalte von Bündnissen zu verwässern und sich anzubiedern, nur um SPD und Grüne ins Boot zu holen. Denn der andere Aspekt von Trotzkis Einheitsfrontkonzeption war es, auch den gemeinsamen Kampf gegen Angriffe auf den Lebensstandard der Arbeiterklasse zu führen. In der badischen Stadt Bruchsal konnte die von den UnterstützerInnen der trotzkistischen Linken Opposition geführte örtliche KPD vor Hitlers Machtergreifung erfolgreiche Einheitsfrontaktionen durchsetzen. Sie mobilisierte unter dem Slogan: *»Gegen Abbau der Löhne und der Sozialfürsorge sowie gegen die unmittelbare drohende Gefahr eines faschistischen Regierungsterrors!«*[302] Die soziale Frage wurde natürlich nicht ausgespart beim Kampf gegen die Nazis.

---

301 Leo Trotzki, Wie wird der Nationalsozialismus geschlagen?, in: Permanente Revolution, Zeitschrift der Linken Opposition in der KPD (Bolschewiki-Leninisten), 2. Jahrgang Nr.1 (1. Januar 1932), S. 1-3, hier S.2
302 Annegret Schüle: Trotzkismus in Deutschland bis 1933, Seite 90, 1989, Köln

Direkte Konfrontation

»*Faschismus ist keine Meinung, sondern ein Verbrechen*« - dieser Leitspruch der antifaschistischen Bewegung macht deutlich, dass die Auseinandersetzung mit FaschistInnen nicht mit denselben Methoden geführt werden kann, wie mit anderen politischen Kräften. FaschistInnen wollen alle demokratischen Rechte abschaffen. Sie nutzen die existierenden Rechte wie Demonstrations- und Meinungsfreiheit nur, um eine terroristische Bewegung aufzubauen, die diese Rechte letztlich abschaffen will. Hinzu kommt, dass der »Kampf um die Straße« ein wichtiges Mittel für Nazis ist, ihre Mitglieder an sich zu binden und Selbstbewusstsein zu vermitteln. Deshalb ist es nicht nur legitim, sondern notwendig, dass FaschistInnen die Ausübung des Demonstrations- und Meinungsäußerungsrechts verwehrt wird. Das ist nichts weiter als Selbstschutz der Arbeiterbewegung. Blockaden von Nazi-Aufmärschen sind deshalb ein wichtiges Mittel im Kampf gegen Nazis. Auch direkten physischen Auseinandersetzungen sollte die Linke und die Arbeiterbewegung nicht aus dem Weg gehen, wenn diese sich aus der Situation des antifaschistischen Kampfes ergeben. Wir führen weiter unten in diesem Kapitel dafür einige historische Beispiele aus. Hitler selbst hat 1933 gesagt:

> »*Eine einzige Gefahr konnte es gegen diese Entwicklung (den Aufstieg der NS-DAP, A.d.A.) geben: Wenn der Gegner (…) mit letzter Brutalität am ersten Tag den ersten Keim der neuen Sammlung vernichtete.*«[303]

Aber es ist eine Illusion zu glauben, der Kampf gegen Nazis sei in erster Linie eine physische Auseinandersetzung, weil diese physische Gewalt als zentrales Mittel ihrer Politik anwenden. Ohne eine Massenbasis und ohne den Aufbau einer politischen Alternative wird den FaschistInnen nicht der Boden entzogen werden können. Deshalb können direkte Aktionen nur ein Bestandteil einer antifaschistischen Strategie sein und sie dürfen nicht im Widerspruch zu anderen, wichtigeren Bestandteilen sein – vor allem nicht zur Notwendigkeit, die Masse der Bevölkerung zu erreichen und zu mobilisieren. Leider haben von linksradikalen und autonomen Antifa-Gruppen organisierte Aktionen oftmals eher die Wirkung, breitere Teile der Bevölkerung abzuschrecken und nicht, diese für den Kampf gegen Rechts zu interessieren und zu gewinnen. Das gilt für individuelle physische Aktionen gegen Nazis genauso, wie für die Praxis »von außen« in Ortschaften einzufallen, in denen es rassistische Übergriffe gab und dabei, ohne den Kontakt zur lokalen Bevölkerung zu suchen, oftmals diese sogar pauschal anklagend, Demonstrationen durchzuführen und dann wieder zu verschwinden. Allerdings muss dazu auch gesagt werden, dass die Verantwortung dafür, dass eine Schicht von Jugendlichen sich zu solchen Aktionen hingezogen

---

[303] http://archive.org/stream/Die-Reden-Hitlers-am-Reichsparteitag1933/DieRedenHitlersAm-Reichsparteitag1933193427Doppels.ScanFraktur#page/n19/mode/1up

fühlt, bei Gewerkschaften und DIE LINKE liegt, die keine alternative Strategie vorschlagen bzw. umzusetzen versuchen.

Gleichzeitig ist es eine immer wichtiger werdende Aufgabe, dass die antifaschistische Bewegung, aber auch Gewerkschaften und DIE LINKE, wehrhaft werden. Denn Fälle von Angriffen durch FaschistInnen auf antifaschistische oder gewerkschaftliche Demonstrationen haben in den letzten Jahren zugenommen, so auch auf gewerkschaftliche Demonstrationen am 1. Mai, wie 2009 in Dortmund oder Zwickau 2016.

Der Aufbau von Ordnerstrukturen, die Demonstrationen und Veranstaltungen wirkungsvoll schützen können, ist eine Aufgabe, die sich Gewerkschaften und Linken stellt. Ebenso können vor Ort Email-Listen und Messenger- bzw. SMS-/Telefonketten sinnvoll sein, um schnell auf faschistische Übergriffe reagieren zu können und Gegenmobilisierungen anzustoßen.

Wichtig ist in diesem Zusammenhang, dass wir uns im Kampf gegen Rechts nicht auf den bürgerlichen Staat verlassen. Diese Aussage dürfte nach den Erfahrungen mit der offensichtlichen, wenn auch bisher nicht bewiesenen, staatlichen Beteiligung an den Morden des so genannten Nationalsozialistischen Untergrunds (NSU), mit der Vertuschung der Wahrheit und der Verhinderung der Aufklärungsarbeit selbstverständlich sein. Aber auch vor der Enttarnung des NSU mussten AntifaschistInnen permanent die Erfahrung machen, dass Nazis den Schutz der Polizei genießen, während gegen AntifaschistInnen, oftmals unverhältnismäßig, vorgegangen wird. Grund hierfür ist die Funktion, die FaschistInnen in der kapitalistischen Gesellschaft spielen, wie wir sie in diesem Buch erklären. Nazis sind vielleicht die unartigen Kinder des Kapitalismus, aber eben doch seine Kinder. Wenn ihre Aktionen zu weit gehen, geht der Staat auch gegen sie vor, aber da sich diese in erster Linie gegen Linke und MigrantInnen richten, stellen sie keine Bedrohung für das kapitalistische System dar, sondern wirken im Zweifelsfall systemstabilisierend.

Das bedeutet auch, dass man nicht auf ein Verbot faschistischer Organisationen als wirkungsvolle Maßnahme setzen sollte. Das gescheiterte NPD-Verbotsverfahren ist ein gutes Beispiel dafür. Vollzogene Verbote von faschistischen Organisationen haben in der Regel gezeigt, dass Nazis dadurch höchstens behindert werden, diese aber nicht verhindern, dass sie sich unter anderem Banner reorganisieren. Eine Zerschlagung faschistischer Organisationen, die die Konfiszierung allen Vermögens und Inhaftierung ihrer Kader beinhalten müsste, ist durch den kapitalistischen Staat nur in Ausnahmefällen zu erwarten.

Welche Mittel gegen die AfD?

Was bedeutet es nun für die Mittel, die wir im Kampf gegen die AfD und andere RechtspopulistInnen anwenden sollten, dass wir einen Unterschied zwischen Faschismus und Rechtspopulismus machen? Sind direkte Aktionen gegen AfD und

PEGIDA nicht legitim? Sollten wir mit AfD-PolitikerInnen in derselben Art und Weise debattieren, wir wir es mit SozialdemokratInnen und Konservativen tun?

Diese Fragen sind wichtig, aber sie berühren nicht den entscheidenden Punkt im Kampf gegen AfD und RechtspopulistInnen. Im Vergleich zum Kampf gegen FaschistInnen spielt die direkte Gegenmobilisierung, das Streitigmachen der Straße und die physische Konfrontation beim Kampf gegen AfD und RechtspopulistInnen eine geringere Rolle. Das ergibt sich daraus, dass der Kampf um die Straße für die RechtspopulistInnen weniger entscheidend für ihre Aufbaustrategie ist. Das heißt nicht, dass die Linke und antirassistische Bewegungen auf (Gegen-)Mobilisierungen verzichten sollten oder diese gar unwichtig seien. Es heißt aber, dass der (im engeren Sinne) politische Kampf in der Auseinandersetzung mit der AfD noch größere Bedeutung hat als in der Auseinandersetzung mit den FaschistInnen – auch weil die AfD jetzt schon in breitere Teile der Bevölkerung vorgedrungen ist.

Trotzdem ist die AfD keine Partei wie jede andere. Ihr Rassismus ist direkt verantwortlich für brennende Flüchtlingsunterkünfte. Sie zündelt – und das weiß ihr Führungspersonal und nimmt die Folgen ihres Tuns mindestens billigend in Kauf. Es ist politisch und moralisch legitim, wenn die antirassistische Bewegung versucht, rassistische Propaganda zu unterbinden. Als zum Beispiel in Köln im Juni 2016 bei dem antirassistischen (sic!) *Birlikte*-Festival (Türkisch für »gemeinsam«) eine Podiumsdiskussion mit einem AfD-Vertreter stattfinden sollte und im Dezember 2016 der Landesvorsitzende der nordrhein-westfälischen AfD Marcus Pretzell an der Universität Köln auftreten wollte, besetzten AntirassistInnen die Veranstaltungsräume und verhinderten die Auftritte der Rassisten. Das war gut und legitim, bedeutet aber nicht, dass in jeder Situation eine »No platform«-Politik richtig ist oder jede AfD- oder PEGIDA-Demonstration durch Blockaden verhindert werden sollte.

Letztlich müssen AntirassistInnen bei dieser Frage viele Faktoren der konkreten Situation abwägen und können darauf keine pauschale Antwort geben. In Betracht gezogen werden müssen nicht nur die konkreten Kräfteverhältnisse, sondern auch die Frage, ob die Aktionsform breiteren Teilen der arbeitenden Bevölkerung vermittelbar ist. Ebenso kann man sich dafür aussprechen, dass AfD-VertreterInnen nicht zu öffentlichen Diskussionen eingeladen werden, muss aber ggf. die Herausforderung annehmen mit diesen bzw. gegen sie zu debattieren, wenn sie denn einmal eingeladen sind. Es war nicht falsch, dass Sahra Wagenknecht in Fernseh-Talkshows aufgetreten ist, zu denen auch Frauke Petry eingeladen war, um sie vor einem Millionenpublikum herauszufordern und zu demaskieren. Gleichzeitig war die Kritik an Wagenknecht berechtigt, als sie der *Frankfurter Allgemeinen Sonntagszeitung* (FAS) ein Doppelinterview mit Petry gab, denn dieses hätte es erstens ohne Wagenknechts Zustimmung niemals gegeben und zweitens vermittelte die Form des Print-Interviews den Eindruck, dass DIE LINKE mit der AfD debattiert, wie mit anderen Parteien.

Rolle der Gewerkschaften

Um die AfD zu stoppen, muss mehr getan werden, als gegen sie zu demonstrieren, wobei das zweifellos ein wichtiger Bestandteil beim Aufbau einer aktiven Gegenbewegung sein muss. Sie muss vor allem inhaltlich gestellt werden, sowohl muss ihr Rassismus offen gelegt und argumentativ beantwortet werden, aber sie muss auch als die unsoziale, arbeiterfeindliche, sexistische Unternehmerpartei entlarvt werden, die sie ist.

Dabei könnten die Gewerkschaften eine zentrale Rolle spielen. Stellen wir uns einmal vor, die DGB-Gewerkschaften würden eine gemeinsame bundesweite Kampagne in den Betrieben und Verwaltungen und in der Öffentlichkeit gegen AfD und Rassismus durchführen. Wie könnte eine solche Kampagne aussehen? Es könnten überall Informationsveranstaltungen und Schulungen für Betriebs- und Personalräte und gewerkschaftliche Vertrauensleute stattfinden, Betriebsversammlungen könnten zum Thema durchgeführt werden, betriebliche Aktionstage, bei denen millionenfach Flugblätter verteilt werden und Diskussionen mit KollegInnen geführt werden. Die Gewerkschaften könnten sich an die Spitze zur Bildung von antirassistischen Aktionsbündnissen stellen, welche den Kampf gegen Rassismus mit der sozialen Frage verbinden und zum gemeinsamen Kampf aller Betroffenen gegen soziale Verschlechterungen aufrufen. Bei den gewerkschaftlichen Mobilisierungen, Tarifrunden, Streiks etc. könnte die Notwendigkeit der Einheit der lohnabhängigen Klasse und damit die Notwendigkeit gegen Rassismus und Rechtspopulismus zu kämpfen thematisiert werden. Und warum war es eigentlich möglich nach dem RAF-Mord am Arbeitgeberpräsidenten Schleyer 1977 oder nach dem 11. September 2001 (wenn auch nur als Gedenkveranstaltung für fünf Minuten) Arbeitsniederlegungen durchzuführen, nicht aber nach der Aufdeckung der NSU-Mordserie?

Eine solche Kampagne hätte zweifelsfrei das Potenzial, die gesellschaftlichen Kräfteverhältnisse zu verändern und AfD und Rassismus zurückzudrängen. Dies würde umso mehr gelten, wenn die Gewerkschaften nicht nur reagieren würden, sondern einen konsequenten Kampf für die Verbesserung der Lebens- und Arbeitsverhältnisse organisieren würden, statt in sozialpartnerschaftlicher Art und Weise Hüterin gesellschaftlicher Stabilität zu sein, in einem Kapitalismus der selbst die Stabilität auf Kosten der abhängig Beschäftigten untergräbt.

Im gemeinsamen Kampf für höhere Löhne, bessere Arbeitsbedingungen, niedrigere Mieten etc. könnten nicht nur xenophobe Vorurteile überwunden werden, weil die Menschen zusammen kommen und real erfahren, dass sie gemeinsame Interessen als Lohnabhängige, MieterInnen, Erwerbslose etc. haben, für die sie sich gemeinsam einsetzen können. Der Kampf an sich, umso mehr wenn er Erfolge zeitigt, würde den RassistInnen und RechtspopulistInnen einen Teil ihrer sozialen Basis nehmen, die ja gerade darin besteht, dass die sozialen Probleme existieren, aber unbeantwortet bleiben.

Linke Alternative aufbauen – Kapitalismus überwinden

Diese sozialen Probleme gehören aber zum Kapitalismus, wie das Wasser zum Meer. Letztlich ist die wichtigste Maßnahme im Kampf gegen Rechts der Aufbau einer glaubwürdigen, unkorrumpierbaren und kämpferischen Linken, die in die täglichen sozialen und gewerkschaftlichen Auseinandersetzungen und Kämpfe eine sozialistische Perspektive trägt. Je schwächer die Linke, desto stärker können die Rechten werden. Das gilt auch für den Aufstieg der AfD. Diese wurde umso stärker, je mehr DIE LINKE als der linke Teil des Establishments wahrgenommen wurde – die EU unterstützend, auf Regierungskoalitionen mit SPD und Grünen setzend, zum faulen Kompromiss bereit, staatstragend, bieder, angepasst. Der Einsatz für eine starke sozialistische Arbeiterpartei – das heißt auch, innerhalb von DIE LINKEN die Auseinandersetzung gegen diejenigen Kräfte zu führen, die ihren Frieden mit dem Kapitalismus gemacht haben und diesen in Koalitionen mit SPD und Grünen mitverwalten, statt ihn stürzen wollen – ist ein wichtiger, wenn nicht der wichtigste, Beitrag zum Kampf gegen Rassismus, Rechtspopulismus und Neofaschismus.

Exkurs: Historische Beispiele

Kornilow-Putsch 1917

Der erste Versuch ein faschistisches Regime zu errichten – ohne es so zu nennen – fand im September[304] 1917 in Russland statt. Im März hatten die Massen den Zaren gestürzt und es war eine Situation der Doppelmacht entstanden. Auf der einen Seite gab es die so genannte »provisorische« Regierung aus bürgerlichen Parteien und reformistischen Linken. Auf der anderen Seite hatten die ArbeiterInnen, Soldaten und Bauern und Bäuerinnen sich eigene Vertretungsorgane geschaffen – die Sowjets (Räte). Die Unzufriedenheit mit der Provisorischen Regierung und den Zuständen im Land wuchs. Schließlich wurde der Krieg nicht beendet, Armut und Not nicht gelindert, das Land nicht an die Bauern verteilt. Dies hatte im Juli in Petrograd zu Massendemonstrationen geführt, die von der Regierung niedergeschlagen worden waren. Die Partei der Bolschewiki wurde unterdrückt, revolutionäre Führer saßen, wie Trotzki, im Gefängnis oder hatten, wie Lenin, untertauchen müssen. In dieser Situation der Defensive der revolutionären Bewegung versuchte der Armeegeneral

---

304 Nach dem damals im russischen Reich gültigen julianischen Kalender begann der Putsch im August, nach dem Europa gültigen gregorianischen Kalender, den die Bolschewiki einführten, im September. Die »Februarrevolution« begann daher nach der neuen Zeitrechnung am 8. März, die »Oktoberrevolution« siegte am 7. November.

Kornilow mittels eines Putschversuchs die Staatsmacht an sich zu reißen. Dies hätte auch die reformistische Linke, die Teil der Regierung war (*Menschewiki* und *Sozialrevolutionäre*) hinweggefegt.

Die *Bolschewiki* wendeten die Methode der Arbeitereinheitsfront an, um den drohenden Militärputsch zurückzuschlagen. Die Regierung musste sich auf sie stützen und gefangene Revolutionäre aus den Gefängnissen entlassen, weil sie wusste, dass die *Bolschewiki* den größten Einfluss auf die ArbeiterInnen und Soldaten hatten, ohne die Kornilow nicht zu stoppen war. Die *Bolschewiki* wiederum verteidigten für den Moment auch die *Menschewiki* und *Sozialrevolutionäre* gegen den Putschversuch und konnten so das Vertrauen unter denjenigen ArbeiterInnen gewinnen, die sich noch an diesen Parteien orientierten.

Die Kornilowiade wurde im Keim erstickt. Die Einheit der Arbeiterklasse war zu stark, die Soldaten nicht bereit sich von einem zaristischen General missbrauchen zu lassen. Aus diesem ersten antifaschistischen Kampf ging die bolschewistische Partei gestärkt hervor und konnte nur zwei Monate später die Mehrheit in den Arbeiter- und Soldatenräten erlangen und den Oktoberumsturz anleiten.

Die Schlacht in der Cable Street

Als »die Schlacht in der Cable Street« wird die größte antifaschistische Massenmobilisierung in der Geschichte Großbritanniens bezeichnet, die am 4. Oktober 1936 einen faschistischen Aufmarsch im Londoner Stadtteil Stepney im Osten der Stadt verhinderte und den Nazi-Banden der *British Union of Fascists* (BUF) eine Niederlage beibrachte, von der sie sich nie wirklich erholen sollten.

Der geplante Aufmarsch der faschistischen *Schwarzhemden*, wie die BUF-Mitglieder aufgrund ihrer schwarzen Uniformen genannt wurden, war eine gezielte Provokation, sollte er doch in dem von über 60.000 jüdischen ArbeiterInnen bewohnten Stadtteil stattfinden. Den von Oswald Mosley geführten Faschisten war es gelungen unter Teilen der rückständigen englischen und irischen Bevölkerung in der Gegend eine gewisse Basis aufzubauen und ein Büro zu eröffnen, was die zahl rassistischer Übergriffe enorm ansteigen ließ. Stepney war jedoch auch eine Hochburg der *Kommunistischen Partei* (KP), die eine wichtige Rolle bei Mieterkämpfen gegen die katastrophalen Wohnbedingungen spielte. Der Aufmarsch sollte die Macht der Faschisten, die von einer Reihe kapitalistischer Unternehmen und der Zeitung *Daily Mail* unterstützt wurden, ausweiten und war als Schritt zur Machteroberung gedacht.

Als die BUF ihren Marsch angekündigt hatte, sammelte der *Jewish People's Council* (Jüdischer Volkskongress) innerhalb von zwei Tagen einhunderttausend Unterschriften dagegen. Sorge und Wut waren unter den AnwohnerInnen riesig, die Bereitschaft den Faschisten nicht die Straße zu überlassen, war groß. Aber sowohl die Führungen der jüdischen Organisationen, als auch der *Kommunistischen Partei* wollten einer Konfrontation aus dem Weg gehen. Die offiziellen jüdischen Vertretungen versuchten die Menschen durch Sportveranstaltungen aus dem Stadtteil zu lotsen und erklärten, jeder Jude, der an Auseinandersetzungen teilnehme, aktiv den Antisemitismus stärken würde. Der KP-Führer Frank Lefitte veröffentlichte eine Erklärung, in der er dazu aufrief, Mosley marschieren zu lassen. Eine ähnliche Erklärung veröffentlichte der *Labour Party*-Führer George Lansbury. Die KP rief sogar zuerst zu einer Kundgebung am Trafalgar Square auf, um Auseinandersetzungen in Stepney zu verhindern.

Doch die Parteibasis folgte ihrer Führung nicht, sondern setzte sie unter Druck. Der Sekretär der KP-Ortsgruppe in Stepney, Joe Jacobs, rief zur Konfrontation der Faschisten auf. Ähnliche Forderungen kamen aus anderen linken Organisationen und der jüdischen Gemeinde. Jacobs wusste um die Stärke und das Potenzial der Einheit der Arbeiterklasse unterschiedlichen nationalen und religiösen Hintergrunds in seinem Stadtteil. Gerade auch die vielen irischen Hafenarbeiter waren bereit, die Faschisten zu stoppen und ihren jüdischen NachbarInnen zur Seite zu stehen.

Am Tag des Aufmarsches explodierte Stepney. Bis zu 300.000 ArbeiterInnen, Jugendliche, aber auch Selbständige, religiöse AktivistInnen und Liberale strömten auf die Straßen. Männer, Frauen, Kinder. Sie errichteten Barrikaden und bewarfen die dreitausend Faschisten, die marschieren wollten, mit Steinen und Unrat. Diese wurden von viertausend Polizisten begleitet, die das Ziel hatten, den Marsch durchzusetzen. Erstmals wurde ein Hubschrauber zur Beobachtung einer Massendemonstration eingesetzt. Es gab 150 Festnahmen und dutzende Verletzte. Doch angesichts der Übermacht und der Entschlossenheit der antifaschistischen GegendemonstrantInnen war die Polizei machtlos und musste die Nazis aus dem Stadtteil leiten.

Die »Schlacht in der Cable Street« birgt viele Lehren für den Kampf gegen Rechts. Sie ist ein Beleg, dass Massenmobilisierungen und eine Einheit der Arbeiterklasse über nationale und religiöse Grenzen hinweg möglich sind, wenn es eine entschlossene politische Führung gibt, die sich durch soziale Kämpfe eine Basis und Respekt aufgebaut hat. Die KommunistInnen von Stepney haben gezeigt, dass man einer Parteiführung, die dem notwendigen Kampf ausweicht, nicht folgen muss, sondern unabhängige Aktionen von unten organisieren kann. Und die ArbeiterInnen, Jugendlichen und AnwohnerInnen hatten richtig erkannt, dass die Faschisten »*die Bekanntschaft mit dem Straßenpflaster*« (Trotzki) machen müssen, wenn sie es auf eine Machtprobe ankommen lassen wollen. Doch nur, weil die direkte physische Konfrontation massenhaft unterstützt und mitgetragen wurde, konnte sie so erfolgreich sein.

Jugend gegen Rassismus in Europa – JRE

Anfang der 1990er Jahre kam es in Deutschland und Europa zu einer Welle rassistischer Gewalt und zur Stärkung rechtsextremer Parteien. Nach dem Zusammenbruch der stalinistischen Staaten in Osteuropa und der Sowjetunion war gleichzeitig die Linke in der ideologischen Defensive und organisatorisch geschwächt. Die traditionellen antifaschistischen Kräfte der so genannten Autonomen gerieten mit ihren beschränkten Methoden im Kampf gegen die Nazis an ihre Grenzen. Die Wucht der rassistischen Welle und Nazi-Gewalt war so groß, dass die oftmals halb-klandestinen Organisationsformen der Autonomen, ihre deklaratorische antifaschistische Propaganda, ihre Selbstisolation und der von ihnen nicht selten geführte Kleinkrieg mit den Nazis, sich als völlig unzureichend entpuppten.

Gleichzeitig boten die traditionellen Organisationen der linken Arbeiter- und Jugendbewegung, wie *Jungsozialisten in der SPD*, Gewerkschaftsjugenden etc. auch keine Kampagnen an, in denen die vielen Jugendlichen, die nach den Pogromen von Hoyerswerda und Rostock und angesichts der Verschärfung des Asylrechts durch CDU/CSU, FDP und SPD aktiv werden wollten. Diese Situation existierte ähnlich in vielen europäischen Ländern, wo Nazi-Parteien wie die *British National Party* in Großbritannien, der Vlaams Blok in Belgien oder andere rechte Kräfte wie die FPÖ in Österreich und die *Schwedendemokraten* stärker wurden und rassistische Übergriffe zunahmen.

In dieser Situation ergriffen die europäischen Sektionen des *Komitees für eine Arbeiterinternationale* (englische Abkürzung: CWI; in Deutschland war das die *VORAN-Gruppe*, aus der 1994 die SAV hervorging) die Initiative am 24. Oktober 1992 die erste europaweite Demonstration gegen Rassismus und Faschismus unter dem Motto »*Jugend gegen Rassismus in Europa*« durchzuführen. Als der Aufruf veröffentlicht wurde, erwarteten die optimistischsten unter den OrganisatorInnen vielleicht fünftausend TeilnehmerInnen. Letztlich waren es über vierzigtausend, die auf die Straßen Brüssels strömten. Sie kamen aus allen Teilen Europas: Irland, Spanien, Tschechische Republik, Schweden, Belgien, Niederlande ... Aus Deutschland nahmen fünftausend Menschen an der Demonstration teil. Viele TeilnehmerInnen hatten begonnen sich schon vor der Demonstration vor Ort zu treffen und aus der Kampagne für eine Demonstration entstand eine internationale Jugendorganisation: *JRE – Jugend gegen Rassismus in Europa*. In der Bundesrepublik gab es zwischen 1991 und 1995 in über fünfzig Städten weit über eintausend aktive JRE-Mitglieder.

Es war nicht nur der internationale Charakter, der eine große Anziehungskraft für Jugendliche ausübte. JRE verstand sich als aktionsorientierte, aber politische Jugendbewegung. Sie war inklusiv und arbeitete mit offenen und einladenden Strukturen, setzte auf breite Mobilisierungen gemeinsam mit anderen Kräften der Linken, der Gewerkschaften und Migrantenverbänden ohne auf die Konfrontation mit den FaschistInnen zu verzichten und sie bot ein antikapitalistisches Programm an, das die sozialen Ursachen des Wachstums der Rechten benannte und linke Lösungsvorschläge formulierte.

JRE war Teil einer dynamischen Massenbewegung gegen Rassismus, die sich in den Jahren 1992 bis 1995 in Deutschland, aber auch in einigen anderen europäischen Ländern entwickelte. In dieser Zeit gelang es JRE einige Methoden und

Aktionsformen anzuwenden, die bis dahin kaum angewendet worden waren oder aber in einer durch die Autonomen geprägten Art und Weise, die am Bewusstsein breiterer Teile der Arbeiterklasse vorbei ging.

Dazu gehörten zum Beispiel Demonstrationen, die vor die Wohnhäuser von FaschistInnen zogen und diese outeten und Plakatkampagnen, wie die Kampagne *»Keine Brötchen für Manfred Rouhs«* im Kölner Stadtteil Ehrenfeld oder in Stuttgart gegen die Nazi-Kneipe *Kolbstube,* die eine große Wirkung erzielten. 1993 und 1994 gelang es einmal den NPD-Bundesparteitag im niedersächsischen Coppenbrügge durch eine Dauerbelagerung zum Abbruch zu zwingen und im Jahr darauf durch eine bundesweite Kampagne ein Verbot durch die bayrischen (!) Sicherheitsbehörden zu erreichen. JRE bildete einen Ordner- und Sanitätsdienst für Demonstrationen. Insbesondere der durch gelbe Westen und kleine, an festen Rundhölzern angebrachte Plakate gekennzeichnete Ordnerdienst drückte die Wehrhaftigkeit aus, die JRE sich erarbeiten wollte und als Notwendigkeit für die antifaschistische Bewegung propagierte. So gehörte zu den Aktionsformen von JRE auch das »Aufsuchen« von Nazi-Veranstaltungen, um diese zu verhindern.

Der Unterschied bei JRE zu anderen antifaschistischen Kräften war, dass immer versucht wurde, die örtliche Bevölkerung zu informieren und zu mobilisieren, dass immer das Angebot an Gewerkschaftsorganisationen und andere linke Kräfte zur gemeinsamen Aktion gemacht wurde. So unterstützten verschiedene Gewerkschaftsorganisationen JRE-Aktivitäten, wie die damalige *Industriegewerkschaft Chemie-Papier-Keramik (IG CPK)* die JRE-Bundeskonferenz 1994 oder wie die *Gewerkschaft der Eisenbahner (GdED)* und andere Kampagnen gegen die NPD-Bundesparteitag 1993.

Das ging einher damit, die sozialen Ursachen von Rassismus und Faschismus nicht nur zu benennen, sondern auch zu sozialen Fragen jenseits des unmittelbaren antirassistischen Kampfes aktiv zu werden – so zum Beispiel gegen den drohenden Arbeitsplatzabbau in der Stahlindustrie des Siegerlandes, wo JRE 1993 Azubi-Streiks organisierte.

Die Erkenntnis, dass die gesellschaftlichen Ursachen von Rassismus und Faschismus bekämpft werden müssen, führte dann auch dazu, dass – nachdem die rechten Kräfte zurück gedrängt worden waren und die antifaschistische Massenbewegung ebenfalls zu Ende gegangen war – die JRE-Aktiven sich entschieden ihr Tätigkeitsfeld auf andere politische Felder auszudehnen, wie die Bewegung gegen Atombombenversuche 1995, Bildungsproteste und anderes. Aus JRE wurde die *Jugendoffensive,* deren Mitglieder später die Jugendorganisation *widerstand international* bildeten, die Teil der weltweiten Bewegung gegen die kapitalistische Globalisierung wurde. Die Aktionen und Methoden von JRE sind aber auch für den heutigen Kampf gegen Rechts lehrreich und sollten studiert werden.

Blockaden und Bündnisse in Dresden und Dortmund

Viele Jahre konnten FaschistInnen am Jahrestag der Bombardierung Dresdens während des Zweiten Weltkriegs die europaweit größte Nazi-Demonstration in der sächsischen Großstadt durchführen. Im Jahr 2009 konnten noch 7000 Nazis marschieren, denen sich 4000 AntifaschistInnen entgegenstellten. Das Bündnis *Dresden nazifrei* entwickelte daraufhin ein Blockadekonzept, das darauf ausgerichtet war, ein breites politisches Spektrum einschließlich führender SPD-VertreterInneneinzubeziehen mit dem Ziel, so eine größere Zahl von Menschen zu Blockaden des Nazi-Aufmarsches zu mobilisieren. Dieses Konzept ging auf und 2010 konnten 12.000 DemonstrantInnen erstmals den Nazi-Aufmarsch erfolgreich verhindern. Im darauf folgenden Jahr waren es sogar 20.000, die dem jährlichen Nazi-Großaufmarsch in Dresden den Todesstoß versetzten. Seitdem gibt es nur Aufmarschversuche einiger weniger hundert FaschistInnen. Dabei spielten sicherlich die Größe der Gegenmobilisierung, eine wachsende Unterstützung in der Stadt und auf staatlicher Seite, die Erkenntnis, dass die AntifaschistInnen fest entschlossen sind, eine Rolle dabei, dass die Polizei zwar hart gegen BlockiererInnen vorging, aber sich letzlich dazu entschloss, den Nazi-Marsch zu unterbinden. Die Dresdner Erfahrung zeigt, dass Massenblockaden von Nazi-Aufmärschen ein erfolgreiches Mittel sein können und dass sie von einem großen Teil der Arbeiterklasse nachvollzogen und unterstützt werden.

DIE LINKE spielte bundesweit bei den Gegenmobilisierungen eine wichtige Rolle, wenn auch die Dresdner Partei noch 2010 statt zu den Blockaden zu einer Menschenkette abseits der Nazi-Route mobilisierte. Die *Sozialistische Alternative (SAV)* hatte sich immer an den Blockaden und dem Bündnis *Dresden nazifrei* beteiligt und bundesweit ihre Mitglieder und UnterstützerInnen mobilisiert. Gleichzeitig wies die SAV immer darauf hin, dass eine solche nur auf die Verhinderung einer Demonstration ausgerichtete Bündnispolitik keine nachhaltige Wirkung haben wird und es ein Fehler ist, die soziale Frage und die Ursachen von Rassismus und Faschismus aus der Mobilisierung gegen den Nazi-Aufmarsch auszusparen. Dass Dresden weiterhin die Hauptstadt rechter Aufmärsche und Sachsen weiterhin Hochburg der Nazi-Szene ist, bestätigt das. Somit zeigt der größte Erfolg gegen faschistische Mobilisierungen in der Bundesrepublik zugleich die Grenzen einer antifaschistischen Strategie auf, die nicht zum Ziel hat, eine linke politische Alternative zu den Rechten aufzubauen.

Organisierte Blockaden von Nazi-Aufmärschen sind seit einigen Jahren das bevorzugte Mittel antifaschistischer Kräfte, um solche zu verhindern. Nicht zuletzt durch die Arbeit von Dresden nazifrei haben sich in einigen Orten auch VertreterInnen von SPD und Grünen an solchen Blockaden beteiligt. Die Erfahrungen mit Kräften aus diesen Parteien sind unterschiedlich. Nicht selten versuchen sie letztlich, doch effektive Blockaden zu verhindern und symbolische Proteste abseits der Nazi-Routen durchzusetzen oder argumentieren dafür, den polizeilichen Aufforderungen zur Räumung der blockierten Straßen nachzukommen. In solchen Fällen wäre es fatal, wenn die antifaschistischen Kräfte, um solche breiten Bündnisse aufrechtzuerhalten, auf ernsthafte Blockadeversuche verzichten würden. Leitlinie in Bündnissen muss sein, dass keine Abstriche bei der Aktionsform gemacht werden.

In Dortmund, wo es eine besonders gefährliche und militante Nazi-Szene um die Partei Die Rechte gibt, wurden in den letzten Jahren vielfältige Aktions- und Bündniserfahrungen gemacht. 2009 wurde das Bündnis *Dortmund stellt sich quer* (DSSQ) als linkes, antifaschistisches Einheitsfrontbündnis gebildet, das sich den Nazi-Versuchen, den Antikriegstag am 1. September durch die Durchführung eines »nationalen Antikriegstags« zu erobern, auch politisch entgegen stellte. DSSQ positionierte sich nicht nur gegen die Nazis, sondern bezog auch klare antimilitaristische Positionen und Stellung gegen Sozialkürzungen und versuchte den Bogen zu antikapitalistischen Protesten und der Solidarität mit den Bewegungen der griechischen Arbeiterklasse zu schlagen. Es gab keine Klüngelei mit bürgerlichen Parteien, sondern die verantwortlichen für Rassismus und Schutz von Nazi-Aktionen wurden klar beim Namen genannt. DSSQ war zweifellos ein gutes Beispiel für linke Einheitsfrontpolitik gegen Nazis, aber war trotzdem nicht in der Lage, die Nazis zurückzudrängen, vor allem weil die Kräfte einfach zu begrenzt waren und die Gewerkschaften sich nicht daran beteiligten.

Als dann Kräfte aus der autonomen Antifa vorschlugen, ein neues Koordinationsbündnis zur Durchführung von Blockaden zu bilden und dazu auch SPD und Grüne einzuladen – und dafür entsprechend auf politische Forderungen zu verzichten – waren die linken Kräfte gezwungen, sich daran zu beteiligen, um einen Beitrag zu effektiven Blockaden zu leisten. Wichtig ist hierbei jedoch, dass jede beteiligte Gruppe bei den Aktionen unabhängig auftreten und weitergehende politische Positionen vertreten kann und dass das neue Bündnis *BlockaDO* als praktische Koordination aller blockadewilliger Kräfte und nicht als dauerhaftes politisches Bündnis verstanden wird. Das zeigte sich dann im Jahr 2016, als es nach mehreren Nazi-Angriffen auf AntifaschistInnen nötig wurde, nicht in Form von Blockaden, sondern eigenständigen antifaschistischen Demonstrationen zu reagieren und politischen Druck zu machen. Daraufhin wurde eine neue Struktur unter dem Namen *Es reicht!* gebildet, der es gelang deutlich mehr Kräfte auch aus den Gewerkschaften zusammenzubringen und zwei größere und wichtige Demonstrationen zu organisieren.

Anhang 1

Time2Act

Es ist höchste Zeit, aktiv zu werden und die Rechtspopulisten und Faschisten zu stoppen. Der erste Schritt ist, sich ihnen entgegen zu stellen, ihnen den öffentlichen Raum streitig zu machen, Gegenaktionen, Proteste und Blockaden zu organisieren.

Es gibt keine bundesweite Organisierung antirassistischer Aktivitäten, aber in vielen Orten existieren Bündnisse und Initiativen, in denen sich Menschen unterschiedlicher Herkunft und Anschauung zusammengeschlossen haben, um gegen die Rechtspopulisten aktiv zu werden.

Seit dem Aufstieg der AfD wurden schon einige gute Ideen für den Protest entwickelt. In Köln wurden in zwei Fällen Podien von hunderten Menschen besetzt, um den Auftritt eines AfD-Vertreters zu verhindern. Infostände der AfD wurden umzingelt oder mit Absperrband isoliert, um auf den rassistischen Charakter der Partei hinzuweisen.

Eine antifaschistische Gruppe legte den geistigen BrandstifterInnen der AfD angekohlte Trümmer einer durch einen Brandanschlag beschädigten Geflüchteten-Unterkunft vor die Tür, eine Initiative mauerte den Abschottungs-Fans der AfD das Parteibüro zu.

Aktionen & Argumente

Aktionen allein reichen jedoch nicht aus. Gerade gegen eine Partei wie die AfD, die sich verbal von den Nazis distanziert und eine breite Wirkung entfaltet, sind auch Argumente nötig. Auf der Straße treffen wir viele Menschen, die darüber nachdenken, AfD zu wählen, die aber anders als hartgesottene Nazis offen für Argumente sind.

Es gibt inzwischen eine Reihe interessanter Bücher zur AfD, ihrer Ideologie und zum Thema Islamfeindlichkeit, die wir unten auflisten.

Der Soziologe Andreas Kemper beobachtet die AfD intensiv und stellt auf seiner Website www.andreaskemper.org häufig neue Artikel online. Weitere Watchblogs zur Beobachtung der AfD sind https://AfDmaskiert.wordpress.com und https://AfDwatchAfD.wordpress.com. Auf *Facebook* sind per Suchbegriff »AfD Watch« eine ganze Reihe von Seiten, zum Teil regional gegliedert, zu finden.

Alternativen

Am Ende sind jedoch politische Alternativen nötig, um die AfD und andere Rechtspopulisten zu schlagen. »Reiner« Antifaschismus, permanente Aktionen und die besten Argumente reichen nicht aus. Die RechtspopulistInnen konnten stark werden, weil die Unzufriedenheit massiv angewachsen und eine linke Alternative nicht stark oder nicht klar genug war. Vor allem in Ländern, in denen es keine linke Partei gibt – wie bisher in Österreich – konnten die Rechten stark werden.

Ökonomische und soziale Dauerkrise sowie Kriegsgefahr sind im Kapitalismus real. Die Leute lassen sich nicht mehr einreden, allen ginge es gut. Sie lassen sich nicht erzählen, Euro und EU würden zur friedlichen Integration Europas führen.

Das neoliberale Establishment von CDU über die SPD bis zu den Grünen, von Merkel über Hollande bis zu Renzi und Clinton hat abgewirtschaftet. Man kann die RechtspopulistInnen und RassistInnen nur dann effektiv bekämpfen, wenn man die herrschenden Verhältnisse von links in Frage stellt und antirassistische und antikapitalistische Antworten gibt.

Es reicht nicht, die AfD als rassistisch zu entlarven. Ihr (un)soziales und wirtschaftliches Programm muss offen gelegt werden, Alternativen im Interessen aller Lohnabhängigen müssen formuliert und beworben werden. Daher empfehlen wir als wirkungsvollste Medizin gegen den Rechtspopulismus gemeinsame soziale und gewerkschaftliche Kämpfe für die gemeinsamen sozialen Interessen von Lohnabhängigen und Jugendlichen und den Aufbau einer sozialistischen Kraft, welche die Abwehr gegen den Rassismus mit dem gemeinsamen Kampf für soziale Verbesserungen und die Abschaffung des Kapitalismus verbindet.

Die Sozialistische Alternative (SAV) ist in diese Richtung aktiv. Ihr Ziel ist eine sozialistische Demokratie. Die SAV ist Teil ist einer revolutionären Internationale, dem Committee for a Workers' International (CWI), vertreten in über vierzig Ländern auf allen Kontinenten.

Die Mitglieder des CWI beteiligen sich daran, neue linke Parteien der Arbeiterklasse aufzubauen. In Deutschland bietet die Partei DIE LINKE dazu zur Zeit den einzigen Ansatzpunkt, der eine Massenwirkung entfaltet. Wir rufen Antirassistinnen und Antirassisten auf, sich der LINKEN anzuschließen und damit den linken Pol zu stärken, der die Rechten stoppen kann.

Wir empfehlen zudem, sich innerhalb von DIE LINKEN dafür einzusetzen, eine klare oppositionelle Haltung gegen die herrschende Klasse, ihre Institutionen und Parteien einzunehmen und sich nicht in Regierungskoalitionen mit den Parteien zu begeben, die durch ihre zerstörerische neoliberale Politik erst den Boden für den Rechtspopulismus bereitet haben.

Antirassistische Bündnisse (Auswahl)

Antirassistische Offensive (Aachen), www.gutesleben.blogsport.com
Soziales Berlin für Alle: https://sozialesberlin.wordpress.com/soziales-berlin-fuer-alle-rassisten-stoppen/
BlockaDO (Dortmund), www.blockado.info
Dortmund stellt sich quer: http://dortmundquer.blogsport.de/
Bündnis gegen Rechts Kassel: http://bgr-kassel.de/
Rostock hilft: http://www.hrohilft.de/
Herz statt Hetze Dresden: https://herzstatthetze.jimdo.com/
Köln gegen Rechts, www.gegenrechts.koeln

Websites zu AfD, Rechtspopulismus, Islamhasser (Auswahl)

www.andreaskemper.org
https://afdmaskiert.wordpress.com
https://afdwatchafd.wordpress.com
https://neurechtewelt.github.io/
www.bnr.de (Blick nach Rechts)

Bücher zum Thema (Auswahl)

Von Wutbürgern und Brandstiftern (Hajo Funke)
Neue soziale Bewegung von rechts? (Hrsg.: Häuser, Virchow)
Anti-Sarrazin (Sascha Staničić)
Islamfeindlichkeit in Deutschland (Achim Bühl)
Der Islam – Schrecken des Abendlands (Werner Ruf)
Feindbild Moslem (Kai Sokolowsky)

Anhang 2

Pro-Gruppierung –
gescheitert, aber nicht ohne Wirkung

Von Claus Ludwig

Wir untersuchen die Pro-Gruppierung ausführlicher, weil sich an ihrem Beispiel die Mechanismen des Rechtspopulismus gut darstellen lassen und sie unter den VorgängerInnen der AfD über die meiste Ausdauer verfügte. Zudem hat der Autor dieser Zeilen den Aufstieg und Fall der Gruppe als Aktiver der antifaschistischen Bewegung und als Ratsmitglied der LINKEN aus der Nähe beobachten können.

Die Pro-Gruppierung, deren Hochburg einst Köln war, hat sich längst in mehrere miteinander streitende Gruppen zerlegt. Zwischen einer sich nach rechts entwickelnden AfD und den offenen faschistischen Gruppen wie NPD und Die Rechte ist es zu eng geworden.

Als Organisationen sind *Pro Köln* (PK) und *Pro NRW* gescheitert, aber als Wegbereiterinnen eines modernisierten Rassismus, als Pioniere des Islamhasses, haben sie zur Entwicklung von PEGIDA und AfD beigetragen.

Pro Köln war bis zum Aufstieg der AfD die erfolgreichste rechte Organisation in der Grauzone zwischen CDU/CSU und NPD. Allerdings wurde die Truppe ihren Nazi-Geruch nie los und schaffte es nicht, die eigenen Erfolge zu stabilisieren und damit landes- und/oder bundesweit zu einem Faktor zu werden.

Die Gruppierung bezeichnete sich selbst als rechtspopulistisch oder auch »rechtsdemokratisch«. Richtig ist, dass viele Merkmale rechtspopulistischer Parteien im In- und Ausland auch auf sie zutreffen. Wir haben sie jedoch als »Tarnkappen-Faschisten« bezeichnet, da sie sowohl faschistische Wurzeln als auch Kontakte zu militanten NeofaschistInnen gepflegt hat. Zumindest symbolisch haben Aufmärsche und der »Kampf um die Straße« bei den Pro-Gruppen eine wichtigere Rolle gespielt als bei der AfD in ihrem derzeitigen Stadium. Es handelte und handelt sich bei den Gruppen aus der Pro-Tradition unter dem Strich um Faschisten in rechtspopulistischer Aufmachung.

Die Gruppe stammt nicht aus einer eigenständigen Tradition wie zum Beispiel die Dansk Folkeparti (DF) oder die niederländische Partij voor de Vrijheid (PVV). Die Kader der Truppe mit Wurzeln im Rheinland waren zuvor in NPD, REP und *Deutsche Liga für Volk und Heimat* (DLVH) aktiv. Sie nutzten den islamfeindlichen Mainstream konsequent und radikalisierten diesen, verbunden mit Demagogie gegen das jeweilige lokale Establishment. Dieses Rezept war zunächst erfolgreich, der Gruppe gelang zeitweilig eine kommunale Verankerung in Köln und anderen Städten in NRWSeit 1996 versuchte die sich als »Bürgerbewegung« bezeichnende Organisation *Pro Köln* bzw. deren Erweiterungen und Abspaltungen *Pro NRW* und *Pro Deutschland* nach eigenen Angaben eine »rechtsdemokratische« Partei aufzubauen. Diese Bemühungen waren bundesweit nicht sehr erfolgreich. Bei den Wahlen zum Berliner Abgeordnetenhaus 2011 erreichte *Pro Deutschland* etwas über 1 Prozent und blieb damit deutlich hinter der traditionsfaschistischen NPD (2 Prozent). Bei der Bundestagswahl 2013 wurde *Pro Deutschland* von der neu gegründeten AfD überholt und erzielte lediglich 0,2 Prozent, während die NPD 1,3 Prozent erreichte.

Pro NRW erreichte bei den Landtagswahlen 2010 1,4 Prozent und 2012 1,5 Prozent (rund 100.000 bzw. 120.000 Stimmen), nicht mehr als ein bescheidener Erfolg. Allerdings konnte die Gruppe einige örtliche Basen aufbauen, allen voran in Köln und den umliegenden Landkreisen sowie in einzelnen Städten im Ruhrgebiet. Bei den Kommunalwahlen 2014 gingen einige Hochburgen wie Köln verloren, dort wurde die AfD stärker, in anderen Städten wie Duisburg gab es hingegen Fortschritte. In der Folge kam es zur Spaltung zwischen *Pro NRW* um den Leverkusener Anwalt Markus Beisicht, der auf den Aufstieg der AfD mit einer Verschiebung nach rechts antwortete und *Pro Köln* um Markus Wiener und Judith Wolter, welche die demokratische Tarnkappe weiter nutzen wollten.

Kopfgeld ausgesetzt

Die Führungskader der Pro-Gruppe können auf eine lange Zeit in diversen faschistischen Gruppen zurückblicken. Manfred Rouhs und Markus Beisicht waren zuvor bei den *Republikanern*, Rouhs war von 1985 bis 1987 Landesvorsitzender der NPD-Jugend Junge National*Demokraten* in Nordrhein-Westfalen. Beide zogen 1989 für die REP in den Kölner Stadtrat ein, spalteten sich allerdings bald von diesen ab und gingen zur *Deutschen Liga für Volk und Heimat* (DLVH). Die DLVH positionierte sich offener faschistisch als die REP und erhob den Anspruch, eine »Sammlungsbewegung« für die extreme Rechte zu sein.

Beisicht und Rouhs steigerten ihre Bekanntheit, indem sie 1993 ein »Kopfgeld« von 1.000 DM auf die von Abschiebung bedrohte und daher untergetauchte Mazedonierin Nidar Pampurova aussetzten. Für den Aufruf zeichnete Bernd M. Schöppe verantwortlich, 2004-2014 Mitglied im Rat der Stadt Köln.[305]

Die DLVH trat zur Kommunalwahl 1994 mit einer Liste an, auf der auch Mitglieder der Nazi-Partei *Freiheitliche Arbeiterpartei* (FAP) und der NPD vertreten waren. Zwei der damaligen Kandidaten – Thomas Adolf und Ulrich Klöries – erlangten später traurige Berühmtheit. Adolf tötete 2003 eine dreiköpfige Familie in Overath.

---

305 http://www.zeit.de/1993/11/mit-steckbriefen-und-fahndungsplakaten

Es wurde nie ganz klar, ob seine Motive rein privat waren, denn er sprach von einem rechten Feldzug, an dem er teilnehmen würde. Klöries ermordete 2006 seine Mitbewohnerin und missbrauchte die Leiche, bevor er sich selbst tötete. Zwischen diesen Taten und der faschistischen Gesinnung der Täter bestand ein Zusammenhang, aber sie wurden nie als rechte Morde gezählt. Adolf und Klöries sind extreme Fälle, werfen aber ein Schlaglicht auf das Umfeld von Beisicht und Rouhs in den Jahren der Deutschen Liga. Ebenso wie die DLVH scheiterte Ende der 1990er Jahre Rouhs' Versuch, in Eschweiler-Dürwiß bei Aachen einen rechten Verlag aufzubauen.

Eine entscheidende Wende für Beisicht und Rouhs war ihre Übernahme der Bürgerbewegung *Pro Köln* (PK) Ende der 1990er Jahre. *Pro Köln* trat erstmals bei den Kölner Oberbürgermeister-Wahlen im Jahr 2000 öffentlich in Erscheinung und versuchte mit der Darstellung ihres Kandidaten Stephan Flug als »Der kölsche Haider« vom damaligen Erfolg der österreichischen FPÖ zu profitieren. Dies fand zunächst keine größere Beachtung, PK erzielte lediglich 859 Stimmen, 0,3 Prozent entsprechend, aber ab dort fand ein Aufbau statt. Damit verarbeiteten die rechten Kader die Erfahrungen aus den Erfolgen anderer Länder und der Stagnation der deutschen Rechtsparteien und vollzogen eine taktische Wende hin zu einer Modernisierung rassistischer Politik. Diese Wende vollzog sich in mehreren Schritten.

Bis 2003 war der demokratische Tarnanstrich der »Bürgerbewegung« dünn. Die wichtigste Methode der Öffentlichkeitsarbeit von PK waren Aufmärsche. Mangels einer eigenen Basis waren Beisicht, Rouhs und Co. darauf angewiesen, dass NPD und Nazi-Kameradschaften, von denen man sich offiziell distanzierte, mobilisierten, um das Fußvolk der Aufmärsche zu stellen. Aus der Zeit zwischen dem Niedergang der DLVH und dem ersten Wahlerfolg von PK 2004 stammen die Fotos, welche rechte Straftäter wie Torsten Crämer[306] aus Wuppertal und den »Hitler von Köln«, Axel Reitz[307], neben Rouhs, Beisicht und den neu hinzugekommenen PK-Kadern wie Judith Wolter zeigen.

2002 nahmen Judith Wolter und Markus Beisicht am Bundeskongress der NPD-Jugend *Junge NationalDemokraten* (JN) teil und warben dort für eine Zusammenarbeit der Rechten. Im Vorfeld der Kölner Kommunalwahlen ab 2003 veränderte PK die Taktik deutlich und startete eine Tarn-Offensive. Die Kontakte zu offen faschistischen Gruppen wurden eingeschränkt, diese wurden als »rechter Narrensaum« kritisiert. Auch peinliche Misserfolge, wie das »Debakel von Köln-Widdersdorf« 2002 dürften dazu beigetragen haben, dass auf die Nazi-Hilfstruppen verzichtet und auf den Aufbau des eigenen Potentials gesetzt wurde.[308]

---

306 http://de.wikipedia.org/wiki/Thorsten_Cr ProzentC3 ProzentA4mer
307 http://de.wikipedia.org/wiki/Axel_Reitz
308 Indymedia schreibt über das rechte Desaster von Widdersdorf: »Manfred Rouhs, Herausgeber der neofaschistischen Zeitschrift Signal und Funktionär der rechtsradikalen Bürgerbewegung *Pro Köln* musste heute sowohl in politischer wie auch in finanzieller Hinsicht. eine empfindliche Niederlage hinnehmen. Nur knapp 85 Nazis fanden den Weg nach Widdersdorf. Rouhs hatte im Vorfeld

PK begann, sich als einzige »demokratische«, moderne Kraft auf der Rechten darzustellen. Die Agitation gegen die »Islamisierung«, vor allem gegen Planungen zum
Neubau von Moscheen in Köln, wurde stärker betont.

Pioniere des Islamhasses

Beisicht und Co. hatten offensichtlich analysiert, dass der öffentliche Diskurs
gegen den Islam im Rahmen des »Krieges gegen den Terror« der bis dato relativ
isolierten Gruppe große Möglichkeiten bieten würde. Als örtliches Thema bot sich
zudem die Straßenkriminalität an, vor allem das Problem des Taschendiebstahls,
das schon durch die reißerische Berichterstattung der örtlichen Medien, die den
Begriff »Klau-Kids« geprägt hatten, stark diskutiert wurde.

Ihre Führungskader hatten sich nicht ideologisch gewandelt, sondern sich lediglich an die aktuellen Verhältnisse taktisch angepasst. PK setzte vor allem deswegen
nicht auf gewaltsame Methoden, weil dies beim damaligen Stand der gesellschaftlichen Kräfteverhältnisse dem Aufbau einer wählbaren rechten Organisation mit dem
Ziel, Masseneinfluss zu gewinnen, geschadet hätte.

Die Ideologie der PK-Führung wurde in einer Äußerung von Markus Beisicht
deutlich, der 2007 vor allem der NPD vorwarf, die Relevanz der Islam-Frage über-
sehen zu haben:

> »Die örtlichen alten Rechtsparteien haben zudem das Thema Moscheebau, wie so
> vieles andere auch, weitgehend verschlafen.«[309]

Mit ihrem Namen, der weniger nach Rassismus und mehr nach einer örtlichen
Interessengemeinschaft Marke »Unsere Einkaufsstraße soll attraktiver werden«
klang und einer massiven Öffentlichkeitsarbeit gelang es PK tatsächlich, eine breitere Wirkung zu erzielen. Bei den Wahlen zum Kölner Rat im September 2004 erzielte
PK 16.531 Stimmen und damit 4,7 Prozent.

Die »Modernisierung« war damit noch nicht umfassend vollzogen. Im Frühjahr
2005 demonstrierte Judith Wolter bei einer Rede im Rat zum 60. Jahrestag des Ende

---

großspurig mehrere hundert Teilnehmer angekündigt. Für zahlreiche Teilnehmer des ‚Pressefests'
artete die Anreise zu einem regelrechtem Spießrutenlauf aus - eine ganze Reihe machte Kontakt
mit Eiern, Tomaten und anderen Wurfgeschossen, andere kamen aufgrund einer Sitzblockade erst
gar nicht zum Veranstaltungsort. Nach nur zweieinhalb Stunden fand der braune Spuk ein Ende.
Die für den Abend angekündigten Skinheads-Bands hatten auf einmal keine Lust mehr zu spielen.
Neben der geringen Zuschauerzahl dürften vor allem die energischen antifaschistischen Proteste
der Grund gewesen sein. Nach einem Katz- und Mausspiel mit der Polizei gelang es etwa 200 Antifaschisten, in unmittelbare Nähe des Pressefest-Zeltes zu gelangen. Anschließend packte Rouhs ein,
die Nazis wurden unter Polizeischutz aus Widdersdorf hinaus eskortiert.« aus: http://de.indymedia.
org/2002/06/25212.shtml
309 Interview mit der NPD-Zeitung »Deutsche Stimme«, zitiert nach Lausberg: »Die Pro-Bewegung«, Münster, 2010

des 2. Weltkrieges die Nähe der Gruppe zur faschistischen Ideologie und nutzte den Code des getarnten Revisionismus und Antisemitismus:

»... mit dem Ende der Naziherrschaft ist einhergegangen, dass Hunderttausende Deutsche vergewaltigt und vertrieben wurden ... Täterschaft vererbt sich ebenso wenig wie Opfertum. Kein heutiger Deutscher muss sich als geborener Verbrechensverantwortlicher fühlen und kein heutiger Israeli oder Jude kann einen aus dem Mutterleib empfangenen Opferstatus für sich beanspruchen.«[310]

Die christliche Fundamentalistin in den Reihen der ersten PK-Ratsfraktion, Regina Wilden, bediente homophobe Stimmungen der rechten Basis und argumentierte bei der Begründung einer »Resolution zum CSD« gegen die rechtliche Gleichstellung von Homosexuellen *»mit den sexuell normal Veranlagten.«*[311]

Bis 2007 war der Prozess der Modernisierung der Außendarstellung weitgehend abgeschlossen. Die traditionell rechten Themen mit geschichtlichem Bezug wurden immer seltener erwähnt, die Argumentation wurde auf die Frage der »Islamisierung« zugespitzt, begleitet vor allem von den Themen Kriminalität und lokale Korruption. Die Kontakte zu offenen Faschisten wurden weiter beschränkt. Es wurde streng darauf geachtet, nicht als antisemitisch zu erscheinen. Im Zuge der Propaganda gegen den Islam wurde stärker betont, dass dieser die Rechte von Frauen und von sexuellen Minderheiten einschränken würde. Ab 2008 tauchten vermehrt Israel-Fahnen bei PK-Aufmärschen auf, um die Abgrenzung vom Antisemitismus zu symbolisieren, bei Aufmärschen von PK ab 2013 wurden mehrere bizarre Auftritte des offenen Schwulen Michael Gabler organisiert, die wohl beweisen sollten, dass PK im Gegensatz zu den Islamisten für die Rechte von Homosexuellen eintreten würde. Gabler wurde später zum Sprecher von *Pro Köln* gewählt.

PK konzentrierte sich ab 2004 darauf, die bei den Kommunalwahlen erreichte Basis weiter aufzubauen und setzte auf eine breit gestreute Öffentlichkeitsarbeit. Bei einer Unterschriften-Kampagne gegen den Neubau einer Moschee im Kölner Stadtteil Ehrenfeld, die über Jahre als Schwerpunktthema für *Pro Köln* diente, wurden 2007 15.940 gültige Unterschriften gesammelt.

Auf der Wahlebene war die Pro-Bewegung in der Folge mäßig erfolgreich. Bei den Kommunalwahlen in Köln 2009 steigerte PK den Stimmenanteil auf 5,36 Prozent und holte 19.895 Stimmen. Allerdings waren die REP nicht mehr angetreten, die 2004 noch 3.099 Stimmen bekommen hatten. Auch die NPD erzielte 809 Stimmen weniger als 2004. Insgesamt haben die rechten Parteien 2004 wie 2009 rund 20.000 Stimmen bekommen, bei leicht rückläufiger Wahlbeteiligung.

---

310 http://www.stadt-koeln.de/mediaasset/content/pdf-rat-gremien/rat/wortprotokolle/2005/03-15-prot-06.pdf
311 http://www.stadt-koeln.de/mediaasset/content/pdf-rat-gremien/rat/wortprotokolle/2006/06-22-prot-17.pdf

PK hatte damit die Wahlebene für extreme rechte Parteien in Köln zeitweise monopolisiert. Die Truppe mobilisierte die WählerInnen mit verfestigten rassistischen und faschistischen Ideen, deren Zahl irgendwo zwischen 5.000 und 10.000 gelegen haben dürfte. Bei Wahlen, die wenig Möglichkeiten für PK bieten wie die NRW-Landtagswahl wurden darüber hinaus relativ wenige Stimmen gewonnen, bei den Kommunalwahlen konnte die Gruppe über den festen rechtsextremmen Stamm hinaus mobilisieren und auch Proteststimmen einsammeln.

»Anti-Islam-Kongress«

Der Verzicht auf die Nazi-Hilfstruppen nach 2003 führte nicht zum Verzicht auf eigene Aufmärsche. PK hielt diese Methode von öffentlicher Präsenz für wichtig, um eine eigene Basis aufzubauen. Die Aufmärsche aus eigenen Kräften blieben jedoch zahlenmäßig hinter den Mobilisierungen der offenen Nazi-Szene in NRW zurück.

Zu Protesten gegen die Moschee in Ehrenfeld 2007-2008 wurden zwischen 40 und 120 Unterstützer der rechten Gruppe mobilisiert. Zum ersten »Anti-Islam-Kongress« im September 2008, der durch Massenblockaden verhindert wurde, waren bis zu 300 Leute unterwegs, darunter viele aus dem gesamten Bundesgebiet, Belgien und Österreich und nur vereinzelt Unterstützer aus Köln. Zum zweiten »Kongress« im Frühjahr 2009 kamen bis zu 200 TeilnehmerInnen, ebenfalls viele nicht aus Köln. An einer Wahlkampf-Kundgebung im August 2009 in der Kölner Innenstadt nahmen ca. 100 Leute teil. Am »Marsch für *Die Freiheit*« am 7. Mai 2011 nahmen rund 300 teil, mindestens die Hälfte davon vom *Vlaams Belang* aus Belgien oder anderen Bundesländern. Zu den Kundgebungen gegen das Autonome Zentrum im Kölner Stadtteil Kalk im November 2011 und Januar 2012 kamen 65 bzw. 90 SympathisantInnen von PK.

Bei Protesten gegen Flüchtlingsunterbringungen in verschiedenen Kölner Stadtteilen im Jahre 2013 kamen zwischen 20 und 50 rechte AnhängerInnen. Demonstrationen in anderen Städten Nordrhein-Westfalens – Leverkusen, Bonn, Duisburg u.a. - waren ähnlich schwach besucht.

Die UnterstützerInnen der rechten Truppe waren weitgehend passiv. Sie wählten, gaben ihre Unterschrift, aber waren nur zu einem geringen Anteil zu öffentlichen Demonstrationen mobilisierbar. PK schaffte es bei Mobilisierungen ohne überregionale Unterstützung bis zu 70 Leute auf die Straße zu bringen, das Durchschnittsalter war immer recht hoch.

PK verfügte nie über eine aktive Anhängerschaft auf der Straße wie NPD, Die Rechte, Kameradschaften oder Autonome Nationalisten, deren Ziel es ist, politische Gegner einzuschüchtern oder dauerhafte Präsenz in einigen Stadtteilen zu zeigen. Dies war einerseits eine Folge der Prioritätensetzung von *Pro Köln*. Die Kader von PK priorisierten eine möglichst breite Propaganda als Mittel, eine Organisation aufzubauen, die mittelfristig auf der Grundlage lokaler Verankerung den Anspruch auf Führerschaft im rechten Spektrum erheben kann und sahen die Präsenz auf der Straße in dieser Phase nicht als zentrale Aufgabe.[312]

Gleichzeitig drückte dies auch eine Schwäche der Gruppe aus, die es zwar schaffte, rassistische Stimmungen in der Gesellschaft in Wahlergebnisse oder stilles Sympathisantentum umzumünzen, aber immer Schwierigkeiten hatte, AktivistInnen zu organisieren und auszubilden. Daher strahlten viele Veranstaltungen der Truppe etwas operettenhaft Lächerliches aus. Immer die gleichen 30-70 Leute wurden per Bus mal hierhin, mal dorthin gekarrt, die parteieigene Berichterstattung machte aus diesen Potemkinschen Butterfahrten »Bürgerproteste«.

Aufmärsche spielten eine große Rolle für die Pro-Gruppierung. Diese entfalteten aber keine direkte Militanz, sondern dienten vor allem dazu, symbolisch die Straße zu behaupten – zum Beispiel durch Aufmärsche im stark migrantisch und links geprägten Kölner Stadtteil Kalk – und andererseits, die Opferrolle als verfolgte Unschuld zu betonen.

Zudem dienten sie dem Zweck, sich selber im Gespräch halten, frei nach dem Motto, dass peinliche Nachrichten besser sind als gar keine. Einen großen Teil der PK-Anhänger dürften die realen Misserfolge der Kundgebungen und Aufmärsche nicht gestört haben, weil sie gar nicht dabei waren und einfach den Angaben auf der PK-Website glaubten. Dort wurden aus höchsten 200 Teilnehmern beim »2. Anti-Islam-Kongress« 1000 Leute. Der nur durch eine komplette polizeiliche Abriegelung des Stadtteils mögliche Marsch von weniger als hundert Rechten durch Köln-Kalk im Januar 2012, der auf eine breite Gegenmobilisierung der Bevölkerung traf, wurde auf der PK-Website zu einer »*beeindruckenden Willenskundgebung*« hochgejubelt.

Verbindungen zu Nazis

PK verzichtete nie ganz darauf, Signale in Richtung gewaltbereiter Rechter zu senden. Die Botschaften waren jedoch subtiler und für die Öffentlichkeit schwer erkennbar geworden. Oftmals wurden die Signale an andere FaschistInnen über die Zusammenarbeit mit ausländischen Rechten übermittelt, die hierzulande nicht so bekannt sind.

So wurde zum »Anti-Islam-Kongress« 2008 der offene Antisemit Nick Griffin von der *British National Party* (BNP) ein- und erst auf öffentlichen Druck wieder ausgeladen. Hofiert wurden ebenso Mario Borghezio von der *Lega Nord*, verurteilt wegen eines Brandanschlages auf die Zelte von Geflüchteten und Bart Debie, ehemaliger Polizist aus dem belgischen Antwerpen und früher Funktionär des *Vlaams Belang*,

---

312 In einem von Manfred Rouhs verantworteten »Aufbaukonzept« für ProDeutschland aus dem Jahre 2006 wird die Rolle der Massenarbeit mit Unterschriften-Sammlungen betont: »Die auf die Anbindung von Menschen abzielenden Petitionen aber sind unser Kerngeschäft, mit dem der Erfolg unserer politischen Arbeit steht und fällt.« Als Schritte zum Erfolg werden benannt: »Handlungsfähigkeit herstellen. Menschen binden. Wahlantritt«.

der wegen Körperverletzung im Amt – er hatte mehrere Migranten verprügelt – verurteilt wurde. Bei einem Aufmarsch in Köln im Mai 2011 waren es Anhänger des *Vlaams Belang*, die aus einem Bus heraus den Hitler-Gruß zeigten. Auch der Antrag aus dem November 2012, der Kölner Rat möge sich mit Tommy Robinson, dem damaligen Kopf der islamhassenden Hooligans der *English Defence League* (EDL), solidarisieren, kann nur den einzigen Zweck gehabt haben, dem rechten Umfeld zu signalisieren, dass man den Wert des Straßenkampfes trotz allem demokratiekompatiblen Gehabe nicht vergessen habe.

PK versuchte lange mit sehr mäßigem Erfolg, eine Jugendstruktur aufzubauen. Im Jugendbereich bediente sich PK zeitweise einer radikaleren Sprache. Die bizarrerweise Objektiv genannte Jugendzeitung, die PK 2006-2007 herausgab, forderte zum Kampf gegen *»steigende Überfremdung«* auf und stellte junge männliche Migranten als potenzielle Vergewaltiger deutscher Mädchen dar.[313]

Die Pro-Gruppierung konkurrierte im Jugendbereich in stärkerem Maß mit Kameradschaften, JN und Autonomen Nationalisten, war allerdings wenig erfolgreich. Bei den öffentlichen Kundgebungen der Gruppe waren vereinzelt Jugendliche aus Nazi-Strukturen anzutreffen. Nahezu jedes Jahr wurde ein neuer »Jugendbeauftragter« vorgestellt, der bald danach wieder in der Versenkung verschwand.

2009 warf der damalige Jugendverantwortliche von *Pro Köln*, René Emmerich, das Handtuch. Er war das Selbstlob und die fabrizierten Lügen über die angeblichen Erfolge von PK leid. Emmerich sprach von

»offensichtlichen Lügen und Luftschlössern aus eurer Propaganda-Mottenkiste«[314]

und verabschiedete sich in Richtung der *Freien Kräfte Köln*, einer offenen Nazi-Truppe um Axel Reitz. Im November 2011 war er der Anmelder eines Nazi-Aufmarsches im Kölner Stadtteil Kalk. Aus Emmerichs Austrittserklärung bei PK ist keine ideologische Richtungsänderung erkennbar. Relativ sicher war er vor, während und nach seiner Zeit bei *Pro Köln* ein offener Nazi, wahrscheinlich hat die PK-Führung dies gewusst und genutzt, um eine größere Anziehungskraft Richtung aktions- und gewaltbereiter rechter Jugendlicher zu erreichen.

Außerhalb Kölns war die Jugendarbeit der Pro-Gruppierung teilweise erfolgreicher. Im bergischen Radevormwald gelang es, eine *Pro NRW*-Gruppe um Tobias Rondorf aufzubauen, die hauptsächlich aus Jugendlichen bestand. *Pro NRW* sprach von einer »Vorreiterrolle« der Gruppe im Bergischen. Zusätzlich zu ihrer Aktivität für *Pro NRW* unter anderem im Stadtrat von Radevormwald hatten die Jugendlichen 2011 den *Freundeskreis Rade* formiert, eine offene Nazi-Formation im Stil der Autonomen Nationalisten. Als solche gingen sie gewaltsam gegen politische Gegner

313 Zitiert nach: http://www.spiegel.de/schulspiegel/wissen/rechte-schuelerzeitung-braune-hetze-zwischen-freizeittipps-a-432253.html
314 Zitiert nach: http://www.ksta.de/koeln-uebersicht/ren--emmerich-neonazi-tritt-fuer--pro-koeln--an,16341264,12869504.html

vor. Bei Aufmärschen der Rechten in Köln – so beim »Marsch für *Die Freiheit*« im Mai 2011 und beim durch Blockaden verhinderten Aufmarsch im Oktober 2011 in Kalk – waren die Jungnazis aus dem Bergischen gut vertreten.

Im April 2012 ging die Polizei gegen den *Freundeskreis Rade* mit Durchsuchungen und Festnahmen vor, auch das Büro von *Pro NRW* wurden bei einer Razzia durchsucht. Sechs Mitglieder wurden zu Bewährungs- und Geldstrafen verurteilt, gegen den Anführer wurden zweieinhalb Jahre Haft verhängt, unter anderem wegen Mitgliedschaft in einer kriminellen Vereinigung.[315]

Kurz vor dem Polizei-Zugriff schrieb die antifaschistische Zeitschrift *lotta*:

> »*So ist im oberbergischen Radevormwald eine Situation entstanden, die beispiellos in NRW ist. AktivistInnen einer Neonazi-Kameradschaft, die vor Ort immer wieder gewaltsam gegen vermeintliche MigrantInnen und Linke vorgeht, arbeiten eng mit Pro NRW zusammen, teilweise sitzen die Neonazis sogar als Vertreter der Partei in den Ausschüssen des Stadtrats ... Die mühsam errichtete Fassade der ‚demokratischen Bürgerbewegung‘ ist in Radevormwald jedenfalls nicht aufrecht zu erhalten.*«[316]

Pro-Chef Beisicht gab sich nach den Razzien überrascht und behauptete im Interview auf dem Islamhasser-Portal *pi-news.net*[317], auch *Pro NRW* würde das Vorgehen des Staates gegen den »neonazistischen Sumpf« unterstützen und sprach von möglichen »Provokateuren«. Die Führung der Gruppe scheint bereit zu sein, den Preis für solche unglaubwürdige Distanzierungen zu bezahlen für den Gegenwert, dass man zumindest örtlich und zeitweise den Kontakt zur Subkultur der Jungnazis aufrecht erhält.

Aber immer wieder haben PK-Mitglieder Andeutungen gemacht, dass die Organisation nicht gedenkt, für alle Zeiten so »harmlos« aufzutreten. Mit solchen Meldungen, auch wenn sie im typischen übertriebenen Stil verfasst waren, sollten Signale an Leute ausgesandt werden, die sich für den Aufbau einer »härteren« rechte Truppe interessieren.

Auch die in 2012 betriebene Zusammenarbeit mit der *German Defence League* (GDL), einer neu entstandenen rechten Organisation, welche die britische EDL zum Vorbild hat, diente zum Aussenden derartiger Botschaften. Die GDL wäre, wenn sie ihre Vorhaben umsetzen könnte, eine Art modernisierter SA, eine gewalttätige Truppe ohne den antisemitischen Nazi-Ballast, islamhassend und rassistisch, gewerkschaftsfeindlich und gegen die Linke gerichtet. Auch die GDL scheint sich, aus den Reihen rechter Fußball-Hooligans zu rekrutieren, ist aber im Unterschied zu ihrem englischen Vorbild bis heute nur ein Name ohne größere Mobilisierungsfähigkeit.

---

315 Nach einem Bericht der Rheinischen Post, 27.1.2014
316 Zitiert nach: https://nrwrex.wordpress.com/2012/06/11/aus-dem-heft-die-extrem-rechte-szene-in-radevormwald/
317 Zitiert nach: http://www.pi-news.net/2012/04/pro-chef-beisicht-zur-polizeirazzia-in-nrw/

Zu einem ersten gemeinsamen Auftritt von *Pro Köln* und der *German Defence League* kam es im August 2012 anlässlich eines »Marsches der Patrioten« mit rund 50 TeilnehmerInnen, der wie üblich von der Polizei gegen antifaschistische Proteste durchgesetzt wurde. Als Redner für die GDL trat der Kölner Sebastian Nobile auf, der sich zwischendurch auch als Unterstützer von PK bekannt hat und im Januar 2015 als Anmelder der ersten KÖGIDA-Kundgebung auftrat.

Im September 2013 kündigte Nobile an, im Stadtteil Mülheim hätte die »erste Kölner Bürgerwehr« ihre Arbeit aufgenommen. Er und drei Mitstreiter posierten für ein Foto, das auf pi-news.net veröffentlicht wurde. Das Foto soll sie bei einem »Patrouillengang« zeigen. Auch bei dieser Meldung ist nicht in erster Linie relevant, ob einzelne Rechte sich tatsächlich für eine »Bürgerwehr« halten und durch Köln scharwenzeln – sollten sie dies gut getarnt machen und von niemandem als rechte Truppe identifiziert werden, dürften sie sogar zu Ende »patrouillieren« können. Interessant ist vielmehr die »Wir-können-auch-anders«-Symbolik, welche PK bzw. das PK-Umfeld mit solchen Meldungen verbreiteten.[318]

Die deutliche faschistische Kontinuität war immer ein Hindernis für die Ausbreitung der Gruppe über die regionale Ebene hinaus. Die meisten Menschen wussten nicht im Detail Bescheid, aber die Gruppe stank geradezu nach Faschismus, selbst, wenn sie sich noch so sehr bürgerbewegt-demokratisch parfümierte. Deswegen und wegen des auffälligen Mangels an vorzeigbaren RepräsentantInnen war eine bundesweite Ausdehnung der Gruppe unwahrscheinlich, auch wenn sie diesen Anspruch durch »privilegierte Partnerschaften« mit starken Parteien wie der FPÖ und dem *Vlaams Belang* erhob.

Durch die Wahlerfolge der AfD 2013 und 2014 wurde die Pro-Gruppierung schwer angeschlagen. Mit der Rechtsverschiebung und dem darauf folgenden Aufschwung der AfD wurde ihr die Geschäftsgrundlage über lokale Nischen hinaus entzogen. Bis dahin war das Schwanken zwischen Rechtspopulismus und Faschismus eine Stärke der Pro-Gruppierung gewesen. Mit dem Aufstieg der AfD wurde daraus eine Schwäche. Die Pro-Gruppen konnten in Sachen Basis, Verankerung, Militanz und Organisationsfähigkeit nicht mit der NPD oder Die Rechte konkurrieren und in puncto »Respektabilität« und Popularität nicht mit der AfD. Niedergang und Spaltung waren somit unvermeidlich.

Allerdings sollte die Pionierarbeit der Pro-Gruppierung nicht unterschätzt werden. Sie hat einen Beitrag dazu geleistet, den eher diffusen Ideen der IslamhasserInnen einen organisierten Ausdruck zu geben, hat die Lehren aus anderen Ländern mit starken rechten Bewegungen nach Deutschland importiert, hat Kampagnen zum Beispiel gegen den Bau von Moscheen entwickelt und gehörte ab 2011 zu den ersten Gruppierungen, welche vor Flüchtlingsunterkünften demonstrierte.

---

318 http://www.pi-news.net/2013/09/erste-burgerwehr-in-koln-nimmt-ihren-dienst-auf/

Die Pro-Gruppierung hat somit ideologische und praktische Vorarbeit geleistet, an denen PEGIDA und auch die AfD anknüpfen. Eine personelle Kontinuität ist nicht vorhanden, aber es ist davon auszugehen, dass AfD- und PEGIDA-Anführer wie Gauland, von Storch, Petry, Festerling und Bachmann die Aktivitäten von *Pro Köln* und *Pro NRW* beobachtet und ihre Schlüsse daraus gezogen haben.

Nicht zuletzt ist der Begriff »Islamisierung«, der im Namen von PEGIDA auftaucht von *Pro Köln* mitgeprägt worden, zum Beispiel durch die Mobilisierung für den »Anti-Islamisierungs-Kongress« im Herbst 2008, der zwar durch den entschiedenen Widerstand von tausenden AntifaschistInnen floppte, aber zu einem Bezugspunkt für die IslamhasserInnen wurde.

Antifaschistische Ausdauer

Die Bilanz des Kampfes gegen die Pro-Gruppierung in ihrer Geburtsstätte lässt sich einfach zusammenfassen. Die bürgerlichen Parteien haben wenig bis nichts dazu beigetragen, diese zu begrenzen. Sie haben *Pro Köln* durch ihre von vielen als korrupt und unsozial erkannte Politik erst groß werden lassen, da half alles »Ignorieren« und Totschweigen nichts. Die antifaschistische Bewegung hingegen war wach und erschwerte durch beständige Aktivitäten das Wachstum von *Pro Köln* und ihre Selbstinszenierung als »*Demokraten*«.

Die örtlichen bürgerlichen Medien spielten eine zwiespältige Rolle. Einerseits berichteten sie ausführlich über die ideologischen Hintergründe der Gruppe und genüsslich über die teilweise kriminellen Aktivitäten von deren Ratsmitgliedern. Andererseits initiierten die Zeitungen des lokalen Monopolisten Dumont Kampagnen gegen antifaschistische Demonstrationen und riefen dazu auf, die Rechten zu ignorieren anstatt sie durch Proteste »aufzuwerten«.[319]

Seit ihrem verstärkten Auftreten ab 2002 traf die Pro-Gruppierung in Köln auf Widerstand von AntifaschistInnen, bis hin zu überregionalen Mobilisierungen wie beim »Anti-Islam-Kongress« 2008, als sich 8.000 Menschen an Blockaden und über 25.000 an Demonstrationen gegen die Rechten beteiligten.

Pro Köln schaffte es auch in ihrer stärksten Phase bis 2013 nicht, mehr Leute auf die Straße zu bringen. Die gleichbleibend schwache Mobilisierung von zumeist einigen Dutzend Leuten war Ergebnis eines kräftigen Gegenwindes. Dieser dürfte viele RassistInnen abgeschreckt haben, sich an die Öffentlichkeit zu wagen. Auch die beharrliche Aufklärung über den faschistischen Kern der Gruppe, über die früheren und aktuellen Kontakte zu Neonazis und GewalttäterInnen im In- und Ausland trugen dazu bei, den Aktionsradius von *Pro Köln* zu beschränken.

---

319 Die Haltung des Stadtanzeigers dokumentiert und analysiert der Autor dieses Kapitels in einem Artikel für die Neue Rheinische Online-Zeitung: http://www.nrhz.de/flyer/beitrag.php?id=17427

Gegenmobilisierung und Aufklärung hatten auch auf der Wahlebene einen Effekt. Sie leisteten einen Beitrag zur Eindämmung von PK, reichten aber bis zu den Wahlen 2014 nicht aus, die Wählerbasis der Gruppe wesentlich zu verringern.

Aufstieg und Stabilität der Pro-Gruppierung basierten einerseits auf Faktoren, die auf kommunaler Ebene nur schwer beeinflusst werden können. So hatte die islamfeindliche Stimmungsmache auch der etablierten Parteien und vieler bürgerlicher Medien seit Anfang des Jahrhunderts Gruppen wie PK ermöglicht, mit dem Strom zu schwimmen – und sich gleichzeitig als angebliche »Tabubrecher« zu gebärden, weil die Etablierten versuchten, die Gruppe auszugrenzen. Die wachsenden nationalen Gegensätze und Spannungen in Europa waren ebenso Wasser auf die Mühlen der selbst ernannten RechtspopulistInnen.

Antifaschistische und linke Initiativen sowie viele Nicht-Organisierte in Köln können auf eine stolze Tradition des Widerstandes zurückblicken. Entgegen den Empfehlungen der Etablierten und der bürgerlichen Medien wurde kein einziger rechter Aufmarsch ignoriert. Auch wenn es manches Mal mühsam war, wurden diese immer mit einer Überzahl von AntifaschistInnen konfrontiert. Rechte Informationsstände im Wahlkampf wurden umzingelt. Die Aktiven von *Pro Köln* konnten nur selten ungestört agieren. Offensichtlich demoralisierte dies einige ihrer AnhängerInnen. Es gelang PK nie, eine Basis unter Jugendlichen aufzubauen. Nirgendwo erreichten sie auch nur für kurze Zeit eine Dominanz auf der Straße.

Große Teile der antifaschistischen Bewegung hatten sich auf Massenblockaden als bestes Mittel gegen rassistische Aufmärsche verständigt. Von diesen Blockaden sollte keine Eskalation ausgehen. Bei großen Aufmärschen wurden akribische Pläne ausgearbeitet, Aktionen wurden zuvor geprobt, viel Energie und Fantasie wurden aufgewendet.

Nur selten gelang es, die rechten Aufmärsche komplett zu verhindern. Dies lag nicht an mangelnder Entschlossenheit der AntifaschistInnen, sondern am massiven Einsatz polizeilicher Kräfte. Die Kölner Polizeiführung entwickelte die Strategie, durch massiven Truppeneinsatz und die Abriegelung ganzer Stadtteile geschützte Räume für die RassistInnen zu schaffen, so dass effektive Blockaden unmöglich waren. Das führte allerdings auch dazu, dass *Pro Köln* meistens durch menschenleere Gebiete marschierte und niemand zum Beschallen dort war außer die eigenen AnhängerInnen und die PolizistInnen. Diese relative Isolation der Rechten auf der Straße war das Ergebnis der Entschlossenheit und Beharrlichkeit der antifaschistischen Kräfte.

Auch die Recherche und die beständige Aufklärung über die ideologischen Leichen im rechten Keller waren hilfreich. Der faschistische Mief hing an der Pro-Gruppierung, weil en detail aufgezeigt wurde, welche ihrer Kader eine Nazi-Vergangenheit hatten und welche Kontakte weiterhin zu Nazis und rechten Schlägern bestanden.

Kapitulation im Rathaus

Während antifaschistische und linke Gruppen und viele Menschen in den Stadtteilen ausdauernd und kreativ gegen die Rechten kämpften, versagte die offizielle Kölner Politik im Rathaus. Die Präsenz im Kölner Stadtrat war sehr wichtig für die Gruppe. Darüber konnte sie sich als lokaler Faktor darstellen und ihre Propaganda finanzieren.

Die etablierten Parteien haben in und um die Ratssitzungen weitgehend versucht, PK zu ignorieren. Es wurde die Kölner Variante des *cordon sanitaire*[320] angewendet. Den Anträgen von rechts stimmte man grundsätzlich nicht zu, auf Redebeiträge wurde nicht eingegangen. PK konterte mit einer Antragsflut. Auf nahezu jeder Ratssitzung stellte *Pro Köln* sowohl Anträge, welche rassistische Botschaften transportierten als auch harmlose Anträge, mit denen man versuchte, sich bei bestimmten Gruppen von WählerInnen lieb Kind zu machen. Mit Vorliebe stellte die Fraktion Anträge zu Problemen, an deren Lösung seitens der Verwaltung bereits gearbeitet wurde, um später verkünden zu können, der »*Pro Köln*-Effekt«, die angebliche Wirkungsmacht der sogenannten »Bürgerbewegung«, hätte – trotz des Unwillens der Etablierten – zur Problemlösung geführt.

In der Ratsperiode 2004-2009 hatten 23,0 Prozent der insgesamt 139 PK-Anträge die Moschee oder MigrantInnen zum Thema, 27,3 Prozent beschäftigten sich mit Korruption und politischem Fehlverhalten, 22,3 Prozent mit sozialen Fragen, bei 14,4 Prozent ging es um Sicherheit und Ordnung.[321]

Während es sinnvoll war, Anträge von PK auch dann abzulehnen, wenn sie einzelne richtige Vorschläge enthielten, war das unkommentierte Hinnehmen des Redeschwalls gefährlich. Wenn rassistische Ideen nicht mit Argumenten gekontert werden, können sich ihre ProtagonistInnen – und mögliche ZuschauerInnen – als ideologische Gewinner fühlen.[322] In Situationen, in denen PK wirkliche Probleme aufgriff und die anderen Parteien schwiegen dazu, wurde es ihnen erleichtert, sich als die Einzigen darzustellen, welche die Interessen der Bevölkerung aufgreifen. Dies wurde zwar von vielen, aber nicht von allen BürgerInnen durchschaut.

---

320 Cordon sanitaire (franz.), auf Deutsch »Sauberer Flur«, ein in Belgien geprägter Begriff, der die Abgrenzung aller Parteien vom rechten Vlaams Blok bzw. dessen Nachfolgeorganisation *Vlaams Belang* beschreibt.

321 Ich bin die Strafe …« - Rechtspopulismus der »Pro-Bewegung« am Beispiel ihres Antragsverhaltens im Kölner Stadtrat, Dr. Frank Überall, Köln, April 2010, S. 10

322 Die Wortprotokolle der Ratssitzungen geben Auskunft darüber, wie die etablierten Parteien in diesem Gremium versagt haben, so zum Beispiel die Zwischenrufe bei einer Rede des Autors dieser Zeilen: »Eigentlich bin ich es leid, mich immer wieder hier mit den Anträgen von *Pro Köln* auseinanderzusetzen. (Karl-Jürgen Klipper [CDU]: Lass es doch sein!) Sie von der SPD, der CDU, der FDP und den Grüne stellen Ihr Schweigen als Strategie der Ausgrenzung gegen *Pro Köln* dar. Faktisch überlassen Sie damit aber den Rechten politischen Raum, (Susana dos Santos Herrmann [SPD]: Quatsch! Du machst sie erst groß!) weil Sie nicht willens oder nicht in der Lage sind, Kontra zu geben.« In: Sitzung des Rates der Stadt Köln, 27.03.2012, Wortprotokoll, im Ratsinformationssystem auf www.stadt-koeln.de.

Diese Sicht bestätigt der Kölner Autor und heutige Vorsitzende des *Deutschen Journalisten Verbandes* (DJV), Frank Überall, der 2010 eine empirische Studie zum Antragsverhalten der Rechten im Kölner Rat vorlegte:

> *»Es ist schon ein eigentümliches Gefühl, wenn man als Besucher zu den Sitzungen des Rates der Stadt Köln kommt. Die rechtsradikale Bürgerbewegung Pro Köln scheint besonders aktiv zu sein ... Den Reden der Rechtsradikalen mag niemand so recht zuhören, was auf unbedarfte Zuschauer befremdlich wirkt.«*[323]

Unter dem Strich waren die etablierten Parteien lediglich in der Lage, PK zu beschimpfen und sich moralisch aufzuplustern, aber nicht, deren Argumente zu beantworten. Diese Aufgabe blieb oft der Fraktion Die LINKE.Köln überlassen, deren Mitglied der Verfasser dieser Zeilen seit 2005 war.

Ignorieren ist keine Lösung

Der Linken gelang es mehrfach, PK in die Parade zu fahren. Als diese im Frühjahr 2005 die drohende Schließung der Linde-Fabrik im Kölner Stadtteil Sürth aufgriffen, hätte Schweigen und Ablehnen seitens des restlichen Rates dazu geführt, dass sich die Rechten als Sachwalter der Interessen der ArbeiterInnen darstellen können. Daher stellte der Autor einen Änderungsantrag mit den Forderungen, Linde zu vergesellschaften und einen gemeinsamen Kampf deutscher und migrantischer ArbeiterInnen zu führen, der für die Rechten nicht zustimmungsfähig war. Dadurch kam es im Rat zu einer Debatte über das Für und Wider der Vergesellschaftung, PK wurde politisch an den Rand gedrängt.[324]

Als PK im Februar 2011 gegen die »Abzocke« der etablierten Politik auftrat, konnte die linke Ratsfraktion in ihrem Redebeitrag aufzeigen, dass sich PK-Ratsmitglieder vor allem selbst bei den Sitzungsgeldern bedienen, indem sie nur kurz erscheinen, sich als »anwesend« eintragen und dann wieder verschwinden.[325]

Im Herbst 2012 stellte sich schließlich heraus, dass die Rechten die Methode, Sitzungsgelder auf die Konten der Fraktion und ihrer Mitglieder umzuleiten, perfektioniert hatten. Sie erfanden zu diesem Zweck Sitzungen. Dies führte zu Razzien bei PK-Mitgliedern, zu einer einmonatigen Untersuchungshaft des damaligen PK-Ratsmitgliedes Jörg Uckermann und schließlich zu einer Verurteilung von Uckermann zu einer Bewährungsstrafe. Markus Wiener und Bernd M. Tschöppe wurden wegen Betruges zu Geldstrafen verurteilt.

---

323 Ich bin die Strafe ...« - Rechtspopulismus der »Pro-Bewegung« am Beispiel ihres Antragsverhaltens im Kölner Stadtrat, Dr. Frank Überall, Köln, April 2010, S. 9
324 In: Sitzung des Rates der Stadt Köln, 15.03.2005, Wortprotokoll, auf Anfrage bei der Stadt Köln erhältlich (Drucksachen Rat 0336/005 und 0362/005).
325 In: Sitzung des Rates der Stadt Köln, 01.02.2011, Wortprotokoll, im Ratsinformationssystem auf www.stadt-koeln.de.

Als PK gegen das *NS-Dokumentationszentrum* (NS DOK) der Stadt Köln hetzte und Vergleiche zwischen deren Aufklärungsarbeit und der Unterdrückung in der Nazi-Zeit zog, schwiegen die Etablierten und nur die LINKE zeigte auf, wie PK damit die Nazi-Verbrechen relativierte, um positive Signale an die offenen Nazis zu senden.[326] Zum Teil wurden die Reden der LINKEN hinter vorgehaltener Hand von Grünen oder SPDlern gelobt, aber es reichte bei diesen nie zu der Erkenntnis, dass PK in einer offenen Debatte konfrontiert werden muss.

Die Idee, die RassistInnen totschweigen oder ignorieren zu können, führt in eine Sackgasse. Sie sind kein künstliches Phänomen, ihre Ideen haben eine Basis in der Bevölkerung. Da das »Ignorieren« immer wieder mit moralischem Hyperventilieren seitens etablierter PolitikerInnen verbunden wurde, führten es diese selbst ad Absurdum. Die Bürgerlichen redeten immer wieder über *Pro Köln*, ohne eine Gegenargumentation zu entwickeln. Nötig wären politische Antworten auf die RassistInnen, scharf, aber im Kern inhaltlich, für die Masse der Bevölkerung nachvollziehbar.

Das Scheitern der etablierten Parteien an dieser Aufgabenstellung war keine Schwäche, die leicht hätte behoben werden könnte. Ihr Scheitern hatte strukturelle Ursachen. SPD, CDU und Co. wurden durch die Anti-Establishment-Demagogie von PK real getroffen. Viele der Probleme, aus denen PK Honig sog – Korruption der lokalen Eliten, Kürzungen, Vernachlässigung von Stadtteilen – waren und sind real. Die bürgerlichen Parteien hatten und haben – ebenso wie RechtspopulistInnen und FaschistInnen – keine Konzepte, um diese Probleme anzugehen, weil sie nicht bereit sind, für eine Umverteilung von Reichtum einzutreten, weil sie sich nicht mit den Reichen und Mächtigen anlegen wollen, weil sie selbst Teil der herrschenden Verhältnisse und damit des Problems sind.

RechtspopulistInnen entfalten ihre Demagogie auf der Grundlage sozialer Probleme, die sich aus dem Kapitalismus und der Politik der etablierten Parteien ergeben. So können sie sich als Oppositionelle und GegnerInnen des Establishments darstellen. Werden sie öffentlich kritisiert, inszenieren sie sich als verfolgte Minderheit, welche wegen ihrer oppositionellen Haltung ausgegrenzt wird. Gleichzeitig knüpfen sie – mit ihrer Feindschaft gegen »den Islam«, der Parole vom »Asyl-Missbrauch« oder dem Betonen der »Ausländer-Kriminalität« an Ideen und Vorurteilen an, die auch bei den von ihnen scheinbar kritisierten Herrschenden, deren Parteien und in den Massenmedien zu finden sind und radikalisieren diese.

Dieses Mitschwimmen im bürgerlichen Mainstream bei gleichzeitiger Selbstinszenierung als verfolgte Unschuld ist ein mächtiges Tool sämtlicher RechtspopulistInnen. Die bürgerlichen Parteien sind unfähig, diese mediale Strategie zu durchkreuzen, denn sie können die Propaganda der RechtspopulistInnen nicht inhaltlich bis zum Ende entlarven, ohne ihre eigene Politik in Frage zu stellen. Sie können

---

326 In: Sitzung des Rates der Stadt Köln, 25.11.2010, Wortprotokoll, im Ratsinformationssystem auf www.stadt-koeln.de.

nicht enthüllen, dass die Rechten gar nicht gegen das System und das Establishment sind, sondern dieses lediglich nach rechts verschieben sollen.

Die lokale herrschende Klasse sah *Pro Köln* weitgehend als unliebsame Konkurrenz zu den bürgerlichen Parteien und als Störenfried an. Daher hatte PK mit einem relativ starken Gegenwind in den Medien zu kämpfen, Informationen über Verbindungen zu rechten Schlägern oder Straftaten von PK-Funktionären wie dem berüchtigten Jörg Uckermann waren häufig in den lokalen Medien zu finden.

Doch selbst in einer Zeit, in der das Establishment die Rechten ausgrenzt, sind die Bürgerlichen keine Hilfe im Kampf gegen rechts. Ihr strukturelles Versagen führt dazu, dass der politischen Linken, nicht zuletzt der Partei Die LINKE, den antifaschistischen Gruppen und der Gewerkschaftsbewegung die Aufgabe zufällt, die Bevölkerung über die Rechten aufzuklären und dagegen zu mobilisieren.

Die etablierten Parteien von den Grünen bis zur CDU haben im Rat und den städtischen Institutionen auf ganzer Linie versagt, die Propaganda von PK angemessen zu beantworten. Bei den Mobilisierungen auf der Straße haben diese Kräfte einen eher kleinen Beitrag geleistet, auch wenn einige ihrer RepräsentantInnen sich medial als antifaschistische VorkämpferInnen inszeniert haben. Gerade die Kundgebungen, die sich explizit von Blockaden und aktivem Widerstand distanzierten und von Parteien, DGB-Führung und Kirchen organisiert waren, waren oftmals schwach besucht.[327]

Die Pro-Gruppierung konnte in Köln einige Erfolge erzielen. Die massiven antifaschistischen Proteste führten jedoch zur Eindämmung. Während sie passiv durchaus Unterstützung erhielten, bei Wahlen und Unterschriften-Sammlungen, trauten sich nur wenige, offen im Namen der Gruppe aufzutreten.

Die antifaschistischen Aktivitäten konzentrierten sich darauf, das öffentliche Auftreten der Rechten zu behindern und waren dabei erfolgreich. Um den RechtspopulistInnen die soziale und ideologische Basis zu entziehen, ist jedoch mehr nötig als antifaschistischer Protest. Dies erfordert den Aufbau einer glaubwürdigen linken Alternative.

Den Todesstoß hat die Pro-Bewegung letztendlich nicht von links bekommen, sondern durch die AfD. Deren Aufstieg ließ die Marktlücke zwischen faschistischen Gruppen und scheinbar gemäßigten RechtspopulistInnen auf die Größe eines Mauselochs schrumpfen, in dem die Reste der Pro-Bewegung noch immer streitend und keifend umherwuseln.

Die mehr als zehn Jahre Widerstand gegen *Pro Köln* waren sehr lehrreich:
- Die Behauptungen der Rechten müssen gekontert werden, in städtischen Gremien wie dem Rat ebenso wie in den Stadtteilen. Ignorieren oder Totschweigen hilft nicht weiter.

---

327 An der Kundgebung am Rheinufer, fernab der Route des rechten »Marsches für *Die Freiheit*« am 7.5.2011 nahmen nur 600-800 Menschen teil, während über 2.000 versuchten, an verschiedenen Punkten der Route eine Blockade aufzubauen.

- Gegen getarnte faschistische Gruppen wie *Pro Köln*, die auf eine Präsenz auf der Straße setzen, sind Verhinderungsaktionen wie Blockaden ein wichtiges Mittel. Sie begrenzen den Aktionsradius der Rechten und demoralisieren ihre AnhängerInnen.
- Es ist gut, wenn Menschen aus vielen Parteien und Gruppen sich an den Aktionen beteiligen. Das sollte die politische Linke jedoch nicht dazu verleiten, ihre notwendige Kritik an den etablierten Parteien in den Hintergrund zu rücken oder gar zu verschweigen oder zu implizieren, man könnte Rassismus im Bündnis mit den etablierten Parteien zurück drängen.
- Die Probleme sind real, es muss grundlegende Veränderungen geben. Den falschen Antworten von rechts muss eine linke Alternative entgegengestellt werden. Die Linke muss sozialen Widerstand befördern und initiieren und nicht die bestehenden Verhältnisse schönreden oder auf die Zusammenarbeit mit bürgerlichen Parteien setzen.
- Moralische Argumente haben ihre Berechtigung, aber sie reichen nicht aus. Es geht darum, für einen gemeinsamen Kampf zur Verbesserung der sozialen Lage zu argumentieren und diesen zu organisieren, wenn man den Rechten den Boden entziehen will.

Anhang 3

Programm der Sozialistischen Alternative zu Flucht und Migration

Forderungen der SAV[328]

Kriege, Hunger und Elend, Umweltkatastrophen zwingen immer mehr Menschen zur Flucht. Weltweit sind dies zur Zeit sechzig Millionen. Ein kleiner Teil von ihnen erreicht Europa. In ihrer Verzweiflung riskieren sie bei dem Versuch, die Festung Europa über das Mittelmeer oder stark befestigte Außengrenzen zu erreichen, ihr Leben. Viele verlieren es dabei. Schutz und Solidarität für die Geflüchteten ist die Aufgabe der Stunde. Das haben Millionen EuropäerInnen erkannt und in den letzten Wochen praktische Hilfe geleistet. In Deutschland hat laut einer Umfrage jeder und jede zweite Flüchtlinge unterstützt.

Gleichzeitig hat auf der anderen Seite eine massive Hetze gegen Flüchtlinge begonnen. Täglich sind wir mit rechter Gewalt und Brandanschlägen konfrontiert. Mit der Asylrechtsverschärfung zeigen die Bürgerlichen ihr wahres Gesicht, nachdem sie sich im letzten Jahr als Flüchtlingsfreunde verkauft haben.

Gewerkschaften und LINKE

In dieser Situation ist es nötig, dass Gewerkschaften, DIE LINKE und antirassistische Initiativen die Verantwortlichen für die Fluchtbewegungen benennen, jedem Versuch der Spaltung der einfachen Bevölkerung entgegen wirken und deutlich machen, dass die Aufnahme auch von 800.000 Menschen in diesem Jahr keine Überforderung für die Gesellschaft in der Bundesrepublik und die öffentlichen Kassen darstellen muss – wenn endlich diejenigen zur Kasse gebeten würden, die seit Jahren und Jahrzehnten von dem Elend der Menschen in anderen Teilen der Welt profitieren. Unmittelbar sollten sie eine Kampagne gegen die Asylrechtsverschärfung starten und zu lokalen und überregionalen Demonstrationen aufrufen.

Rassismus, Diskriminierung und Spaltung setzen wir den gemeinsamen Kampf für soziale Rechte und Verbesserungen für alle – gleich welcher Hautfarbe, Nationalität und Religionszugehörigkeit, egal ob Flüchtling oder nicht – entgegen. Hier stelle wir die Forderungen der SAV vor. Wir rufen dazu auf, sich in Gewerkschaften, LINKE und antirassistischen Gruppen für diese einzusetzen.

---

328 Februar 2016

Schutz und Solidarität für alle Flüchtlinge!
Fluchtursachen bekämpfen!

- Nein zur Verschlechterung des Asylrechts – Nein zur Festung Europa
- Fluchtverursacher zur Verantwortung ziehen
- Gemeinsam kämpfen für günstigen Wohnraum für Alle, Mindestlohn von 12 Euro und gegen Sozialkürzungen
- Rüstungskonzerne und Reiche sollen zahlen

Nein zur Festung Europa

- Sofortige Rücknahme des sogenannten Asylverfahrensbeschleunigungsgesetz der Bundesregierung, welches vielen Flüchtlingen jede Unterstützung und Unterbringung verweigert und Hilfe für Flüchtlinge erschwert
- Nein zur Festung Europa: Frontex abschaffen, Grenzzäune an den Außengrenzen einreißen, Aufhebung des „Sichere Herkunftsländer"-Status
- Dublin-III-Abkommen beenden – für das Recht im Land seiner Wahl einen Asylantrag zu stellen
- Für sichere und legale Einreisemöglichkeiten für AsylbewerberInnen in die EU und nach Deutschland
- Herstellung eines wirklichen Asylrechts: Grundrecht auf Asyl, wenn Leib und Leben aufgrund von politischer und gewerkschaftlicher Betätigung, nationaler, religiöser oder ethnischer Zugehörigkeit, sexueller Orientierung, Geschlecht, Krieg, Umweltzerstörung und sozialer Not, durch staatliche und nichtstaatliche Verfolgung gefährdet sind
- Für das uneingeschränkte Recht auf Familienzusammenführung

Fluchtursachen bekämpfen

- Abzug aller Bundeswehrsoldaten von den Auslandseinsätzen
- Schluss mit der Unterstützung der USA, Türkei, Saudi-Arabiens, der Ukraine und anderer Kriege führender und diktatorischer Staaten
- Deutschland raus aus der NATO
- Verbot von Rüstungsexporten
- Um den illegalen Export von Waffen zu unterbinden: Exportkontrollen durch demokratisch gewählte Komitees der Beschäftigten an Flug- und Seehäfen, Verladestationen
- Überführung der Rüstungsindustrie in demokratisches, öffentliches Eigentum, Umwandlung auf zivile Produktion bei Arbeitsplatzgarantie

- Schluss mit der wirtschaftlichen Ausbeutung anderer Länder, Schluss mit Freihandelsabkommen, Deregulierung, Privatisierung, „Strukturanpassungsprogrammen" von IWF, Weltbank, EZB.
- Schluss mit der EU-Wirtschaftspolitik zum Nachteil der weniger entwickelten Länder (Fischfang vor Westafrika, Zerstörung heimischer Produzenten durch Dumpingpreise,...)

Kein Mensch ist illegal

- Nein zu Abschiebungen – Bleiberecht für Alle – Schließung von Abschiebegefängnissen
- Nein zu rassistischen Sondergesetzen für MigrantInnen, vollständige Abschaffung der Residenzpflicht
- Gegen staatlichen Rassismus und Diskriminierung aufgrund von Nationalität, Hautfarbe, Religionszugehörigkeit, zum Beispiel durch „racial profiling", Benachteiligung auf dem Arbeits- oder Wohnungsmarkt etc.
- Gleiche Rechte für Alle, die ihren Lebensmittelpunkt in Deutschland haben

Hilfe und Schutz für Flüchtlinge

- Schaffung von Aktionsgruppen, Telefonketten etc. zum Schutz von Flüchtlingsunterkünften und zur Verhinderung von Abschiebungen. Koordination dieser Gruppen durch demokratisch gewählte VertreterInnen der Flüchtlinge, AnwohnerInnen, Gewerkschaften und antirassistische Initiativen
- Voller Anspruch auf Sozialleistungen statt teuren und entmündigenden „Sachleistungen"
- Volle Gesundheitsversorgung für Flüchtlinge
- Keine Verlängerung des Verbleibs in den Erstaufnahme-Einrichtungen, sondern Beschleunigung des Umzugs in normale Wohnungen
- Keine Verkürzung der Widerspruchsfrist im Asylverfahren
- Bundesweit einheitliche Umsetzung der Schulpflicht für geflüchtete Kinder
- Kostenlose Deutsch-Kurse und Angebote zur Berufsbildung für alle Flüchtlinge
- Nur wer seine Rechte kennt, kann sie auch einfordern. Kostenlose Rechtshilfe und Dolmetscher für alle Flüchtlinge an den Grenzen, in den Registrierstellen, Ämtern und Unterkünften!

Keine Geschäftemacherei mit dem Flüchtlingselend

- Die Schaffung von legalen Einreisemöglichkeiten würde den Schleppern das Handwerk legen

235

- Flüchtlinge sollten möglichst dezentral untergebracht werden und die Möglichkeit bekommen, selbstbestimmt zu leben. Solange aus logistischen Gründen zentrale Anlaufstellen unvermeidlich sind, müssen alle damit verbundenen Aufgaben in öffentliche Hand.
- Nein zum Betrieb von Flüchtlingsunterkünften durch private Unternehmen
- Nein zu Wuchermieten für bei der Unterbringung von Geflüchteten
- Bau und Betrieb von Flüchtlingsunterkünften in öffentliche Hand unter demokratischer Kontrolle und Verwaltung
- Finanzierung der Kosten der Flüchtlingsunterbringung und Versorgung durch diejenigen, die die Verursacher von Kriegen, Umweltzerstörung und Armut sind: Banken, Konzerne und deren superreiche Eigentümer.

Wir lassen uns nicht spalten! Wohnungen und Arbeit für Alle!

- Jeder Mensch, egal ob Flüchtling oder nicht, braucht eine bezahlbare Wohnung
- Jeder Mensch, egal ob Flüchtling oder nicht, sollte die Möglichkeit haben, eine sinnvolle, gute bezahlte Tätigkeit ausüben zu dürfen
- Jeder Mensch, egal ob Flüchtling oder nicht, hat das Recht auf eine würdige soziale Mindestsicherung, wenn die Gesellschaft keine Arbeitsplätze zur Verfügung stellt
- Beschlagnahme von ungerechtfertigten leerstehenden Wohnungen, Büros und gewerblichen Gebäude zum Zweck der Nutzbarmachung für Wohnzwecke durch die Kommunen. Demokratische Kontrolle darüber durch Mieterinitiativen, gewählte Mieter- und Flüchtlings-, Studierenden- und Gewerkschaftsvertreter. Dort wo es Leerstandsmelder gibt, kann auf sie zurückgegriffen werden. Dort wo es keine Leerstandsmelder gibt, sollten sie aufgebaut werden.
- Für ein vom Bund finanziertes Sofortprogramm zur Schaffung von 250.000 kommunalen Sozialwohnungen mit einer Kaltmiete von maximal vier Euro pro Quadratmeter
- In jeder Stadt und Kommune: Erstellung einer Übersicht über sämtliche Flächen und Gebäude, auch die in privater Hand, die leerstehen, in Wohnraum umgewandelt werden können oder bebaut werden können durch die Wohnungsämter, demokratische Kontrolle darüber durch gewählte VertreterInnen von Mieterverbänden und Gewerkschaften
- Entwicklung eines gesamtgesellschaftlichen Planes auf allen Ebenen (Bund, Land, Region, Kommune), beginnend mit der Ermittlung, was gebraucht wird (Wohnungen, Kitas, Schulen/Schulerweiterungen, Studienplätze, Gesundheitsversorgung). Ermittlung welches Potenzial an Arbeitskräften, Maschinen etc. vorhanden ist. Entwicklung eines unter demokratischer Betei-

ligung aller Betroffenen aufgestellten Planes, um den Mangel in kurzer Zeit
zu beheben
- Schluss mit der Kürzungspolitik in den Kommunen
- Ein umfassendes öffentliches Investitionsprogramm zum Ausbau von Kitas,
Schulen, sozialer Arbeit, Sport- und Freizeitstätten
- Nein zu Ein-Euro-Jobs und Zweitem Arbeitsmarkt. Gleicher Lohn für glei-
che Arbeit – Abschaffung diskriminierender Regeln und Gesetze bei der Ar-
beitsplatzvergabe – Mindestlohn von 12 Euro für Alle
- Schaffung von öffentlichen, tariflich bezahlten Arbeits- und Ausbildungs-
plätzen in sinnvollen Bereichen wie Wohnungsbau, erneuerbare Energien,
Umweltschutz, Gesundheits- Erziehungs- und Bildungswesen.
- Verteilung der vorhandenen Arbeit auf alle Schultern durch Arbeitszeitver-
kürzung bei vollem Lohn- und Personalausgleich
- Investitionen in öffentliche Verkehrsmittel, Gesundheitsversorgung, Kultur-
und Freizeitangebote in ländlichen Regionen zur Behebung des Gefälles zwi-
schen Stadt und Land
- Statt Hartz IV oder Sachleistungen. Mindestsicherung von 750 Euro plus
Warmmiete für Alle – egal ob Flüchtling oder nicht

Gemeinsam kämpfen!

- Kein Ausspielen von Flüchtlingen und Beschäftigten im öffentlichen Dienst!
Es ist genug Geld da für menschenwürdige Unterbringung und Versorgung
von Geflüchteten und die ordentliche Aufwertung der Sozial- und Erzie-
hungsberufe – es befindet sich nur in den falschen Händen.
- Gewerkschaftliche Organisierung von Flüchtlingen, migrantischer Arbeiter-
rInnen und Erwerbsloser in den DGB-Gewerkschaften zur Verhinderung
von Lohndumping – gemeinsamer Kampf gegen die sozialen Ursachen von
Rassismus
- Für die Stärkung der Selbstorganisation der Flüchtlinge – Schaffung von demokratisch gewählten Flüchtlingskomitees in jeder Unterkunft und Vernetzung auf regionaler und bundesweiter Ebene
- Für internationale Solidarität durch Gewerkschaften und LINKE für den
Aufbau einer multiethnischen und antikapitalistischen Arbeiterbewegung
im Nahen und Mittleren Osten, Afrika und weltweit.
- Für eine antirassistische Kampagne durch die Gewerkschaften, LINKE, antirassistische Gruppen und Migrantenorganisationen mit: Betriebsversammlungen, Schaffung örtlicher Bündnisse, lokale Informationsveranstaltungen
und Kundgebungen, Verbreitung millionenfacher Flugblätter und Plakate,
Beteiligung an der Mobilisierung gegen rassistische und faschistische Aufmärsche und einer bundesweiten Demonstration unter dem Motto „Flucht-

ursachen bekämpfen, nicht die Flüchtlinge! Solidarität statt Spaltung – Rassismus den Boden entziehen! Fluchtverursacher zur Verantwortung ziehen"

Die Reichen sollen zahlen!

- Einführung einer einmaligen Milliardärsabgabe von 25 Prozent auf alle Vermögen über eine Milliarde Euro und einer jährlichen Vermögenssteuer von zehn Prozent auf Vermögen über einer Million Euro zur Finanzierung dieser Kosten und sozialer Investitionen für Alle
- Übernahme der Kosten zur Versorgung und Unterbringung von Flüchtlingen durch den Bund

Die Fluchtursache heißt Kapitalismus

- Überführung der großen Banken und Konzerne in öffentliches Eigentum bei demokratischer Kontrolle und Verwaltung durch die arbeitende Bevölkerung
- Demokratische Planung und Kooperation statt Konkurrenz und Produktion für den Profit
- Für sozialistische Demokratie weltweit

Anhang 4

Gegen sexuelle Gewalt und Rassismus

SAV Köln zu den Silvester-Vorfällen 2015/16

In der Silvesternacht hat es rund um den Kölner Hauptbahnhof eine große Zahl gewalttätiger sexueller Übergriffe auf Frauen gegeben, oft verbunden mit anderen kriminellen Aktivitäten wie Taschendiebstahl. Nach den Schilderungen der Frauen, die Opfer dieser sexistischen Gewalt wurden, war es ein Alptraum. Bisher sollen 60 Strafanzeigen vorliegen, davon rund ein Viertel wegen der sexuellen Übergriffe. Da mutmaßlich viele Männer arabischer Herkunft an diesen Straftaten beteiligt waren, wittern rechtsextreme Gruppen ihre Chancen und nutzen die Situation, um gegen alle Flüchtlinge und Muslime zu hetzen. Es ist nötig, gegen Sexismus und Gewalt Stellung zu beziehen. Genauso ist jede Form von rassistischer Hetze abzulehnen.

Während Presse und Polizei am 1. und 2. Januar nur wenig berichteten, gab es am dem 3. Januar Schlagzeilen, die immer reißerischer wurden und wenig zur Klärung beitrugen.

Was ist passiert?

Vor Mitternacht, das belegen Augenzeugenberichte und Videos, hielt sich eine Menschenmenge auf dem Bahnhofsvorplatz auf, in Pulks zusammenstehend. Aus diesen Pulks heraus wurden Böller und Raketen in andere Gruppen oder auf PassantInnen abgeschlossen, eine Situation, wie es sie schon häufiger im Umfeld der Deutzer Brücke gab. Die Zahl von 1.000 scheint angesichts des Bildmaterials übertrieben.

In der Menge hatten sich anscheinend mehrere Gruppen von Kleinkriminellen aufgehalten, aus dem Milieu der sogenannten »Antänzer«, die vorwiegend auf den Ringen Taschendiebstähle begehen. Nach Angaben der Polizei stammen viele davon aus Marokko, Algerien oder Tunesien. Diese hätten sich, so Presse- und Augenzeugenberichte, nach Mitternacht zu Trupps zusammengefunden, um überwiegend Frauen auszurauben. Die sexuellen Übergriffe waren zunächst wohl Mittel, um von den Diebstählen abzulenken.

Innerhalb kurzer Zeit wurden die Übergriffe immer heftiger, Kleidungsstücke wurden Frauen vom Körper gerissen, sie wurden überall angefasst, massiv bedrängt, laut Polizei soll es zu einer Vergewaltigung gekommen sein. Inwieweit sämtliche Täter organisierte Kriminelle waren oder ob sich auch andere alkoholisierte Männer an den sexuellen Übergriffen beteiligt haben, ist nicht klar.

In der Silvester-Nacht ist anscheinend der organisierte Straßenraub zusammengetroffen mit einer durchaus »deutschen« Tradition, dem Massensaufen und dem massenhaften Männerpöbeln, welches den Sexismus schon beinhaltet.

Erschreckend war allerdings auch die Rolle der Polizei, die zunächst so tat, als hätte sie nichts mitbekommen.

Widersprüche bei der Polizei

Die Polizei-Meldungen sind widersprüchlich. Sie verwirren mehr als dass sie Klarheit schaffen. Am 1. Januar berichtete die Polizei zunächst von »ausgelassenen Feiern« und »weitgehend friedlichen« Feiern. Am 4. Januar redete Polizeipräsident Albers von »1.000 Verdächtigen«. Er sagt es nicht, aber er impliziert, als wäre die gesamte Menge vor dem Hauptbahnhof an den sexuellen Übergriffen und Raubüberfällen beteiligt gewesen und als wären all als diese Leute nordafrikanischer Herkunft, was offensichtlich nicht stimmen kann.

Übertreibt die Polizei im Nachhinein die Größe der Menge, um ihr Versagen zu rechtfertigen? Der Stuhl von Albers wackelt ohnehin, denn er hatte im Oktober 2014 zu verantworten, dass die Polizei 4.000 Nazis und Hooligans rund um den Bahnhof randalieren ließ.

Der Polizeipräsident muss beantworten, warum die Polizeieinheiten wieder abrückten, nachdem sie vor Mitternacht die Menge zerstreut hatte, aus der Böller geworfen wurden. Wenn die BeamtInnen auf dem Platz geblieben wären, hätten die Übergriffe so nicht stattfinden können.

Wenn auch nur ein paar Nazis eine Kundgebung in einem Kölner Stadtteil machen, bereitet sich die Polizei massiv vor, stellt ein oder mehrere Hundertschaften bereit, geht gegen AntifaschistInnen vor, nur damit die Rassisten ihre Hetzreden halten können. An einem Tag wie Silvester, an dem Tausende alkoholisiert durch die Straßen ziehen und das Risiko von Straftaten massiv ansteigt, ist die Polizei anscheinend nicht in der Lage oder nicht willens, Präsenz zu zeigen.

Rassistische Trittbrettfahrer

Faschistische Gruppen wie ProNRW und rechte Hooligans rufen zu Demonstrationen auf, angeblich, um die Frauen zu schützen. Teilweise wird in der rechten Szene unverhohlen eine Jagd auf migrantisch aussehende Jugendliche angekündigt. Nazis und RassistInnen wollen ausnutzen, dass viele der Gewalttäter mutmaßlich aus arabischen Ländern kommen und wollen suggerieren, dass sexuelle Gewalt vor allem von MigrantInnen ausgeht.

Das ist schlicht bizarr. Nazis und Hooligans sind oft eng mit der organisierten Kriminalität, mit Prostitution und Drogenhandel verbunden. Sie profitieren davon, dass Frauen systematisch entrechtet, ausgebeutet und gedemütigt werden. Sie vertreten zudem eine Ideologie, die Frauen lediglich als Mütter oder Hausfrauen definiert, sie verweigern gleiche Rechte für Frauen. Faschisten diskriminieren Menschen auf der Grundlage ihres Geschlechtes oder ihrer sexuellen Orientierung.

Die Rechten wollen auch Frauen und Kindern, die Opfer von Kriegen und oftmals damit einhergehender sexualisierter Gewalt sind, das Asylrecht in Deutschland und eine gute Unterbringung und Betreuung verweigern.

Die alltägliche sexualisierte Gewalt

Wer nur gegen sexuelle Gewalt gegen Frauen auftritt, wenn sie von Nicht-Deutschen begangen wird, ist ein Rassist, ohne Wenn und Aber. Wir verurteilen Sexismus und sexistische Gewalt, egal von wem und egal in welcher Form. Sexuelle Gewalt wird nicht von außen nach Deutschland hinein getragen. Sexismus und Gewalt ist Teil jeder hierarchischen Gesellschaft, auch in Europa, auch hierzulande.

Das Ausmaß der Übergriffe in der Silvester-Nacht ist schockierend. Dabei ist nicht einmal die Straße der gefährlichste Platz für Frauen, nicht Attacken durch Fremde sind das größte Problem. Gewalt gegen Frauen ist in Deutschland vor allem häusliche Gewalt, oftmals ausgeübt von den eigenen Partnern oder anderen nahestehenden Personen. 25% aller Frauen haben mindestens einmal in ihrem Leben Gewalt durch den eigenen Partner erlebt. 47% der von sexueller Gewalt Betroffenen haben mit niemandem darüber gesprochen.

Frauen werden am Arbeitsplatz durch ihre Chefs unter Ausnutzung eines wirtschaftlichen Abhängigkeitsverhältnisses sexuell belästigt. Überall prangt die sexistische Werbung auf Großflächenplakaten, auf denen für Bordelle und »Flatrate-Sex« geworben wird. Die Frau wird zur Ware, jederzeit verfügbar, wenn man Geld oder Macht hat.

Mit dem alltäglichen, allgegenwärtigen Sexismus haben viele der selbsternannten Frauenfreunde aus der rechten und rechtsextremen Ecke offensichtlich keine Probleme.

Sexualisierte Gewalt hat wenig mit Sex im eigentlichen Sinne zu tun, aber viel mit Gewalt und Macht. Sie ist das Produkt einer Gesellschaft, in der die Spaltung zwischen Männern und Frauen, aber auch zwischen Deutschen und Nicht-Deutschen, zu den Grundpfeilern der Herrschaft einer reichen Minderheit gehören.

Wir kämpfen gegen jede Form von Sexismus und Rassismus, für gleiche Rechte für alle Menschen. Wir rufen dazu auf, sich an den Protesten gegen sexistische Gewalt und gegen Rassismus zu beteiligen.

241

Anhang 5
Notwendige Schadensbegrenzung
SAV Köln zur Bühnenbesetzung beim Birlikte-Festival, 08.06.2016

Schon vor der Verhinderung des Auftritts des AfD-Vertreters Konrad Adam bei einer Veranstaltung des Birlikte-Festes am 5. Juni hatte der Kölner Stadtanzeiger Stimmung gegen die angekündigten Proteste gemacht. Nach der Aktion wurde die Stimmung bei einigen Medien geradezu hysterisch. RTL West sprach von »Antifaschisten, die sich wie Faschisten verhalten« und setzte damit DemonstrantInnen mit denen gleich, die in der Keupstraße eine Nagelbombe in Tötungsabsicht gezündet haben. Diese zynische Gleichsetzung ist nicht einfach eine Dummheit, sondern bewusste Taktik, um der Legende von den »Extremisten von rechts und links« neue Nahrung zu geben.

Das Birlikte-Fest (türkisch für »Zusammen«) im Kölner Stadtteil Mülheim fand 2016 zum dritten Mal statt. Seit 2014 wird damit an den Nagelbombenanschlag des NSU erinnert, bei dem am 9. Juni 2004 mehrere Dutzend Menschen in der überwiegend türkisch-kurdisch bewohnten Keupstraße verletzt wurden.

Birlikte besteht aus der *IG Keupstraße*, in der die Geschäftsleute des Viertels zusammengeschlossen sind, der Stadt Köln, den Kölner Bürgerhäusern, dem Schauspielhaus und *Arsch Huh!*, einer Initiative von MusikerInnen. Unterstützt wird Birlikte von antifaschistischen Bündnissen, Verlagen und Medien, Religionsgemeinschaften, Landesministerien und vielen Unternehmen.

In Kooperation mit dem WDR sollte am 5. Juni im Rahmen des Festes eine Podiumsdikussion stattfinden, bei dem das AfD-Gründungsmitglied Konrad Adam und die Integrationsforscherin Naika Foroutan unter dem Motto »Was gilt es zu verteidigen?« sprechen sollten. Der WDR kündigte an, diese Veranstaltung live zu übertragen.

Dies wurde sofort nach Bekanntwerden von einigen Birlikte-UnterstützerInnen kritisiert, u.a. von der Initiative *Keupstraße ist überall*. Auch die Oberbürgermeisterin Reker zeigte sich irritiert. Die VertreterInnen von WDR, Schauspielhaus und der *IG Keupstraße* hielten jedoch an ihrem Plan fest.

Proteste wurden angekündigt und am 5. Juni demonstrierten mehrere Hundert Menschen vor und im Veranstaltungssaal gegen die Teilnahme von Konrad Adam. Rund 150 ProtestiererInnen gelangten an der Security vorbei in den Saal, verteilten dort Flyer mit einer »Roten Karte« und besetzten lautstark und friedlich die Bühne. Daraufhin wurde die Veranstaltung abgesagt.

Biedermänner und Brandstifter

Das Online-Portal *Köln Nachrichten schrieb: »Die Antifa macht es sich da einfach: Für sie gibt es weder den richtigen Ort noch die richtige Zeit für eine argumentative Auseinandersetzung.«* und liegt damit völlig daneben.

Niemand bestreitet, dass es nötig ist, die AfD inhaltlich-argumentativ zu konfrontieren. Das geschieht auch bereits, zum Beispiel in Talkshows und Radiosendungen, in denen AfDlerInnen auftreten. Zudem steht es jedem frei, die Propaganda der AfD zu kontern, ohne dass einE RechtspopulistIn anwesend sein müsste.

Warum aber laden WDR und Schauspielhaus einen Rassisten ausgerechnet auf eine Veranstaltung ein, die den Opfern von rassistischer Gewalt und der ihr zugrunde liegenden Ideologie gewidmet ist?

Indem sie dies tun, verschleiern sie faktisch den Zusammenhang zwischen rassistischer Gewalt und rassistischer Hetze. So macht man aus geistigen BrandstifterInnen anerkannte Biedermänner, die nur eine »andere Meinung« haben. Gleichzeitig relativiert man so den alltäglichen Rassismus der etablierten Parteien. Der kommt zwar viel weniger polternd daher als bei der AfD, doch markige Sprüche gegen Menschen aus überwiegend islamischen Ländern, Abschiebungen und diskriminierende Ausländergesetze sind nicht die Erfindung der AfD.

In den Medien heißt es, Birlikte sei beschädigt worden. Das ist leider wahr, aber die Verursacher sind diejenigen, die Konrad Adam eingeladen und an dieser Einladung stur festgehalten haben. Diese Einladung ist nicht breit bei den Birlikte-UnterstützerInnen diskutiert werden. Mehrere Künstler, antifaschistische Bündnisse und die Grünen haben die Einladung kritisiert und das Gespräch mit den InitiatorInnen gesucht. Sogar die jeglicher antifaschistischer Militanz unverdächtige Kölner Oberbürgermeisterin Reker hat erklärt, dass sie es für falsch hält, Adam einzuladen. Wie arrogant muss man sein, um all diese Warnungen zu überhören und das Festhalten an einer gefährlichen Schnapsidee auch noch als Prinzipienfestigkeit zu feiern?

Grenzenlos naiv

Jens Meifert von der *Kölnischen Rundschau* meint, es sei »*... keine gute Idee der AfD ... eine Bühne in Mülheim zugeben*« und sieht die Verantwortung für den angerichteten Schaden bei den Organisatoren selbst.

Christian Werthschulte kommentiert auf der Website der *Stadtrevue:*

»Die fixe Idee, selbst erklärte Rechtskonservative live vor Publikum als Rechtskonservative zu entlarven, nutzt nur der AfD. Es ist Teil ihrer Inszenierung, sich als verfolgte, tabuisierte Mehrheit darzustellen, auch wenn ihre Medienpräsenz in den letzten Monaten unverhältnismäßig groß gewesen ist.«

Die Veranstalter wussten, dass diese Veranstaltung nicht ungestört stattfinden würde. Sie wussten um die Kontroversen und Spannungen unter den UnterstützerInnen des Festivals. Sie hätten wissen müssen, dass sie allein durch ihre Einladung eine Win-Win-Situation für die Rechtspopulisten geschaffen haben. Nach der Verhinderung konnte die AfD erwartungsgemäß die verfolgte Unschuld spielen. Hätte Adam reden können, hätte die AfD hingegen behauptet, sie sei als demokratischer Diskussionspartner anerkannt, selbst beim politischen Gegner.

Wie grenzenlos naiv ist es zu glauben, man könne die AfD in einer Diskussionsrunde »entzaubern«. Wie funktioniert es denn im TV, wird sie da auch »entzaubert«? Die AfD und die ihr zugrunde liegenden rassistischen Strömungen werden uns noch lange beschäftigen, ihre VertreterInnen sind zumindest geschickt genug, ihr Klientel zu bedienen.

Hermann Rheindorf von *Arsch Huh!* hat durchaus Recht, wenn er sagt

»*... der Rassismus wächst trotzdem. Das kann ja auch bedeuten, dass wir etwas falsch machen. Wir müssen mehr tun als immer nur das gleiche.*«

Es reicht tatsächlich nicht aus, auf den Aufstieg der AfD lediglich mit Blockaden zu antworten, als handele es sich um irgendeine Nazi-Gruppe. Eine Strategie gegen die AfD erfordert inhaltliche Argumente und vor allem politische und soziale Alternativen. Es reicht nicht, auf die rassistischen Elemente in der Programmatik dieser Partei zu fokussieren, auch ihre brutal prokapitalistischen Ideen müssen diskutiert und gekontert werden.

Aber Rheindorf liegt falsch, wenn er glaubt, als erste Neuerung auf die Mittel von Ausgrenzung und Delegitimierung verzichten zu können. Gibt man der AfD mehr Raum als sie ohnehin schon hat, wird sie das zu nutzen wissen.

Im medialen und kulturschaffenden Milieu wächst die Tendenz, Rassismus und aggressiven Nationalismus als Teil des Diskurses zu akzeptieren. Dass diese Überlegung sich sogar in die Köpfe von einigen Linken und AntifaschistInnen schleicht, ist letztendlich Ausdruck der gesellschaftlichen Rechtsverschiebung der »Mitte«, gerade im akademischen Milieu.

TrittbrettfahrerInnen

Bei der Kritik an der Bühnenbesetzung sind auch strategisch agierende TrittbrettfahrerInnen unterwegs, die keineswegs so naiv sind wie sich die Leute vom WDR oder vom Schauspielhaus geben.

Einige KommentatorInnen in den bürgerlichen Medien nutzen die Chance, verbale Schläge gegen die antifaschistische Bewegung auszuteilen. Ihnen stinkt das gute Image antifaschistischer Aktivitäten in Köln schon lange, nur konnten sie nicht offen dagegen auftreten, solange sich die Mobilisierungen gegen offene Nazis, Hooligans oder andere Gewalttäter richteten.

Das bürgerliche Establishment will nicht, dass linke Aktivitäten zu viel Raum in der Stadt bekommen. Ihnen reicht es nicht, dass die Polizei die rechten Aufmärsche schützt und das staatliche Gewaltmonopol durchsetzt, sie wollen auch ideologisch die Vorherrschaft der bürgerlichen Mitte etablieren und die Linken am liebsten mit den Rechten gleichsetzen. Die Vorfälle bei Birlikte sollen ihnen als Hebel dazu dienen.

In diese Richtung agierten nicht nur RTL, KStA und Express, auch die Berichterstattung des WDR selbst war unterirdisch. Als Mitveranstalter hätte dem WDR Zurückhaltung gut gestanden, stattdessen wurde ein Bericht veröffentlicht, der bis ins letzte Adjektiv tendenziös ist. Die Diskussionsangebote der Antifa-Gruppen werden als »absurd« bezeichnet, Stefan Bachmann vom Schauspielhaus zog angeblich »beherzt« den Stecker, als er die Veranstaltung beendete, obwohl bekanntlich zum Ziehen eines Stromsteckers weder besondere Kraft noch Leidenschaft oder gar Mut erforderlich sind.

Schadensbegrenzung

Den antifaschistischen Gruppen war im Vorfeld bewusst, dass die AfD eine Störung nutzen würde. Die VeranstalterInnen wurden mehrfach und von verschiedener Seite aufgefordert, den AfD-Vertreter wieder auszuladen. Sie blieben stur. Deshalb machten mehrere Hundert Menschen ihren Protest am Beginn der Veranstaltung durch die Besetzung der Bühne und von den Zuschauerrängen aus deutlich.

Damit haben die antifaschistischen Gruppen an diesem Tag daran erinnert, dass der Rassismus schon viel zu viele Opfer gefordert hat, den Schaden für Birlikte begrenzt und zumindest die Chance gewahrt, dass es in den nächsten Jahren eine von allen Gruppen gemeinsam getragenes Programm gibt. Jetzt sind einige beleidigt oder haben Probleme, von ihrem hohen Ross herunterzukommen. Aber immerhin ist durch die Intervention die Debatte eröffnet.

Anhang 6

Silvester in Köln: Rassistisch oder notwendig?

SAV Köln zum Racial Profiling beim Kölner Silvester 2016/17, 03.01.2017

Wer es wagt, die massenhaften Kontrollen, Einkesselung und Platzverweise der Polizei gegen »nordafrikanisch aussehende« junge Männer zu kritisieren, erntet einen wahren shit-storm. Uns ist bewusst, dass unter denen, die solche Kritik für völlig falsch halten, auch etliche sind, die diese Haltung aus der ehrlichen Absicht heraus einnehmen, eine Wiederholung der schlimmen Vorkommnisse in der Silvesternacht 2015/16 hätte verhindert werden müssen. Und in letzterem Punkt sind wir uns sicher alle einig.

Aber damit hier nicht unzulässig Dinge miteinander vermischt werden, ist es wichtig, sachlich und bei den Fakten zu bleiben und Fragen zu stellen.

Die Polizei behauptet zumindest noch, sie hätte auch nach dem Verhalten der betroffenen Personen geurteilt. Einige Vertreter der etablierten Parteien und Kommentatoren gehen deutlich weiter. »Die Polizei hat mit ihrem Profil ‚Nafris/Nordafrikaner' nichts anderes getan, als die Realität zu beschreiben«, so der SPD-Vorsitzende Sigmar Gabriel. (Zitiert nach FR-online.de, 2.1.17) Oder: »Es ist infam, den Polizeieinsatz im Nachhinein als rassistisch zu diffamieren, nur weil die Beamten potenzielle Täter am Hauptbahnhof nach ihrem Aussehen beurteilt haben. Ja, wonach denn sonst?« (Kommentator Lothar Lenz im WDR2, 2.1.2017).

Was gestern noch politisch inkorrekt war, eine ganze Gruppe Menschen allein aufgrund ihrer Haut- und Haarfarbe unter Generalverdacht zu stellen, wird plötzlich zur Staatsräson erklärt.

Zu den Fakten: Laut *tagesschau.de* vom 2. Januar kontrollierte allein die Bundespolizei, zuständig für den Bereich des Bahnhofs, in der Silvesternacht 1200 Personen. Sie erteilte 900 Platzverweise. Zusätzliche Kontrollen und Platzverweise gab es durch die Polizei.

»*Am HBF werden derzeit mehrere hundert Nafris überprüft*«, twitterte die Kölner Polizei in der Silvesternacht. Der Kölner Polizeipräsident bedauerte die Verwendung des Begriffs in diesem Zusammenhang, das sei ein polizeiinterner »Arbeitsbegriff«, verteidigte aber das Vorgehen. Er erklärte auch höchst-offiziell, was Nafri im Polizeijargon bedeutet: »*Der Begriff wird seit 2013 polizeiintern als Synonym für junge Männer aus Nordafrika genutzt, die seit Jahren durch besondere Gewaltbereit-*

schaft und oder durch die Begehung von Straftaten auffallen.« (Polizeipräsident Jürgen Mathies, *tagesschau*, 2.1.2017). Laut wikipedia ist ‚Nafri' auch als Bezeichnung für ‚Nordafrikanischer-Intensivtäter' gebräuchlich.

Fakt ist demnach, dass in der Silvesternacht über 1200 Männer in Bahnhofsnähe kontrolliert wurden, die allermeisten sahen laut Polizei irgendwie nordafrikanisch aus. Laut Gabriel und anderen waren das alles ‚Nafris', also potenzielle oder tatsächliche Straftäter. Unabhängig von dem Umgang mit dem Begriff ‚Nafri' finden VertreterInnen aller etablierten Parteien das Vorgehen der Polizei richtig, korrekt, angemessen.

Das wirft aber eine paar konkrete Fragen auf: Wenn über 1200 Personen, die praktisch ausnahmslos in der Vergangenheit immer wieder durch erhöhte Gewaltbereitschaft oder sogar durch die Begehung von Straftaten aufgefallen sein sollen, ja sogar im Verdacht stehen Intensivtäter zu sein, von der Polizei kontrolliert werden, dann müsste die Polizei doch sagen können, welche Verdachtsmomente sich bei den Kontrollen erhärtet haben. Und was hat man mit den Personen gemacht, nachdem man sie kontrolliert, aber nichts gefunden hatte? Durften sie anschließend in den Bereich um den Dom? In der großen Mehrzahl offensichtlich nicht. Laut offiziellen Angaben wurden 900 Platzverweise allein durch die Bundespolizei erteilt. Auf welcher Grundlage?

Gefahrenabwehr?

Aber nehmen wir einmal an, ein erheblicher Prozentsatz der kontrollierten jungen Männer wäre tatsächlich mit der Absicht zum Kölner Hauptbahnhof gekommen, Menschen zu bestehlen und Frauen Gewalt anzutun. Dann hätten doch die Verantwortlichen bei der Polizei alles tun müssen, damit diese angeblich potenziellen Täter in dieser Nacht nicht mehr unbeobachtet bleiben. Man hat sie aber vom hell erleuchteten, mit weit über eintausend Polizisten bewachten Bereich um Dom und Hauptbahnhof weggeschickt. Irgendwohin in die Nacht, Hauptsache außerhalb der Kölner Innenstadt. Was sie da dann getan hätten, wenn sie denn gefährlich gewesen wären, interessierte offenbar gar nicht.

Dieses Vorgehen der Polizei macht wenig Sinn, wenn es darum gegangen wäre, Menschen, vor allem Frauen, vor potenziellen Gewalttätern zu schützen. Es macht aber Sinn, wenn man annimmt, dass es vielmehr darum ging, unter den Kameraaugen der Weltöffentlichkeit zu zeigen: hier an Dom und Hauptbahnhof lassen wir erst gar keinen »nordafrikanisch aussehenden« jungen Mann herumlaufen.

Racial Profiling

In den Medien wird auch berichtet, »nordafrikanisch aussehende« junge Männer hätten sich zu großen Gruppen zusammengeschlossen. Diese Gruppen hätten sich aggressiv verhalten. Nach verschiedenen übereinstimmenden Berichten wurden junge dunkelhäutige Männer im Hauptbahnhof aussortiert und in einen Polizeikessel auf dem Bahnhofsvorplatz abgeleitet *»Wer einen etwas dunkleren Hauttyp hat, muss den rechten Ausgang nehmen und landet im Kessel.«* (neues-deutschland.de, 2.1.17).

Die Abläufe im Hauptbahnhof werden auch auf n-tv.de geschildert:

»Man kann sich in die Bahnhofshalle stellen und raten: Wen werden die Polizisten nach links schicken, wen nach rechts? Ein einzelner Schwarzafrikaner? Nach rechts. Ein einzelner Araber, oder jemand, der so aussieht? Nach rechts. Ein Blonder ohne Mütze? Nach links. Ein Araber in Begleitung einer Frau? Nach links. Nach und nach wird das Schema deutlich: Wer nicht im engeren Sinne weiß ist und nicht in Begleitung einer Frau, muss fast immer die rechte Tür nehmen, die anderen die linke Tür ... Auf Nachfrage von n-tv.de sagt Mathies, diese Personen hätten sich auffällig in Gruppen bewegt. Mitnichten sei die Hautfarbe allein ausreichend gewesen für eine Entscheidung, sie zu kontrollieren. Am Hauptbahnhof stellt sich das anders dar. Wer durch die rechte Glastür gehen muss, entscheidet ein Bundespolizist innerhalb von Sekundenbruchteilen, ohne denjenigen vorher beobachtet zu haben. Und allein diese Entscheidung ist ausschlaggebend dafür, wer kontrolliert wird. Denn hinter der rechten Tür wartet die Landespolizei. Die Beamten bilden eine Kette im Halbkreis vor dem Bahnhofsausgang.«

Keine Beweise

Berichterstattung und Fotos in den meisten Medien erwecken dann aber den Eindruck, als ob eine große Gruppe junger, dunkelhäutiger Männer sich dort bedrohlich zusammengerottet hätte.

Die Polizei behauptet, es sei nicht allein aufgrund der Hautfarbe und der Herkunft kontrolliert worden. Es wird von Anhaltspunkten für die Begehung von Straftaten gesprochen und von aggressivem Verhalten, die das Vorgehen der Polizei rechtfertigen sollen. Doch es wurden keine Beweise für diese Behauptungen vorgelegt. Es wurden auch keine Video-Aufnahmen aus den zahlreichen Video-Kameras in und um den Kölner-Hauptbahnhof gezeigt, die das Vorgehen der Polizei rechtfertigen könnten.

Aber solche Fakten interessieren ja nicht mehr, schon gar nicht im Wahljahr. Trotz alledem bleibt Fakt: Menschen aufgrund ihres Aussehens zu diskriminieren, ist rassistisch. Menschen ohne Anhaltspunkte, allein aufgrund von Mutmaßungen in ihrer Freiheit einzuschränken, ist Freiheitsberaubung. Menschen einer bestimmten Herkunft generell zu verdächtigen, heißt, sie unter Generalverdacht stellen.

Die Kommentare á la Sigmar Gabriel sind schlicht ungeheuerlich und purer Rassismus. Gleichzeitig sind sie wohlkalkuliert und dienen wie immer dem Zweck, abzulenken, zu spalten, politisches Kapital aus einer Sache zu schlagen.

Schlimme Konsequenzen

Das alles droht schlimme Konsequenzen zu haben. Doch diese Folgen sind den politisch Verantwortlichen offensichtlich egal. Die Folgen für Jugendliche, die ein bestimmtes Alter und Aussehen haben, die hier geboren oder als Flüchtlinge gekommen sind. Die schon jetzt im Bus und an der Kasse im Supermarkt misstrauisch und missliebig angeschaut werden, von denen man anscheinend ganz selbstverständlich erwartet, dass sie sich zu Hause verkriechen sollen.

Es wird Folgen haben für das gesellschaftliche Klima in diesem Land und ist brandgefährlich, weil die erwiesenermaßen gewaltbereiten Nazis diese Stimmungsmache als Rückendeckung verstehen könnten, um neue Gewalttaten zu begehen.

Wenn das Vorgehen der Kölner Polizei und die politische Unterstützung dieses Vorgehens, erst normal wird, dann hat das weitreichende Konsequenzen für uns alle. Dann sind wir schnell bei der verdachtsunabhängigen Rasterfahndung, verdachtsunabhängigem und unbegrenztem Abhören und Speichern von Telekommunikation, verdachtsunabhängiger Einschränkung der Freiheitsrechte. Und was das Auftreten der Polizei betrifft, drohen dann in letzter Konsequenz Verhältnisse ähnlich denen in den USA.

All dem müssen wir entschieden entgegentreten. Und der erste Schritt ist, rassistisch zu nennen was rassistisch ist und »ungeheuerlich« zu nennen, was ungeheuerlich ist.

Solidarität

Unsere Solidarität gilt denen, die für ihre Kritik am Vorgehen der Polizei beschimpft, beleidigt und bedroht werden und sie trotzdem aufrechterhalten, wie unter anderem die Vorsitzende der LINKEN NRW, Özlem Demirel und der LINKE-Bundestagsabgeordnete Niema Movassat.

Was wäre die Alternative gewesen? Thies Gleiss aus Köln, Mitglied im LINKE-Bundesvorstand, macht in einem *Facebook*-Post einige gute Vorschläge:

> »*Es hätten eigene Silvesteraktivitäten für MigrantInnen und Geflüchtete organisiert werden können. Ebenso Frauenveranstaltungen, wie sie zaghaft nach Silvester 2015 stattfanden. Es hätte ein Jahr politische, demokratische und egalitäre Aufklärung stattfinden sollen. Es hätten auch selbstorganisierte Sicherheitsstrukturen für öffentliche Veranstaltungen aufgebaut werden können, ohne martialische Polizeiarmeen und Aussonderung von optisch Verdächtigen. Warum also nicht ein großes ›Arsch huh‹-Konzert zu Silvester am Bahnhof, mit eigenen Sicherheitskräften und bei minimaler Polizeipräsenz? Und wenn – wie bei jedem Event – aus Sicherheitsgründen die Anzahl der teilnehmenden Menschen begrenzt werden muss, dann für alle gleichermaßen, unabhängig von Haar- und Hautfarbe.*«

249

Natürlich lässt sich zu diesen komplexen Fragen noch viel mehr sagen, aber eines ist sicher – Rassismus ist keine Lösung.

Anhang 7

PEGIDA stoppen! Sozialabbau bekämpfen!

Flugblatt der SAV Dresden, das in einer Auflage von 10.000 verteilt wurde[1]

Die Grenzen verlaufen nicht zwischen den Völkern, sondern zwischen Arm und Reich! PEGIDA spaltet

Seit Monaten ruft in Dresden PEGIDA Tausende auf die Straße. Sie können die Wut auf Sozialabbau, Rentenkürzungen, steigende Mieten und Hartz IV nutzen, um gegen Flüchtlinge und MigrantInnen Stimmung zu machen. Sie präsentieren diese Menschen als Sündenböcke und lenken dadurch von den wirklich Schuldigen für Sozialabbau ab!

Für die Herrschenden in den Chefetagen der Banken und Kon-zerne, für Merkel und Co. ist Rassismus prima, auch wenn sie ganz gern mal anders reden. Denn nur, wenn wir, Hiergeborene und Zugewanderte, einander misstrauen, können sie Lohn- und Rentenkürzungen, Privatisierungen und Steuererhöhungen durchsetzen. Deshalb ist PEGIDA keine Kraft, die gegen „die da oben", gegen Sozialabbau, gegen Rentenkürzungen und gegen Kriege kämpft. Ganz im Gegenteil – ihr Rassismus spaltet uns und schwächt uns damit.

Genauso wie PEGIDA nichts gegen den sozialen Kahlschlag der Herrschenden tut, sind die Terroristen von Paris keine Verteidiger des Islam, sondern reaktionär, weil auch sie versuchen, uns entlang ethnischer und religiöser Linien zu spalten.

Wut über die Wohnungssituation

Als in einen der Plattenbaublöcke in Dresden-Gorbitz MigrantInnen einzogen, dauerte es nicht lange, bis Unterschriften gegen sie gesammelt wurden. Warum? Die Menschen, die dort wohnen, leiden unter steigenden Mieten, und darunter, dass die privaten Vermieter die Häuser nicht in Ordnung halten. Ihre Wut ist berechtigt, nur richtet sie sich gegen die Falschen! Die MigrantInnen und Flüchtlinge leiden unter genau denselben Vermietern, wie die Hiergeborenen. Rassismus lenkt genau davon ab. Die Grenzen verlaufen eben nicht zwischen Hiergeborenen und Zugewanderten, sondern zwischen MieterInnen einerseits und Vermietern andererseits. Warum gibt es in Dresden eigentlich zu wenige Wohnungen und warum steigen die Mieten? Weil sämtliche Wohnungen privatisiert wurden. Jetzt fällt es den Kapitalisten, denen diese Wohnungen gehören, leicht, nur so viele Wohnungen zu bauen, dass die Mieten steigen und nur so wenig an den Häusern zu machen, dass es eben zum Wohnen noch annehmbar ist.

Wenn man dagegen etwas tun will, muss man etwas gegen den Irrsinn auf dem Wohnungsmarkt tun. Das wird aber nur erfolgreich sein, wenn MieterInnen zusammenhalten. Rassismus verhindert das, weil er uns spaltet. Nicht eine Unterschriftenliste gegen zugezogene MigrantInnen, sondern eine gemeinsame Kampagne gegen Mietwucher und kapitalistische Wohnungspolitik würde Abhilfe schaffen.

Geld ist genug da – für uns alle…

…es ist nur falsch verteilt! Der Kapitalismus schafft Ungleichheiten unter denen wir alle – ob in Deutschland geboren oder zugewandert – leiden. Das reichste Prozent der deutschen Bevölkerung besitzt 35,7% des gesamten Vermögens (über 3,7 Billionen Euro). Mit diesem Geld könnte Deutschland alle Schulden bezahlen und hätte noch 1,6 Billionen übrig um Gutes zu tun: Schulen und Krankenhäuser zu bauen, Wohnraum zu schaffen und die Armut zu bekämpfen. Doch statt dessen haben die unteren 50 Prozent gerade einmal 1 Prozent des Vermögens und die untersten 28 Prozent haben gar kein Vermögen!

Diese Ungerechtigkeiten haben MigrantInnen nicht verschuldet. Sie leiden genauso wie die Hiergeborenen darunter! Immer wieder wird über die Frage gesprochen und geschrieben, ob sich Zuwanderung für Deutschland lohnt und dann heißt es ganz schnell, die Kommunen seien unterfinanziert und dann noch die Kosten für die Unterbringung der MigrantInnen und Flüchtlinge…

Doch die Kommunen sind nicht unterfinanziert, weil Menschen hierher kommen, sondern weil den Reichen durch CDU/CSU, SPD, Gründe und FDP das Geld durch Steuergeschenke in den Rachen geworfen wird. So trocknen die öffentlichen Kassen aus. Wer das ändern will, der muss sich mit dem kapitalistischen System anlegen und darf nicht Flüchtlinge und MigrantInnen als Sündenböcke hinstellen! Wer das tut lenkt von den Verantwortlichen für diese Zustände ab und schwächt uns, indem er uns aufeinander hetzt. Doch solange wir uns gegeneinander aufhetzen lassen und in MigrantInnen und Flüchtlingen die Schuldigen suchen, werden sich die Reichen freudig die Hände reiben, weiter Geld einstreichen und die etablierten Parteien bereiten die nächsten Renten- und Sozialkürzungen vor! Erst spalten, dann streichen – Rassismus hilft den Reichen! PEGIDA hilft dabei mit rassistischer Propaganda mit.

Die Herrschenden und PEGIDA

In den letzten Wochen haben Bundeskanzlerin Merkel (CDU) und andere bürgerliche Politiker wie der sächsische Ministerpräsident Tillich (CDU) aufgefordert nicht zu den PEGIDA-Demos zu gehen, weil diese rassistisch sind. Tillich hat betont, Zuwanderung habe Sachsen Wohlstand gebracht. Sind diese PolitikerInnen auf einmal gegen Rassismus?

Mag sein, dass sie sich in den letzten Wochen so geäußert haben, doch gleichzeitig haben sie das Asylrecht in Deutschland ver-schärft. Noch Anfang der 90er Jahre haben sie Zuwanderung dra-matisch erschwert. Rassistische Gesetze erlauben Abschiebung in der Nacht, verbieten in Sachsen Asylsuchenden nach wie vor den Landkreis zu verlassen, verbieten vielen von ihnen zu arbeiten und lassen sie mit Sozialleistungen weit unter dem Existenzminimum allein. Immer wieder machte die Politik MigrantInnen zu Sündenböcken für wachsende Kriminalität und Sozialkürzungen.

Was müsste passieren?

Klar ist, dass die Politik von CDU/CSU, SPD, FDP und Grünen eine Politik im Namen der Reichen und der Banken und Konzerne ist. Das wird sich nur ändern, wenn wir gemeinsam dagegen kämpfen. Hier sind vor allem Gewerkschaften und DIE LINKE gefragt. Sie könnten zu sozialen Kämpfen mobilisieren für höhere Löhne, gegen Hartz IV, für höhere Renten, für die Umverteilung des Reichtums von oben nach unten... DIE LINKE muss eine soziale und politische Alternative bieten.

In solchen Kämpfen hat Rassismus keinen Platz. Denn nur, wenn wir gemeinsam für bezahlbaren Wohnraum in kommunalem Eigentum und soziale Verbesserungen kämpfen, werden wir Erfolg haben. Wenn DIE LINKE diesen Weg nicht geht, können sich PEGIDA und andere Rassisten weiterhin als pseudo-Anti-Establishment-Kraft verkaufen. Eine breite Kampagne für eine neue städtische Wohnungsbaugesellschaft und gegen Mietwucher, in der MigrantInnen und Deutsche zusammen kämpfen, wäre in Dresden ein erster Schritt, um den rassistischen Schreihälsen von PEGIDA das Wasser abzugraben.

Forderungen

- MigrantInnen und Deutsche gemeinsam gegen Sozialabbau und Rassismus!
- Schluss mit Abschiebungen! Weg mit allen rassistischen Ausnahmegesetzen! Weg mit Residenzpflicht und Arbeitsverboten!
- Dezentrale Unterbringung statt Massenunterkünften!
- PEGIDA stoppen, Sozialabbau bekämpfen! Große Organisationen wie LINKE und DGB müssen einen breiten „Antirassistischen Ratschlag" organisieren, auf dem der Kampf gegen Rassismus und Sozialabbau und die Nöte der Menschen diskutiert werden!
- Wir brauchen eine Kampagne für die Rekommunalisierung privatisierter GAGFAH-Wohnungen!

- Für eine sozialistische Demokratie ohne privilegierte Elite wie im Stalinismus vor 1989 und ohne Wohnungslosigkeit, Armut, Sozialabbau, Kriege und Rassismus im Kapitalismus von heute!

Überfremdung? Islamisierung? Zu hohe Kosten durch Zuwanderung? Fakten zu Migration und Flucht:

Weltweit fliehen zurzeit etwa 16,7 Millionen Menschen aus ihren Heimatländern. An erster Stelle der Aufnahmeländer liegt laut UN-Flüchtlingshilfswerk Pakistan mit 1,6 Millionen. Durch den syrischen Bürgerkrieg flohen 850.000 Menschen in den Libanon, obwohl dieses kleine Land nur 4 Millionen EinwohnerInnen hat.

In Deutschland stellten 2014 ca. 180.000 Menschen einen Antrag auf Asyl. Im Jahre 1992 waren es 440.000. Zurzeit leben etwa 2.000 Menschen in Dresden, die Asyl suchen. Im Dezember 2016 werden es 3.900 sein. Das sind gerademal 0,4 bzw. 0,8 Prozent!

Der Anteil von Musliminnen und Muslimen in Dresden liegt bei 0,4 Prozent.

Laut einer Studie des „Zentrums Europäische Wirtschaftsforschung" zahlen die 6,6 Millionen in Deutschland lebenden Menschen ohne deutschen Pass pro Person und Jahr 3.300 Euro mehr in die Sozialkassen ein, als sie vom deutschen Staat erhalten. Sie erwirtschaften damit ein Plus von 22 Milliarden Euro im Jahr.

Anhang 8

Demoaufruf: Soziales Berlin für Alle, Rassisten stoppen

Bündnis soziales Berlin gegen Rassismus: Demoaufruf für den 16.4., 13 Uhr Oranienplatz

WIR LASSEN UNS NICHT SPALTEN!

Weltweit sind laut UNO 60 Millionen Menschen auf der Flucht vor Krieg, Unterdrückung und Ausbeutung – so viele wie noch nie seit dem zweiten Weltkrieg. Einige von ihnen finden den Weg nach Berlin. Die Zustände für Geflüchtete sind nach wie vor nicht tragbar. Noch immer warten viele tagelang in der Kälte, um registriert zu werden oder müssen in Turnhallen oder Behelfsunterkünften schlafen. Gleichzeitig gibt es freien Wohnraum und ungenutzte Immobilen, die aus spekulativen Gründen leerstehen. So kostet das ehemalige Bundesinnenministerium mit seinen 850 leeren, beheizten Räumen, welches sich in direkter Nachbarschaft zum LaGeSo befindet, den Staat monatlich über eine halbe Million Euro.

BLEIBERECHT, GUTER WOHNRAUM, ARBEIT UND BILDUNG FÜR ALLE

Auch schon länger hier lebende Menschen haben es zunehmend schwerer, eine bezahlbare Wohnung zu finden. Mehrere zehntausend Wohnungen fehlen in Berlin und jährlich werden nur etwa halb so viele gebaut wie nötig wäre. Der öffentliche Dienst ist unterfinanziert und die Kolleg*innen in den Bürgerämtern und Krankenhäusern chronisch überlastet. Schüler*innen müssen in viel zu großen Klassen und viel zu oft auch in Containern unterrichtet werden. Schon jetzt fehlen in Berlin mindestens 10 Schulen, wenn die Planung nicht sofort beginnt, werden es im Jahr 2030 rund 80 sein. Egal, ob du seit 70 Jahren oder drei Monaten in Berlin lebst, egal, ob du aus Wedding, Dortmund oder Syrien kommst: Wer sich die teure Eigentumswohnung oder den Privatunterricht nicht leisten kann, ist auf die soziale Infrastruktur der Stadt angewiesen.

Das Kaputtsparen hat die städtische Infrastruktur nicht erst seit dem Ankommen von mehr Geflüchteten an seine Belastungsgrenzen gebracht.

Wir brauchen dringend Investitionen in Bildung, Wohnraum und Soziales!

Statt weiter Geflüchtete zu entrechten, sie in Lagern unterzubringen, ihnen das Arbeiten zu verbieten und zu drohen, sie zurück in Krieg, Armut und Diskriminierung abzuschieben, brauchen wir ein wirkliches Recht auf Asyl und gleiche Rechte für alle hier Lebenden!

KEINEN FUSSBREIT DEN RASSISTEN UND FASCHISTEN

Fast täglich mobilisieren Rassisten, Rechtspopulisten und Faschisten, um gegen Migrant*innen zu hetzen. Brandanschläge auf Flüchtlingswohnheime und körperliche Angriffe gegen Migrant*innen, Flüchtlingshelfer*innen und Andersdenkende sind zunehmend an der Tagesordnung.

Die Rechten behaupten, die Geflüchteten seien Schuld an der Wohnungsnot, den beschlagnahmten Turnhallen und dem Geldmangel der Bezirke und nutzen so die gesellschaftliche Unterfinanzierung für ihre Propaganda. Wir stellen uns ihnen entgegen und lassen uns nicht spalten! Die Grenzen verlaufen nicht zwischen den Völkern, sondern zwischen oben und unten! Wir fordern:

- Das Recht auf Asyl für alle Menschen, die vor Krieg, Unterdrückung, Diskriminierung und Armut fliehen – Nein zur Festung Europa!
- Gleiche Rechte, kostenlose Bildung und gesellschaftliche Teilhabe für alle hier lebenden Menschen
- Bezahlbaren Wohnraum schaffen! Für ein massives kommunales Wohnungsbauprogramm und die Beschlagnahmung von spekulativem Leerstand
- Für eine schnellstmögliche dezentrale Unterbringung von Geflüchteten in Wohnungen
- Für die Schaffung von neuen Stellen im öffentlichen Dienst für Bildung, Kinderbetreuung, Wohnungsbau, Bürgerämter. Nein zur Schuldenbremse!
- Die Reichen sollen zahlen: Sonderabgabe für Millionäre, um Sozialprogramme zu finanzieren
- Schluss mit rechter Hetze – Rechtspopulisten und Faschisten offensiv entgegentreten!

UNTERSTÜTZT VON:
GEWERKSCHAFTEN UND GEWERKSCHAFTLICHE GRUPPEN

GEW Berlin
junge GEW Berlin
Ver.di AK Rechtsextremismus
Ver.di aktiv (BVG)

DBSH Berlin
Netzwerk für eine demokratische und kämpferische Ver.di

BÜNDNISSE UND SOZIALE INITIATIVEN

Berlinerinnen und Berliner für mehr Personal im Krankenhaus
Mietenvolksentscheid Berlin
Stadtteilinitiative „Wem gehört Kreuzberg"
Aktionsbündnis NoBärgida
Berlin Nazifrei
Initiative 100% Tempelhofer Feld
My Right Is Your Right
Zwangsräumung verhindern

PARTEIEN, PARTEIGLIEDERUNGEN UND POLITISCHE GRUPPEN

LINKE Berlin
Linksjugend Solid Kreuzkölln
Linksjugend Solid Ost
Antikapitalistische Linke – AKL Berlin
HDP Berlin
SAV Sozialistische Alternative
Deutsche Kommunistische Partei – DKP
Gruppe Arbeitermacht – GAM
Interventionistische Linke IL
Antifaschistischer Schwarz-Roter Aufbau

Literatur
Bücher & Broschüren

AfD: Bundestagwahlprogramm der AfD, 2013

AfD: Programm für Deutschland. Das Grundsatzprogramm der AfD, 2016

AfD Thüringen (Hrsg.): Der Islam – Fakten und Argumente, 2016

AKKU: Rechtspopulismus – Positionspapier der Antifaschistischen Koordination Köln & Umland (AKKU), Köln, 2013

Aslan, Reza: Kein Gott außer Gott, Piper Verlag, München, 2008

Bebel, August: Die Mohamedanisch-Arabische Kulturperiode; edition ost, Berlin, 1991

Becher, Phillip: Basiswissen Rechtspopulismus; Papyrossa Verlag, Köln, 2013

Bertelsmann-Stiftung: Globalisierungsangst oder Wertekonflikt, 1. Auflage, 2016

Bühl, Achim: Islamfeindlichkeit in Deutschland, VSA-Verlag, Hamburg, 2010

Clemens, Dominik und Puls, Hendrik (Hg.): 33 Fragen und Antworten zu *Pro Köln/Pro NRW*; Köln, Herausgeber NS-DOK der Stadt Köln, 2014

Dröge, Holger u.a.: Iran – Freiheit durch Sozialismus; Herausgeber SAV, Berlin, 2010

El Masrar, Sineb: Muslim Girls, Eichborn Verlag, Frankfurt/Main, 2010

Fraktion DIE LINKE im sächsischen Landtag [Hrsg.]: Von wegen ‚Polizei'. Bürgerwehren in Sachsen – eine Gefahr, Dresden, 2016, abrufbar unter: www.linksfraktionsachsen.de

Engels, Friedrich: Revolution und Konterrevolution in Deutschland, In: Institut für Marxismus-Leninismus beim ZK der SED [Hrsg.]: Karl Marx, Friedrich Engels: Ausgewählte Werke in sechs Bänden. Band II, Berlin: Dietz-Verlag.

Funke, Hajo: Von Wutbürgern und Brandstiftern; Verlag für Berlin-Brandenburg, Berlin, 2016

Geiss, Imanuel – Geschichte des Rassismus, Suhrkamp Verlag, Frankfurt/Main, 1988

Grundgesetz für die Bundesrepublik Deutschland, Bonn, 1986

Halm, Dirk: Einwanderung nach Deutschland. Gesellschaftliche und politische Rahmenbedingungen und Einstellungen der Deutschen, Friedrich-Ebert-Stiftung.

Hasselbach, Ingo; Boengel, Winfried: Die Abrechnung. Ein Neonazi steigt aus, Aufbau Taschenbuch Verlag GmbH, Berlin, 2001.

Häusler, Alexander und Virchow, Fabian (Hg.): Neue soziale Bewegung von Rechts?; VSA, Hamburg, 2016

Häuser, Alexander u.a.: Maximale Provokation, Herausgeber Landesintegrationsrat NRW, Düsseldorf, 2012

Häusler, Alexander: Rechtspopulismus in Gestalt einer Bürgerbewegung; Herausgeber LAGA NRW, Düsseldorf, 2008

Heitmeyer, Dr. Wilhelm: Deutsche Zustände – das entsicherte Jahrzehnt; IGK Uni Bielefeld, Bielefeld, 2011

Hoff / Kahrs / StahL: Die Ergebnisse der Landtagswahlen am 13. März 2016 – Wahlnachtbericht und erste Analyse, Rosa-Luxemburg-Stiftung, Berlin 2016

Kemper, Andreas: »Die neurotische Phase überwinden, in der wir uns seit siebzig Jahren befinden.« Zur Differenz von Konservativismus und Faschismus am Beispiel der »Historischen Mission« Björn Höckes (AfD). Rosa-Luxemburg-Stiftung, Berlin 2015

Kuhn, Inva: Antimuslimischer Rassismus, PapyRossa-Verlag, Köln, 2015

Kühnl, Reinhard: Der deutsche Faschismus in Quellen und Dokumenten; Pahl-Rugenstein Verlag, Köln, 975.

Lausberg, Michael: Die Pro-Bewegung, Unrast-Verlag, Münster, 2010

Lenin, W.I.: Sozialismus und Religion, in: Werke Band 10, Dietz-Verlag. Berlin, 1975

Léon, Abraham: Die jüdische Frage. Eine marxistische Darstellung; Arbeiterpresse Verlag, Essen, 1995

Marx, Karl / Engels, Friedrich: Werke, Band 32, Dietz-Verlag, Berlin, 1974

Marx, Karl: Der 18. Brumaire des Louis Bonaparte, In: Karl Marx, Friedrich Engels: Ausgewählte Werke in sechs Bänden. Band II, Dietz-Verlag, Berlin, 1972.

Marx, Karl: Zur Kritik der Hegelschen Rechtsphilosophie, in MEW Band 1, Berlin, 1974

Niehues, Wenke: Figurationsveränderungen zwischen muslimischer Minderheit und autochthoner Mehrheit – eine Fallstudie des Moscheebauprojekts in Köln-Ehrenfeld (Bachelor-Arbeit); Berlin, 2008

Pätzold, Kurt / Weißbecker, Manfred: Geschichte der NSDAP, PapyRossa Verlags GmbH, Köln, 1998.

Prenzel, Monika: Im Rechtsschritt, marsch! Neofaschistische Tendenzen auf deutschem Boden, Dietz-Verlag, Berlin, 1990

Ruf, Werner: Der Islam – Schrecken des Abendlands, PapyRossa Verlag, Köln, 2012

Sarrazin, Thilo: Deutschland schafft sich ab, Deutsche Verlagsanstalt, München, 2010

Schiffer, Sabine und Wagner, Constantin: Antisemitismus und Islamophobie – ein Vergleich; HWK Verlag, Wassertrüdingen, 2009

Schmid, Bernhard: Distanzieren, Leugnen, Drohen; edition assemblage, Münster, 2011

Speckmann, Guido und Wiegel, Gerd: Faschismus; Papyrossa Verlag, Köln, 2012

Sokolowsky, Kai: Feindbild Moslem, Rotbuch Verlag, Berlin, 2009

Schüle, Annegret: Trotzkismus in Deutschland bis 1933, Selbstverlag, Köln, 1989

Staničić, Sascha: Anti-Sarrazin; Herausgeber SAV, Berlin, 2011

Staničić, Sascha: Welcher Weg zum Sozialismus, SAV, Berlin, 2001

Tabbara, Tanja / Telkämper, Wilfried (Hrsg.): Dialog mit dem politischen Islam, Rosa-Luxemburg-Stiftung, Berlin, 2014

Traverso, Enzo: Nach Auschwitz; Neuer ISP Verlag, Köln, 2000

Toprak, Ahmet: Integrationsunwillige Muslime?, Lambertus-Verlag, Freiburg im Breisgau, 2010

Trotzki, Leo: Wie wird der Nationalsozialismus geschlagen?; Europäische Verlagsanstalt, Frankfurt, 1971

Trotzki, Leo: Porträt des Nationalsozialismus, in Arbeiterpresseverlag [Hrsg.]: Leo Trotzki: Porträt des Nationalsozialismus. Ausgewählte Schriften 1930-1934, Arbeiterpresseverlag, Essen, 1999

Überall, Frank: »Ich bin die Strafe ...«; Herausgeber LAGA NRW, , Düsseldorf, 2010

Uni Leipzig: Mittestudie, Rosa-Luxemburg-Stiftung, Leipzig, 2016.

Wagner, Thomas / Zander, Michael: Sarrazin, die SPD und die Neue Rechte, Verlag Das Neue Berlin, Berlin, 2010

Internet

www.abendblatt.de

AfDmaskiert.wordpress.com

AfDwatchAfD.wordpress.com

www.allianz-fuer-weltoffenheit.de

www.amnesty.de

www.andreaskemper.org

www.antifa-berlin.info

www.antifainfoblatt.de

www.bento.de

www.bild.de

www.bpb.de

www.derstandard.at

www.deutschesfachbuch.de

www.deutschlandradiokultur.de

www.durchgezaehlt.org

de.statista.com

www.express.de

www.dnn.de

www.dresden.de

www.fr-online.de

www.handelsblatt.com

www.historisches-lexikon-bayerns.de

www.huffingtonpost.de

www.ksta.de

www.lvz.de

www.marxists.org

www.mdr.de

michaelbittner.info

www.netz-gegen-nazis.de

www.nrhz.de

nrwrex.wordpress.com

www.n-tv.de

www.nzz.de

www.pi-news.net

www.rp-online.de

www.slate.com

www.socialistworld.net

www.sozialismus.info

www.spiegel.de

www.sr.de

www.stadt-koeln.de

www.stern.de

www.sueddeutsche.de

www.sz-online.de

www.tag24.de

www.tagesschau.de

www.tagesspiegel.de

www.taz.de

www.welt.de

de.wikipedia.org

www.zeit.de

Videos

Die Wahrheit macht uns frei, auf www.youtube.de

Rede von Björn Höcke in Dresden, 17.1.2017, auf www.youtube.de

Weitere Titel des Manifest Verlags

Leo Trotzki: **Revolution in Russland (Textsammlung)**
ISBN 978-3-96156-001-1, 13,90 Euro

Per-Åke Westerlund: **Der wahre Lenin**
ISBN 978-3-96156-002-8, 7,90 Euro

S. Stanicic, S. Hollasky, W. Klein, S. Kimmerle: **Die Deutsche Revolution. Texte zur revolutionären Periode in Deutschland vom November 1918 bis 1923.**
ISBN 978-3-96156-004-2, 9,90 Euro

Karl Liebknecht: **Der Hauptfeind steht im eigenen Land! Reden und Schriften gegen Militarismus und Krieg.**
ISBN 978-3-96156-005-9, 14,90 Euro

Wolfram Klein: **1917 - Die Russische Revolution. Eine Einführung.**
ISBN 978-3-96156-006-5, 8,90 Euro

Jess Spear/Pete Dickenson: **Ist die Umwelt noch zu retten? Marxismus und die Umweltfrage.**
ISBN 978-3-96156-007-3, 6,90 Euro

Wladimir Iljitsch Lenin: **Staat und Revolution. Mit einer Einleitung von Per-Åke Westerlund.**
ISBN 978-3-96156-008-0, 12,90 Euro

Christian Walter: **Volle Bäuche statt volle Tonnen.**
ISBN 978-3-96156-010-3, 11,90 Euro

Albert Rhys Williams: **Durch die Russische Revolution**
ISBN 978-3-96156-011-0, 14,90 Euro

Wolfram Klein: **Antonio Gramsci. Seine politischen Ideen.**
ISBN 978-3-96156-014-1, 8,90 Euro